中央广播电视大学教材

助理信用管理师实务

方新立　主编

中央广播电视大学出版社
北　京

图书在版编目（CIP）数据

助理信用管理师实务/方新立主编 . —北京：中央广播电视大学出版社，2011.3

中央广播电视大学教材

ISBN 978 - 7 - 304 - 05015 - 3

Ⅰ.①助… Ⅱ.①方… Ⅲ.①信贷管理—电视大学—教材 Ⅳ.①F830.51

中国版本图书馆 CIP 数据核字（2010）第 260669 号

中央广播电视大学教材

助理信用管理师实务

方新立　主编

出版·发行：中央广播电视大学出版社

电话：营销中心 010 - 58840200　　　　总编室 010 - 68182524

网址：http://www.crtvup.com.cn

地址：北京市海淀区西四环中路45号　邮编：100039

经销：新华书店北京发行所

策划编辑：李永强	版式设计：何智杰
责任编辑：韦 鹏	责任版式：张利萍
责任印制：赵联生	责任校对：王 亚
印刷：北京市银祥福利印刷厂	印数：0001～2000
版本：2011 年 3 月第 1 版	2011 年 3 月第 1 次印刷
开本：185mm×230mm	印张：27.5　字数：543 千字

书号：ISBN 978 - 7 - 304 - 05015 - 3

定价：37.00 元

信用管理专业系列教材编委会

总　序

　　社会，尤其是转型期的社会，会不可避免地遇到诸多困难，甚至危机。在各种危机中，尤以信用危机的后果最为严重，影响最为深远。比如，2008 年发生的席卷全球、几乎把世界经济拖入第二次世界大战以来最为严重衰退的金融风暴，其本质就是一场信用危机。在一个缺少信用的环境里，社会运行成本会大大增加，最终受到伤害的将是每一个人。

　　对于我国而言，加强社会信用体系建设，特别是加快信用人才培养，对于规范市场秩序，优化发展环境，推进科学发展，构建和谐社会，尤其是对于应对国际金融危机，促进经济平稳、快速发展，具有根本性的作用。目前，我国信用人才的培养主要分为学历教育及社会培训两个层面。国内已有中国人民大学、首都经济贸易大学、天津财经大学、上海财经大学、上海立信会计学院等多所高校开设了信用管理专业。信用管理专业毕业生已经成为工商企业、征信机构和银行等金融机构倾力争夺的紧俏人才。

　　但另一方面，我国信用人才的培养还远不能满足社会经济发展，特别是社会信用体系建设的需求。据测算，目前我国所需信用管理人才数量应在 500 万人以上。在这一背景下，2010 年春季开始面向全国招生的中央广播电视大学信用管理专业的开设，无疑为社会信用体系建设开辟了一个教育大平台。该专业的课程涵盖了学历教育与职业培训教育相结合的"双证制"教育，具有"量身定做"的针对性和"不拘一格"的普及性，填补了我国远程教育专业设置的空白，开辟了信用管理人才培养的新途径。

　　信用管理专业系列教材的编写工作，是在曾荣膺"2009 年中国信用建设创新单位"称号的天津广播电视大学主持负责下，依托中央广播电视大学专业团队的雄厚实力，汇聚诸多业内专家、教授、远程教育学者以及一线骨干教师的智慧与心血，历时 4 年，大家齐心协力、献计献策、不断探索与创新下完成的。这套教材的陆续出版奠定了全国信用管理专业教育大平台的坚实基础。

　　信用管理专业系列教材的编写是一种全新的尝试。在目标设计上，该系列教材定位于学历教育和职业知识技能培训相结合的双重目的，不仅要满足全国广播电视大学信用管理专业的教学需求，还要兼顾当前普及信用管理知识、适应国家信用管理职业建设与发展的需求，力求体现系统性和实践性。这套教材的陆续出版也为全国广播电视大学组织开展系列教材的编写提供了宝贵经验。

这套教材的特殊定位，决定了它不仅可以为信用管理专业教学服务，适用于全国广播电视大学信用管理专业的学生；而且可以满足各行业信用管理实践，尤其是在企业中从事信用风险管理和征信技术工作的专业人员的需要。对于广大企业信用管理岗位的专业技术人员、信用管理咨询服务从业人员，以及其他社会信用体系建设的相关专业人员来说，此系列教材也不失为一套系统性强、特色突出、专业实用、便于自学的最新参考资料。

该系列教材在内容安排和编写上，力求架构如下知识体系并体现如下风格特点：

1. 以信用管理的基础理论为指导，突出理论创新和现实应用的结合。通过简洁的论述，呈现我国现阶段信用管理活动较为清晰、完整和科学的理论体系，帮助读者认识我国现代信用管理基础理论研究与实践应用的基本框架。

2. 全面介绍信用管理的各种成果，努力实现对信用管理知识的普及。从多个层面展示现代信用原理在社会经济秩序和人们生活中的表现与作用，通俗易懂地说明其在行业管理和实践中的各种应用范式，并揭示信用管理实践的特点。

3. 结合我国社会经济的基本情况，探讨信用管理工作的具体方法。科学、系统地介绍信用管理的各种方法、规范、技巧、程序、模式和经验等，具有易于掌握、实用和可操作性强的特点。

4. 围绕社会信用体系的建立和发展，提供各种有益经验和政策探索。安排一定篇幅推介国内外成功的信用管理行业、机构组织及有效的法律、政策，并探讨其发展的历史与趋势，力求与信用管理政策研究同步发展。

5. 将信用管理发展的最新成果与远程教育的方法相结合，符合远程教育的基本规律。为了便于学生自学，在内容、结构、版式方面都做了一些改革尝试，力争实现以学习者为中心的设计思想，在适应学生以自学为主的学习方式上获得突破。

此外，每一本教材都配有辅助媒体，如视听教材和课件等，特别适合于工作繁忙的学习者自学使用，也便于信用管理职业培训选择使用。

在编写过程中，教材编委会和教材评审委员会通过数次论证、设计和修改，确定了撰写方案。针对六门必修课、两门选修课的教材，教材编委会和教材评审委员会进行了一系列严格的初审、修改、再审、再改和最终审定，以确保其设计上的科学合理和质量上的放心可靠。

世有伯乐，然后有千里马。如果说，信用管理专业系列教材的编写是当前万马奔腾的社会信用体系建设大业中的一匹"千里马"的话，那么，该系列教材编写大团队中的"智囊团"和"验收团"就是"伯乐"。正是有众多的"伯乐"深度参与了该系列教材的设计、执笔与评审，才有了该系列教材编写工作的顺利完成。

该系列教材编写的成功，是信用管理专业建设大团队协作的成功。该系列教材的陆续出版，标志着我们在社会信用体系建设大业中，在信用管理专业与远程教育、传统教育相融合的大道上，迈出了扎实的一步。我们坚信，在这一康庄大道上，会有更多的"伯乐"、更多的"千里马"脱颖而出。当更多的"伯乐"与"千里马"所催生的"闻道者"和"术业专攻者"，投入社会信用体系建设大业，哪怕是为此而迈出一小步时，他们的努力都将推动社会信用体系建设大业向前跨越一大步。

值得肯定的是，信用管理专业作为首个面向全国学历教育并兼顾职业培训的专业，其教学资源包括了教材、录像课、网络课件等多种媒体形式，并通过中央广播电视大学网络平台组织教学活动。这就使该系列教材在选材布局方面获得了更大的空间，使各种媒体的本体优势及远程开放教育的总体优势互补得以实现。因此，我们由衷期待信用管理专业和该系列教材可以帮助学习者成长，并得到他们的关注和喜爱。

"民以信为立，国以信为基。"党的十六大把"诚实守信"作为我国社会主义市场经济未来道德建设的重点；社会主义市场经济体制的确立，又从根本上保障了发展社会信用、建立信用制度的良好基础。在举国重视社会信用建设的大背景下，我们衷心期望，信用管理专业系列教材的出版能够为我国社会信用体系的建设和发展略尽绵薄。

是为序。

章　政

北京大学中国信用研究中心　主任

2010 年 5 月于北京大学

前　言

　　为适应国家信用管理体系建设和本学科的迅速发展，同时为满足现代远程教育的教学形式、教学手段改革的要求，培养信用管理专业急需的人才，中央广播电视大学开办的信用管理专业将"助理信用管理师实务"列为专业必修课。本书作为这门课程的教辅合一型教材，除了吸收总结信用管理职业发展的最新研究成果之外，更多地谋求在遵循远程教育规律、编写适合学生自学的教材方面进行探索。因此，本课程及教材编写组，对本文字教材的内容、结构、版式都做了一些改革尝试，力争实现以学习者为中心的设计思想，在适应学生自学为主的学习方式上获得突破。

　　按照业内诸多有识之士的见地，中国的信用管理实务是由中国本土企业、众多专业人士和专业机构，在借鉴国外发达地区的信用管理成功经验，结合中国国情和实际情况，总结出一些成熟的操作模式之后，由信用管理实务的实施主体，按照国家权威部门发布的规范来操作的。本书编写组力求不断学习、研究国内外信用管理实务的已有成果，遵循兼收并蓄、融汇百家、沙里淘金、打造精品的原则，历经三年多、修改二十几稿，终将本书呈献给读者。

　　本教材重点介绍了与助理信用管理师职业资格相关的能力和学识知识，供信用管理专业已学习了"信用管理基础"课程的学生使用。为避免简单重复，本书的重点放在具有实务性的方法介绍和具有操作性的细节讲解上。全书共设八章：第一章主要概述信用管理实务的划分和信用管理实务的基本内容。通过对广义和狭义信用管理实务的划分，对信用管理实务三方面基本内容的梳理，突出了信用管理实务的主线、确立了全书八章内容的基本框架。第二章着重介绍信用管理部门和信用管理岗位的设置、信用管理部门的外部关系以及信用管理人员应该具备的条件。旨在强调信用部门及其人员的专业实务能为整个企业带来巨大帮助，它在支持其他部门的工作中体现自己的价值，其作用也是在与其他部门的密切配合下才能得到顺利实现。第三章介绍客户信用信息的管理与使用。书中在介绍客户信用信息采集、核实、分析整理、录入、建档的同时，使用大量表格和图示，力求流程式、形象化地展示客户资信管理的实务操作。第四章主要介绍资信调查后的信用调查报告实务方法，探讨如何面对和解决经营中的信息不对称问题。第五章主要介绍如何管理客户交易账户和基本数据，如何处理客户基本账户的变更，如何对客户交易合同和订单进行信用管理，如何实施发货与库存中的信用监控，如何进行记账环节的信用监控，如何进行客户收货和发票确认，如何进行货物的质量检验确认和解决质量争议，以及如何进行应收账款到期前的提示和管理等。第六章主要阐述如何对早期逾期应收账款的预警，如何判断逾期应收账款并确定催收策略，如何确定逾期应收账款的催收程序，逾期应收账款的催收方式和自行催收逾期应收账款的技巧等。第七章主要介绍消费者信用管理的客户授信、账户管理、商账催收等实务工作流程。第八章介绍了从接受信用贷款一方的主体角度，如何体察贷款银行对企业的信用管理实务。此外，介绍了电子商务和信用管理的关系，特别是电子商务中的收入链信用风险管理的基本实务知识。

　　本教材强调信用管理基本理论与信用管理师职业标准规范的结合，注重理论与实际结合，针对信用管理的实际，提供可操作性的方法指导，可作为高等院校相关专业的教科书，也可作为信用管理等在职人员的专业培训教材或自学用书。

　　著名信用管理专家、中国中小企业协会副会长孔庆泰作为本教材的分编委会主任，负责全书的编写思路，并对教材的编写工作给予指导。本书编写者分工如下：第一章、第二章、第四章、第六章由方新立编写；第三章、第五章由方新立、孙会国合写；第七章由郝智慧、方新立合写；第八章由方新立、韩海彬合写。主编方新立负责全书总体规范的设计，并对全书的文字作了加工整理。杜木恒、赵学丽、东向兰、马俊红老师和索冠男、杨光也分别参与了本书的修改、习题编写或提供了很大支持帮助。

　　本书在编写过程中借鉴了国内外许多信用管理学者的研究成果，在此谨向这些学者致以衷心的感谢！

　　中央广播电视大学经管学院常务副院长艾大力、远程教育研究所研究员杨亭亭，在本书的编写过程中始终给予了热情关心。中央广播电视大学出版社副编审李朔，北京大学教授、博士生导师章政，中国管理科学研究院信用管理研究中心主任雷放、副主任郑淑惠等专家学者对本书的编写提出了许多宝贵的指导意见，在此谨表谢意！

　　本书虽有专家团队指导，但限于编者水平，仍难免有疏漏不妥之处，敬请读者批评指正！

编写组
2010 年 10 月

课程学习媒体使用指南

"助理信用管理师实务"是为中央广播电视大学信用管理专业开设的统设必修课,共90学时、5学分。根据电大远程开放教育的特点和学习者自主学习的需要,课程组设计了多媒体一体化教材,有主教材(文字教材)、强化辅助媒体(音像教材)和拓展媒体(网络课程)。

1. 文字教材

文字教材是现代远程教育的重要媒体,是学习者自主学习的主要依据。文字教材全面、系统地阐述了本学科的基本理论、基本方法和实务。我们在编写本教材时,力求通俗易懂、便于自学,对问题的论述深入浅出、逻辑清晰。按照课程教学大纲的要求,安排了7个主要部分的内容,即学习目标、关键术语、引言、自学提示、教学内容、本章小结和本章自测题。

在学习每一章时,应该首先阅读学习目标、引言和自学提示,了解本章节的学习重点、难点和学习方法。在认真阅读教学内容时,若有不理解的内容,可先记录下来,参看其他媒体教材的讲解进一步学习;也可参与网上答疑或讨论活动,直到把问题搞明白、弄清楚。为了增强教材内容的可读性和实务性,在每一章节都安排了相关案例。这些精选的小案例,旨在举案说理、寓知识于案情中,并希望在阅读中能由此产生更多的联想。各章的自测题主要用于检查对所学知识的掌握程度,改进学习方法,使其更有针对性。测试题均是按本教材知识点的顺序排列,请依次把测试题的答案从教材中找出来,并在每一测试题后写上答案,同时注明与本教材相应知识点对应的页码,再与书后测试题参考答案对照。这样做,既训练了自学能力,又简便易行地检验了真实的自学效果,还为期末复习奠定了扎实的基础。如此一举多得的功夫,看似学得慢些,实则在养成一种良好的自学习惯,走的是一条最佳自学之路,要比那种期末突击式的死记硬背好得多。

2. 音像教材

音像教材是辅助学习媒体,起着深化教学和助学的作用。为该门课程制作的几节电视课的内容是各章教学重点、案例和专题,结合信用管理实务中鲜活的例子,帮助学生理解助理信用管理师实务的核心知识及基本技巧,可作为自学时的参考依据。我们力求充分发挥音像教材的长处,把各章需掌握的主要内容、重点与难点问题融入精选的案例来进行讲解。其最大特点是突出了在信用管理基本规范下的基本业务操作流程和要点。我们尽可能地把得到的素材与教学需求相结合，形成一个较系统的、形象化的电视教学过程，使同学们得到更多的感性认识，以强化对文字教材中核心知识的理解。

3. IP 课件和网络课程

IP 课件（三分频课件）主要以讲授方式针对各章节涉及的主要内容和重点、难点问题进行解析。网络课程是为便于进行远程学习而制作的一种新媒体。网络课程将以课程教学大纲为指南，整合文字教材和音像教材等学习资源，发挥网络媒体的特点及开放性的优势，通过讲解、讨论和答疑等方式授课，设立"相关术语"、"课程导学"、"业务流程"、"视频精讲"（有案例情境式串讲和核心知识式串讲两种）、"导师点评"、"互动练习"、"自检自测"、"请你总结"等栏目，以满足学生自主性、趣味性学习的要求，注重培养学生的学习能力、收集信息与运用信息的能力、独立思考和解决问题的能力。

4. 电大在线

主要通过中央电大及天津电大在线平台，按照教学进度，进行相关教学辅导，根据需要进行网上讨论与答疑，依据教学需要不断更新充实教学资料。

学习者可参照以下的教学媒体使用信息表，根据自己的条件、能力、自学计划及学习需求，进行有效的组合，以达到用较少的时间和精力，获取良好的学习效果。

教学媒体使用信息表

教学媒体	主要内容	主要作用	学习方式
文字教材	系统介绍全部教学内容	系统传授知识	自学为主
音像教材	专题阐述，必要补充	结合案例重点讲授	观看录像带
IP 课件	重难点解析	系统讲授	上网浏览
网上教学 网络课程	教学大纲、课程说明、各章学习重点、知识拓展、在线答疑等	教学过程辅导、重点提示、习题解析、检查学习情况等，增加互动	在线浏览

最后，我们希望得到大家使用这套教材之后的意见和建议，以便于我们在今后修订教材时能进一步改进。谢谢！

"助理信用管理师实务"课程组

2010 年 10 月

目　录

第一章

企业信用管理实务概述

学习目标

学完本章后，你应做到：

1. 辨识企业信用管理实务的基本类别；
2. 概述企业信用管理实务基本内容的相关要点；
3. 复述企业信用管理实务是一门处理经营成本、收益与风险关系的学科；
4. 复述信用管理实务是企业经营管理活动中的一门艺术；
5. 能举例说明信用管理实务在企业中的目标和作用。

本章所需的学习时数约为 4 小时，实际所需时间视你的学习进度而定。注意安排足够的时间完成课后的思考和自测题。

请你在本章学习开始时填写表 1-1 中的第 1~2 项，学完本章后填写第 3~6 项，如果本表填不下，可自行加页，填写好后交给老师，作为积分作业记入平时成绩。

表 1-1 编制学习计划书

序 号	项 目	内 容 提 要
1	制订本章自学计划	
2	列示本章各节要点	
3	综述本章核心知识	
4	提出疑难问题	
5	简述学习体会	
6	作出自我评价	优秀（ ）良好（ ）及格（ ）跟不上（ ）

关键术语

企业信用管理实务　　广义的信用管理实务　　狭义的信用管理实务　　信用记录
信用风险控制　　　　信用管理实务目标　　　消费信用

引 言

本章通过对企业信用管理实务内涵的划分，说明企业信用管理实务的类别和基本内容，在此基础上，明确信用管理在企业中的地位与作用，进而为进入企业信用管理流程、学习企业信用管理实务打下基础。

在学习本章时，你会发现企业信用活动的三种形式。在不同类型的信用管理实务中，重点是企业对企业的信用管理实务，因为企业对企业的信用管理实务最为典型，本书也将以此为主展开阐述。

在学习过程中，你一定要注意本章内容与该课程整体框架的衔接关系和相关知识的有机联系。下面用一段背景资料来说明学习信用管理实务的重要性。

【背景资料】这是一组让人触目惊心的数据：由于信用与信用管理缺失，我国每年财政上的损失高达约 5 000 亿元；十几年来，我国银行业的贷款损失大约 4 万亿元。更加费解的是，还有这样一个现状：一方面，我们银行存贷差达到一两万亿元，外汇储备超过 2 万亿元，可以说有很多的钱可以"用"；另一方面，社会上需要用钱的地方也非常多，尤其是有很多中小企业急需资金来发展，但却总苦于找不到能"用"的钱！这其中的根本原因就是信用管理缺失。

据中国人民银行一个分行的调查，当地中小企业局推荐的 1 000 户希望重点支持的企业，90％缺乏良好信用习惯，表现在：没有必要的财务会计制度，随意填报财务报表，交税务部门的报表与交人民银行的报表不一致，大量使用现金交易，在银行很少保留支付记录，不按规定缴纳各种税费，等等。这样的企业，银行不可能给予信用贷款。所以，要从银行获取贷款，必须要有良好的信用记录。

2007 年 11 月 14 日，中共北京市委、市政府正式下发 2008—2010 年北京市社会信用体系建设任务单，任务单中明确表示要培训高素质的信用服务人才队伍，组织开展企业信用管理培训。

其实，信用管理缺失导致的严重后果在很多大企业也很普遍。四川长虹公司一直是令人瞩目的企业，2004 年该企业被名不见经传的美国 APEX 公司诈骗。美国 APEX 公司采用信用欺诈的方式骗取长虹公司几亿美元，致使长虹公司 2004 年一次计提坏账就达 1.8 亿美元，约合人民币 15 亿元。按 2003 年长虹公司的利润 2.4 亿元计算，长虹公司起码要做 6 年才能达到 15 亿元，这意味着 6 年的辛苦付诸东流。

长虹公司的这次事件主要是由信用管理失误造成的。如果长虹公司在应收账款信用管理上严谨一点的话，这个灾难本可避免。

(资料来源：法制日报，2008 - 01)

第一节 企业信用管理实务的内涵

自学提示

本节要求在明确企业信用管理实务含义的基础上，重点掌握对狭义的信用管理实务内容的分析。

一、企业信用管理实务的含义

企业信用管理实务就是企业组织内部通过设立专门的信用管理部门及其人员所从事的信用事务及其操作流程。它包括：其一，前期信用管理阶段的资信调查和评估流程；其二，中期信用管理阶段的债权保障流程；其三，后期信用管理阶段的应收账款流程。

企业信用管理实务有广义和狭义之分。广义的信用管理实务是指企业为获得他人提供的信用或授予他人信用而进行的管理活动，是按照信用规范针对企业信用交易活动的全过程和企业诚信经营行为的全方位管理实务，其主要目的是为企业经营、发展信用交易和获取信用资源服务。狭义的信用管理实务是按照信用规范针对企业信用销售的全程管理。实践表明，对企业信用销售的管理是企业信用管理的核心基础工作。

二、广义的信用管理实务

广义的信用管理实务是一种综合性的管理，它涉及金融、财务、法律、信息学、计算机等多学科多领域，其内容涵盖了应收账款管理、商账追收、资信调查、信用评级、信用保险（出口信用保险）、国际风险管理、高级投资分析、资本概预算、高级公司金融等，它所涉及的是企业信用活动中方方面面的实际业务。因此，信用管理实务不仅是企业经营管理的一个重要组成部分，而且是企业识别、防范和计量信用风险的一项重要手段。

广义的信用管理实务必然要应用各种相关业务，它是一门综合各学科领域中应用型知识的学科，它的发展依赖于管理等学科理论、方法的发展。随着现代经济的迅速发展，信用管理的理念也在发生着深刻的变革，信用管理的手段和方法也越来越多样；同时，对信用管理从业者的知识、能力要求也日益加强。相对于狭义的信用管理实务，广义的信用管理实务是信用管理实务中更高级、更广泛的内容。

三、狭义的信用管理实务

狭义的信用管理实务是针对企业信用销售的全程管理。信用销售是从属于信用交易范畴的概念，而信用交易是比信用销售更广义的概念，它一般包括国内信用销售、进出口信用和金融机构的信贷。信用交易方式是市场销售发展的最高级形式，是现代商业发展的润滑剂。

赊销主要是指企业对企业、商场对消费者、企业对消费者的"先提货后付款"的销售方式。信用销售一般是在商业银行和其他金融机构的支持下进行的，也有大规模赊销是在企业自己的财务公司支持下进行的，并且逐渐成为一种新的发展趋势。赊销方式下的全社会信用销售总额总是随着市场从卖方转向买方程度加深而增长。

狭义的信用管理一般应包括三个阶段，即资信调查阶段、授信决策阶段、跟踪催收阶段。资信调查是指调查授信对象的能力和意愿，授信决策是指与合适守信的对象签订契约，跟踪催收是指采取种种催收技巧收回账款。

信用销售的前期资信调查最为重要，不经过资信调查的而授予信用，发生坏账的风险非常高。进行信用调查就是要调查对方的能力和意愿，对意愿的调查是其中最重要的一环。

据统计，实施事前控制（交货前）可以防止 70％ 拖欠风险；实施事中控制（交货后到合同货款到期前）可以避免 35％ 的拖欠风险；实施事后控制（拖欠发生后）可以挽回 41％ 的拖欠损失；实施全面控制可以减少 80％ 的呆账、坏账。从统计资料可以看出，大部分风险是在交货前控制不当造成的。这个阶段的风险控制管理工作，应该说相对简单很多，成本低得多；而形成拖欠以后的追讨工作，则要复杂很多，成本会高得惊人。因此，控制信用销售赊销拖欠风险的工作重点，应该放在事前控制上。

总之，企业通过信用管理实务，一方面可以扩大其销售量，另一方面可以控制坏账率和逾期账款率，从而有效地降低无效成本（指坏账损失、拖欠款损失、管理费用的三项总和）损失。

美国企业的信用销售发展历程很能说明问题。20世纪五六十年代，美国企业面临高坏账率、高逾期应收账款率的状况。很多企业因此在泥潭里挣扎，不少企业也因此而破产倒闭，于是，企业信用管理被高度重视起来。在信用管理专业咨询机构的指导下，企业纷纷建立科学的信用管理机制，成立信用管理部门，规范赊销行为。随着企业信用管理实务的加强，美国企业的平均坏账率和逾期应收账款率大幅下降，同时，赊销比例也节节上升。信用销售的高度发达，促使企业信用管理达到了很高的水平。狭义的企业间信用管理实务是我们学习信用管理实务最重要、最基本的内容。以下两节及第二章至第六章列举的典型案例都属于狭义的企业间信用管理实务范畴。

资料 商务部：循序渐进制定信用销售相关法律法规

我国商务部2008年12月刊登在商务部网站的新闻稿称：将循序渐进制定信用销售相关法律法规，研究建立信用销售促进机制和风险管控机制，推动信用销售发展，以扩大国内需求、促进消费增长。随着2008年国际金融危机影响日益加剧，我国外贸出口回落，许多外向型企业急需开拓国内市场，信用销售已成为抢占市场、扩大销售的主要手段。

商务部称，要鼓励企业、银行、保险机构之间的合作，建立信用销售、信用保险和银行信贷顺畅衔接的机制，解决信用销售中的融资困难；发展信用保险和担保，为企业提供风险保障；探索建立交易数据交换系统。

商务部表示，信用销售滞后不仅造成企业融资和市场拓展的困难，而且还抑制了消费的增长，是导致我国消费率远远低于国际平均水平的重要原因。与成熟市场经济国家相比，我国信用销售相对滞后。美国信用销售比例高达90%以上，信用消费占总消费额的2/3左右，而我国信用销售比例不到20%，2006年信用消费额仅占总消费额的3%。

信用销售是企业通过分期付款、延期付款等方式向单位或个人销售商品或服务的信用交易方式，是市场经济中商业信用销售的基本形态，是生产经营者及消费者之间的直接信用。

（资料来源：商务部网站，2008-12）

思考 1-1：你能否清楚地划分信用管理实务的基本类别？请结合以上资料谈一谈你对这方面的理解。（200字左右）

第二节 企业信用活动的形式及其管理内容

自学提示

本节通过以下四方面内容的分析，有助于我们把握本书的基本框架，并为以后各章的学习做好铺垫。

一、企业信用活动的形式

从企业所发生的信用活动关系和对象上来看，企业信用活动主要表现为以下七种形式：其一，企业对企业的信用活动；其二，企业对个人的信用活动（B2C）；其三，企业对金融机构的信用活动（B2F）；其四，金融机构对企业的信用活动（F2B）；其五，金融机构对个人的信用活动（F2C）；其六，个人对企业的信用活动（C2B）；其七，个人对金融机构的信用活动（C2F）。

为了实现企业上述信用活动的目的，维护各种信用关系的正常运行，防范或减少信用风险，企业需要制定信用政策、配置信用资源、收集分析征信数据和资料、实现信用交易、进行信用控制等实务性的管理，企业对这些信用活动的具体的管理内容构成了企业信用管理实务。

在企业七种信用活动中，纳入信用管理实务的信用活动主要是前五种。其中最活跃、最具代表性的是以工商企业为主体的企业对企业的信用活动（B2B）、企业对个人的信用活动（B2C）和企业对金融机构的信用活动（B2F）三种信用形式。

在现代企业信用活动中，主要信用关系发生在企业之间，大量的信用交易产生在企业对企业（B2B）形式中。因此，企业对企业（B2B）的信用管理实务最为典型、最为重要。四川长虹公司被美国 APEX 公司信用欺诈，就是颇具代表性的因企业对企业（B2B）信用管理缺失而遭遇的巨额欠款。

二、企业对企业的信用管理实务

（一）从一个事例看企业对企业的信用管理实务的重要性

★ **案例 1-1**

　　A 公司为华南某大型抗生素生产企业，生产各种抗生素针剂。2000 年以前，其产品主要在华南销售。2001 年以后产品销售开始向全国城市扩展，当时在华中地区选择华中某医药贸易公司（下称 B 公司）为经销商，代销 A 公司产品。到 2008 年，双方的业务量逐年增长，双方合作愉快。

　　2008 年第一季度，B 公司的月采购量比 2007 年同期增大了 100%，同时出现了不能及时付款、结算日期越来越长的现象。经多次谈判，B 公司没有改善付款状况，于是 A 公司拒绝增大信用额度。经调查后发现，B 公司所有者权益为负 43 万元，已经资不抵债。原来在 2008 年 3 月，B 公司改制重组，注册成立了新公司，性质变成民营，但仍然不断以 B 公司名义要求供应商加大赊销，该公司的实际负责人已更换，有躲避债务的嫌疑。A 公司决定立即停止给 B 公司供货，从而避免陷入对方的信用陷阱。

　　以上事例并非孤立的个案。联系以上四川长虹公司的例子和商务部制定的信用销售相关法律法规，都说明了开展严谨的企业间信用管理的重要性。

（二）企业信用管理实务的基本内容

　　所谓严谨的企业间信用管理，又称全程信用管理实务流程，体现在以下的企业信用管理实务六方面内容之中。

　　1. 信用信息征集

　　信用信息征集是针对企业客户信用申请来收集客户资料和客户信用信息的采集业务。属于信用管理实务的事前管理阶段。

　　在买方市场形成后，企业赊销方式普遍流行，销售已经转变为一种竞争性的销售，对客户资源争夺激烈。客户管理是企业实施信用管理的前提，由于客户既是企业最大的利润来源，也是企业最大的风险来源，因此，受理好新客户的信用申请就成为实施成功信用管理的关键。这就要求企业必须做好客户信用信息的征集，打好识别客户真伪好坏的基础工作。

2. 信用记录

信用记录是指针对企业客户信用信息的处理和录入。

客户信用申请是企业实施信用管理的前提，进行客户信用的信息采集、处理和录入是落实这一前提的基础工作，为打好这一基础，需要认真审核客户信用信息，掌握收集客户信用信息的方法。

3. 信用档案的建立与管理

信用档案的建立与管理是指建立客户信用管理数据库、保管和利用客户信用档案等。

做好这方面的信用管理实务，需要建立客户信用档案；了解客户信用档案的更新方法；学会客户信用档案的保管和利用；了解客户信用档案检索系统的使用方法；熟悉征信报告中的编码系统。

4. 信用调查与评价

信用调查与评价是提供关于目标企业的历史背景、财务状况、经营状况、信用记录等方面的信息；评价出目标企业的风险级别并给出建议信用额度；掌握客户状况的变化，对客户群体作出分析和分类，从而作出及时有效的商业决策，有效降低企业经营风险。

5. 信用担保和信用风险控制

信用担保是指信用交易按约定的合同履行、保障交易当事人利益实现的法律措施，是由专门机构面向社会提供的制度化的保证。一般是为防范信用风险，避免或减少授信方的损失，由第三方提供财产、资金等保障的服务。信用风险控制是指交易运营中的信用监控、期内应收账款管理和逾期应收账款管理。

做好这两项实务工作，需要熟悉信用担保方式，掌握信用担保业务和流程；认真做好对客户交易账户和基本数据的管理、对交易合同和订单的信用管理、对库存和发货中的信用管理、对财会记账环节的信用管理，由此来实现对客户信用风险的监控。

6. 电子商务下的信用管理

企业间贸易如果是通过电子商务平台的网上交易，信用管理实务则要结合传统信用认证和网络互动的特点，多角度、及时、持续、动态地展现企业在网上贸易过程中的信用情况，让诚信的企业赢得客户信任，达成更多交易；对不诚信的企业进行曝光。例如，阿里巴巴为商人从事网上贸易提供的网上信用活动档案，通过诚信通档案对企业身份进行网上认证，提供客户评价、证书荣誉和资信参考（包括资信参考人和企业在阿里巴巴市场的活动记录）。电子商务下的信用管理虽然还不成熟，但发展很快，本书的第八章第二节对此作了基本介绍。

以上六方面实务的详细内容主要在本书第三章至第六章展开。

三、企业对个人的信用管理实务

(一) 消费信用

消费信用是企业与个人消费者之间信用关系的一种重要形式,是工商企业以商品、货币或劳务为载体,向个人消费者提供的以延期付款为主要内容的商业信用。与企业之间信用管理实务不同,工商企业对个人信用管理的对象主要是个体消费者,消费信用常常需要金融机构的参与。例如,到大商场买大件商品可采用的分期付款方式,是典型的大商场对消费者的信用管理实务。又如,到商业银行申请的信用卡也是典型的银行对个人消费者的消费信用管理实务。

(二) 企业对个人消费者信用管理实务的基本内容

企业对个人消费者信用管理实务的基本内容包括以下几个方面:

1. 消费者信用申请窗口服务

这方面的信用管理实务包括:受理消费者信用申请、辅导消费者填写信用申请表、传递消费者信用申请材料给授信部门、回复消费者信用申请、传播信用消费知识、促进消费信用工具的推广使用。

2. 消费者信用的采集和管理

这方面的信用管理实务包括:采集企业外部的消费者信用信息、采集企业内部的消费者信用信息、核实消费者信用信息、配对处理消费者信用信息、制作个人信用档案、录入和更新消费者信用信息、日常维护消费者信用档案、消费者信用的采集和管理。

3. 消费者付款管理

这方面的信用管理实务包括:发放消费者付款回执账单簿、监控消费者的付款情况、掌握消费者的付款规律、提醒消费者到期付款、培育消费者良好的付款习惯。

4. 对拖欠付款消费者的管理

这方面的信用管理实务包括:调查消费者拖欠的原因、排队催收次序、内勤催收消费者欠款、使用规定的电话催收语言和提示系统、委托追账机构催收、撰写催账进展报告、申报坏账注销、商业化处理坏账。

以上四方面详细内容将在本书第七章介绍。

四、企业与金融机构间的信用管理实务

（一）基于金融机构对企业风险控制的信用管理实务

企业与金融机构间的信用管理实务基于金融机构对企业的风险控制。企业信用管理人员在这方面的重要工作就是熟悉金融机构（特别是银行）对企业融资方面的规范，遵循中国人民银行颁布的《中国人民银行贷款通则》（以下简称《贷款通则》）和有关法律法规的规定以及信用管理制度的相应要求，满足银行对企业贷款方面的相应要求。

以一般工商企业取得工商银行贷款为例。工商银行必然要进行一系列贷前调查、贷后管理、风险预警、贷后检查等工作。包括：银行客户经理要做的贷前尽职调查，到贷款企业查账并做财务分析，对借款企业信用评级，撰写借款人、保证人贷前报告，确定贷款合同、担保合同、抵押合同、质押合同相关的法律审查内容与标准，撰写借款人、保证人贷后检查报告等。

企业信用管理人员要尽其所能协助企业财务部门提供银行所需的资料，配合银行贷前调查、贷后管理、风险预警、贷后检查工作。如企业借款，不管是长期借款还是短期借款，无论是借外币还是借人民币，企业信用管理人员必须熟知《贷款通则》中借款人的一般条件。

（二）借款人的基本信用条件

根据《贷款通则》和有关法律法规的规定，借款人的基本条件是：

（1）持有县级以上工商行政管理部门核发的有效法人营业执照和经主管机关核准登记；

（2）除不需要经工商部门核准登记的事业法人外，应当经过工商部门办理年检手续；

（3）持有贷款卡；

（4）拥有法定资本金和固定的生产经营场所；

（5）实行独立核算；

（6）除国务院规定外，有限责任公司和股份有限公司对外股本权益性投资累计额未超过其净资产总额的50%；

（7）申请中期、长期贷款的，新建项目的企业法人所有者权益与项目所需总投资的比例不低于国家规定的投资项目的资本金比例；

（8）未生产、经营和国家明文禁止的产品和项目；

（9）项目建设和生产经营已经取得环保部门的许可；

（10）在承包、租赁、联营、合并（兼并）、合作、分立、产权有偿转让、股份制改造等体制变更过程中，已经清偿原有贷款债务、落实原有贷款债务或提供相应担保；

（11）没有列入人民银行信贷咨询系统的黑名单；

（12）符合国家的产业政策和贷款银行的信贷政策；

（13）在银行没有不良信贷记录；

（14）没有连续三年亏损，没有连续三年净经营现金流为负；

（15）在贷款银行已开立基本账户或一般存款账户。

企业信用管理人员只有知晓以上借款人的基本条件，才能协助企业财务部门提供银行所需的资料，配合银行贷前调查工作，满足银行的要求，并与银行共同管理好信用风险。

以上详细内容将在本书第八章第一节展开。

思考 1 - 2：你能否准确判断信用管理实务基本内容的要点？请结合以上案例和相关知识谈一谈你对这方面的理解。（200 字左右）

第三节　信用管理在企业经营管理中的作用

自学提示

本节首先从处理成本、收益与风险关系的角度来说明企业信用管理实务是一项科学手段；其次从企业的销售额、现金流、边际利润、开工率以及坏账损失这些变量间的动态平衡角度，把信用管理实务比喻为一门艺术。两方面的分析都很重要，能帮助我们理解信用管理在企业经营管理中的重要作用。

一、信用管理是处理企业经营成本、收益与风险关系的一项科学手段

从成本、收益与风险的角度来看，信用管理是一项处理企业经营成本、收益与风险关系的科学手段。任何价值创造的过程都要占用和消耗资源，这种对资源的消耗表现在财务报表上就形成成本或费用。只要创造的价值能够补偿成本或费用，这种增值活动就是必要的。企业在利用信用扩大销售、增加收益的同时也在占用和消耗资源，并使企业承担着一定的风险。

（一）企业信用管理的成本

以企业信用管理实务中的应收账款管理为例，一般来说应收账款的管理成本是相对固定的，但是当一定时期企业的应收账款有很大变化时，管理成本也会发生很大变化。例如，应收账款监管成本、收账成本、客户信用状况调查成本等都会发生变化。

机会成本是一项必须考虑的因素。企业为了促销需要采取信用政策，这样企业就要垫付一笔相当数量的资金。如果企业不是因信用销售而出现应收账款，企业可以把这笔垫付的应收账款用于其他投资，企业为此丧失了利用这笔资金获利的机会，从而产生了应收账款的机会成本。

在信用管理实务中，企业最害怕也是最可能发生的一项成本是坏账损失。企业因此不仅不能收回账款，实现利润，而且企业的本金也不能收回，造成资产的损失。这种损失的规模和应收账款的规模是成正比的，企业越是要利用应收账款来扩大销售就越可能产生坏账损失成本。

（二）企业信用管理是寻求收益与风险之间的对等

信用管理是企业识别、防范和计量信用风险的一项重要手段。就对资源的占用而言，应收账款的发生会影响企业现金流动的速度。企业用现金购买存货，销售存货产生应收账款，收回应收账款获得增值的现金，资金流渗透于企业的每个运营过程。在买卖的过程中，现金在存货、应付账款、应收账款中滞留，这种滞留是市场竞争的需要，也是企业为获得更多现金的手段。

企业的现金在存货、应付账款、应收账款间的这种转换必须是持续的。企业可以通过扩大应收账款来刺激销售，从而减少存货；但是如果应收账款不能收回，价值增值就不能实现。

企业的现金在存货、应付账款、应收账款间的这种转换还必须是迅速的。只有迅速地转换，企业才能获得更多的利润，提升竞争地位。衡量这个运转速度的一个有效的指标是资金积压期间。

资金积压期间 = 存货周转期 + 应收账款周转期 − 应付账款付款期

这个公式表明，要加快资金周转速度，有效的途径在于减少存货、减少应收账款和增加应付账款。

企业是采取信用销售还是采用收现销售，没有固定规则可以遵循。在信用社会，信用模式并非一定优于收现模式，企业采取怎样的销售模式，完全取决于企业在市场中的地位和市场竞争环境以及对风险的偏好。

信用是有风险的，收益和风险对等，收益越高，则风险越大。信用风险是指企业在从事信用交易活动中面临的各种不确定因素所导致的后果。信用风险是客观存在且可以控制的，信用管理实务的重要目标就是控制信用风险，使其朝有利于信用管理方向发展。信用风险和账款拖欠会侵蚀企业的经济效益，甚至会使企业简单的生产活动都难以为继，这就导致企业会采取非现金交易不可的做法，失去有利的市场商机。

可见，信用不仅有成本，而且有风险，企业利用信用来扩大销售，在增加收益的同时也增加了风险。企业信用管理实务的本质是在收益与风险之间寻求平衡，是采用财务、统计、金融等科学技术方法，通过信用管理使企业获得价值增值的一项科学手段。

思考 1-3：你是否明白信用管理实务是一项处理经营成本、收益与风险关系的应用科学手段？你认为它应体现在哪几个方面？

二、信用管理为企业制定科学的信用政策提供依据

信用管理实务通过寻求销售、现金流、边际利润、开工率以及可接受的坏账损失之间的有效平衡，为企业制定科学信用政策、采用合理信用决策提供重要依据。

我们先来看一个案例：

案例 1-2

某化工原料商（甲方）和某清洁能源商（乙方）于 2007 年 5 月开始合作，乙方购买甲方蓄电池原料。乙方首次购货 190 000 元且拖欠未付，两个月后，要求甲方再次赊销 190 000 元，遭拒。甲方认为乙方存在欺诈的可能，于 2008 年 3 月委托第三方专业催账公司代催欠款。经第三方调查，乙方为港资企业，经营正常。虽然厂房、设备均为租赁，但拥有车辆等固定资产。乙方承认债务，但因遇到短期资金紧张，并且正与美国大公司接洽合作事宜，希望甲方宽延还款时间支持其业务增长。

甲方决定以商务谈判作为突破口，最终达成：

（1）要求乙方提供业务顺畅的证明；

（2）要求乙方给予一定债权保障；

（3）甲方支持乙方业务发展，经特殊审批，给予高额赊销；

（4）在三个月后成功回收全部货款，并建立稳定合作关系，使乙方成为甲方的核心客户。

以上案例说明：企业信用管理最大的挑战，即在于衡量所有这些互相冲突的、经常互相混淆的因素，必须具有敏锐的能力以判断扩张客户的信用而又不会增加超额的风险。信用经

理必须为公司的销售、现金流量、获利及财务状况等多方面的平衡负责，制定理性的信用政策，作出合理的管理决策。

（一）信用管理需要制定理性的信用政策

信用管理实务属于风险管理的范畴，成功的信用管理必须确定理性的信用政策。一个企业理性的信用政策是企业信用管理和有关活动的根本依据，是综合考虑企业内部条件（企业自身生产的产品特点、经营能力、盈利状况等）、企业外部环境（行业状况、资金市场和宏观经济走势、竞争对手信用政策等）、企业发展规划等多方面因素而制定的一系列配套制度和措施。

一个公司的财务依靠良好而有效的信用管理。放任而没有限制的信用政策也许可以促进销售额及提供有力的行销工具，但却可能造成拖延应收账款和极高的坏账损失率；而采用过于严格限制的信用政策的公司却可能让竞争对手增加他们的市场占有率。信用管理者制定一个理性的信用政策，使之成为指导或协调销售部门、供应部门、财务部门、仓储部门、金融部门、信用客户等有关方面的规则，有效平衡企业、客户、社会等多方面利益，可以促进企业和社会的共同发展。

（二）信用经理应采取合理的信用管理决策

一个负责的信用经理应该认真而严格地衡量每一个与其相关的信用客户状况，利用现代科技，把每一个受信客户的每一个可能的环节纳入信用管理程序，将相关信用及财务状况输入此程序，参照电脑运行的结果，合理确定信用决策。

为了更加准确地预测应收账款回收的现金流量，可以将受信客户付款的习性数据化并设计成程序。某些信用管理的活动也可以用正确的方式衡量及程序化，信用经理可以不断改进信用管理的实务做法，依赖实务经验来增加其决策的有效性。

有效的信用决策往往是由实务经验得来的。例如，根据处理一些个别不同的受信客户的信用及营业状况，积累这些经验，信用经理可以建立起一个由信用交易经验和受信企业信用状况等信息和知识构成的数据库，以备信用管理决策时参考使用。

在企业信用管理中，信用管理实务经验是信用经理在信用管理上的第一个工具；建立在信用及财务分析基础上的信用决策是信用管理的第二个工具；诸如信用评分、现金流量分析以及其他信用分析技术和方法是信用管理的第三个工具。

信用经理正是利用以上三个工具，在作出信用决策时，衡量在应收账款组合中每增加一个赊销客户是否给企业带来更多的利益、更高的开工率、新增的利润及现金流量；衡量在应收账款组合中每增加一个赊销客户是否足够来抵消预期的信用风险及损失。

由此可见，信用经理在企业适当的销售金额、足够的现金流量、足够的边际利润和开工率以及可接受的坏账损失之间所寻求的平衡，是企业信用管理成功的中心工作。从这个角度来讲，把信用管理实务比喻为一门艺术并不为过。

思考1-4：你是否明白了信用管理实务是一种寻求销售金额、现金流量、边际利润、开工率以及可接受的坏账损失之间有效平衡的工作？你认为它应体现在哪几个方面？（100字左右）

三、信用管理实务在企业经营管理中的具体作用

信用管理实务贯穿于企业营销业务流程的各个环节之中，信用管理实务的目标十分明确，即增加有效销售，扩大市场份额，提高企业盈利质量水平。信用管理实务可以保证企业经营在一个既定的、合理的信用政策方针下进行，实现企业信用管理目标。其具体作用如下：

（一）事先预防，避免商业欺诈

在市场竞争中，商业欺诈是永远存在的，即使在信用证这类被人奉为法宝的交易条件下，依然存在商业诈骗的可能性。对交易对手进行资信调查，事先预防是把好"增加有效销售，扩大市场份额，提高企业盈利质量水平"的第一关。

信用管理实务帮助业务人员确立以下意识：一笔业务的完成不是合同签署，也不是货物出运，而是从产生交易意向、以对客户的资信了解为起点，以货款结算并对整个货款回收为终点的全过程。

在日趋激烈的市场竞争中，企业为占领市场而盲目开展业务，大量提供赊销，这种只顾经营竞争，而不注重信用风险的管理和控制，不可能实现"增加有效销售，扩大市场份额，提高企业盈利质量水平"的目标。更不可能从根本上提升企业业绩、打造企业核心能力。因此，企业信用风险控制管理是企业成功经营的第一步。

（二）事中控制，防止应收账款变成坏账

应收账款一经确立，对应收账款的管理也就开始了。企业采取系统的信用管理方法和手段，对应收账款回收全过程进行认真管理，做到应收账款的足额、及时收回，降低和避免信用风险。

在信用销售条件下，销售人员容易误解应收账款这一概念。举例说明，假设给予买方的销售条件是交货后30天付款，许多业务人员往往理解只有过了30天对方不还款才成为应收账款。实际上，过了30天已经是逾期应收账款了，而在物权移交的时候，对卖方来说，已经存在了一笔应收账款。所以，严谨的信用管理实务流程，能够对业务行为进行指导和监

督，及时防止应收账款变成坏账。

（三）事后应对，使企业具有规范处理坏账的方式

能有效开展信用管理实务的企业，对于围绕着应收账款所可能出现的各种问题，都有一套规范的处理方式。当出现问题以后，可以快速作出如何处理的判断；相反，没有这样制度的企业，往往使问题恶化，造成无可挽回的损失。

应收账款管理有其特殊性，时间在这里所发挥的作用至关重要。据北美有关行业协会的统计，逾期 1 个月的账款回收可能性是 98% 以上，而逾期 24 个月只有略大于 10% 的回收比例。可以说，时间在应收账款管理的成效中起了决定性的作用，而快速的反应依赖于一套能迅速作出对策的信用管理制度和相应实务操作流程。

（四）信用管理与其他管理互动促进，提高企业经营管理水平和盈利质量

上述事前调查、事中控制、事后管理的功能，只是就信用管理实务在企业日常经营管理来说的。信用管理实务还可以与其他管理相结合，成为一个整体，使企业经营管理的各项功能相得益彰，互动促进。信用管理实务操作与其他部门和管理相互配合、互动促进，才能顺利进行。

显然，企业信用管理不只是由对企业进行调查或对企业进行追收账款等这些单项活动涵盖的，它是应收账款管理政策与企业内部财务政策的结合，是促销业务与信用管理实务之间的结合，是信用考核指标的确定和监督执行等各项管理职能的结合。正是信用管理实务与其他管理相结合的互动促进，才能够提高企业经营管理水平和盈利质量。

（五）促进信用文化建设，提升企业的核心竞争力和社会信誉

企业信用和企业商誉是企业理念不可或缺的基本要素。如果一个企业以圈钱为其核心价值观，把消费者的利益抛在一边，那么这个企业不可能维持长久。企业讲求信用是一种责任，其目的不是为了单纯的利润，利润应当是履行企业信用的自然回报，唯有诚信至上，企业才能百年不衰。

商誉意识和经济信用意识是建立在社会公平交易、公正交易基础之上的。企业信用管理实务可以加强企业的信用文化建设，强化企业经营者、经理人的商誉意识和经济信用意识，促进经济社会的公平、公正交易，为社会信用体系的建立创造良好的条件。

在企业信用管理实务的具体操作中，结合企业信用文化的建设可以让更多的企业经营者、经理人认识到重视企业商誉和企业信用，可以赢得更多的合作者，赢得他们更多的信赖和支持；企业讲商誉、讲信用可以为自己创造更多的商机和企业效益，提升企业自身的核心竞争力。这就是讲求信用的核心价值。

思考1-5：你是否明确信用管理实务在企业中的目标和作用？你认为它涉及哪几个方面的要点？（100字左右）

案例1-3

李嘉诚的守信与成功

在市场经济活动中，企业之间、商家和消费者之间有着大量的经济交往，商业信誉也就显得特别重要。诚信是最基本的社会关系，没有诚信也就没有市场经济秩序。可以说，市场经济发展需要的高素质人才是讲诚信的人才。著名香港企业家李嘉诚先生在创业初期，资金极为有限。一次，一位外商希望向他大量订货，但外商提出需要有一个富裕的厂商作担保。李嘉诚跑了好几天，均无着落，只好据实相告。那位外商在与李嘉诚的几次接触中，深为他的诚信所感动，于是对他十分信赖，说："从阁下言谈之中看出，你是一位诚实君子，我相信你，就不必让其他厂商作保了，现在我们就签约吧。"李嘉诚感动之余还是坦诚地说："先生，受你如此信任，我不胜荣幸。但我还是不能和你签约，因为我资金有限。"外商听了，极其佩服他的为人，不但与他签约，而且还预付了货款。正是这笔生意使李嘉诚赚了一笔可观的钱，为以后的发展奠定了基础。

李先生在总结自身成功经验时说："人的一生最重要的就是守信。我现在就算有多十倍的资金，也难以应付那么多生意，而且很多是别人找我的，这些都是为人守信的结果。一个诚信的人一生将因此而受益无穷。"

（资料来源：根据信工委2009年培训资料改编）

·本章小结·

第一节阐述三方面要点。在企业信用管理实务的含义、广义的信用管理实务和狭义的信用管理实务中，信用管理实务的含义是前提性知识；广义的信用管理实务是拓展性知识；狭义的信用管理实务是最为重要的核心知识。

第二节阐述三方面要点。在企业对企业的信用管理实务、企业对个人的信用管理实务、企业对金融机构的信用管理实务中，企业对企业的信用管理实务最为典型也最为重要，作为本课程的核心重点知识，将在后面的第三章至第六章逐一展开分析；企业对个人的信用管理实务（也称为消费者信用管理实务）相对简单，其具体内容则要在第七章中逐一展开介绍；企业对金融机构的信用管理实务是从企业接受银行信贷角度必须熟悉的知识，其具体内容则要在第八章中逐一展开。所以，本节内容均可视为对后面第三章至第八章的信用管理实务的框架性知识。

第三节阐述三方面要点。第一方面是从间接经验"理性认知"的角度对企业信用管理进行了科学总结；第二方面是从"灵活运用"的角度诠释了信用管理实务如何为企业制定科学的信用政策提供依据；第三方面则在明确信用管理目标的基础上，逐一说明了信用管理的五点作用，表明信用管理实务不仅在狭义上、也可以在广义上发挥其在企业经营管理中的重要作用。

本章自测题

以下测试题均是按本章教材知识点的顺序排列，请你依次把测试题的答案找出来，并在每一测试题后注明答案，同时写上对应的页码，作为形成性考核的积分之一。

一、单项选择题

1. 在三种主要信用管理实务活动中，（　　）的信用管理实务最为典型。

    A. 企业对金融机构　　　　　　B. 企业对企业

    C. 金融机构对企业　　　　　　D. 金融机构对个人

2. 企业信用管理实务绝不仅仅是指针对（　　）的全过程管理，它应该是企业管理的一个重要组成部分。

    A. 应收账款管理　　　　　　　B. 企业信用销售

    C. 商账追收　　　　　　　　　D. 资信调查

3. 以下（　　）阶段的风险控制管理工作相对简单，成本较低。

    A. 事前控制　　　　　　　　　B. 事中控制

    C. 事后控制　　　　　　　　　D. 全面控制

4. 欠款回收工作属于（　　）阶段的信用管理工作。

    A. 事前管理　　　　　　　　　B. 事中管理

C. 事后管理　　　　　　　　　　　D. 全程管理

5. （　　）是企业识别、防范和计量信用风险的一项重要手段。

　　A. 信用管理实务　　　　　　　　B. 应收账款管理

　　C. 企业赊销管理　　　　　　　　D. 企业客户管理

6. 收集客户信用信息和对客户进行信用分析属于（　　）阶段的信用管理工作。

　　A. 事前管理　　　　　　　　　　B. 事中管理

　　C. 事后管理　　　　　　　　　　D. 全程管理

7. （　　）是企业实施信用管理的前提，而受理好新客户的信用申请就是实施成功信用管理的关键一步。

　　A. 赊销管理　　　　　　　　　　B. 客户管理

　　C. 合同管理　　　　　　　　　　D. 担保管理

8. （　　）包括针对企业客户信用申请收集客户资料和客户信用信息的采集业务。

　　A. 信用记录　　　　　　　　　　B. 信用信息征集

　　C. 信用档案的建立与管理　　　　D. 信用风险评价

9. 信用是有风险的，收益和风险对等，收益越高，则风险（　　）。

　　A. 不变　　　　　　　　　　　　B. 越小

　　C. 越大　　　　　　　　　　　　D. 随机变动

10. 信用管理实务是一种寻求销售、现金流、边际利润、开工率以及可接受的（　　）之间有效平衡的艺术。

　　A. 应收账款　　　　　　　　　　B. 坏账损失

　　C. 财务状况　　　　　　　　　　D. 赊销金额

11. 企业信用管理实务的目标是（　　）。

　　A. 不发生任何坏账损失

　　B. 减少应收账款

　　C. 增加有效销售，扩大市场份额，提高企业盈利质量水平

　　D. 扩大销售，减少存货

二、多项选择题

1. 信用管理实务中，最活跃、最具代表性的信用形式包括（　　）。

　　A. 企业对企业的信用活动

　　B. 企业对个人的信用活动

　　C. 企业对金融机构的信用活动

    D. 个人对金融机构的信用活动

    E. 个人对个人的信用活动

2. 信用销售的全程管理一般来说包括（　　）三个阶段。

    A. 资信调查阶段　　　　　　B. 授信决策阶段　　　　　　C. 跟踪催收阶段

    D. 日常管理阶段　　　　　　E. 发票管理阶段

3. 信用管理实务是一门综合管理，其内容涵盖了（　　）等。

    A. 应收账款管理　　　　　　B. 商账追收　　　　　　　　C. 资信调查

    D. 信用保险　　　　　　　　E. 财政管理

4. 全面的信用风险管理包括（　　）。

    A. 事前控制　　　　　　　　B. 事中控制　　　　　　　　C. 财务控制

    D. 事后控制　　　　　　　　E. 人员控制

5. 企业对企业的信用管理实务的基本内容包括企业对企业客户管理的（　　）。

    A. 信用信息征集　　　　　　B. 信用记录　　　　　　　　C. 信用档案的建立与管理

    D. 信用调查与评价　　　　　E. 信贷调查

6. 信用管理是一门处理（　　）关系的科学。

    A. 经营成本　　　　　　　　B. 收益　　　　　　　　　　C. 风险

    D. 坏账率　　　　　　　　　E. 人员之间

7. 资金积压期间＝存货周转期＋应收账款周转期－应付账款付款期，这个公式表明，要加快资金周转速度，有效的途径在于（　　）。

    A. 减少存货　　　　　　　　B. 增加应付账款　　　　　　C. 减少应收账款

    D. 以上都是　　　　　　　　E. AB 是，C 不是

8. 信用管理实务是一种寻求（　　）以及可接受的坏账损失之间有效平衡的艺术。

    A. 销售　　　　　　　　　　B. 现金流　　　　　　　　　C. 边际利润

    D. 开工率　　　　　　　　　E. 时间成本

9. 信用管理实务的目标是（　　）。

    A. 增加有效销售　　　　　　B. 扩大市场份额　　　　　　C. 提高企业盈利质量水平

    D. 信用政策决策　　　　　　E. 获取银行贷款

10. 信用管理实务可以保证企业经营在一个既定的、合理的信用政策下进行，其作用（　　）。

    A. 事先预防，对交易对手进行资信调查

    B. 业务发生之后，可以及时防止应收账款变成坏账

C. 当坏账的可能性已经呈现的时候，有一套规范的处理方式

D. 与其他管理互动促进，发挥提高企业盈利质量和提升企业社会信誉的综合效应

E. 直接提高企业效益

三、判断题

1. 在信用管理实务活动中，企业对企业的信用管理实务最为典型。（　　　）

2. 信用管理实务是指针对信用销售的全过程管理。（　　　）

3. 信用销售的大部分风险都是在交货后到合同货款到期前控制不当造成的。（　　　）

4. 企业应该把控制信用销售赊销拖欠风险的工作重点，放在事后的清欠工作上。（　　　）

5. 信用管理实务中核心的部分是从信用销售业务引出的。（　　　）

6. 信用销售是从属于信用交易范畴的概念，信用交易是较之信用销售更广义的概念。（　　　）

7. 信用管理是一门处理经营成本、收益与风险关系的科学。（　　　）

8. 信用是有风险的。收益和风险对等，收益越高，风险越大。（　　　）

9. 企业信用管理实务的本质是在收益与风险之间寻求平衡。（　　　）

10. 在信用社会，信用模式就一定优于收现的模式。（　　　）

11. 信用管理实务是一种寻求销售金额、现金流量、边际利润、开工率以及可接受的坏账损失之间有效平衡的艺术。（　　　）

12. 企业的赊销面积越大，销售额越大，利润越大。（　　　）

四、论述题

请结合以下毕业学员的学习体会，思考与本章内容相对应的基本知识的重要性？

我无意间在网上看到信用管理2007年的招生简章，隐约觉得这是一个很好的专业。我国的信用体系建设才刚刚起步，正缺乏这样的专业人才，而且信用管理领域的很多知识、方法都与我所学的经济应用数学相关，可以很好地相互结合，并发挥我的所长。于是，我报名参加了信用管理专业的学习。

我是插班进入2007春季班的，在这个班里，我算是年龄较小的几个人之一。我觉得在这里我可以从年龄较长的同学们身上学习到很多，无论是知识上的、能力上的，抑或是经验上的。

在两年的学习中，我学到了大量信用管理基础理论，了解了信用管理的基本原理、方法、理念和内容，这使我对信用管理行业有了真正意义上深层次的理解。我觉得，信用管理绝不仅仅是应收账款的管理，那只是信用管理的表层含义，我们应该从更广更深的层次去理

解信用管理，它应该是企业管理的一个重要组成部分，而且是企业识别、防范和计量风险的一项重要手段。从某种程度上讲，信用管理是一门综合管理哲学，它涉及金融、财务、法律、信息学、计算机等多学科多领域的内容。

不仅如此，我还学到了相当丰富的专业实务操作知识，内容涵盖了应收账款管理、商账追收、资信调查、信用评级、信用保险（出口信用保险）、国际风险管理、投资分析、资本概预算、公司金融等。从中我充分了解了信用管理所涉及的方方面面的实际业务，老师也都是业内有丰富经验的专家，从而让我在已学的基本原理基础上，对信用管理实践有了较全面、系统的了解。任何知识都是用来实际运用的，而信用管理更是这样一门偏重于实务的学科，它并不像传统经济学那样富有科学的系统性，而是一种综合了各领域内容的应用型理论。它的发展依赖于基础学科、理论、方法的发展，随着现代经济的不断深入发展，信用管理的理念也在发生着深刻的变革，信用管理的手段和方法也越来越丰富，同时，对信用管理从业者的知识、能力要求也日益加强。在这两年的学习中，我看到了自己的努力方向，发现了信用管理的魅力。

由于我的专业背景，我在某种程度上更偏向于做有关信用管理的模型分析（信用评分、财务系统）和有关信用衍生品的定价（偏金融）。我觉得，目前的信用管理领域尚有很多方面可以用量化的方法来予以完善。当然，量化的方法并不一定是必需的，也不是万能的，但是如果结合信用管理理论和实务，合理恰当地运用量化手段来完善信用管理，会使得信用管理获得新的生机和活力。

我国正在积极推进信用体系建设，包括宏观信用体系架构的建设、企业信用管理体系建设、银行信贷体系的建设、个人消费信用的推广和强化，同时也包括了与之相关的风险管理领域、金融资本市场、保险领域、信息经济学、供应链物流管理，以及诚信意识、法律规范和意识等多方面的全面推进。可以说，当前正是我国信用领域蓬勃发展之时，需要我们掌握现代的信用管理理念，不断提高专业知识能力并丰富经验。只有如此，方能跟上时代的潮流，在信用领域发挥出自己的能量。

感谢在职学习的这段经历，它给了我更广的知识、更多的经验、更远的眼光、更深的思考。我热爱这个职业，因为它是一门管理哲学，一门真正的艺术。任重而道远，我需要不懈努力。

你是否同意以上毕业学员的观点？请结合本章知识写一份400字左右的学习总结和体会。

第二章
企业信用管理部门的建立

学习目标

学完本章后，你应做到：

1. 复述企业信用管理部门的七项职能；
2. 了解企业信用管理部门设置的基本构成；
3. 辨识企业信用管理部门与企业其他部门和客户的关系；
4. 概述企业信用管理师与信用管理实务之间的密切关系；
5. 解释信用管理师职业资格与开展信用管理实务的能力要求相关要点；
6. 解释信用管理师职业资格划分与开展信用管理实务的能力要求相关要点；
7. 复述开展信用管理实务的组织保障和人员配备相应要求；
8. 概述开展企业信用管理实务人员的学识要求；
9. 阐述开展企业信用管理实务人员的素质要求。

请你在本章学习开始时填写表2-1中的第1~2项，学完本章后填写第3~6项，如果本表填不下，可自行加页，填写好后交给老师，作为积分作业记入平时成绩。

表2-1　编制学习计划书

序　号	项　　目	内　容　提　要
1	制订本章自学计划	
2	列示本章各节要点	
3	综述本章概要	
4	提出疑难问题	

续表

序 号	项 目	内 容 提 要
5	简述学习体会	
6	作出自我评价	优秀（ ）良好（ ）及格（ ）跟不上（ ）

关键术语

客户信用风险　　　信用政策　　　　客户资信管理　　　　客户授信管理

合同风险管理　　　应收账款控制　　征信服务　　　　　　诚信文化

引　言

欢迎你进入本课程第二章的学习。在第一章明确了"企业信用管理实务的内涵"和"信用管理在企业经营管理中的作用"的基础上，本章围绕企业开展信用管理实务的必要条件，即"企业信用管理部门的建立"展开阐述。

该章首先说明企业设置信用管理部门的必要性、设置原则、部门职能，然后分别讲述信用管理部门的基本组织结构和信用管理人员应具备的专业能力和专业学识等内容。学习本章内容，你要注意本章内容和前后各章内容的衔接关系和相关知识的有机联系，安排好学习进度并完成相应的测试。

为了提高学习效果，你最好浏览并有选择地下载"电大在线"上该门课的分章学习辅导，观看该门课本章部分的电视录像和IP课程讲座，以起到相互印证支持的作用。

【背景资料】美国邓白氏国际信用咨询（上海）有限公司曾对中国企业信用与应收账款情况进行的调查表明，70％的被调查者承认随着中国加入世界贸易组织（The World Trade Organization，WTO），企业将更广泛地采用信用销售，但67％的公司却没有信用部门，31％的公司没有详细的信用审核，56％的公司未曾使用第三方的调查信息；全面进行信用管理的企业仅占6％，而进行全面信用管理的企业，其应收账款周转天数比未进行信用管理的企业低30％。由于没有开展信用管理工作，很多企业对客户的信用风险缺少评估和预测，交易中往往仅凭主观判断作出决策。

现在绝大多数市场竞争激烈的行业，如医药保健、纺织、机械、信息技术（Information Technology，IT）等，以赊销方式完成的交易额已占到60％～90％。由于市场经济秩序的不完善以及信用管理的缺失，一些企业间的交易行为呈现出一种严重信用失控的混乱局面，许多企业为此付出了惨痛的代价。

国外很多企业早就有完善的信用管理、信用控制体制，并设立独立的信用管理部门，具备专职的信用控制人员和严格的信用管理实务流程。目前，国内大多数企业还没有开展较为规范的信用管理实务。由于信用管理实务跟不上，导致赊销能力严重缺乏，影响了企业的市场竞争力。中国企业海外平均赊销比例为 20%，美国企业为 90% 以上。忽略购买力因素，理论上同等资金规模的美国企业信用销售规模可以达到中国企业的 4 倍。

邓白氏国际信息咨询（上海）有限公司北京办事处商务咨询部经理孙彤彦说："客户永远是上帝吗？有一句商业格言说得好，客户既是企业最大的财富来源，也是最大的风险来源。只有那些有偿付能力的客户才是重要的客户。在经营活动中，应该对客户进行严格管理，使客户真正变成财富的来源，而不是灾难的来源。企业建立信用管理部门是筛选客户的最好机构，就像企业的人力资源部或人事部门一样不可缺少。"可见，开展信用管理实务应该具备的条件就要从信用管理师和建立信用管理部门谈起。

（资料来源：根据信工委 2008 年培训资料改编）

思考 2 - 1： 你是否同意孙经理的观点？请回顾上一章并联系本节的学习谈一谈你的看法，然后继续下面的阅读。（200 字左右）

第一节　企业信用管理部门的设置

自学提示

在本节阐述的三方面内容中，重点是信用管理部门的组织结构与职能。因为，根据信用管理业务需要合理地设计安排管理部门的组织结构与职能，这是信用管理部门设置的核心问题，也是顺利开展信用管理实务工作的关键。

一、企业独立信用管理部门的设置

在市场经济条件下，多数行业的市场趋向是买方市场。企业为适应买方市场，扩大市场销售，于是采用信用销售方式，进行大量赊销信用交易。如此，信用管理必然成为企业经营管理中的重要问题，要解决好诸如以下涉及的问题，有必要成立独立的信用管理部门。

（一）企业内部常见的信用销售风险问题

在现代企业经营管理中经常出现的信用销售风险问题有：

（1）销售人员垄断客户，企业不掌握全面的客户信息；

（2）缺少准确判断客户信用状况的方法，营销手段单一；

（3）销售人员各行其是，企业对客户难以形成信用控制；

（4）缺少明确的信用政策，货款结算关系混乱；

（5）销售人员与客户勾结，造成企业财产流失；

（6）赊销项目审批不科学，各级管理领导者主观盲目决策；

（7）销售与财务在账款回收上职责不清；

（8）应收账款管理滞后，前清后欠；

（9）逐渐呈现出业务量下降、客户减少、利润降低的衰退现象，甚至走向保守销售的极端。

上述问题的存在，从管理体制上讲，是由于企业没有设置独立的信用管理部门。

比如，当企业将信用管理工作置于业务或销售部门负责之下时，上述问题1～5比较突出。原因是把授予客户信用的权力和业务执行的权力集中在一个部门，无法监督信用销售业务，权力过分集中容易导致各种失职和腐败的产生。在买方市场情况下，业务人员或经理在与客户交往过程中，自始至终会受到来自客户扩大信用销售的压力，在千方百计地谋求扩大业务量的心理驱使下，业务人员往往会降低对客户信用的要求，或扩大信用限额，或改变付款条件，或延长放账期限。这时，如果审批的权力在自己部门或自己手中，失误很可能发生。更糟的是，由于掌握授信的权力，容易出现内外勾结坑害企业的行为，给企业造成巨大的损失。

又如，当企业将信用管理工作置于财务部门负责之下时，上述问题6～9比较突出，原因是财务人员的信用管理知识薄弱，他们不可能像业务人员一样与客户讨论销售合同条款的细节或起草正规的追讨信函。

（二）信用管理部门的作用

信用管理部门的作用在于对外树立企业信用形象，坚决执行企业的信用政策；对内随时监控信用政策，并随市场变化及时调整企业的信用政策；在企业整体的经营管理中使信用管理工作专业化、规范化，防止一切人为因素造成的风险损失；从企业销售经营来讲，信用部门的"红脸"角色和销售部门的"白脸"角色是收账的最佳方式。

现代企业设立独立信用管理部门的目的是建立企业信用管理的组织、人员和职能体系，做好信用管理工作，建立保障机制。信用管理部门能够为企业创造价值。信用管理部门的工作内容包括客户风险管理、信用档案管理、客户授信管理、应收账款管理、商账追收和利用征信数据库开拓市场等基本职责。而良好的组织是信用管理部门在企业内部运作时取得成功的关键，企业信用管理部门的职能是通过各个信用管理岗位的努力而实现的，信用管理岗位的设置和岗位职责的描述是人力资源工作的重要组成部分。这些道理体现在以下的实际案例中。

★ 案例 2-1

成立信用科之后

E公司是一家大型机械设备公司，在应收账款管理上经历了成立信用科前后的巨大变化。

最初，该公司像许多公司一样，为了减少应收账款，专门成立了"清欠办公室"，投入相当多的人力、财力用于逾期账款追收，但几年的清欠工作收效甚微，而且前清后欠，包袱越背越重。公司管理层经过分析，认识到仅靠事后的追讨不能解决真正的问题，必须在销售业务过程中进行控制。为此，公司专门成立了应收账款控制室，隶属于销售部门。这种管理模式较纯粹的事后管理有了较大的改进，应收账款得到了一定的控制。然而，由此也产生了许多管理上的矛盾。比如，这种控制往往缺少足够的科学依据，客观上影响正常的销售业务，有时也会出现过分注重权力而忽视职能发挥的情况。

在信用管理专家的诊断和帮助下，该公司认清了以往应收账款管理上左右摇摆不定的根源，专门成立了独立的"信用管理科"，从事前客户资信管理、事中赊销业务控制和事后货款回收三个阶段全面实行管理，有效地解决了问题。

目前该公司的资金回笼率每月基本上达到百分之百，有的月份甚至超过百分之百，收回了以前拖欠的陈年老账。

该公司的成功经验给我们的启示是：应收账款管理不仅仅是一个单纯的风险控制问题，而是如何在销售收益和风险损失之间寻求一种合乎理性的关系。俗话说："利益越大，风险也越大。"企业既不能盲目地利用信用政策，一味地给客户优惠的结算条件以换取销售额，也不应简单地拒绝风险。而要做到合理地权衡销售额与应收账款的比例关系，只有通过专门的信用管理人员用全程信用管理的方法，准确地预测和评估每一笔交易、每一个客户的信用风险，才能最终作出正确的销售决策。该公司总经理曾就此作出了一个十分精辟的总结："信用管理部门进行的全程信用管理实质上是给企业找到了一个科学的销售决策方法，它使企业真正走上了长远、稳定的发展之路。"

（资料来源：根据信工委 2008 年培训资料改编）

二、企业信用管理部门的设置原则

（一）目标一致原则

设置信用管理部门的目标一致原则是指企业信用管理部门的设置目标要与企业利润最大化目标一致。为此，信用管理部门的组织机构设置要科学合理，使该部门建立的目标，如扩大信用销售、增加企业收益、减少坏账损失、发展更多信用良好的客户群等与企业整体的经营管理目标相一致。

（二）机构精简原则

企业信用管理部门组织机构设置的首要因素是信用管理的业务量大小。企业信用交易业务量大，企业应设立与销售部、财务部等平级的独立的信用管理部门。相应的信用管理岗位和人员自然要多，反之则少。另外，其他一些必要因素也需要考虑，如行业不同、经营业务特点不同等。但无论信用管理的业务量大小如何，信用管理部门都不应该是一个庞大的机构，应该做到机构精简。

三、企业信用管理部门的组织结构与职能

建立企业的信用管理部门没有固定模式，企业信用管理部门的组织结构应该根据所需要实现的信用管理功能来设计。例如，由于商业企业和非商业企业的客户群不同，企业的业态不同，企业信用管理部门在组织结构上会有很大的不同。

无论企业所在行业、规模、业态等有多大的区别，只要存在信用交易，企业的客户信用管理就应具备客户信用调查、信用分析、客户授信、账款管理、账款追授、客户服务等经营管理职能，设置实现职能的管理机构。

（一）一般企业的信用管理的组织结构及其职能

对于一般性的企业，其信用管理的组织机构及其职能见表 2-2。

表2-2　信用管理的组织机构及其职能

部门设置	部　门　职　责
调查组	收集和更新所有与业务部门往来的客户信息，新客户必须做资信调查，老客户定期做资信调查
分析组	由高级分析员分析比较财务报表及核准信用额度，提出债权保障建议
账款管理组	对所有应收账款进行监控，与客户保持密切联系
收账组	追讨超过一定时限的逾期账款，寻找专业收账机构协助追讨，或进行诉讼、仲裁等
服务组	定期汇报和编制表格，向客户提供信用咨询服务，回答他们提出的各种问题

（二）大型企业的信用管理的组织结构及其职能

对于信用交易量大的大型企业，可以设置与销售、财务部门平行的信用管理机构，其组织机构要复杂一些，见表2-3。

表2-3　大型企业的信用管理部门的组织结构及其职能

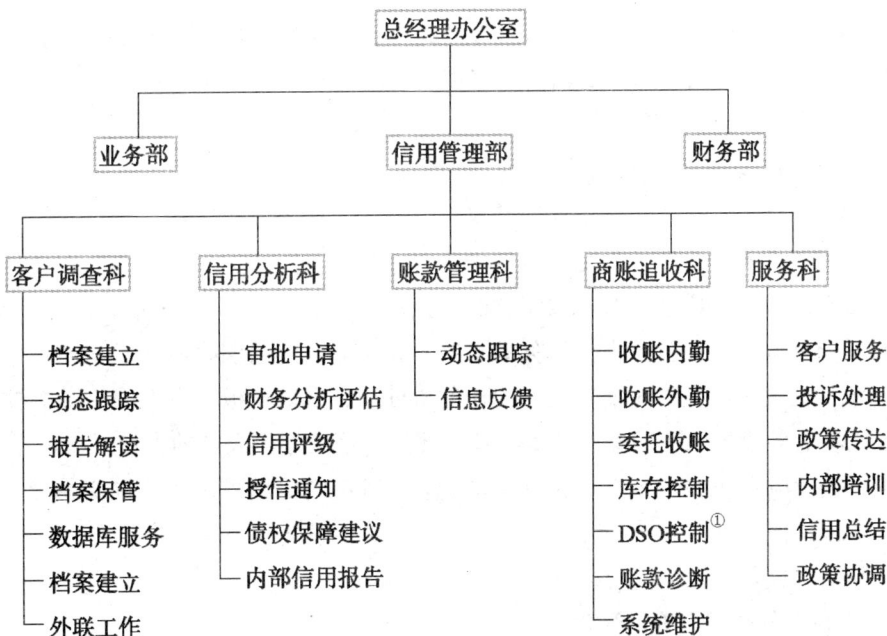

---

① DSO，Days Sales Outstanding，指应收账款赊销变现天数。

表2-3中作为独立的信用管理部门下设五个科室，工作内容包括客户风险管理、信用档案管理、客户授信管理、应收账款管理、商账追收和利用征信数据库开拓市场等基本职责。显然，良好的组织结构及其职能的设计是信用管理部门在企业内部运作时取得成功的关键。表2-3中的企业信用管理科室与其职能体现在下述七个方面：

1. 信用管理部与信用政策设计

信用政策是指由信用管理部门制定，经企业最高管理层授权以制度文件的形式正式发布的，旨在为信用管理工作提供统一的行为准则和指导方针，为协调企业各相关部门的信用管理工作提供规范和依据的明文规定。设计企业信用政策是整体信用管理部门和信用管理人员的共同职能。信用政策是指导企业信用管理工作和相关活动的根本依据，企业信用管理部门的工作目标、信用管理部门的建立、信用销售政策、授信方面的授权、协调各有关部门的关系、收账政策、评价信用管理部门工作的标准等，都通过信用政策加以规范。企业信用管理部门根据企业实际情况提出"企业信用政策"的设计方案，提交企业领导层决策后实施。

2. 信用管理部与客户信用风险管理

客户信用风险是指信用交易中的客户因主观上的不守信和客观上的种种不确定因素而给授信方带来的不良后果。信用风险是信用管理的核心，因此，围绕以下六项业务管理环节的信用风险管理是整体信用管理部门和信用管理人员的基本职能。如下六项业务管理环节对于企业的信用风险控制具有关键性作用：

（1）选择客户——怎样识别信用良好的客户；

（2）信用标准——对客户信用评估并执行严格的信用政策；

（3）信用条件——科学地确定赊销的条件；

（4）货款跟踪——应加强对应收账款的监控；

（5）早期催收——在货款发生拖欠的早期，是企业最好的催收机会；

（6）危机处理——发生长期拖欠，应作危机处理，采取积极、有效的追讨手段。

以上六项业务管理环节都离不开信用管理部门和信用管理人员的大量工作。在与客户合作过程中，企业应密切关注客户可能出现的风险，对不同信用等级和不同交易形式的客户，寻求不同的债权保障措施。信用管理部门可以采用包括保理、信用保险、银行保函等债权保障手段转移信用风险，减少信用损失。

3. 客户调查科与客户资信管理

客户资信管理特指信用交易中对客户资信调查、客户资信研判、客户信用档案建立使用并实施动态管理的总称。收集并处理客户信用信息是客户调查科的职能。取得真实可靠的客户信息是信用管理的基础，资信调查是收集客户信息的重要来源。企业信用管理部门收集客户信息的根本目的是制作客户档案，最终形成企业的客户档案库。

对客户信用档案实施动态管理，目的是随着客户的财务、经营、人事情况变动，定期调整对客户的授信额度。用于企业信用管理的客户档案信息主要特点包括：长期积累、动态管理、自动提示、按客户的重要性分层次、统计分析、简单显示。良好的客户信用资料是分析客户风险的基础，不能因为缺失必要的资料、报告或数据而仓促授信，必须谨慎审查客户的资料，避免信用决策错误而付出沉重代价。

4. 信用分析科与客户授信管理

客户授信管理是指向客户授信时对客户进行信用风险分析，判断客户的偿付能力和偿付意愿，并根据分析结果作出相应决策、保证措施的过程和方法之总和。分析评价客户的信用状况是信用分析科的职能；分析评价客户的信用状况是客户授信管理的基础。为此，信用管理部门必须掌握信用分析评价技术。首先，要对信用要素进行详细分析；其次，综合本企业的经验以及不同行业、不同企业的经验，比较权重，量化指标，采用不同的方法对客户进行信用分析和评价。

信用评价完毕后，需要对客户进行授信。企业对客户授信，必须是建立在对客户进行资信调查和信用状况评价分析的基础上，并且对授信的信用条件、信用期限和信用标准进行综合选择之后，确定授信额度。

5. 账款管理科与合同风险管理及应收账款控制

合同风险管理是指对合同风险的全程管理，也是实现信用管理目标的全程管理。企业在每次交易过程中都要与客户按照授信条件拟定合同条款，并以合同文本为依据在履行过程中体现授信条件。对于客户授信和信用政策的内容需要体现在合同条款之中，合同和订单是具体到每笔交易的凭证，进行合同风险管理是账款管理科在信用管理中非常重要的一项职能。

账款管理科另一个重要职能就是控制应收账款，即在赊销收益率和应收账款持有成本二者之间进行权衡，进而采取科学有效的措施，保证应收账款的变现性，并最终使企业的效益和价值得到最大程度的提高，追求最好的流动性和效益性。

6. 商账追收科与商账追收管理

只要企业从事商业活动，就有可能存在逾期商账，进行逾期商账的追收管理是商账追收科的职能。向客户提供信用销售的结果是在一段时间内不能收回货款，由于货物的所有权转移给客户，这部分权益在货款回收之前都处于风险之中。在这段时间内，一旦客户的资信状况发生变化，就会危及货款的回收；一旦出现逾期商账，商账追收科必须认真分析每笔商账产生的原因，找到最佳处理对策，及时处理逾期商账。

很多国家对商账追收都有明确的规定：一般超过信用期限半年的商账就必须作为坏账处

理，有的更以 3 个月作为期限。为了防止坏账，当账款逾期在 3 个月以内，由企业内部的信用部门进行追收；超过 3 个月后，寻求外部专业机构和力量协助追收；超过 6 个月后，一般采用法律手段进行追讨。商账追收科可以根据企业自身情况和所在行业的习惯，设立不同层次的逾期商账的追收目标，并根据设定的目标，设计追账工作流程。正常的收账程序包括四个阶段：内勤追收、外勤催收、委托第三方商账追收机构追收、法律诉讼。

7. 服务科与利用征信服务和企业内部信用事务管理

服务科要负责选择是否利用征信服务。征信服务是企业信用管理工作的外部支持之一，主要帮助授信人筛选合格的客户和跟踪客户的经营情况。因为利用征信服务主要面对征信机构，使用者是各式各样的授信单位，还包括一些政府部门和企业的人力资源部门。通常，将许多信用调查类的信用管理服务（如信用管理咨询、资信评级、商账追收、信用保险、国际保理、电话查询票据和信用担保等）也统称为征信服务。运用资信评级和咨询类服务可提升企业信用管理的水平，或者将企业信用管理的部分职能（如商账管理）外包出去以节约费用。

征信服务的最主要目的是降低信用交易过程中双方信息不对称的情况，提高信用交易的成功率。为了提高工作效率，现代企业征信采用大型征信数据库的方式进行，征信机构主动地大范围采集有潜力的企业信用信息，并保持动态更新，在此基础上向企业提供各类征信服务。企业的信用管理服务科要对是否利用这些征信服务和如何利用这些征信服务制定方案并上报信用管理经理。

在信用交易中，企业应该严格遵守"重合同守信用"的信用交易制度。服务科的另一职能就是对企业自身出现的相关信用事务进行管理，监督企业对客户承诺、合同的兑现和履行，提供诚信服务，处理有关信用投诉，对职工进行信用知识培训，总结信用交易经验，协调信用管理部门与其他部门的关系等。

由于企业信用是社会信用体系的核心，在信用经济的发展中，企业要不断规范自身的信用行为，树立良好信用形象，防范企业自身失信给企业发展带来的风险。企业作为社会信用活动的主体，信用管理部门的服务科还要积极参与社会诚信创建活动和各种信用评价及征信活动，承担参与社会信用体系建设的职能。如"重合同守信用"活动，信用告知承诺活动、企业银行资信评估、税务信用评价活动和企业联合征信等活动。参与这些活动将直接关系到企业信用形象的树立和企业信用资源的获取。

以上信用管理部门的这七大职能综合了目前国内外的几家学术见解，体现了事前、事中、事后全过程和企业所有与信用风险有关的各环节都要兼顾的管理思想。

思考 2-2：你是否理解企业信用管理部门的七个职能？请结合本节案例和理论知识谈一谈你对这方面的理解。（300字左右）

第二节　信用管理岗位的设置

自学提示

在本节阐述的五方面问题中，最重要的是信用经理的岗位设置。因为，企业信用管理部门的职能是通过各个信用管理岗位的努力而实现的。虽然本节信用管理岗位的设置和岗位职责是按一般大中型企业的信用管理部门岗位设置来描述的，但不管企业大小，只要有信用管理业务存在，信用经理作为信用管理的主要负责人，其岗位职责设置的正确与否必然是决定其他信用管理岗位职责设置的重要前提，同时也是能否带动其他信用管理岗位的人员尽职高效工作的重要前提。

一、信用管理岗位的设置原则

（一）岗责明确原则

岗责明确原则是指信用管理部门内的岗位设置要与在岗的信用管理人员的责任，岗位职能细分与信用管理人员的权力相称、明确。企业信用管理部门所具备的功能都应该按照功能的不同设专人负责，职责越明确，越能调动信用管理人员的工作积极性、创造性，发挥其专业特长和优势，提高工作效率。

这就是说，对于每个规模比较大的企业，其信用管理部门根据岗责明确原则至少应设置客户信用收集、资信分析、应收账款管理、商账处理、客户档案管理等岗位，并配置相应的专职人员，做到职责明确。

（二）专业人员配置原则

专业人员配置原则是指信用管理岗位配置的人员必须具备一定的信用管理专业知识和技术。如果企业具备设立独立的信用管理部门条件，相应的信用管理岗位应该配备具有信用管理专业并具有财会、法律、贸易、营销、管理等知识的专业人员；信用管理人员还应该具备以下素质：具有一定财会实践背景；沟通能力强、熟悉本企业的产品及服务、掌握获取信息的方法和渠道；有果断决策的经验和能力、善于与不良客户打交道、熟悉贸易知识和惯例、了解相关法律和司法程序。管理人员的专业对口才能提升企业信用管理工作的质量和效率。

二、信用管理部门经理岗位设置

（一）信用经理的能力

本书所指的信用经理泛指所有企业领导信用管理业务工作的主要负责人（在某些企业信用经理的称谓也叫信用管理科科长等）。一个企业的信用管理好坏，关键要看信用经理的能力。对内，由于管理权限交叉，信用经理必须协调好与销售部门、财务部门、供应部门的关系；对外，信用经理要熟练使用各种信用技术，了解整体信用发展，掌握本行业和竞争对手情况，处理好客户的服务工作，提高信用部门的员工素质，拥有较强的账款追收能力，能够根据企业的变化及时调整企业信用政策。

信用经理是企业信用管理的核心，他首先是一个信用管理技术专家，有进行赊销的实践经验；同时，也是一位有经验的管理者。合适的人选还应该具有公关技巧娴熟、说服力强的个人特点。在中小企业里，取得资格的助理信用管理师往往就是信用经理。他应该是一个有信用管理职业理论和经验、能干会说的多面手。

（二）信用经理的职责

信用经理的职责包括：

（1）信用经理必须全面参与起草、制定和修改企业信用政策；认真严格执行信用政策，对总体信用政策的偏差甚至失败负有主要责任；向企业内部人员和客户宣传本企业的信用政策；培训企业各部门人员。

（2）信用经理在逾期应收账款率、坏账率、DSO 水平等指标的信用管理上负有重要职责，保持以上指标高于乃至领先于同业或竞争对手的水平，始终是信用经理应承担的责任。

（3）定期在企业内部的上下级之间和同级部门之间，进行纵向或横向的信用管理情况通报、汇报。

（4）信用政策规定的其他责任。可根据企业规模大小和实际业务需求确定。

（三）信用经理的权限

信用经理的权限包括：

（1）信用部门拥有参与起草、制定和修改企业信用政策的权限；

（2）信用部门拥有筛选客户的权限；

（3）赊销审批的权限；

（4）信用部门拥有决定追收账款的权限；

（5）信用政策规定的其他权限。

信用管理经理还需要定期向主管副总经理甚至董事会汇报企业的信用管理工作，包括应收账款控制情况、账龄和 DSO 分析、应收账款发生预测、应收账款收款预测、有争议货款处理意见、月度收款报告、与会计记账对比的应收账款报告等。

三、信用管理部门其他专职岗位设置

（一）客户档案管理员

客户档案管理员属于信用管理客户调查组的岗位。从其工作性质来看，客户档案管理员首先是信息收集、处理和检索的专门技术人员；其次是他们必须熟悉各种征信报告的格式和符号系统。他们还须具备财务管理专业的知识，能够了解企业财务状况报表和其他经济指标的意义。

该岗位主要负责及时收集客户资料和信息；汇总所有收集到的客户资料；对资料进行登记、排序、建档；通知并将资料转给客户信用分析员。客户档案管理员应该对转给客户信用分析员的资料标上时间要求，如一般、紧急和加急。需明确客户资料具体包括哪些文件、什么事项和内容。客户档案管理员必须定期报告自己工作的进展，及时更新客户信用信息资料。

（二）客户信用分析员

信用分析岗位是信用管理部门专业性很强的岗位，有很强的技术能力要求。客户信用分析员是信用管理部门的内勤人员，其任务是根据信用信息评价客户信用、应用信用分析评分系统模型等。主要负责根据企业的风险评估系统和要求对客户信用资料进行综合分析，加以必要的调整后，给出评估意见；负责对销售部门的信用申请提出评审意见，并向信用经理报批。

客户信用分析员应该对财务数据、行业情况和各种相关信息有高度的理解能力，对企业的经营现状和信用管理政策有准确的把握。此外，客户信用分析员应该对分析处理的结果进行总结和评估。由于信用分析人员负责在技术上判断客户的授信水平以及是否批准客户信用申请，他们有时需要负责答复客户有关信用标准、信用审批、信用升级方面的申诉。

（三）应收账款管理员

这个岗位经常以管好企业的应收账款为主，主要负责跟踪应收账款。具体工作包括：以电话、邮寄账单或其他方式与客户对账、催款及审查到账情况；记录客户延迟付款情况并进行统计、汇总和报告；重点跟踪和监控有可能出现拖欠的账款和客户。该岗位人员需要有一定的法律和财务知识，并能胜任与客户的沟通工作。

（四）账款外勤催收员

这个岗位属于信用管理部门的外勤人员，主要负责对客户进行上门催债拜访，追讨逾期账款。账款催收员经常需要与企业销售人员沟通，特别是对拖欠客户进行销售的销售业务员。销售业务实践证明：如果在对客户进行上门催账拜访时，能够与该销售业务人员同往，成功率可能会增加。

账款催收员必须熟悉国家相关法律法规，最好有一定的法律工作经验。同时，需要有良好的客户服务意识、成熟的心理素质、很好的口头表达能力和自我控制能力。账款催收员必须有敏锐的分析能力，能在很大程度上判断账款回收的可能性。能及时报告逾期账款的变动状况、重点问题客户的特别跟踪情况和分析报告，并能够对逾期账款的处理给出适当的处理建议。

如果将一笔逾期应收账款交给专业追账公司，企业信用管理部门的收账就变成对专业追账公司收账工作的监督。此时，账款催收员就应负责向专业追账公司提供完整和有效的与客户交易的有关证据复印件。

（五）信用申请服务员

这个岗位主要负责对内定期汇报和编制各种信用申请所需表格，向客户提供信用咨询服务，回答他们在信用申请中提出的各种问题。

有一些商业企业或者金融机构中会设立信用申请服务工作岗位。这个岗位的工作主要是向申请分期付款购物的客户解释不同的融资条件，帮助客户办理分期付款手续。

对于自行发行各种购物卡或者帮助金融机构推广信用卡的商场，信用申请服务员的工作还包括辅导客户填写各种信用申请表，接受客户的申请，解答客户提出的各种有关问题。

当客户的申请被拒绝、原有信用被取消、信用等级或额度被降低时，一些客户会亲自找上门来申诉，信用申请服务员有责任接待客户，对客户当面进行一些解释；还有些持有购物卡的客户，在购物现场临时需要增加少许信用额度，信用申请服务员也有责任处理这种请求。

对信用申请服务员处理不了的客户申诉，应负责将客户申诉转到其他部门处理，或者直接转给信用管理经理进行处理，但需要向客户解释清楚。在有些商场，信用申请服务员应有一定的权限，对比较小额度的临时信用增加申请，有权酌情处理。

思考 2-3：你是否明确了"开展信用管理实务的组织保障和人员配备"的相应要求？你认为它应体现在哪几个方面？（200字左右）

四、信用管理人员培训

信用管理人员培训是指企业自行组织或由专业培训机构利用其所掌握的信用管理知识、信用管理经验和信用管理资料等，对信用管理部门相关人员所进行信用知识和信用管理专业技能方面的培训。这部分工作的关键是如何能够引导信用管理人员参加培训，并让信用管理人员从培训中真正获益，对其从事的信用管理实务有所帮助。企业信用管理培训的作用不仅体现在它可以直接或间接创造收入，为公司带来新的利润增长点。更为重要的是，企业信用管理人员培训是培养和建立企业品牌的良好途径。

（一）新员工的上岗培训

招聘信用管理人员的时候，应该关注应聘者的专业能力和知识宽度。当新员工上岗工作时，人力资源部门和信用经理应该带领新员工到财务部门、销售部门、采购部门等与信用管理工作密切相关的部门与大家相见，除将新员工介绍给大家认识外，也就此向新员工介绍所引见的相关部门的员工。

信用管理部门一定要有新员工的业务培训计划，安排新员工参加企业内部业务流程或产品知识的培训课程。安排企业内部专门为新员工举办的集中培训，如企业文化、经营内容介绍、组织机构、工作流程、市场环境、销售模式等，让新员工对企业基本情况有所了解。同时，信用管理部门要利用试用期内的工作安排，指定合适的老员工传、帮、带。通过一些具体的辅助性工作，考察新员工的基本工作态度、专业水平和学习能力，判断新员工对信用管理岗位的适应性。

新上岗的信用管理员工应及时安排其学习企业的销售信用管理政策、信用管理制度，学习与信用管理相关的各种文件、规章，向其介绍有关管理软件的使用方法，使其进一步熟悉企业的业务、产品、销售模式及实际信用管理程序，帮助其逐渐熟悉有关物流过程和信用控制方法。

（二）制订员工在岗培训计划

企业在岗培训计划包括：

1. 初期培训

初期培训主要是普及信用管理的一般知识，内容浅显。针对所有业务部门、财务部门和管理部门的人员，一般培训时间为一天。内容包括企业信用管理的政策、组织形式、管理模式和各阶段管理措施等。

2. 中期培训

中期培训主要是较深入地讲解各管理过程的信用知识和手段。针对企业信用部门和管理部门人员，一般培训时间为三天。内容包括信用政策的具体内容、信用部门组建步骤、信用政策制定的内容、各阶段信用管理的具体技术等。

3. 专业培训

专业培训主要培训企业信用管理各阶段的专业技术。只针对企业的信用经理和信用人员，一般时间为一周，以企业信用管理工作应包括的主要内容为主。具体包括：

（1）制定企业信用管理工作的规章制度；

（2）严格合同的评审、签订和履行；

（3）防止合同履行、产（商）品质量、信贷、纳税、报关、知识产权等方面各类失信违法行为的发生；

（4）管理客户档案和客户授信工作；

（5）严格应收账款管理；

（6）开展商账追收工作；

（7）努力以高信用度开拓市场；

（8）做好其他有关企业信用的工作。

4. 信用管理师职业资格培训

信用管理师职业资格培训应该按照信用管理师的职称要求和条件，对信用管理师进行定期的业务知识和相关专业技术培训，以使信用管理师胜任并不断提高其业务和管理能力。详细内容可以参考下面第四节中的有关信用管理师职称的能力要求的讲解。

五、组建信用管理部门的注意事项

组建信用管理部门的注意事项包括：

（1）人员。不论规模多大的企业，信用管理部门的人员都不宜过多。

（2）级别。信用管理部门的级别与业务和财务部门一样，或偏高。

（3）顾问。对于一个刚刚建立信用部门的企业，最好从专业信用管理公司聘请一位专业顾问，陪伴企业走过部门初建的第一年。

（4）独立。信用管理顾问帮助企业招聘或物色一位合格的信用管理经理。信用管理顾问切记不要插手过多的具体工作，包办代替是信用管理顾问的禁忌。信用管理顾问要帮助信用经理树立威信、步入正轨、提高管理能力和办事效率。

（5）重视。信用部门成立时，必须得到企业上层的高度重视，一个好的开端是成功的一半。

思考 2 - 4：试从你的工作环境或间接经历中，找出一些与下面案例及本节知识相似的案例，并作出分析判断。（200 字左右）

★ 案例 2 - 2

资金回笼率从 66% 到 99%

某公司是一家医药企业，在设立独立信用管理部门以前一直为居高不下的应收账款所困扰。设立独立信用管理部门后，该公司信用管理部门针对应收账款在赊销业务中的每一环节实行风险管理，建立一套完整的事前控制、事中控制和事后控制程序。在事前控制上，主要通过对客户信用等级的评定，确定其商业信用和赊销额度；在事中控制上，信用管理部门以赊销业务的审批、稽核、合同审查等手段控制销售中的信用风险；在事后控制上，采取以应收账款账龄控制、清对和催收的专业化、系统化管理方法，解决客户账款逾期问题。由于制度设计合理、管理得当，该公司的应收账款回笼率和回收期两项指标都有了明显的改观。其中资金回笼率几年内从 66%，80%，95% 一直上升到 99%。

该公司的成功实践再一次证明：应收账款是企业的神经中枢，表面上看是财务问题，但实际涉及企业经营管理的许多环节、方方面面。只有设立独立信用管理部门，用系统的、流程的观点和思路去分析和解决问题，才会起到事半功倍的效果。

（资料来源：根据信工委 2008 年培训资料改编）

第三节 信用管理部门的外部关系

自学提示

本节阐述的主线是梳理并处理好信用管理部门的外部关系。因为，具备条件的企业应该设立独立的信用管理部门，但是信用管理与风险控制的职能绝不是由信用部门独立完成的。从属于企业利益最大化目标的信用管理工作与从属于同样目标的其他部门的工作是联系在一起的。因此，贯彻执行企业的信用管理政策要协同企业的财务部门、销售部门、物流部门、高层管理、外部客户等，信用管理部门要处理好与其他部门的关系，才能实现企业的信用管理职能。

一、信用管理部门与财务部门的关系

（一）目标一致的融洽关系

一般情况下，信用部门与财务部门关系融洽，因为它们在减少坏账、控制应收账款数量和时间、调节现金流量的目的相同。

从信用管理部门的职责看，信用管理部门的财务数据收集、财务软件使用、相关票据、记录、资料查询等工作，希望得到财务部门的密切合作和大力支持。

从财务会计职责角度看，它们会认为与信用管理部门的目标是一致的。信用管理工作是帮助企业回收现金，控制销售部门将库存转移给客户。信用管理部门提供的应收账款情况预测、供应商评价、坏账准备金预测等，对财务部门的预算非常有帮助。

（二）矛盾冲突的利害关系

信用管理部门的任务和追求的管理目标与财会部门的总目标一致，但分期目标不同。信用部门与财务部门在资金分配和坏账注销上，往往产生矛盾。

信用管理部门追求在高回收率的条件下扩大信用销售规模，达到企业销售利润最大的目标。在信用管理部门对客户授信之后，必须将库存产品转移给客户，这就间接占用了企业的流动资金。但是，信用管理部门的行为不同于销售部门，信用管理部门会考虑企业的现金流转情况。

信用管理部门与财会部门产生冲突，主要是在注销顽固性逾期应收账款时。对被诊断为不可收回或追收成本过大的逾期应收账款，信用管理部门主张作为坏账注销；但财会部门往往会更多考虑董事会等利益相关者的反应而瞻前顾后、态度保守，因为报表上的资产被注销会使企业的价值降低，资产流失。

显然，信用管理部门应该与财务部门经常沟通，使信用管理与财务管理工作统一在企业整体利益的基础上，消除误会，加强协调，增进企业收益。

二、信用管理部门与销售部门的关系

（一）两部门的角色、观念差异

信用部门与销售部门往往关系紧张，这是因为销售部门与信用部门的角色和观念具有差异。这些差异如表 2 - 4 所示。

表 2 - 4　销售人员与信用管理人员角色差异对照表

销 售 人 员	信用管理人员
较感性	较理性
强调客户至上	强调规章制度
看未来谈预期	重实际看结果
容易信任客户	具体分析偿债能力
追求销售额	控制坏账额
看重市场占有率	看重应收款回收率（周期）

（二）两部门的矛盾冲突

销售部门与信用管理部门的矛盾特别容易出现在两个阶段，即评估阶段和追账阶段。评估阶段，销售部门为增加销售，扩大客户群，对客户信任有加；但信用管理部门为避免信用风险，则对客户怀疑谨慎。在追账阶段，销售部门可能仍然注重销售数额的扩大，而不注重应收账款和逾期账款的清欠回收；但信用管理部门为避免风险，可能会采取紧缩信用政策。这些矛盾会使评估和收账变得困难。

为避免双方矛盾，要协调双方关系，在企业内部举办更多的培训和交流活动，告诉销售人员什么是有效的销售，建立其信用风险控制的观念；同时也要强调信用管理部门的销售导向，他们有义务制定出合理赊销方案，帮助业务部门实现销售目标。

总之，信用管理部门处理好与销售部门的关系，才能实现信用人员的"红脸"角色和销售人员的"白脸"角色配合，成为"处理经营成本、收益与风险关系"的最佳搭档。要通过销售部门和信用部门的共同努力，使得企业在实现有效销售的同时，将信用风险控制在企业可接受的范围之内。

三、信用管理部门与采购和生产部门的关系

（一）信用评价服务

信用管理部门向采购部门提供的服务是对供应商的信用评价，帮助采购部门筛选合格的供应商。合格的供应商，一般特征是供货价格合理、质量有保证、货量有保证、供货及时、提供信用条款等。

（二）风险管理服务

信用管理部门应该为采购和生产部门建立信用风险控制机制。首先是帮助采购部门建立起"货比三家"性质的供应商排序系统，并定期更新、筛选合格的供应商。其次是信用管理部门要对现有供应商进行审查和跟踪，特别是收集关于大宗重要原料供应商的及时信息，及时向采购部门提供重要供应商的动态跟踪报告。

对企业的生产部门来说，需要建立合格的原料供应商信息库，仅依赖于一个供应商是非常危险的，万一主要原料供应商出现问题，必须立即有候补的原料供应商替代它。信用管理部门有责任对替代者作相应的储备并进行信用审查。

可见，信用管理部门在这里的三个业务重点是：给采购部门提供供应商的信用评价；帮助建立"货比三家"性质的供应商排序系统；对现有供应商进行审查和跟踪，建立合格的原料供应商信息库。

四、信用管理部门与高层管理者的关系

只有取得企业高层管理者的大力支持，信用管理工作才能取得进展。为此，信用管理部门应该经常向企业高层管理者汇报行业信用状况、企业信用建设等问题，做好企业信用政策的制定和修改；信用管理部门还有责任向高层管理人员提供专业服务和数据支持，比如，提供全面翔实的客户信用信息资料，为企业信用销售计划，以及企业整体信用额度审批、决定做好基础性工作。高层管理者的支持对信用管理部门是至关重要的。从信用政策的制定、修改，到企业总体信用额度的审批，都应让高层管理者清楚地了解。在工作方法上，根据高层管理人员的预约时间表，信用管理部门可以事先提供被会见者的背景信息，以确定会谈级别和内容。

五、信用管理部门与客户的关系

信用管理的重要工作是"客户风险管理"。因此，信用管理部门必须处理好与客户的关系。信用管理部门不仅负有企业信用管理的责任，信用管理人员同时还承担着公共关系的部分角色。信用管理人员应该为企业与客户良好关系的建立和维护而尽力。但是在发展与客户关系时，信用管理部门不能以增加公司的财务风险为代价。为了巩固彼此的关系，可以和客户发展成为一种商业伙伴的关系。

建立良好的关系，有助于今后各种问题的解决。拜见企业的客户是和客户建立良好关系

的重要方式，一个专业的信用管理员能从拜见客户中获得大量信息。如果是去讨论还款计划，那么事前准备各种材料和信息是至关重要的。同时，要让信用管理部门和销售部门定期与那些长期交往的、关键的客户会面，通过与他们的商业交往，公司也能从中获得益处。在与客户交往的时候，要清楚地说明公司的信用政策和信用条件。

以上分析表明：信用管理部门的专业实务能为整个企业带来巨大帮助。它在支持其他部门的工作中体现自己的价值，同时，它的作用也是在与其他部门的密切配合下才能得到充分体现。通过与相关部门的有效配合，通过融入企业各种业务管理的流程，信用管理部门才能发挥相对于企业经营与管理的"核心主服务器"作用。如图2-1所示。

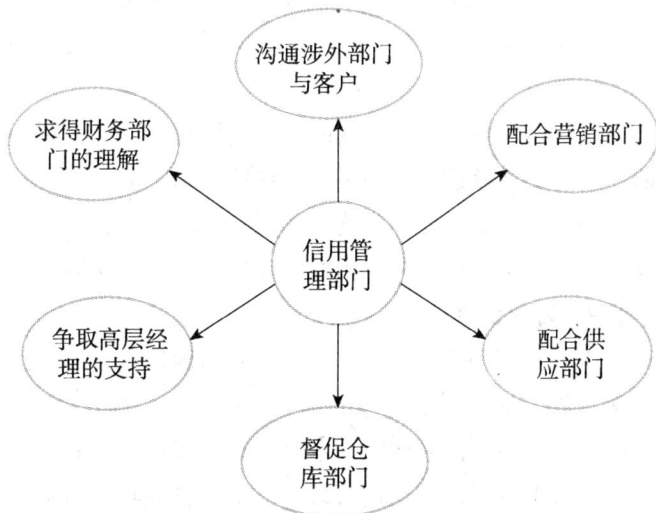

图2-1　信用管理部门与相关部门的关系

第四节　企业信用管理人员应该具备的条件

自学提示

本节首先介绍国家对从事信用管理人员的职业资格划分规定，然后分别说明与助理信用管理师、信用管理师职业资格相对称的能力要求，最后表述从事信用管理实务人员的学识与基本素质要求。

与这门课程和专业层次关系最为密切的应该是本节的助理信用管理师职业资格和能力介

绍。所以，你应该把助理信用管理师实务部分作为重点学习，并在学好助理信用管理师实务基础上，做好参加"助理信用管理师"资格证书实务部分考试的准备。请你通过阅读以下企业信用管理人员应该具备的条件，整理提炼出与助理信用管理师实务相关的要点来。

一、国家对信用管理师职业资格的划分

（一）信用管理师

2006 年 1 月，由劳动和社会保障部颁发施行的《信用管理师国家职业标准》将信用管理师定义为"在企业中从事信用风险管理和征信技术工作的专业人员"。该从业人员要运用现代信用经济、信用管理及其相关学科的专业知识，遵循市场经济的基本原则，使用信用管理技术与方法，开展企业和消费者的信用风险管理。

信用管理师主要工作内容包括：建立有效的企业信用管理体系；制定企业信用制度与信用政策；在交易前期，对交易对象进行信用调查与评估，确定信用额度及放账期；在交易中期，对应收账款加强管理，并采取必要的措施转移风险保障企业债权；在交易后期，对发生的逾期账款进行追收；运用信用管理专业技术及专业的征信数据库防范风险，开拓市场。

（二）信用管理师职业资格的划分

2007 年，劳动和社会保障部在编制《中华人民共和国职业分类大典（增补本）》中，已将"信用管理师"列入国家职业，职业编码为 2 - 07 - 03 - 06，属于国家职业第二大类，即专业技术人员大类体系中的一项国家职业。信用管理师职业资格划分为五个等级证书，包括信用管理员、高级信用管理员、助理信用管理师、信用管理师、高级信用管理师。具备以下条件，通过考核可以取得相应职业资格：

（1）信用管理员：中专、职高以上学历；开展相关工作 1 年以上。

（2）高级信用管理员：已通过信用管理员资格认证并开展相关工作 1 年以上；大专以上学历；开展相关工作 2 年以上。

（3）助理信用管理师：已通过高级信用管理员资格认证并开展相关工作 1 年以上；本科以上学历；大专学历并开展相关工作 1 年以上；中专学历并开展相关工作 2 年以上。

（4）信用管理师：已通过助理信用管理师资格认证或取得中高级职业资格并开展相关工作 1 年以上；研究生学历并开展相关工作 2 年以上；本科学历并开展相关工作 3 年以上；大专学历并开展相关工作 4 年以上。

（5）高级信用管理师：已通过信用管理师资格认证或取得中高级职业资格并开展相关工作 3 年以上；研究生以上学历并开展相关工作 4 年以上；本科学历并开展相关工作 5 年以

上；大专学历并开展相关工作 6 年以上。

作为企业信用管理人员应该具备与岗位职责相应的能力要求、学识要求和素质要求，这三者是不可偏废的。如果按信用管理师、助理信用管理师和信用管理员三个层次划分，与这门课程关系最大的信用管理实务，应该是助理信用管理师职业资格所涵盖的业务能力要求。

二、助理信用管理师职业资格的能力要求

助理信用管理师应该胜任的信用管理实务及其能力要求如下：

（一）客户资信管理实务

1. 采集客户信用信息

要求具备的能力：

（1）能够从外部各种渠道采集企业和个人信用信息；

（2）能够从内部各部门采集企业和个人信用信息；

（3）能够识别和查证企业和个人基本信息的真伪；

（4）能够更新客户和个人信用信息。

2. 核实客户信用信息

要求具备的能力：

（1）能够审核企业和个人的信用信息；

（2）能够委托第三方核实企业和个人信用信息；

（3）能够进行现场核实信息的操作。

3. 辅导客户申请信用

要求具备的能力：

（1）能够受理客户和个人的信用申请；

（2）能够辨别客户不提供信用申请表的原因；

（3）能够说服客户和个人提供信用申请表；

（4）能够处理非标准形式的信用申请；

（5）能够辅导客户和个人填写信用申请表；

（6）能够回复客户和个人信用申请；

（7）能够受理客户和个人的投诉。

4. 处理客户信用信息

要求具备的能力：

（1）能够对客户和个人信用信息进行分类；

（2）能够筛选客户和个人信用信息；

（3）能够从企业财务年报表中提取信用信息；

（4）能够转换数据格式，并录入信用信息。

5. 建立客户信用档案

要求具备的能力：

（1）能够更新企业客户和消费者个人信用档案的信息；

（2）能够纠正和清理企业客户和消费者个人信用档案的信息；

（3）能够删除无须归档的企业客户和消费者个人信用档案；

（4）能够整理企业客户和消费者个人信用档案；

（5）能够保存企业客户和消费者个人信用档案原始资料；

（6）能够维护企业客户和消费者个人信用档案；

（7）能够提供企业客户和消费者个人信用档案服务；

（8）能够使用档案检索工具查询信用信息；

（9）能够掌握档案检索方法，编制信用档案；

（10）能够识别常见的国际征信编码系统，读懂调查外国企业的报告。

（二）赊销合同期内的信用风险控制实务

1. 合同控制

要求具备的能力：

（1）能够对信用交易合同进行审查；

（2）能够对财务记账环节进行信用管理。

2. 控制发货

要求具备的能力：

（1）能够核实客户及其提货量；

（2）能够监控库存、发货中信用管理的程序；

（3）能够取消客户信用额度的操作。

（三）商账催收与追收实务

1. 合同期内的应收账款管理

要求具备的能力：

（1）能够检查客户收货凭证；

（2）能够确认物权转移状况；

（3）能够安排货品质量确认步骤；

（4）能够催要客户的验货凭证；

（5）能够处理货物质量争议；

（6）能够在应收账款到期前进行提示；

（7）能够选择不同的提示付款方法；

（8）能够跟踪监控客户在途付款；

（9）能够监控消费者的付款状况；

（10）能够辅导消费者养成正确付款习惯。

2. 逾期应收账款管理

要求具备的能力：

（1）能够明确客户和个人拖延付款的理由；

（2）能够调查账款逾期的原因；

（3）能够根据欠款情况调查客户资信状况；

（4）能够提出逾期应收账款的诊断意见；

（5）能够做好内外部对账工作；

（6）能够电话催收逾期账款；

（7）能够通过信函催收逾期账款；

（8）能够做好催账记录及存档工作；

（9）能够上门催收应收账款；

（10）能够委托追账机构追讨逾期应收账款；

（11）能够委托律师追讨逾期应收账款；

（12）能够使用诉讼与仲裁手段追账；

（13）能够撰写内勤追账进展报告；

（14）能够撰写外勤追账报告；

（15）能够核实申报坏账注销。

以上介绍了与助理信用管理师职业资格对应的信用管理实务及其能力要求。下面再说明与信用管理师职业资格对应的信用管理实务及其能力要求。

三、信用管理师职业资格的能力要求

信用管理师应该胜任的信用管理实务及其能力要求如下：

（一）客户资信管理实务

1. 采集客户信用信息

要求具备的能力：

（1）能够采集行业信息；

（2）能够根据预算控制信用信息的采集成本；

（3）能够审核比较客户信用信息采集方案；

（4）能够确定客户信用信息的完整性；

（5）能够制定客户信用信息更新规则；

（6）能够运用信用信息源的使用规则，开拓其他合法信息源。

2. 核实客户信用信息

要求具备的能力：

（1）能够开拓新的信用信息源；

（2）能够利用公务信息开放政策和渠道来核实信用信息；

（3）能够制定委托第三方核实客户信息方案；

（4）能够制定客户信息的检索方案。

3. 处理客户信用信息

要求具备的能力：

（1）能够运用信用风险分析预测模型确定客户的资信等级；

（2）能够计算客户的风险指数；

（3）能够借助软件分析客户风险；

（4）能够辨别信用信息的合法性；

（5）能够阅读企业客户的财务报表，并做出需要的比率分析；

（6）能够分析客户企业的财务报表，并辨别其中的明显虚假内容；

（7）能够动态分析企业客户的信用价值。

4. 建立客户信用档案

要求具备的能力：

（1）能够将企业客户进行合理分类；

（2）能够设计企业和个人信用档案；

（3）能够设计信用档案的检索系统；

（4）能够制定客户信用档案库的建设预算；

（5）能够根据客户分类，对其进行分级管理；

（6）能够建立信用档案的管理制度。

5. 控制信用信息渠道和成本

要求具备的能力：

（1）能够与各类信息源建立长期采购关系；

（2）能够筛选公共和商业信用信息；

（3）能够优选采购信用信息的方案和在预算允许的范围内进行采购取得高的性能价格比的信用信息产品；

（4）能够制定信用信息采购政策。

（二）授信方面实务

1. 客户信用申请处理

要求具备的能力：

（1）能够设计企业和个人信用申请表；

（2）能够核准客户的信用申请；

（3）能够受理客户的申诉；

（4）能够制定和解释企业的信用政策。

2. 客户信用分析

要求具备的能力：

（1）能够使用数学模型做企业客户信用分析；

（2）能够使用个人信用评分模型预测客户的信用风险；

（3）能够确定赊销客户群体的规模；

（4）能够动态控制对个体的授信额度；

（5）能够制作企业信用档案中的分析与评价部分的内容；

（6）能够读懂企业和个人征信报告；

（7）能够根据征信报告分析客户的信用价值；

（8）能够评价企业征信报告的质量。

3. 客户信用风险评估

要求具备的能力：

（1）能够计算出对企业和消费者个人的授信额度；

（2）能够确定企业客户的资信等级；

（3）能够计算企业客户的风险指数；

（4）能够使用外部的企业资信评级服务；

（5）能够根据本行业的实际情况，迅速使用信用分析模型；

（6）能够制作客户的失信记录；

（7）能够确定企业客户的黑名单；

（8）能够制定对失信客户处理的政策和操作流程。

4. 客户授信

要求具备的能力：

（1）能够审定和调控个体授信额度的上限；

（2）能够使用消费者信用评分模型的预测作出对个人客户授信的决定；

（3）能够设计客户授信的工作流程；

（4）能够制定失信客户处理政策。

5. 合同赊销条款的起草

要求具备的能力：

（1）能够确定对企业客户赊销的信用条件；

（2）能够起草赊销合同；

（3）能够解释常见的赊销条款和符号；

（4）能够设计客户赊购凭证。

（三）赊销合同期内的信用风险控制和转移实务

1. 转移信用风险

要求具备的能力：

（1）能够选择和使用信用保险；

（2）能够选择和使用保理服务；

（3）能够决定采用何种方法处理赊销合同；

（4）能够选择信用担保服务；

（5）能够使用金融票据抵押服务。

2. 客户预警

要求具备的能力：

（1）能够设计和分析账龄表；

（2）能够掌握沟通技巧，排除客户企业高层经理人员的助理和秘书等人阻拦和挡驾，设法直接与客户企业的财务负责人或最高负责人就赊销合同的执行问题进行沟通；

（3）能够控制客户的 DSO 和坏账率指标。

3. 控制发货

要求具备的能力：

（1）能够命令有关部门停止对客户发货；

（2）能够适时或定期更新客户记录；

（3）能够用书面和口头方式解释取消客户信用额度的理由。

（四）商账催收与追收实务

1. 内勤催账

要求具备的能力：

（1）能够根据产生逾期应收账款的原因制定催收策略和方案；

（2）能够制作逾期应收账款诊断报告；

（3）能够安排内勤催账的工作量和人选；

（4）能够设计企业内勤催账的工作流程；

（5）能够制定企业的收账政策。

2. 外勤追账

要求具备的能力：

（1）能够安排外勤追账的工作量和人选；

（2）能够灵活运用与拖欠客户的催收谈判技巧。

3. 委托追账

要求具备的能力：

（1）能够识别合法的追账机构；

（2）能够选择和委托合格的国内外追账机构；

（3）能够制定将失信客户付诸法律的标准；

（4）能够参与客户企业的破产清算。

（五）利用征信数据库开拓市场方面实务

1. 检索商业信息

要求具备的能力：

（1）能够选择合适的商业征信数据库开拓市场；

（2）能够制定国内征信数据库检索方案；

（3）能够审查和签订国内征信数据库委托合同。

2. 筛选客户数据

要求具备的能力：

（1）能够联系国内外客商；

（2）能够提高联系国内外目标客户的成功率；

（3）能够使用提升本企业对国内外客户信誉的方法和手段。

（六）部门管理方面实务

1. 制定、调整信用政策和建立信用制度

要求具备的能力：

（1）能够制定企业的信用政策；

（2）能够建立企业的信用制度；

（3）能够执行企业的信用政策包括组织实施和协调；

（4）能够检查和监督各岗位执行信用政策的情况；

（5）能够制作适合不同人群的企业信用政策文件文本；

（6）能够建立部门的管理制度；

（7）能够设计本部门主要业务的操作流程。

2. 制定部门预算

要求具备的能力：

（1）能够测算各类信用销售的成本；

（2）能够制作本部门经营成本预算；

（3）能够控制预算的执行。

3. 设立及描述信用专业工作岗位

要求具备的能力：

（1）能够定义专业工作岗位的职责并描述；

（2）能够合理制定本部门的人员编制；

（3）能够辅助人力资源部门进行对信用管理专业人员的招聘。

4. 调控信用销售指标

要求具备的能力：

（1）能够根据企业现金流动态调控赊销目标；

（2）能够根据企业的信用政策调控赊销和信用管理的成本指标；

（3）能够控制核心客户的比例；

（4）能够调控赊销坏账指标。

5. 员工培训

要求具备的能力：

（1）能够比照行业平均培训时间制订员工培训计划；

（2）能够确定员工培训的预算；

（3）能够考核员工业务水平；

（4）能够对新员工进行培训。

思考 2 - 5：你是否熟悉了"企业信用管理师职业资格应具备的能力要求"？请结合本节知识要点谈一谈你对这方面的理解。（100 字左右）

四、信用管理实务人员应具备的学识

信用管理具有很强的专业性和技术性，企业中的信用管理人员只有具备足够的专业知识、技术方法和经验，才能胜任信用管理工作。以助理信用管理师和信用管理师应具备的学识为例，说明如下：

（一）助理信用管理师应具备的学识

1. 客户资信管理方面

对于采集客户信用信息的实务操作来说，要求助理信用管理师具备：有关不同渠道信用信息采集技巧、现场信用信息采集、企业和消费者个人基本信息知识、采购数据的技巧、各种信用信息表使用等方面的知识。

对于核实客户信用信息的实务操作来说，要求助理信用管理师具备：有关企业分类、政府的信用监管规定、合法经营企业认定、政务信息公开政策等方面的知识。

对于辅导客户申请信用的实务操作来说，要求助理信用管理师具备：有关客户信用申请条件、客户信用申请程序、信用申请表、区分客户动机、说服客户、客服窗口的作业方法等方面的知识。

对于处理客户信用信息的实务操作来说，要求助理信用管理师具备：有关使用资产负债表、利润表、现金流量表、信息筛选、个人征信数据特征变量、文本录入纠错等技术知识。

2. 赊销合同期内的信用风险控制方面

对于合同控制的实务操作来说，要求助理信用管理师具备：有关赊销赊购用的票据和凭证、付款或结算方式、合法证据及其保管、商业合同等知识。

对于控制发货的实务操作来说，要求助理信用管理师具备：有关库存管理、发货管理等知识。

3. 商账催收与追收方面

对于合同期内的应收账款管理的实务操作来说，要求助理信用管理师具备：有关客户收货、物权、质量管理、货物争议处理、留置货品、监控在途货款、内外部对账、培养消费者良好付款习惯等知识。

对于逾期应收账款管理的实务操作来说，要求助理信用管理师具备：有关客户判断、个人拖延付款、催款信函撰写技巧、商账催收业务流程、委托追账、法律诉讼和仲裁、电话追讨、上门追讨、撰写追账进展报告等知识。

（二）信用管理师应具备的学识

1. 客户资信管理方面

对于采集客户信用信息的实务操作来说，要求信用管理师具备：采购信用信息、核实信用信息、评价信用信息源质量、成套信用信息的构成、国家安全对信用信息的保密等知识。

对于核实客户信用信息的实务操作来说，要求信用管理师具备：征信数据库的服务方式、信息检索技巧、政务信息质量评价方法、现场调查技术等知识。

对于处理客户信用信息的实务操作来说，要求信用管理师具备：常用信用风险指数、企业资信等级、个人信用评分、信息开放的法律限制、主流信用管理软件等知识。

对于建立客户信用档案的实务操作来说，要求信用管理师具备：国际主流企业和个人征信报告的格式、信用档案版式、征信报告的销售方式、客户分类及分级管理方法、信用记录的修改方式和删除原则等知识。

对于控制信用信息渠道和成本的实务操作来说，要求信用管理师具备：分辨信用信息的原则、常用信息存储、信用信息采购成本的计算方法、不同信用信息源的优势比较方法、评价信用信息的指标体系等知识。

2. 授信方面

对于客户信用申请处理的实务操作来说，要求信用管理师具备：窗口服务、制定企业信用政策等知识。

对于客户信用分析的实务操作来说，要求信用管理师具备：企业和信用价值评估知识、应收账款规模控制、信用分析模型、企业征信报告质量检验的标准和程序等知识。

对于客户信用风险评估的实务操作来说，要求信用管理师具备：授信额度的计算、企业资信等级、黑名单系统设计原理、行业调查等知识。

对于客户授信的实务操作来说，要求信用管理师具备：企业授信规模、个人征信及信用评分产品等知识。

对于合同赊销条款起草的实务操作来说，要求信用管理师具备：赊销合同条款、赊销条款的常见符号表达方式、内外贸付款或结算方式等知识。

3. 赊销合同期内的信用风险控制和转移方面

对于转移信用风险的实务操作来说，要求信用管理师具备：信用保险的保单条款、保理和国际保理知识、赊销合同的可执行性诊断、申请信用担保的手续等知识。

对于客户预警的实务操作来说，要求信用管理师具备：客户拖欠特征、赊销应收账款管理方法、常用的坏账核销方法等知识。

对于控制发货的实务操作来说，要求信用管理师具备：失信惩戒机制工作原理知识。

4. 商账催收与追收方面

对于内勤催账的实务操作来说，要求信用管理师具备：国内外商账诊断方法、账龄分析和控制、企业破产、个人破产等知识。

对于外勤追账的实务操作来说，要求信用管理师具备：债务催收作业法律、法律诉讼申请程序等知识。

对于委托追账的实务操作来说，要求信用管理师具备：判断合法追账机构的特征、判断合格追账机构的特征、委托追账合同等知识。

5. 利用征信数据库开拓市场方面

对于检索商业信息的实务操作来说，要求信用管理师具备：大型企业征信数据库检索、大型个人征信数据库的服务种类和方式等知识。

对于筛选客户数据的实务操作来说，要求信用管理师具备：外国企业检索、联系客户的商业信函等知识。

6. 部门管理方面

对于制定、调整信用政策和建立信用制度的实务操作来说，要求信用管理师具备：完善企业信用制度内容、维护企业制度的措施和操作、协调部门间工作的方法等知识。

对于制定部门预算的实务操作来说，要求信用管理师具备：制定部门财务预算的方法、管理成本控制、预算分配方法、预算执行方法等知识。

对于设立及描述信用专业工作岗位的实务操作来说，要求信用管理师具备：信用管理岗位设置、信用管理人员的职责、人员招聘、人员面试技巧等知识。

对于调控信用销售指标的实务操作来说，要求信用管理师具备：财务危机管理、应收账款管理、核销坏账方法、追账成本控制方法等知识。

对于员工培训的实务操作来说，要求信用管理师具备：员工培训计划编制、了解培训市场行情、培训效果测定方法等知识。

思考 2-6：你是否明白了开展企业信用管理实务人员的学识要求？你认为它涉及哪几个方面的要点？（200 字左右）

五、企业信用管理实务人员的素质要求

改革开放以来，我国经济发展蒸蒸日上，要求建立信用经济的势头是很猛的，企业需要很多有素养的信用管理实务人才来为之服务。以企业信用管理的资信调查为例，其具体实务如同给企业安装了千里眼、顺风耳，能够有力地帮助企业加强管理，使企业规避许多信用风险。可见，对企业信用管理实务人员的素质要求是很高的，这类专业人员的职业声望也应该是很高的。当然，作为现代企业，提高信用管理实务人员的素质已远非个人行为，而是一个组织要求与个人努力相结合的团队行为。这至少应包括以下几个方面：

（一）信用管理实务人员应身体力行树立企业的诚信文化理念

诚信文化是指诚实守信的道德标准和价值取向及其外在表现形式的总和，其生成多受文化、历史和意识形态等因素的影响。企业为什么要追求诚信呢？企业的诚信是一种无形资产，它反映了企业的信用、实力和形象，良好的信誉可以给企业带来实际的经济收益。从经济学的角度来说，诚信的价值，在于它可以极大地降低企业与其他市场主体之间的交易成本。

诚信文化理念是企业兴旺发达的基础。只有在经营活动中遵守诚信理念，企业才能拥有比较广泛的客户，才能做到既保持老客户，又增加新客户，从而拥有原有的市场和开辟新的市场，最终使企业高效益地可持续发展。如果一个企业缺乏诚信理念，在经营活动中损害了客户的利益，那么虽然可能在短时期内获得利益，但是从长期利益角度来看，则是一种自我毁灭。因为任何一个企业，虽然可能在一时一事上使自己骗人的手法得逞，但是不可能永远骗人，人们最终都会识破它的骗术。实际上，诚信理念是企业存亡与兴衰的试金石。只有诚信的企业才能够最终赢得客户，赢得市场，赢得一种长期的可持续发展的格局，否则，企业最终都会走向衰败。有一些企业非常重视诚信理念，例如，海尔确定"首先卖信誉，其次卖产品"的诚信理念，从而成为家电业的巨人；相反，有一些保健品企业，虽然我国保健品市场很大，但它们却是短命的，因为它们缺乏诚信理念，用虚假广告骗人，甚至改头换面地使用一些老处方，却作为新产品向客户推销，最终导致自己垮台。

所以，诚信文化理念应该是企业必须牢固树立的经营性企业文化的重要内容。诚信是企业存在和发展的基础。诚信更是从事信用管理实务人员的基本素质，从事信用管理的实务人员应该身体力行树立企业的诚信文化理念。

如何树立企业的诚信文化理念呢？

1. 制定企业的诚信准则

信用管理实务人员，特别是信用管理师要负责制定企业的诚信准则。

诚信准则是表明一个企业的基本价值观和它希望员工遵守的诚信规则的正式文件。它具体说明企业想做和期望大家做的事情，并且可以成为判断企业政策和行动及个人行为的基准。诚信准则是建立企业诚信文化的重要条件之一。

2. 开展企业诚信培训

信用管理实务人员，特别是信用管理师要负责开展企业诚信培训。

在培训中，应向员工说明讲究企业诚信是世界企业管理发展的趋势。许多优秀企业发展的经验表明，讲究企业诚信对员工、企业、社会都有好处。企业诚信培训要以企业诚信准则为依据。在培训中，可以提出各种选择方案诱导被教育者去选择积极的方法，使员工感到态度的转变是自己的选择，而不是被迫做出的改变。在培训中，教育方式越生动形象越容易影响被教育者。因此，企业诚信教育除了课堂教育外，还要采取灵活多样的方式。

3. 树立"诚信第一、品格第一"的理念

信用管理实务人员，特别是信用管理师要率先树立"诚信第一、品格第一"的理念。

所谓品格是指在一个人生命过程中建立稳定和特殊的品质，使他无论在什么环境中都有同样的反应。而好品格是一个人无论在任何场合都按最高要求的行为标准做正确事情的内在动机。一些企业的成功经验告诉我们：上、中层管理者的品格制约着企业的诚信，企业的诚信是一个上下互动合作的过程，互动合作将促成沟通共识，最终形成团队的整体良好素质。因此，好品格是诚信文化建设的基石，无人能超越自己的品格做事。在这一上下互动合作的过程中，信用管理实务人员，特别是信用管理师必须率先树立"诚信第一、品格第一"的理念。

（二）提高管理者特别是信用管理者的诚信文化素质

企业文化由共同价值观念、类似的思维方式、大家认可并自觉履行的行为习惯等组成。初级层次的企业文化，经由管理者的提炼，通过宣传、灌输，成员共同经历和经验的强化，便形成较为系统完善的企业文化。在管理过程中，一方面，管理者借助目标—手段体系和战略制定、实施、控制过程实现企业的目标追求，通过组织结构、制度规范、人员配置，把单独的个人力量整合为整体力量；另一方面，管理者通过价值观整合、思维方式作用、行为规范约束，把企业的宗旨、追求和理念转化为员工共有的价值观念，形成有关企业发展、存在意义等方面的共识。

这说明要提高企业诚信文化水平，关键是提升管理者的诚信文化素质。所谓管理者的诚信文化素质，就是管理者在处理与各种利益相关者关系时所遵循的诚信准则和行为规范的总和。一般认为，诚信文化素质包括三个层次：其一，以契约为基础的诚信；其二，信息不对称条件下的诚信；其三，完全考虑当事人利益的诚信。目前，当务之急要在前两个层次提升管理者诚信文化素质。

1. 以契约为基础的诚信

随着社会化大生产和市场经济的发展以及现代科学技术的进步，市场竞争越来越激烈，但企业间的联系却更为广泛、复杂和密切。企业只有通过与其他企业的联系和协作，才能与其他企业广泛地进行物资资源、资金、技术、人才、信息等方面的交流，从而使自己扬长避短，充分发挥企业自身优势，使自己获得生存和发展的条件。因此，企业必须坚持以契约为基础的诚信，在国家政策和法律允许的范围内开展竞争与协作，认真履行协约与合同，讲求信用，做到互惠互利，以求得双方的共同利益和共同发展。同时，在市场经济条件下，企业管理者应承担相应的经济责任和法律责任。虽然企业主要是生产和销售为社会所需要的产品与服务，但企业的法律责任要求企业遵守法律、法规和规章制度，履行所有的社会契约。

2. 信息不对称条件下的诚信

在信息不对称的条件下，任何当事者都应该严格信守诚信的理念，也就是真实地把情况告诉信息不对称的当事者，由当事者自主地进行选择。如果这样，那么就是在信息不对称的条件下体现了非常重要的诚信理念。比如，顾客是企业赖以生存的基础，企业的中心目标应该是以顾客为导向，让顾客满意。要获得顾客的满意，管理者在处理与顾客关系时就必须做到信息不对称条件下的诚信，做到货真价实，按照自己的承诺，满足顾客的要求。

（三）建立激励诚信行为的制度规范

企业融合了各种个体文化特征，使它们形成共同的价值观，并且通过企业内部有效地管理和沟通手段来解决冲突，激励人们为共同的组织价值而努力。一般而言，当企业倡导的企业文化优秀且员工认同度较高时，企业的制度成本就比较低；当企业倡导的企业文化适应性差且员工认同度较低时，企业则要花费较高的制度成本。制度是外在约束手段，在制度文化未形成、未建立起来的阶段，没有监督就可能出现"越轨"行为，制度规范会被"突破"或"破坏"。制度文化形成和树立起来后，人们自觉遵守制度规范要求，制度成本就会大为降低。

一般认为，企业文化由三个部分组成：企业精神、制度文化和物质文化。制度文化是企业文化的中间层，是把企业精神和物质文化二者联系起来，使企业文化制度化、规范化的行为准则。要把诚信文化观念渗透到管理过程中，变成人们的自觉意识和行动，制度是最好的载体之一。人们认同一种新观念、新文化可能需要经过较长时间，而把企业极力推行的观念和文化体现在制度中，借助制度的反复强化作用影响观念，则可以加速这种认同过程。当制度内涵被员工接受并自觉遵守时，制度就变成了一种文化。

为了提高员工对诚信文化的认同感，在设计企业制度时首先应该明确企业诚信文化的存在。

企业制度设计与企业诚信文化建设是相互依存的。企业制度建立了相应的激励措施，可以影响管理者和一般员工的诚信行为。具体体现在：

1. 管理人员的岗位与考评制度

在企业组织结构的建立过程中，应慎重考虑集权与分权、管理人员岗位设置与权力问题。一般来说，分权组织比严密控制的组织更容易使员工开展不诚信的经营行为，尤其在只强调分权组织的财务目标时，情况就更为严重。因此，对管理人员的权力应以诚信标准来规范。比如可以选拔企业中那些支持企业诚信规范的人，并给他们更多的决策权力，同时限制那些可能反对诚信规范的管理人员的权力。有些企业的管理人员考评体系仅集中于业绩，当绩效评价仅以经济成果为尺度时，员工将会"不择手段"地追求经济业绩。一个企业如果想使它的管理者及一般员工坚持高诚信标准，就必须在绩效评价过程中包含这方面的内容。例如，对一位管理人员的评价，除了评价他在多大程度上达到了经济指标的要求外，还应评价他的决策在多大程度上符合企业诚信标准。如果这位管理人员在经济指标方面达到了要求，但在诚信行为方面做得很差，就应当对他进行适当处罚。

2. 激励制度

在我国目前的企业管理制度中，往往是违法或违纪行为会受到相应的处罚，而大多数诚信或不诚信行为却没有相应的奖惩措施。因此，确立公正合理的诚信奖惩机制，给企业诚信文化建设以有力的支持是完全必要的。建立现代企业的诚信奖惩制度，应尽可能使奖惩制度科学化、合理化、标准化，以便于对企业员工的诚信或不诚信行为进行奖惩。另外，奖惩手段，应落实到用工选择、岗位分派、职务任免、级别升降、薪酬分配等具体环节之中，对维护企业诚信的行为给予奖励，对违反企业诚信或给企业信誉、形象造成损害的行为给予惩罚。同时，建立健全企业诚信奖惩的组织领导体制，坚持公平、公正的原则，做到责任明确，保证对企业诚信行为的奖惩落到实处，真正起到激励员工诚信行为的作用。

企业文化是企业生存的基础、发展的动力、行为的准则、成功的核心。建立企业诚信文化理念，就是要求企业自觉地遵守诚信的原则，完全以诚信的文化理念来指导自己的经营活动。诚信文化建设是所有企业文化建设中最基本的建设，也是开展信用管理实务最基本的软件建设。

思考 2 - 7：你是否理解开展企业信用管理实务人员的素质要求？你认为它涉及哪几个方面？（200 字左右）

资料　企业信用管理员的职业信条

（一）我们深信企业信用管理工作在本质上属于道德范畴，从业人员必须具备崇高的道德情操始可胜任。遵守法律、法规，坚持公正客观的原则，在任何情形下誓不背弃。

（二）我们深信国家社会整体利益大于任何个体利益，维护整体利益是企业信用管理工作从业人员的天职。配合经济建设需求，促进经济发展，是我们努力的目标。

（三）我们深信维护商业信用，保障交易安全，进而促成健全的社会信用制度，是企业信用管理工作从业的责任。不畏权势，明辨是非，是我们的工作态度。

（四）我们深信提供真实数据为信用事业之生存命脉，从业人员绝不利用自知不实的资料编写报告，以免危害社会。

（五）我们深信工作需要高深而专门的学识，从业人员应向专家求教虚心学习，不断求知与知识实践相结合。

（六）我们深信世界信用事业严守机密的传统精神绝对正确，从业人员绝对不宣示委托人姓名，不透露资料来源，不私泄档案资料的信条，坚决严格遵守。

（七）我们深信工作首先看重专业精神，从业人员应坚守岗位全力以赴，不兼任其他职务，始可保持超然而公正的立场。

（八）我们深信操守廉洁、不屈不挠为企业信用管理工作从业人员首要条件，因之需摒绝一切利害关系，对外不作任何性质的保证，不接受任何内容的请托。

（九）我们深信信用事业尚属成长阶段，从业人员应该向社会传播正确之商业信用观念，本公司员工应随时宣传自己，但绝不攻击我们的竞争对手。

（资料来源：根据信工委 2008 年培训资料改编）

案例 2－3

用生命演绎的诚信

2008 年 5 月 16 日下午 6 点半，离地震发生整整 100 个小时。什邡市汉旺镇，虚弱得已近乎昏迷的刘德云被救援官兵抬出来，他的左手腕上，歪歪扭扭写着一句话："我欠王老大 3 000 元。"他告诉女儿："如果出不来，手腕上那句话就是留给你的遗嘱。"这是人性的另一种光辉——诚信的光辉，用生命演绎的光辉，因特大灾难而放大。有人说，这是现代版的尾生（《庄子盗跖》：一名尾生者，为女友守信而在桥下抱柱死）。古代的尾生，将因刘德云而黯然失色！

（资料来源：根据信工委 2009 年培训资料改编）

· 本章小结 ·

本章与第一章同为一单元。其重要性在于以第一章为基础，在明确"信用管理在企业中的地位与作用"和"信用管理实务的划分"基本内容之后，必然要以"企业对企业的信用管理实务"为主轴，对"企业信用管理部门的建立"展开阐述。因为，这是开展企业信用管理实务最基本的必要条件。

本章第一节内容主要突出的是企业信用管理部门的七个职能。尽管这里讲的是企业，但是，这七个职能在时间上的连贯性和空间上的全面性特征是所有信用管理活动的独特性所决定的。因而，它们的基本道理也适用于其他非企业信用管理部门。

在第二节讲述的内容主要是一般大中型企业的信用管理部门岗位设置，教材只是从理想的企业信用管理部门组织机构设置角度展开的阐述。实际工作中，还需要你结合具体情况做具体分析。

在阅读第三节时，要认真理解为什么"信用管理部门必须处理好与企业相关部门和客户等方面的关系"？

在第四节的三方面要点中，需要着重注意的是：（1）企业信用管理人员

　　应该具备的条件应包括：能力要求、学识要求和素质要求，这三者是不可偏废的。（2）在这三者中，如果按信用管理师、助理信用管理师和信用管理员三个层次划分（信用管理师职业资格划分为五个等级证书，包括信用管理员、高级信用管理员、助理信用管理师、信用管理师、高级信用管理师），与我们这门课程和专业层次关系最大的信用管理实务来说，应该是与助理信用管理师职业资格相对应。所以，你应该把助理信用管理师实务部分作为重点学习。

　　本章这四节内容都是环环相扣、严谨对应的关系。学习各节内容时，都请你注意助理信用管理师在其中的定位和所扮演的角色。

本章自测题

　　以下测试题均是按本章教材知识点的顺序排列，请你依次把测试题的答案找出来，并在每一测试题后注明答案，同时写上对应的页码，作为形成性考核的积分之一。

一、单项选择题

1. 设立独立的信用管理部门的企业不论在破产率、坏账率、销售利润上，还是企业发展速度上都远远（　　）没有设立信用管理部门的企业。

　　A. 优于　　　　　　B. 不变　　　　　C. 随机变动　　　　D. 差于

2. （　　）被委以信用管理责任后，企业往往会变得销售保守，逐步出现业务量下降、客户减少等现象。

　　A. 财务部门　　　　　　　　　B. 销售部门

　　C. 人事部门　　　　　　　　　D. 独立的信用管理部门

3. 企业将信用管理实务工作置于（　　）责任之下，业务人员往往会降低对客户信用的要求、扩大信用限额、改变付款条件或延长信用期限来扩大销售，这往往会给企业造成巨大的损失。

　　A. 财务部门　　　　　　　　　B. 销售部门

　　C. 人事部门　　　　　　　　　D. 独立的信用管理部门

4. 一般而言，企业规模越大，信用管理部门的规模（　　）。

　　A. 越小　　　　B. 不变　　　　C. 随机变动　　　　D. 越大

5. 信用管理部门除了与销售部门、（　　）关系密切之外，与其他部门也有很重要的关系。

　　A. 财务部门　　　B. 人事部门　　　C. 采购部门　　　D. 生产部门

6. 不属于信用经理的权限的是（　　）。

　　A. 拥有参与起草、制定和修改企业信用政策的权限

　　B. 拥有筛选客户的权限

　　C. 拥有决定追收账款的权限

　　D. 拥有考核财务部门人员的工作业绩的权限

7. 客户档案管理员属于信用管理客户（　　）的岗位。

　　A. 收账组　　　B. 服务组　　　C. 调查组　　　D. 分析组

8. 在赊销合同期内的信用风险控制和转移方面其实务内容不包括（　　）。

　　A. 转移信用风险　　B. 客户预警　　C. 控制发货　　　D. 客户信用风险评估

9. 下列（　　）不属于内勤在商账催收与追收方面的实务操作对信用管理师的学识要求。

　　A. 国内外商账诊断方法相关知识

　　B. 账龄分析和控制知识

　　C. 企业破产知识

　　D. 债务催收作业法律知识

10. 诚信文化素质不包括（　　）层次。

　　A. 以契约为基础的诚信

　　B. 信息不对称条件下的诚信

　　C. 完全考虑当事人利益的诚信

　　D. 道德层面的诚信

二、多项选择题

1. 信用管理部门的作用在于（　　）。

　　A. 对外树立企业信用形象

　　B. 坚决执行企业的信用政策

　　C. 对内随时监控信用政策，并及时调整

　　D. 专业化、规范化的管理，防止一切人为因素造成损失

E. 直接提高企业的经济效益

2. 现代企业设立独立信用管理部门目的是 ( )。

　　A. 建立企业进行信用管理的组织和人员

　　B. 建立职能体系

　　C. 做好信用管理工作，建立保障机制

　　D. 做好拖欠账款的清欠工作

　　E. 公司治理的需要

3. 信用管理部门的工作内容包括 ( ) 等。

　　A. 客户风险管理　　　　B. 信用档案管理　　　　C. 客户授信管理

　　D. 应收账款管理　　　　E. 加强信用控制

4. 信用管理部门的职能包括 ( )。

　　A. 客户信用风险管理　　B. 设计企业信用政策　　C. 客户资信管理

　　D. 客户授信管理　　　　E. 财务风险管理

5. 信用管理部门可以采用包括 ( ) 等债权保障手段转移信用风险，减少信用损失。

　　A. 保理　　　　　　　　B. 履约保函　　　　　　C. 信用保险

　　D. 银行保函　　　　　　E. 转移债务

6. 正常的收账程序包括四个阶段，即 ( )。

　　A. 内勤追收　　　　　　B. 外勤催收

　　C. 委托第三方商账追收机构追收

　　D. 法律诉讼　　　　　　E. 发函催收

7. 一般企业信用管理部门设置基本构成包括 ( )。

　　A. 调查组　　　　　　　B. 分析组　　　　　　　C. 收账组

　　D. 服务组　　　　　　　E. 外勤组

8. 信用经理的权限包括 ( )。

　　A. 参与起草、制定和修改企业信用政策的权限

　　B. 筛选客户的权限

　　C. 赊销审批的一切权限

　　D. 决定追收账款的权限

　　E. 注销坏账

9. 信用管理师职业资格证书划分为信用管理员、( ) 五个等级。

　　A. 高级信用管理员　　　B. 助理信用管理师　　　C. 信用管理师

　　D. 高级信用管理师　　　　　E. 商账追收师

三、判断题

1. 企业必须设立独立的信用管理部门。（　　　）

2. 不论规模多大的企业，信用管理部门的人员也不宜过多。（　　　）

3. 信用管理部门的职责仅仅是"清欠"。（　　　）

4. 在信用交易中，企业对客户授信赊销，是信用管理的关键环节。（　　　）

5. 企业对客户授信，必须是建立在对客户进行资信调查和信用状况评价分析的基础上。（　　　）

6. 企业的信用管理部门有固定组织结构，不得根据需要实现的信用管理功能而变动。（　　　）

7. 信用管理经理是企业信用管理的核心，他应既是一位信用管理技术专家，又是一位有经验的管理者。（　　　）

8. 客户档案管理员主要负责根据企业的风险评估系统和要求对客户信用资料进行综合分析，加以必要的调整后，给出评估意见。（　　　）

9. 信用申请服务员属于信用管理客户调查组的岗位，是信息收集、处理和检索的专门技术人员。（　　　）

10. 诚信是从事信用管理实务人员的基本素质，从事信用管理的实务人员应身体力行树立企业的诚信文化理念。（　　　）

四、简答题

1. 你认为信用管理部门的职责仅仅是"清欠"吗？

2. 你认为什么样的企业需要设立信用管理部门？

3. 你认为小型企业应该如何设置信用管理部门以实现信用管理职能？

第三章

客户信用信息的管理与使用

学习目标

学完本章后，你应做到：

1. 能辨识不同客户的性质，针对不同客户采集信用信息；

2. 能熟练运用核实客户信用信息的基本方法；

3. 能熟练使用相应表格分析、整理客户信用信息；

4. 能使用辅导客户申请信用的基本方法；

4. 能熟练操作处理和录入客户信用信息的基本方法；

5. 能熟练运用建立客户信用档案，回复客户信用申请的基本方法。

请你在本章学习开始时填写表 3 - 1 中的第 1 ~ 2 项，学完本章后填写第 3 ~ 6 项，如果本表填不下，可自行加页，填写好后交给老师，作为积分作业记入平时成绩。

表 3 - 1　编制学习计划书

序　号	项　　目	内　容　提　要
1	制订本章自学计划	
2	列示本章各节要点	
3	综述本章核心知识	
4	提出疑难问题	
5	简述学习体会	
6	作出自我评价	优秀（　）良好（　）及格（　）跟不上（　）

关键术语

信息采集	面访采集	进场采集	前期信用管理
信用度	授信决策	信用担保	商业担保	客户信用档案

引　言

欢迎你进入本课程第三章的学习。本章与第四章、第五章、第六章同为一单元，主要阐述企业信用信息的管理与使用的基本实务。本章的重要性在于客户信用信息的管理与使用是企业信用管理实务应知应会的基础和起点，后三章需要掌握的内容，也都离不开对本章基本知识的理解。

本章第一节阐述采集客户信用信息的基本实务，注重讲解如何明确不同客户的性质，针对不同客户采集信用信息，以及如何识别和查证客户身份信息的真伪。第二节阐述如何核实客户信用信息质量的基本要点。第三节阐述如何分析、整理客户信用信息，如何辅导客户信用申请。第四节阐述处理和录入客户信用信息的基本实务。第五节阐述建立客户信用档案，回复客户信用申请的基本实务。

以上概括了这一章的五节内容。在学习过程中，你要注意本章内容和前后各章内容的衔接关系和相关知识的有机联系。本章安排的案例和自测题，可帮助你评估自己的学习进度和对相关知识的把握程度。务请思考这些案例题，并完成相应的测试，再参考本书后附的答案。如果你的答案不正确，应重新再学习教材有关部分的知识，以找出自己出错的原因。

信用信息的管理与使用是围绕着客户资信管理展开的。客户资信管理，是企业合同和信用管理的基础工作，也是企业信用管理实务中的基本功。一些有远见的企业非常重视客户资信管理，并采取了许多有效措施，取得了良好效果。但目前大部分企业还没有充分重视这项工作，或者虽然有一定的客户资信管理意识，但不知如何进行管理。这是我们今后要认真研究解决的一个重要问题。客户资信管理制度的具体内容，应包括以下几个方面：

（1）客户信用信息的征集。包括信用信息征集的内容、种类、来源、征集的责任人等。信息征集要采取直接调查和间接调查相结合的办法，务求全面、客观、及时。要加强与政府管理部门和司法机关的联系与沟通，以获取更有价值的信用信息。

（2）客户信用档案管理。根据要求将客户的信用信息分类归档，建立数据库作为信用评估和处理纠纷的依据。

（3）客户的信用评估。根据客户的信用信息，用定性分析或定量分析的方法，对客户的信用状况作出评价，作为授信的依据。这项工作做好了，就可以从源头上避免百分之七十左右的信用风险。

（4）客户的授信程序。企业应通过制度的形式，规范企业的授信行为，而不是凭关系、无根据地盲目授信。授信的一般程序应包括：客户提出授信申请、销售人员审核、信用分析及信用批复等步骤。其间，要注意运用抵押、担保、保险等保障手段，以转嫁赊销风险。

（5）客户的动态管理。根据客户的履约情况和相关情况，及时对客户进行信用分析评价，调整其信用等级，实行动态管理。

本章的五节内容将分别说明以上各项客户资信管理的基本实务。

第一节　采集客户信用信息

自学提示

本节阐述了具有相辅相成关系的两方面内容。第一方面内容（明确不同客户的性质，针对不同客户采集信用信息）又分为两大要点，是本节的重难点。第二方面内容（识别和查证客户身份信息的真伪）也分为两大要点，但是，理解上要容易得多。实务操作中，只有"明确不同客户的性质，针对不同客户采集信用信息"，才能区别不同客户、按轻重缓急的程度"识别和查证客户身份信息的真伪"，才能有侧重、高效率地"核实客户信用信息的质量"，才能确定给我们"实现80%销售额的20%的重要核心客户"，从而明确我们下一步客户资信管理的重点。

从选择目标顾客开始，就应建立客户信息数据库，制定客户信息管理制度。针对不同客户的信用申请，在明确客户性质的基础上，通过对不同客户采集信用信息的方法，识别和查证客户身份信息的真伪，是规范的客户信用管理制度的基本工作。

一、明确不同客户的性质，针对不同客户采集信用信息

明确不同客户的性质，其重要性在于为进入企业信用管理流程、学习企业信用管理实务打基础。因为"客户既是企业最大的利润来源，也是企业最大的风险来源"，所以，客户管理是企业实施信用管理的前提，而明确不同客户的性质是受理好新老客户信用申请、实施成

功信用管理的关键一步。要走好这关键一步，必须要"划分清楚客户性质"。通过对"信用管理部门客户范围的界定"，明确信用管理部门在"对企业构成经济损失或者潜在经济损失风险的买方都是信用管理部门的客户"方面负有的独特责任。一旦将客户划入到核心客户的范围，对其档案进行管理的复杂程度就会提高，对应的档案管理费用也会随之增加。

（一）界定企业信用管理部门客户的范围

为了留住"讲信用的客户这一企业最大的利润来源"同时又要回避"不讲信用的客户这一企业最大的风险来源"，在界定企业信用管理部门客户的范围时，务必注意把握"凡是有需求并有支付能力的购买者都是销售部门的客户，凡是可能对企业构成经济损失或者潜在经济损失和风险的购买者都是信用管理部门的客户"这一界限。

实际工作中，很多企业的经理人员和销售人员这样定义客户：凡对本企业的产品或服务有需求并有支付能力的法人单位或消费者个人，都是企业的潜在客户；而实际付款购买本企业产品或服务的企业或消费者个人，都是企业的客户。随着市场由卖方转向买方，企业也从过去以销售为中心转向以客户为中心。在这一转变过程中，企业对客户范围的界定有了很大的拓展，从最初的产品或服务购买者延伸到经销商、产品使用者、原材料供应商、企业利益的关系人等。在这个广义客户的范围里，企业可以看做一个系统，客户就是这个系统外部环境的重要组成部分，它们与企业不断发生着信息和能量的交换，有着各种各样的经济关系。但是并不是所有客户均为信用管理部门的客户，因此需要从企业信用管理的角度出发，区分企业信用管理部门客户的范围。

1. 纳入企业信用管理的客户

由于信用管理部门是企业的一个后台支持系统，它服务于企业的其他部门，并不会主动地与企业外部的客户发生关系。信用管理部门负责的客户来自其他各个部门，这些客户在与其他部门产生业务关系后才会转而与信用管理部门发生关系。在企业内部，主要应该区分信用管理部门的客户与销售部门的客户，二者的客户之间存在交叉和重叠，但是又具有明显的区别。例如，进行赊销的客户通常要先与企业销售部门接触，在确定合作意向后才会与信用部门联系，此时，进行赊销的客户才会纳入信用管理中的客户。因此，销售部门和信用管理部门由于对客户关注的因素不同，造成对客户范围的界定存在差别。销售部门从是否存在业务往来角度考虑问题，信用管理部门更多从是否存在风险损失方面考虑问题，所以凡是与企业有业务往来的法人单位或消费者都被销售部门定位为客户，而信用管理部门同财务部门的认定标准一致，只有发生经济交易才可以视为客户。换句话说："凡是掏钱购货或准备掏钱购货的买方都是销售部门的客户，而凡是发生经济交易并对企业构成经济损失或者潜在经济损失风险的买方都是信用管理部门的客户。"对于销售部门和信用管理部门对客户认定的差异，我们用表3-2进行比较。

表3-2 销售部门和信用管理部门对客户的比较认定表

客　　户	信用管理部门的客户	销售部门的客户
产品批量买主	可能是，约占80%	是
付现金购货买主	不是	是
直销店的顾客	多数不是	是
海外进口商	是	是
代理商	是	是
外贸产地	是	不是
材料供应商	是	不是
部件发包的下游企业	是	不是
需要招待的来访者	是，特别是其中需要支出大额招待费者	不是
中介机构	可能是	不是
董事会成员投资的其他企业	可能是，在授权情况下	不是
同行业者	可能是	不是
企业的公关对象	可能是	不是

可见，对于信用管理部门来说，纳入信用管理中的客户比销售部门更为广泛。两个部门的客户既有联系又有区别，具体表现在：

（1）信用管理部门的客户主要来自于销售部门。销售部门的管理功能是以出售产品或服务为导向，信用管理部门的管理功能则是以保证收回货款和防范企业不必要的支出为导向。赊销是企业销售的延伸，信用部门的主要任务就是对企业赊销的管理。信用管理部门对销售部门的具体配合体现在协助销售部门筛选出符合信用条件的赊销客户。

（2）信用管理部门的部分客户超出了销售部门客户的范畴。信用管理部门并不是专为赊销管理而设立的，它还有指导赊销活动以外的工作。在与企业有往来的单位之中，尽管有些单位并不采购企业的任何产品，却有能力对企业造成较大的经济损失，它们基本都是企业信用管理部门的客户。例如，企业在合资过程中需要寻找合作伙伴，如果选择出现失误，企业将承担巨大的损失，这种客户一定要由信用管理部门调查评估、控制风险，所以它是信用管理部门的客户，但不是销售部门的客户。通常，企业信用管理部门的客户主要包括：采用赊购方式购买企业产品的购买者、产品或服务的代理商、生产原材料或原件的国内外供应商、产品出口的外国购买者、接受企业发包加工的下游企业、需要企业招待的来访人员、合资合作伙伴或股东、个别企业公关对象、经常有往来的中介机构等。而长期购买本企业产品或服务的直销批量购买者经常是企业信用管理部门的潜在客户，因为它们有可能向企业提出赊销的请求。

（3）不涉及赊销形式的现金交易客户，即使他们的信用记录不好也不是信用管理部门的客户范畴，而仅仅是销售部门的客户，但其信用档案仍然由信用管理部门管理，形成企业信用管理的潜在客户数据库。

2. 信用管理部门对客户的分类

企业的信用管理部门对客户进行分类，主要划分标准首先是客户对企业的重要性和客户信用档案管理费用的高低，其次才是考虑客户与企业的关系。具体的划分类别主要有：

（1）按合作时间的长短分类，分为老客户和新客户。所谓老客户就是与企业保持长期业务往来的客户群体，双方熟悉各自的基本情况，相互之间已经形成了固定的交易和结算方式，除特殊情况以外，交易方式一般不会发生大的变化。因此，企业只需要关注老客户资金流和付款方式等关键信息的变动情况，而不必进行一系列专项审核。相对于老客户而言，新客户是首次与企业进行业务往来的客户，信用经理尚未了解新客户的信用信息，也就无从对客户的信用状况作出评价和判断。因此，需要信用信息处理人员对新客户的基础信息更加详尽地整理和归档。

（2）按客户的信用等级分类，按照国际上广泛采用的等级表示方法将客户划分为：AAA，AA，A，BBB，BB，B，CCC，CC，C 九级。主要参考专业的评级机构对客户作出信用评级。企业可以通过以下几种信息来源渠道了解与其合作客户的信用等级：其一，向客户直接索取；其二，向行业协会等机构调查；其三，向工商注册部门或银行索取；其四，通过官方数据库或网站等收集。其中向专业的信用调查或评级机构获得客户信用状况和信用等级信息的方法是比较直接和最具客观性的，如果客户接受过信用评级机构信用等级评定的，信用信息处理人员就可以在客户分类时参照评级结果将客户划分为不同信用等级的客户群体。

（3）按客户与企业交易的业务量大小分类，可将客户划分为大、中、小三级。原则上讲，企业对客户信用的审核程度不一定会受两者间的交易量大小的影响。相反的，在实际操作中，企业往往会结合客户的业务量来进行授信决策。因此，企业的信用政策可以按照客户的交易量制定，如果客户的业务批次集中、数额较大，赊销则蕴藏着较大的非系统风险。此时，为了防止违约风险的发生和账款的拖欠问题，企业信用管理人员需要对此业务客户予以高度的重视。

（4）按重要性分类，可以将客户划分为普通客户和核心客户。

（5）按客户与企业的关系分类，可以将客户划分为与企业有信用交易的客户和没有与企业建立信用交易关系的客户。

（6）按客户的付款行为分类，可以将客户划分为收到货品很快付款的客户、快到期才付款的客户、被提醒后才付款的客户、受到强力催款后才付款的客户和拖欠账款的客户。

在所有客户分类中，最重要的是普通客户和核心客户的分类。因此，信用信息处理人员在对客户做出初步分类以后，有必要再次认识和重点地关注普通客户和核心客户的分类。

在实际信用管理工作中，普通客户和核心客户的区分包括：

第一，以年均交易额来区分。普通客户与核心客户的区别，首先取决于企业与客户的年平均交易额，其次才考虑企业与客户交往的时间。根据"重要的少数和一般的多数之二八定律"，80%的销售额来自于20%的客户，企业应该对"实现80%销售额的20%的重要客户"进行特别的关注和重视，因为他们是企业的核心客户。从风险控制的角度讲，这类客户又是风险控制的主要对象。在此原则下，企业信用管理部门可以按照年度平均销售额对客户进行排名，再按标准进行划线，如3~5年的年销售额的70%等，在线以上的客户即为核心客户。

第二，以交往年度区分。在企业经营过程中，往往会遇到年交易额不高，但与企业有多年交往历史的一类客户。对于此类客户，企业也可以将其划分为核心客户，并对其进行管理。因为企业往往觉得这类客户通常的交易记录一直保持很好，交易金额也不是很大，所以，通常对此类客户的防范心理不够。因此，企业的信用管理部门有必要定期对老客户进行追踪和分析，主要是注重客户企业的发展趋势，包括：领导层、经营状况和财务状况等的变化趋势。如果查明某老客户变化趋势呈下滑状态，企业信用管理部门就应对该类老客户进行必要的和严密的监控。

应该注意的是：如果将客户划入到核心客户的范围，对其档案进行管理的复杂程度就会大大提高，相应的档案管理费用也会随之增加。

（二）针对不同客户采集信用信息的方法

客户信用信息采集是指通过一定的程序和方法，在企业内部和外部有计划、有选择地采集能够反映客户偿付能力和偿付意愿的各种信用信息的过程。这一过程涉及如下四要素：

1. 客户信用信息的内容

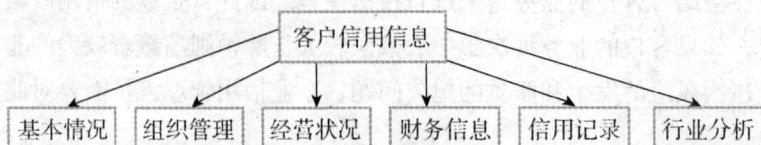

图3-1 客户信用信息内容

（1）基本情况。客户的基本情况包括客户的注册记录及相关信息，企业不应该忽略对这些基本内容的了解与调查，主要包括以下内容：其一，是否正式办理登记注册；其二，名称的准确性；其三，地址的真实性；其四，成立时间；其五，注册资本与变动；其六，企业性质、名称及商标；其七，从业经验是否丰富；其八，公司是否曾经更名；其九，经营历史上的重大事项等。

（2）组织管理。客户的组织管理是客户的组成方式、组织形式和管理人员等情况的描述，主要包括以下内容：其一，大股东情况；其二，股东之间的关系；其三，关联企业；其四，分支机构；其五，重要经营者背景信息等。

（3）经营状况。客户的经营状况包括客户的经营场所、设备和人员，还包括客户的生产销售情况和采购情况等，主要包括以下内容：其一，经营场所的权属情况、地理位置和环境条件；其二，机器设备和办公室装修；其三，员工情况；其四，销售渠道；其五，主要业务或产品；其六，营销和广告；其七，该客户与其他供应商的结算方式；其八，采购情况等。

（4）财务信息。企业的财务报表是反映企业的经营管理状况和偿债能力的最重要的资料。对企业的财务数据进行分析评价是分析客户信用状况，进行信用管理所必须的重要步骤，分析时主要侧重于以下几个方面：其一，偿债能力；其二，盈利能力；其三，资产营运能力；其四，成长能力等。

（5）信用记录。客户的信用记录包括客户的公共信用记录，其与本企业交易的付款记录等。这些是识别和判断客户风险，授予客户信用额度的重要依据，主要包括以下内容：其一，客户的付款记录；其二，客户在银行等金融机构的记录；其三，客户在工商、税务管理部门的记录；其四，客户在国土资源和房屋管理部门的记录；其五，客户在法院和仲裁委员会的记录。

需要说明的是，不论哪种信用记录，都是事后的历史记录，因此只能作为确定客户信用状况的参考信息。

（6）行业分析。行业分析是对客户宏观方面的生存环境的分析，便于企业了解客户的发展方向和前景，作出正确的判断。一般需要分析以下一些内容：其一，行业生产内容；其二，行业原材料和设备；其三，行业的采购销售情况；其四，行业价格；其五，客户及其产品在行业内的地位。

2. 客户信用信息的来源渠道与方式

（1）企业内部信息来源及主要方式。企业内部的信息是调查客户信用状况最直接的方式，其来源包括信用管理部门直接获取客户信息、销售部门获取的客户信息、生产部门的客户信息和财务部门的客户信息。其中，由信用管理部门按照分类信用信息的规格要求设计并要求客户填写的信用申请表和客户提供的各项资料，是获得客户信息的主要方式；而销售、财务和生产部门的信息是客户信用信息的主要补充和证实资料。通过客户递交的信用申请表可以为信用管理部门全面调查提供一个信息平台，应当尽量要求客户填写真实完整，对于丢失的信息可以通过销售部门尽量补充。通过客户填制的信用申请表，可以了解客户经营、财务等部门的信息和实力的概况。信用申请表基本格式如表3-3所示。

表3-3 信用申请表

_____公司信用申请表

信用申请人的基本情况

企业名称（全称）：_____ 注册地址：_____

经营地址：（是否同注册地址）_____ 电话：_____ 传真：_____ 邮政编码：_____

开票地址：（是否同注册地址）_____ 电话：_____ 传真：_____ 邮政编码：_____

公司性质：□有限公司 □合伙公司 □独资企业 公司成立日期：_____

员工总数：_____ 资产总额：_____ 所有者权益：_____ 业务收入：_____

利润总额：_____ 净利润：_____ 上缴税费（最近一个完整年度）：_____

已获贷款次数：_____ 是否按期履约：_____ 已获担保次数：_____ 是否按期履约：_____

法定代表人情况（附表）

公司总经理姓名：_____ 身份证号码：_____ 电话：_____

家庭住址：_____ 电子邮件：_____ 邮政编码：_____

公司主要负责人姓名：_____ 身份证号码：_____ 电话：_____

家庭住址：_____ 电子邮件：_____ 邮政编码：_____

法定代表人简历

时　间	工　作　单　位	职　　务
社　会　工　作		

注：表中资料截止时间为　年　月　日。

信 用 申 请

上年度销售额：＿＿＿＿＿＿＿　本次申请信用额度：＿＿＿＿＿＿＿

申请额度使用方法：□一次性　□循环使用

申请账期：＿＿＿＿＿＿＿＿＿＿＿

相关方　银行基本资料

开户银行：＿＿＿＿＿＿＿＿＿＿＿　银行具体地址：＿＿＿＿＿＿＿＿＿＿＿

账号：＿＿＿＿＿＿＿＿＿＿＿＿　银行接洽人：＿＿＿＿＿＿＿　邮政编码：＿＿＿＿＿＿＿

贷款银行：＿＿＿＿＿＿＿＿＿＿＿　银行具体地址：＿＿＿＿＿＿＿＿＿

银行接洽人：＿＿＿＿＿＿＿＿＿＿＿　邮政编码：＿＿＿＿＿＿＿

相关方　供应商基本情况

供应商1：＿＿＿＿＿＿　具体地址：＿＿＿＿＿　接洽人：＿＿＿＿＿　电话：＿＿＿＿＿

供应商2：＿＿＿＿＿＿　具体地址：＿＿＿＿＿　接洽人：＿＿＿＿＿　电话：＿＿＿＿＿

供应商3：＿＿＿＿＿＿　具体地址：＿＿＿＿＿　接洽人：＿＿＿＿＿　电话：＿＿＿＿＿

信用申请人承诺条款

每次销售所用的销售条款（包括付款或收款条件）按每张发票上详细列明的为准。我公司作为信用申请人在此同意支付因未支付货款而造成的所有必要的追账费用或有关法律费用。债权人有权与以上银行和供应商联络以核实我公司的信用状况。债权人有权单方决定是否提供或延续信用。债权人有权单方面决定终止任何信用的提供或延续。

我已阅读并理解以上诸条款，在此同意以上所述。

信用申请公司全称：＿＿＿＿＿＿＿＿　授权委托人签名：＿＿＿＿＿＿＿　申请者职位：＿＿＿＿＿＿＿＿＿

日期：＿＿＿＿＿＿＿＿＿＿＿

信用申请公司合同签章：

相关个人担保

本签字完全系个人自主行为，并由个人保证及时支付在此以前和以后由上述商务引起的所有债务。此个人担保不会受到提供的信用总额大小的影响。此个人担保只有在上述债权人信用管理部门发出挂号邮寄的书面撤销通知后才会失效，并且任何个人担保的撤销并不意味着取消担保人撤销发生前因所有债务而提供付款的义务。

担保人1：＿＿＿＿＿＿　身份证号码：＿＿＿＿＿＿　家庭住址：＿＿＿＿＿＿　邮政编码：＿＿＿＿＿＿＿　日期：＿＿＿＿＿＿

担保人2：_____ 身份证号码：_____ 家庭住址：_____ 邮政编码：_____ 日期：_____
担保人3：_____ 身份证号码：_____ 家庭住址：_____ 邮政编码：_____ 日期：_____

信用申请人信用状况（附表）

开户行及主要结算行情况				
银行名称	开户时间	开户种类	账号	近期月均存款

贷款记录（包括企业间、企业与个人间拆借）				
借贷方名称	借贷金额	借款日期	还款日期	目前余额

信用评级记录（上一年度）			
信用等级	评级机构名称	评审年度	评审编号

对外担保记录				
被担保单位	担保金额	担保日期	应解除担保日期	目前情况

诉 讼 记 录				
涉诉方名称	原因	时间	涉诉标的额	目前解决情况

合同履约记录（企业为付款方合同）				
近两年合同数量	标的额	实际付款	履约率	不能履约原因

以下签署者同意：

1. 以上信息是真实的，正确的；

2. 到期按时支付全部款项；

3. 如不能到期按时付款，承担由催收款项产生的费用包括法律费用；

4. 同意向社会关系人查询本企业的信用资料。

负责人签字：　　　　　日期：

申请人公司名称：（盖章）

附件资料：

《企业法人营业执照》复印件　　　　　　　　　　　　　　　　　　是□　　否□

《税务登记证》复印件　　　　　　　　　　　　　　　　　　　　　是□　　否□

特许经营许可证复印件＿＿＿＿＿＿＿＿＿＿＿＿　　　　　　　　　是□　　否□

其他证件＿＿＿＿＿＿＿＿＿＿＿＿＿＿＿＿＿＿　　　　　　　　　是□　　否□

本企业最新财务报表＿＿＿＿＿＿＿＿＿＿＿＿　　　　　　　　　　是□　　否□

　　各公司的信用额度申请表在格式上可能会有不同，但在使用时有一些共有的项目和注意事项：其一，表格应由客户，而不是销售人员来填写；其二，申请表中的项目应能完全反映开具发票、信函往来和强行收款所需的信息资料；其三，有客户负责付款的财务联系人姓名；其四，最好具备客户银行开户详细情况；其五，有客户有关负责人保证及时付款的签字（如果客户不情愿做这一签字，那么现在就取消赊销的考虑，不要犹豫）。

　　需要说明的是，信用额度申请表格是来自客户的最基本资料，一般初次与客户交往时就要填写；还要有选择地调查部分客户，避免调查资源的浪费。比如，对于一次性使用现金结算的小客户，可以只记录基本联络信息；另外，如果是进出口业务，应查明客户的英文名称，避免国际贸易纠纷；如果客户为小型私营企业，应查明老板个人家庭住址。

　　除此之外，为了满足客户信用信息的真实性、完整性和及时性的要求，还需要通过业务人员评价、实地考察和跟踪评价等方式，对客户提供的信息进行核对和补充，以掌握客户的最新信用动态。对于已经使用企业信用管理系统的企业可以直接输入系统中对客户信息统一管理；尚未建立企业信用管理系统的企业可以先筛选出重点客户，再对这些客户采用手工操作的方式归纳信用信息。

　　（2）企业外部信用信息来源渠道。主要包括：其一，加强与同行业企业的交流，获取自己所需要的信息。许多行业有自己的行业协会，有一些还拥有行业信息中心专门收集本行业企事业单位、产品从业人员变化的种种信息。一个行业信息中心数据库中的信息会反映该行业实际情况和发展趋势，是信用信息的一个来源。其二，委托专业机构调查客户信用状况。可以委托调查客户状况的专业机构包括征信机构和征信数据供应商，也包括部分提供此类服务的会计事务所和律师事务所。其三，通过公共渠道获得。通过公共渠道获得的客户信息是第二手资料，虽然这些信息和资料有时准确性不高，但是调查成本会相对低一些，尤其是与客户刚接触，或者需要核实某些信息，或者无法从客户那里直接获得信息时，通常可以通过下列公共渠道（见表3-4）调查客户的信息。

表3-4　公共信息查询要点

信息来源	信 息 内 容
各类文献	公司年报、基本经营情况
传播媒介	行业状况、经济状况、企业发展
工商局	注册资料、年检资料、财务报表
统计局	基本经营数据、财务报表
法院/仲裁机构	诉讼记录
客户上级主管部门	行业统计资料、经营数据
房产部门	房产所有权、抵押情况
外经贸/港澳台办	外商投资企业的立项和批准、财务报表
质量监督检疫局	法人代码、生产许可证、产品质量问题等
国/地税局	偷漏税黑名单、财务报表
人民银行	客户贷款信息
海关	报关记录和统计，进出口货品的数量、品名和日期

3. 客户信用信息采集的要诀

信息采集人员采集信息时，应按照"信用信息采集四要诀"来开展工作。信用"信息采集四要诀"包括：时间合适、地点恰当、对象准确和内容重要。只有熟练掌握这些要诀，才能够采集到重要且有用的信用信息，做到效果与效率的统一。

（1）时间合适是指在采集客户资料时，必须根据不同的调查手段和客户群特点，精选合适和足够的时间采集信息，以保证采集信息的有效性和充分性。比如，在电话调查时，如果被调查对象工作繁忙，就会对调查敷衍了事，草草应付，信息采集人员应避免此时了解客户的信用信息。在实地调查时，应事先与客户预约时间，以保证客户有足够的时间进行交流与沟通，使采集的信息更具有真实性和完整性。

（2）地点恰当是指在采集客户资料时，必须走访和调查客户的一些重要场所和部门。

因为，信息采集地点是否恰当对判断客户的真实信用状况非常重要，我们所熟知的刘姝威，就是通过实地考察蓝田股份的农副水产品基地，配合财务信息分析才揭穿蓝田股份的财务欺诈的。走访客户的主要经营和办公场所、厂房、车间、库房，可以更全面了解和核实客户的经营实力、企业规模、人员情况、生产情况、设备情况、存货情况，并经过分析和计算，验证其他渠道来源的信用信息。

（3）对象准确是指在采集客户资料时，必须根据信息收集的目的和内容选择准确的被调查对象。比如在收集客户财务信息时，必须以客户财务经理为主要调查对象；收集客户供应商和购买商信息时，必须以客户供应商的信用经理（销售部门经理）和购买商的采购部门经理为主要调查对象；收集客户的银行贷款相关信息时，必须以银行的客户管理部门、信贷部门的主管人员为主要调查对象等。选择准确的调查对象，会更有助于实现信用评估的效果。

（4）内容重要是指强调征集到的信用信息充分有用。只有征集到的客户信用信息充分有用，才能避免被客户的表面现象所迷惑，特别是帮助我们避开客户有意设置的信息陷阱甚至信用欺诈圈套。为此，信息采集人员应事先设计和准备好本次调查所需的调查表和调查问题，做到在调查时准备充足，有的放矢，目标明确，问题清晰，避免由于准备不足造成调查内容肤浅，调查项目遗漏。经过精心设计的调查能够使被调查对象不易察觉正在被调查，这样就不会损害客户关系。比如在调查客户最高管理者的品格和能力时，不能直接向当事人或企业的其他人员询问其本人的品格和能力如何，而应该根据当时的情况和自己的观察巧妙地提出问题，以更好地判断最高管理者的品格和能力与该企业信用状况的关系。

4. 对不同客户从不同渠道采集信用信息的方法

（1）授信方采集新客户信用信息的渠道和方法

企业可以通过很多渠道和方法采集到客户信用信息。然而，从信息采集的效率、时间和成本方面考虑，还是应精心设计选择一番。在实务操作中，当企业在采集新客户的信用信息时，采用"五步调查法"的效果就比较好。

"五步调查法"的内容包括：

第一步：充分利用由新客户自己填写并提供的信用申请表。

因为利用由新客户自己填写并提供的信用申请表的工作成本很小，从时间和效率方面出发，是众多信息采集方法中最佳的收集方法。在信用管理人员受理客户的信用申请时，应该要求每个客户都必须填写并提交其信用申请表。

第二步：利用由销售人员或信用管理人员采集的现场调查表。

现场调查表采集的信息包括两个方面内容：面访采集的信息和进场采集的信息。其中，销售人员必须在客户提出信用申请的同时，提供面访采集的信息。在必要时也应该提供进场采集的信息。该表显示的这两方面信息弥补了第一步调查所掌握信息的不足。

第三步：信用管理人员对新客户相关方信息的采集调查。

这是信用管理人员对新客户的扩大调查。在新客户提出信用申请之后，信用管理人员必须采集客户贷款银行、担保人等相关方的信息，从而验证客户的偿付意愿，考察客户的支付能力。

第四步：调查分析客户的资产负债表、利润表和现金流量表。

可以利用客户自己提供或通过资信调查报告获得的客户近期或多期的资产负债表、利润表和现金流量表。客户的财务报表必须在信用评估和决策前获得，通过调查分析客户的财务状况、经营业绩和现金流验证客户的偿付能力。

第五步：利用由资信调查公司提供的信用调查报告。

在授信方无法通过客户相关方了解新客户偿付意愿，以及无法直接从新客户那里获得资产负债表和损益表的情况下，如果需要补充缺少的新客户相关方信息和财务数据，信用管理部门就必须通过资信调查公司获取客户的资信调查报告。

除此而外，授信方对于非常重要的老客户和发生异常变化的老客户，也有必要采用这"五步调查法"。

在实际工作中，只有采用了这"五步调查法"的调查制度，才能比较全面地反映出一个新客户的综合实力和经营的真实现状，充分起到信用信息相互补充和相互验证的作用。

（2）授信方采集老客户信用信息的渠道和方法

虽然在与客户第一次接触时已经收集了该企业的信用资料，并且在与之交易的过程中掌握了客户的付款习惯，但是客户的经营是动态发展的，客户经营过程中所带来的信息也是随之变化的，信息收集的过程也必须一直持续。所以，对于企业的老客户，信用管理部门仍必须不断索要一些资料，补充和更新其档案数据库，定期或不定期地采集信用信息，以满足信用管理部门对老客户信用状况变化的不断监控和对老客户提出新信用申请的审批决策需要。

其一，定期调查，是通过定期采集不同等级老客户的信用信息进行的常规性调查工作。客户的资信状况不是一成不变的，商场如战场，所谓"兵无常势、水无常形"；客户的变化往往是无法预测的，虽然是老客户，如果不进行定期了解，也没有办法发现它所潜在的危机。经验表明，对老客户，每半年检查一次是必要的。检查内容一般包括：每一笔付款是否及时；是否逾期；销售收入在此期间是增长还是下降；根据检查结果，设定信用政策。交易记录好的客户的信用政策将适当放宽；交易记录不好的客户的信用政策将收紧；交易记录坏的客户，将根据情况终止与之的交易。还应定期盘查所有老客户的交易记录，对拖欠款时间超过 1 个月以上的，要全部调查其最新的信用信息，以便找出拖欠款真相和制定应对措施；对以往交易记录正常的老客户，可每年抽取部分定期调查，旨在通过信用监控了解其是否有潜在的问题，以便尽早解决。

其二，不定期调查，是通过不定期采集老客户的信用信息进行的非常规性调查工作。不定期调查的根本原因是客户存在的各种风险所决定。不定期调查的目也是针对客户存在的各种风险收集相关信用信息和数据，以掌握授信的主动权。

国内的所有行业、所有企业都存在系统风险和非系统风险。对老客户来说，行业风险是基本的风险，往下依次是经营风险和财务风险。在企业内部，经营风险在很大程度上决定着财务风险，财务风险说到底不过是企业经营风险在资金层面的表现。对授信方来说，企业风险的核心问题是还款能力。所以，凡是与客户还款能力有关的风险都应成为不定期调查的对象。比如，客户要求扩大交易额度或改变交易方式时；客户出现订单异常现象时；客户出现不良债权增加、企业改组、经营者易人甚至经营者健康欠佳等状态异常时，都是应该对其进行信用调查的时刻。详细内容可参阅第四章第一节"客户信用调查的时机与信用调查报告的作用"。

二、识别和查证客户身份信息的真伪

在客户资信管理实务中，识别客户身份信息的真伪是首先要练的功夫。这项工作主要集中在对新客户的筛选过程中，通常可以分为两个部分：一是核实新客户的企业法人身份是否合法；二是避免有人假冒他人的合法身份。

核实客户的身份最重要的就是客户是否有合法、有效的营业执照。营业执照是由政府主管企业登记注册的工商行政管理部门颁发给企业的合法身份的证明，也是识别客户真伪的最重要凭据。通过审核内外资企业合法登记程序，也可以帮助我们识别和查证客户身份信息的真伪。

（一）识别企业法人营业执照的内容

企业法人营业执照的内容包括：名称、住所、法定代表人、注册资本、注册号码、成立日期、企业类型、经营范围、登记机关、营业期限等项目。每一项目都表达特定的含义，下面将分别介绍：

1. 名称

企业的名称一般由地域名、名称、行业性质和组织形式四个部分构成，分别表明：企业所在地域，企业的字号，企业所在的行业或经营的特点，企业的法律性质。

2. 住所

住所是指企业主要办事机构所在地，具有法人身份的企业必须有住所，否则是不允许成立的。住所与经营场所不同，一个企业可以有多个经营场所，但只能有一个住所。

3. 法定代表人

法定代表人是指依照法律或者法人组织章程规定，代表法人行使职权的负责人。对企业而言，法定代表人履行其职务的行为，就是该企业的法人行为。

4. 注册资本

注册资本是指企业由各股东缴纳并在企业登记机关登记的财产总额。注册资本以货币单位表示。企业的注册资本，不仅是从事经营活动所必须具备的条件，也是清偿债务的保证。

外商投资企业的注册资本金是采用认缴制，允许分步到位的，需按有关法规认定。国内企业注册资金则须按公司法等相关法规认定。各个特定行业的主管机关有时还会规定一些行业准入门槛，一般会高于工商部门规定的公司的注册资金通用水平。

5. 注册号码

每个企业均拥有唯一的一个注册号码。这个号码按全国统一编码规则编制，内资企业和外资企业的编号方式有所区别：内资企业1999年之后的工商注册号一般为13位阿拉伯数字，且各省、自治区、直辖市、计划单列市的编码固定。企业下设的分机构营业执照注册号码是在从属企业的13位注册号码后再加4位，即17位。中外合资、中外合作企业及外商独资企业其注册号码一般为企合（独、作）+地域简称+总（副）字第×××××号，编号一般为6位数字或5位数字。例如，外商企业注册号"企独苏总副字第000010号"，表示独资企业在江苏省工商局注册，副本第000010号。

6. 成立日期

成立日期是营业执照首次签发日期。成立日期是我们调查客户信用状况时比较重要的指标，成立时间越长说明相对从业经验可能就越丰富，信用水平越好。

7. 企业类型

按照经济性质的不同，企业可以分为全民所有制企业、集体所有制企业、私营企业和混合所有制企业。按照出资者的不同，企业可以分为内资企业、外资企业、中外合资企业和中外合作企业等。

按照法律地位的不同，企业可以分为法人企业和非法人企业。法人企业包括有限责任公司和股份有限公司等公司制企业；非法人企业包括个人独资企业、合伙企业等。

8. 经营范围

企业只有在其经营范围内活动，其行为才合法、有效，否则，企业的行为就违法。国家有专项规定的产品或服务，一般企业未经审批不能经营，若在营业范围中有包含烟草和金融服务等特许经营业务，则应持有国家有关部门发放的特许经营许可证方可。

9. 登记机关

企业登记注册的机构为当地的工商行政管理局，一般由营业执照上面的公章表明其登记机关。社会公众可向登记机关查询企业注册信息。

10. 营业期限

营业期限是指企业进行经营活动的时间限制，即企业可以从事多长时间的经营活动。

（二）识别营业执照的注意事项

在识别客户的法人营业执照时需要注意以下事项：

（1）营业执照分为正本和副本，具有同等的法律效力；

（2）有效的营业执照是经过年检并在其有效期内的；

（3）营业执照被吊销，或者企业处于歇业或停业状态，企业的图章并没有被收回或销毁，要提防有人借此行骗；

（4）营业执照是不允许随便复印的，必须到发照机关复印并加盖政府公章。因此，在识别企业的合法身份时，不能仅凭营业执照复印件；

（5）其他常见的营业执照虚假情况还包括虚假注册资金、擅自改动执照上打印的注册资金数额、经营场所不在营业执照上列出的地点等；

（6）许多行业的从业企业需要有特许经营证件，一定要其提供特许经营证明。

（三）识别相关证明合法身份的资料

其他证明企业身份的资料还包括税务登记证、行业认证、各种许可证和股东构成情况等，也包括名片、宣传资料和企业网页资料等交往过程中对方提供的资料和信息，这些都应该积极获取。要判断企业的法人营业执照是否是真实的，另一种有效方法是用其注册信息和其他合法的信息进行相互印证比对，对同样的事项应该只有一种内容。

（四）通过内外资企业登记程序识别

1. 客户是初次交易的内资企业

通过对其登记程序的各环节合法性进行审核，可以帮助我们识别和查证客户身份信息的真伪。内资企业登记程序如图 3-2 所示。

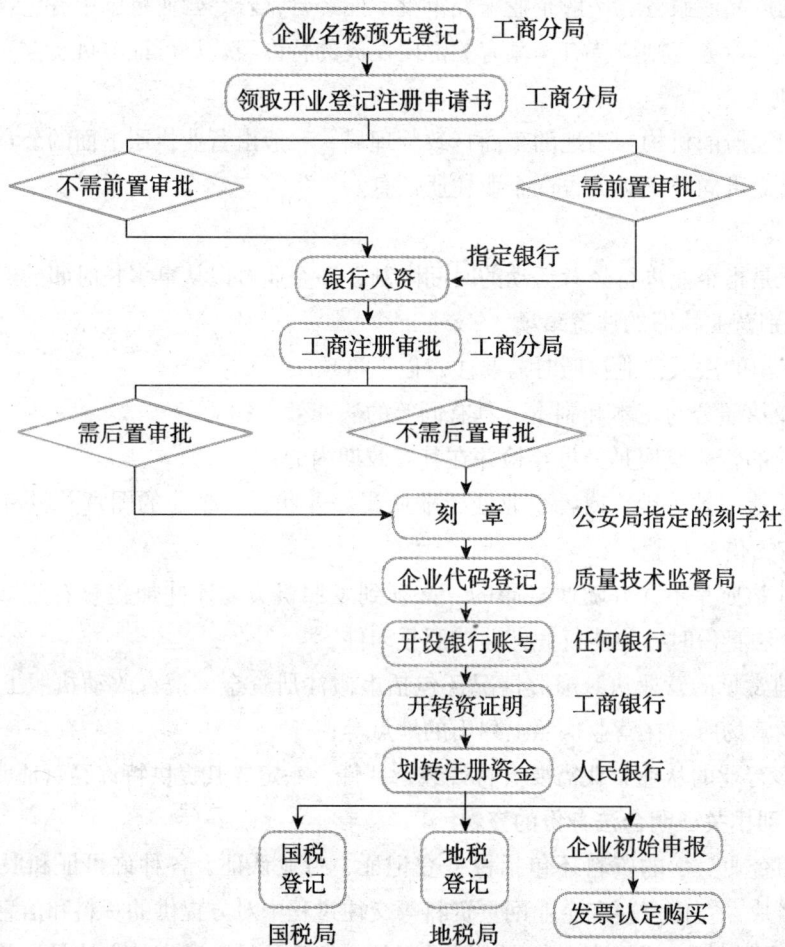

图 3 - 2　内资企业创办流程图

2. 客户是初次交易的外资企业

通过对其登记程序的各环节合法性进行审核，也可以帮助我们识别和查证客户身份信息的真伪。外资企业登记程序如图 3 - 3 所示。

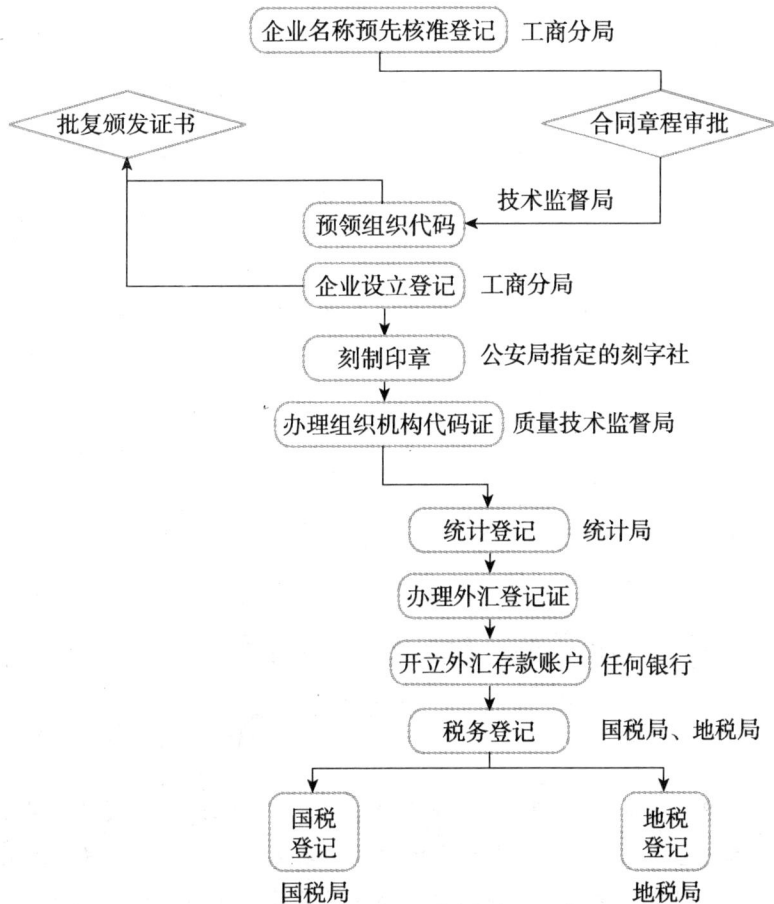

图 3 – 3　外资企业创办流程图

⭐ **案例 3 – 1**

某大型知名食品公司的破产风波

　　某公司 1993 年成立，注册资本 250 万港元，产品 700 多种，是享誉南国的食品生产企业。该公司在华南地区拥有 100 余家点心连锁店，全国分销网点 100 多个，产品全国销售，连续多年荣获国家部门颁发"优质产品"称号。2003 年之前，年均销售额达 5 000 余万元人民币，2004 年受某家香港上市公司青睐，传出融资协议草签在即。

2004 年该公司港方股东向中方股东借资，以该公司作为抵押，股东间拆借，导致该公司管理层变更频繁。2005 年 3 月由于品牌使用权问题，被香港著名食品公司告上法庭，2006 年 9 月经广州市中级法院裁决败诉，产品定义只有商号，不得定义品牌，并赔偿 20 万元人民币。2007 年，该公司未办理到期续营手续，导致生意一落千丈，股东擅自转移生产设备，拖欠工人 2 个月工资，拖欠供应商 1 500 余万元货款，拖欠工资 130 余万元，售出饼票 400 余万元，2008 年 10 月下旬，遭海珠区法院查封，该公司彻底破产。

思考 3-1： 你是否明确不同客户的性质，并能针对不同客户采集信用信息？请结合案例 3-1 谈一谈你对这方面的理解。（200 字左右）

第二节 核实客户信用信息

自学提示

本节讲三个问题：初步评价客户信用信息的可靠性，委托第三方调查核实客户信用信息和进入现场核实客户信息。这三个问题都是围绕着核实客户信用信息质量的目的展开。

在阅读中，要特别注意这三个问题的递进和互补关系。从递进关系上看，"初步评价客户信用信息的可靠性"只是将"散乱无序的原始客户信息进行筛选、分类、比较、核实、计算、判断、分析、编撰等初步的加工处理"，而"委托第三方调查核实客户信用信息"则是"使得信用信息的收集和加工这一活动更加专业化，更加有效率，因而成本更低，收集的信息更加全面，评价的方法更加专业和科学"。那么，"进入现场核实客户信息"无疑是掌握"重要核心客户"第一手资料的更可靠方法。从互补关系上看，"初步评价客户信用信息的可靠性"，需要"委托第三方调查核实客户信用信息"和"进入现场核实客户信息"来加以验证；而"委托第三方调查核实客户信用信息"和"进入现场核实客户信息"都离不开我们"评价客户信用信息的可靠性"的独立判断。

【背景资料】浙江启动全国首个企业信用预警体系

根据新华社 2008 年 1 月 10 日报道，2007 年，全国首个"企业信用预警体系"正式在浙江启用。该体系收纳了 22 大类企业信用信息，并通过分类筛选，依据失信"情节"轻重划分为三个预警级别，分别向企业自身、金融机构、其他政府部门及全社会进行通报。

据浙江省工商局介绍，纳入"企业信用预警体系"的企业信息包括侵犯消费者权益且不履行相关义务的信息、消费者投诉未及时处理信息、行政处罚逾期未执行信息、查无下落企业信息和营业执照吊销信息等 22 大类。工商部门将依据企业信用监管的不同情况采取不同的信用预警发布措施。

企业信用预警按照失信行为的严重程度及影响范围划分等级，从高到低分为一级预警、二级预警、三级预警，预警信息有效期长达 3 年。

属于一级预警的六种情况分别为：

（1）查无下落的股份有限公司、集团公司和注册资本 500 万元以上的企业；

（2）未在法定期限内参加年检的股份有限公司、集团公司和注册资本 500 万元以上的企业；

（3）被吊销营业执照的股份有限公司、集团公司和注册资本 500 万元以上的企业；

（4）涉及食品、药品、农资、化学危险品、毒品、典当、担保、寄售、金融机构及高污染行业等较为严重的不良信用信息；

（5）拒不接受工商行政管理机关依法监督检查的企业；

（6）其他可能严重影响社会交易安全和社会公共安全的信用信息。

凡是出现上述六种失信情况的企业，工商部门将通过召开新闻发布会等形式，向社会及相关企业、部门及时披露其失信行为，并将对该企业参加守合同重信用、驰名商标、著名商标等荣誉称号的评选作出限制，以形成对企业信用社会共管、全民监督的良好社会氛围。

对于二级预警，工商部门在通知企业的同时，也会将相关信息向与该企业有业务往来的单位和为该企业提供贷款的金融机构提供。对于三级预警，工商部门将首先通知企业，并提出相关整改意见，帮助企业改正错误，重建信誉。

2007 年 10 月浙江省 173 家企业因违法违规吊销营业执照，被浙江省工商局宣布为信用丧失，在全国引起极大反响。

以上资讯告诉我们，在审核客户信用信息方面，诸如以上"纳入企业信用预警体系的企业信息"使我们又多了一些公正而权威的参照标准。

一、初步评价客户信用信息的可靠性

由于不同来源的信息特点不同，信用管理人员必须对采集来的信息进行科学的分析和处理，将其中的有关部分转变为量化的征信数据，才能将其对应输入客户信用档案管理。

在进入档案之前首先需要解决的问题是客户信息的可靠性问题，特别是对于从企业外部获得的客户信息，如客户的介绍资料、客户网页和调查报告等信息需要辨识其中的虚假风险。对各种客户信用信息源的评价如表 3－5 所示。

表 3－5　客户信用信息源的可靠性

信 息 源	信息可靠程度	信息完整程度	状态	获取费用
客户介绍资料	10%～60%	可达80%	静态	无
中介机构介绍	平均55%	可达90%	动态	低
企业网页	平均50%	可达70%	半动态	低
直接同客户接触（初步）	30%～70%	可达50%	动态	中等偏高
直接同客户接触（长期）	60%～90%	可达90%	动态	非常高
第三方提供的信息或资料	平均80%	可达80%	静态	无
征信公司调查报告	平均80%	可达95%	动态	中等程度
律师取证	90%以上	可达100%	静态	非常高

结合上表及一、二章相关知识可知，审核辨别不同客户信用信息的可靠性，可从以下四方面来掌握：

1. 由第三方获得的信息客观性最强

尤其是通过法律程序或政府机关获得的公共信息通常都能保证其客观公正性。本企业专职信用管理人员直接调查客户获得的信息也比较客观，而其他部门或客户自己提供的信息则带有较强的主观性。

2. 信用信息采集人员的实地调查获得的信息最为真实

客户的许多真实情况通过现场调查都可以获得或亲身感受到。而政府主管机构的信息往往不可靠，一方面是因为客户自己披露的信息虚假成分过多；另一方面是相关政策法规不健全。在所有信息来源中，最值得警惕的是客户自己在洽谈业务时披露的信息，为了达成交易，一些客户会利用自身实力，甚至欺诈手段获得信任。

3. 专职信用管理人员按照客户资信管理要求收集的信息最为完整

企业专职信用管理人员按照客户资信管理要求收集的信息最为完整，企业通过征信公司或律师获得的客户信用信息也较为完整。

4. 直接调查和面访客户的信息时效性最强

信用管理人员特别要掌握这样一个判断标准，即"信息被客户掌握操纵的程度越高，其信息质量（可靠性）越差"。

在采集客户信用信息的内部分工操作上，必须明确信用管理部门收集信用信息的主导权，并妥善处理好信用管理部门与企业其他部门，特别是销售部门的矛盾。

信用管理人员必须对信用信息进行加工，目的是将信用信息加工制作成客户信用档案的征信数据。作为日常工作的一部分，信用管理人员要对散乱无序的原始客户信息进行筛选、分类、比较、核实、计算、判断、分析、编撰等加工处理。

经过信息加工处理的客户信息，应该达到信用档案模板的要求，模板通常是在国际流行的企业资信调查报告版式基础上设计出来的。标准的客户信用档案模板的主要特征包括：满足信用信息的深度、广度和动态指标；检索点设计合乎国家标准和国际标准；有英文译本；建立资信评级标准；版式有利于计算机化管理等。如果企业使用信用管理软件，一般都会提供客户信用档案模板。

二、委托第三方调查核实客户信用信息

案例 3－2

××广告有限公司委托赛立信征信公司信用调查案例

委托方：××广告有限公司

目标对象：×××文化发展有限责任公司

调查背景：2008 年 5 月×日，××广告有限公司和×××文化发展有限责任公司签订了《合作协议书》，约定共同主办 2007 年度"××"文化活动，双方共同承担 400 万元的联合主办权权益保证金，其中应由×××文化发展有限责任公司承担 200 万元人民币，××广告有限公司承担 200 万元人民币。2008 年 6 月×日，×××文化发展有限责任公司提出因为公司目前有另外一笔业务在运行，资金暂时无法周转，要求××广告有限公司代为垫付 200 万元的权益保证金，于 2008 年 8 月×日前返还。由于金额较大，为降低风险，××广告有限公司委托赛立信征信公司对×××文化发展有限责任公司进行信用调查。

调查发现：×××文化发展有限责任公司是××文化集团旗下的企业。××文化集团是一家宣称致力于文化传播事业，集合传统与现代媒体，向多元化发展的民营企业。集团成员企业包括目标公司、目标公司的投资方——××投资公司、××科技发展公司、××文化策划公司和××互联网传播公司5家法定企业，而××文化集团则不是一法定登记机构。调查获悉，目标公司曾是国内A电视台的电视节目供应商，并在2005年承办过一次B电视台在××市的选秀赛事，在行业内确曾是一家具备一定知名度的公司。赛立信公司调查证实，因节目质量不高导致收视率不好而国内A电视台已于2006年7月停止购买目标公司的电视节目。赛立信公司调查人员通过法院机构查询，获悉该公司同是从事文化发展业务的股东方——××投资公司因拖欠了公司员工半年多的工资而被员工集体告上法庭，诉讼标的达400万元人民币，案件已判决目标公司败诉。赛立信公司经多方核实，得悉员工虽是胜诉但未能按判决的情况得到补偿。

在进一步的调查中，赛立信公司调查人员发现××文化集团旗下的5家公司均在同一处办公，对外公开的电话也相同，法定代表人也为同一人，实际为同一套经营班子和财务人员，集团人员已从2005年末的60多人减少到调查时的20多人。经赛立信公司核实，××文化集团旗下的××科技发展公司已被工商局吊销营业资格。××文化集团旗下另外两家公司——××文化策划公司、××互联网传播公司因未按规定办理纳税申报事项而被国家税务局公告并限期改进，但已过规定限期长达3个月仍未到相关部门处理该问题。尤其值得注意的是，×××文化发展有限责任公司已连续半年以上未向当地主管税务机构申报纳税。经向××市地税局查询获悉，该公司有恶意逃税漏税的行为。

调查结果：×××文化发展有限责任公司的逃税漏税行为，其股东之一的不良诉讼记录和各关联公司的违规行为，以及其在存在这些问题后的消极应对措施，一方面反映其信用缺失和日常经营及管理的不规范；另一方面意味着其可能会涉及更为严重的官司或承担更为严重的法律或法律连带责任。同时，×××文化发展有限责任公司以及其集团旗下公司的业务已基本停滞，目前的经营和财务状况不容乐观。因此，赛立信公司信用评估人员建议委托方不宜给其垫付资金，并慎重考虑双方的合作，必要时以诉讼方式解决目前的合作或追究其违约责任。

以上案例的启示：

（1）合作对象、合作对象的股东方及其关联企业，如其子公司、分公司等发生重大事件或不良行为，应及时发现并必须引起足够的重视和采取积极并及时的风险防范措施。

（2）尽管曾是行业内知名度比较高的企业，遇到异常情况或是某些变化时，也可能会导致严重的经营危机或变故，因此也要密切关注其经营和管理情况。在与之合作时也要作信用调查评估，对合作对象的重大事件必须深究原因后作全面分析。

（3）"合作前、合作中、合作后"的信用控制均甚为重要，尤其是合作前的资信调查。

综上所述：通过委托第三方调查机构的资信调查，调查注册情况、法律性质、公司历史，可以确定被调查公司的性质、背景；通过财务报告、付款记录、抵押记录，可以确定被调查公司的规模和偿债能力；通过涉诉记录和付款记录，可以确定被调查公司的信誉状况；最后通过资信评价，可以得到专业机构的全面评估。这种委托第三方调查核实客户信用信息的做法，在招商引资活动中、在企业之间的信用交易中已得到越来越普遍的重视。

（一）委托第三方调查核实客户信用信息的特点

这种委托第三方调查核实客户信用信息的做法也称为信用信息服务活动。信用信息服务活动有关的体制框架和服务体系，主要包括两方面的内容：一方面是信用调查活动，亦即习惯上所称的"征信活动"；另一方面是信用评级活动。相应的，从事信用信息服务的机构也分为两大类，即征信机构和评级机构。从国际经验来看，建立完善的信用信息服务体系是改善社会信用状况最重要的途径，也是整个社会信用体系建设的核心问题。从我国目前的实际情况来看，信用信息服务体系是较为滞后和缺失的，是导致当前我国信用秩序混乱的重要原因，是亟须加强的环节。

委托第三方调查核实客户信用信息的做法，使得信用信息的收集和加工这一活动更加专业化，更加有效率，因而成本更低，收集的信息更加全面，评价的方法更加专业和科学。因此，信用信息服务活动，本质上就是一种专业咨询服务活动，是企业本身信息收集活动的延伸。从信息服务市场较为完善的发达国家来看，在信息服务市场上，与社会信用体系建设相关的信息服务主体主要有征信服务公司（企业和个人征信）和企业信用评级公司两大类。这两类主体的区别在于：信用评级公司提供的信用评级报告主要向社会公众公开，为公众决策提供参考；而征信服务公司提供的信用调查报告不向社会公开，仅提供给委托人，供委托人决策参考。从企业信用管理实务的角度看，委托第三方调查核实客户信用信息，主要指委托专业的征信服务公司来调查核实客户的信用信息，就如同上文案例3-2××广告有限公司委托赛立信征信公司进行信用调查所介绍的那样。

需要强调的是，信用信息服务活动与金融活动有联系，但本质上不是金融活动，不应作为金融活动来进行管理；相应的，信用信息服务机构也不是金融企业，不应当视为金融企业进行管理。认识这一点对于正确选择中国信用信息服务产业发展模式和建立相应的产业法律规范至关重要。

（二）委托第三方调查核实客户信用信息的基本做法

（1）委托资信调查前，信用管理部门应先选定一家征信服务公司，并签订委托书；

（2）根据企业信用管理政策规定，信息采集人员应定期、不定期地委托征信服务公司调查客户的最新信用信息；

（3）当需要调查一家客户时，信息采集人员应填写好"企业咨询报告委托表"发给选定好的征信服务公司；

（4）征信服务公司在规定的时间内调查完毕后，将信息制成信用调查报告（也称资信报告），装订成册后邮寄给委托企业。如果企业需用，征信服务公司也可将资信报告的电子文档发给委托企业。下面以国内某征信服务公司为例，说明其接受企业委托的一些资信调查工作程序：其一，接受客户委托；其二，按客户要求了解目标公司的基本信息，如公司名称、地址、电话、行业、成立年份、员工人数、营运状况及其母公司和分支机构；其三，评估目标公司的财务状况；其四，了解客户的付款习惯；其五，获得对目标公司的信用风险等级的评价；其六，获悉目标公司是否有诉讼或法律纠纷；其七，确定付款方式、付款条件；其八，确定信用额度及信用额度调整；其九，分析目标公司的债务偿还能力；其十，监控目标公司信用状况的变化，等等。

（三）委托征信服务公司资信调查后出具资信调查报告的基本内容

如上所述，委托征信服务公司资信调查之后，征信服务公司必须出具资信调查报告。这是因为，资信调查报告是征信服务公司撰写的反映被调查单位经营活动、财务状况和评价其偿债能力、偿债意愿的专业报告。它既是委托企业授信决策的重要依据，也是被委托的征信服务公司所提供的专业服务产品，作为判断其专业服务是否合法、合规、客观、有效的依据。委托征信服务公司资信调查后出具资信调查报告的基本内容一般包括：

1. 简明信用调查报告

主要包括：企业基本经营注册资料和其他基本经营状况。了解企业的概貌、企业基本运行概况，适用于常规小额交易或新的贸易关系的建立。

2. 标准信用调查报告

主要包括：企业基本经营注册资料、主要财务数据及分析、经营情况、企业对外投资、公司构架及领导者素质、银行往来等信息，并给出理想信用额度和信用评级。报告集中反映企业经营业绩、财务状况及信用情况，适用于交易金额不大、交易次数频繁，相对稳定、持续的贸易关系。

3. 深度信用调查报告

主要包括：企业经营注册资料、数年财务报表、详细财务分析、综合经营信息、行业基本状况、企业竞争力分析等资料，并给出对企业的综合评估结果。全面反映企业的综合经营能力，可作为企业树立自身形象、扩大业务、赢得顾客或争取银行贷款的重要参考依据，也适用于大型投资项目可行性分析和企业重大经营活动决策参考。

4. 特殊信用调查报告

主要包括：在遵守相关法律法规的前提下，可涉及"标准信用调查报告"和"深度信用调查报告"中没有包括的信息，向用户提供特殊信用信息需求的专项资料。适用于企业生产经营活动中产生的特殊的信用信息需要。

以国内某征信服务公司为例，说明其接受客户委托后提供的深度研究报告内容。

深度研究报告是由富有经验的信用分析人员实地调查并分析撰写，内容详尽、数据准确且完整程度很高，对全面深入了解企业的信用状况有极高的参考价值。主要用于：深入了解重要交易对象，重要交易活动之前了解交易对象；选择合资、合作伙伴；选择投资、收购、兼并对象等。基本内容如表3-6所示。

表3-6 国内某征信服务公司的深度研究报告样本

信息类别	目 的	报告内容分类	序号	报告内容
摘要	报告全文的概括和总结，便于迅速掌握目标企业的整体状况及安博尔·中诚信公司对目标企业的专业判断和信用评级	一、报告摘要	1	报告摘要
基本信息	便于报告使用者判断目标企业的存在性和合法性，具体包括联络信息、注册信息以及其他信息	二、基本信息	2	联络信息
			3	注册信息
			4	其他信息
		三、分支机构及下属单位	5	分支机构
			6	子公司
			7	参股企业
		四、资本构成及股东情况	8	资本构成
			9	股东背景

续表

信息类别	目　　的	报告内容分类	序号	报　告　内　容
经营管理信息	反映企业经营管理者利用有限的物质资源和人力资源来获得企业长期发展的能力	五、董事与经营者情况	10	主要经营者
			11	主要经营者背景与评价
		六、从业人员情况	12	从业人员情况
		七、生产情况设施情况	13	土地、生产经营用房
			14	主要生产设备及生产能力
			15	原材料来源、付款方式
		八、商品购销及支付信用	16	产品种类、销售区域及收款条件
			17	付款记录在案
			18	收款记录
			19	经营情况
财务信息	企业经营管理的水平最终可以通过财务结果和财务分析集中反映	九、经营与财务情况	20	财务数据（资产负债表与损益表）
			21	财务分析（企业偿债能力、营运能力、成长能力、获利能力分析）
社会公共信息	通过企业与外部利益相关者在生产经营过程中发生的信息交换来反映，这部分信息对于报告使用者而言，更加客观公正，更具有参考价值，本报告中所反映的社会公共信息包括供应商评价、往来银行以及诉讼记录	十、供应商评价	22	供应商评价
		十一、往来银行	23	往来银行、银行信贷情况
		十二、诉讼记录	24	诉讼记录
			25	企业成立背景
			26	发展历程
			27	组织结构
			28	业务现状

续表

信息类别	目　的	报告内容分类	序号	报　告　内　容
结论与评级	对企业基本信息、经营管理工作信息、财务信息、社会公众信息进行充分分析基础上得出的结论，并通过专业技术得出企业的信用评级	十三、综合评述	29	发展计划
			30	行业情况分析
			31	企业竞争力分析
			32	业务前景
			33	企业外部关系及风险评估
			34	其他需要说明的问题
		十四、信用评级	35	信用评级

更为详尽的实例请见本书第四章"客户信用调查报告"。

通过资信调查公司的调查报告可以获得受信企业财务数据。根据委托方的要求，资信调查公司能够提供一个企业三年甚至更长期间的财务报表，包括资产负债表、利润表和现金流量表，这些报表通常来自工商管理部门或上市公司的公开信息网站等。

资信调查公司获得的财务报表通常有两种：一种是尚未经过审计的财务报表，另一种是经过审计的财务报表。尚未经过审计的财务报表是由本企业财务人员编写的报表，尚未接受会计师事务所的审计，由于报表没有经过审计，所以这种财务报表可信度较差，只能作为参考使用。经过审计的财务报表是经过会计师事务所审计的报表，报表中的相关数字都经过审计，所以财务报表的真实性更高，一般认为这种报表具有相当高的可信度。

三、进入现场核实客户信息

现场核实客户信息的操作是指通过到客户内部现场实地走访采集，以核实客户信用信息真伪与质量的调查活动。现场核实客户信息的特点是通过现场调查，可以掌握客户与信用有关的第一手资料。

（一）现场核实客户信息的内容

现场核实客户信息应遵循授信目的和需要，并且应结合上述通过各种渠道和方式已获取的信息，侧重在以下五方面信息的核实。目的是验证已获取信息的真实性、可靠性，感受客户真实的经营能力和管理水平。

1. 现场核实购货情况

快速而有效的方法是考察客户购货环节的内部控制是否严密、合理，特别是高度关注客户的合同和采购部门的关键控制点是否严谨。对于生产企业来说，存货的采购是生产的准备阶段。为了生产适销对路的盈利产品，必须采购生产实用、价格公道、质量合格的原材料。对于流通企业来说，要使企业获得尽可能多的销售收入，必须采购适销对路且价格公道的商品。所以，要观察、核实客户的采购与生产、销售业务是否匹配，以推算、判断该客户的生产经营是否正常，是否会影响到其信用付款。要特别注意观察、核实客户的请购单中，是否对需要采购的物资品种、数量由生产或销售部门、保管部门根据需要量和现有库存量共同制定，然后交采购部门进行公开询价；采购合同是否由生产或销售部门、采购部门、财务部门和法律部门会同供货单位共同签订；观察、核实客户是否有对购货询价、签订合同和订货单的控制制度及执行情况。

对没有购货环节内部控制或内部控制流于形式的客户进行信用评估和决策时应十分慎重。信息核实人员可以通过走访客户的合同部门或采购部门获得对购货内部控制及其执行的有关信息。

2. 现场核实存货情况

存货的管理是企业生产管理系统中重要的环节。存货的储存业务一般具有以下特点：

（1）占压资金数量大；

（2）储存量的大小直接影响着产品生产或商品销售的顺利进行；

（3）容易发生积存日久变质或市场供求关系变动而导致存货损失；

（4）存货的种类繁多，流动性强，进出频繁，极易产生管理疏漏；

（5）实物规模较大，自然灾害或人为原因造成的损失随时可能发生。

库存量的过多过少会在企业的生产与经营管理诸环节中带来很多问题，从而给企业造成极大的损失。因此，授信方要对客户存货量情况进行必要的调查。

现场核实存货人员应走访客户的仓储部门，了解原材料和产成品的库存金额、每月或每日耗用量、进货量及库存周转时间，同时也可顺便了解原材料的进货价格等信息。

3. 现场核实销售情况

销售环节是企业经营活动中的最重要组成部分。销售业务的一般特点是：

（1）业务发生频繁，工作量大，运行环节多，容易产生管理漏洞；

（2）营业收入的确认与计量具有复杂性；

（3）销售业务直接导致货币资金或应收账款的增加；

（4）企业的生产能力只能决定产品的品质高低和产量的多少，如果不能销售出去，就无法实现企业经营创造利润的最终目标。因此，对销售能力的现场核实是十分重要的。

销售能力的核心是市场营销，这包括销售给谁，怎样销售，以什么条件销售，重点核实以下三方面：

（1）客户近三年的销售对象和数量。比如，从地区来看，客户近三年的销售对象是国内客户还是国外客户，是本地客户还是外地客户，是北方客户还是南方客户，是农村客户还是城市客户；从阶层来看，是高端客户还是中端客户或大众客户；从年龄来看，是老年客户还是青年客户或少儿客户；从性别来看，是男性客户还是女性客户；从身份来看，是集团客户还是个人客户，等等。

（2）客户近三年的销售渠道。销售渠道是连接厂商与终端客户的桥梁和纽带。这有两种情形：一是直接销售，即厂商将产品直接销售给终端客户，其好处是贴近市场，应收账款少，但需要铺设销售网络，资金投入较大；二是间接销售，即厂商将产品通过中间商销售给终端客户，其好处是无须自找客源，资金投入少，但市场信息接收较慢，应收账款较多。

（3）客户近三年的收款条件。产品卖出去了，企业并不一定取得了实际收益，这里有一个收款条件问题。收款条件主要取决于市场供求和厂商品牌两个因素。收款条件无外乎三种：一是预收货款，即产品尚未发货，货款就已收到；二是现货交易，即一手交钱，一手交货；三是赊账销售，即产品已经发货，货款尚需一段时间才能到账。显然，赊账销售对厂商是不利的，这不仅占压了资金，而且还存在收账风险。

现场核实销售情况人员应走访客户的合同部门或销售部门获得以上有关信息。

4. 现场核实生产状况

重点核实以下四个方面：

（1）生产设备能力和运转能力。其中，生产设备能力是机械的设计能力，运转能力是在客户企业具备设备能力的基础上，加入原材料、人工、时间等生产要素的总和能力。企业的生产设备是生产技术的载体，设备的性能不仅反映出生产的技术水平、产品的质量水平，而且反映出劳动生产率。比如在印刷行业，自动化的四色彩印机在技术水平、产品质量和劳动生产率上都是传统的单色印刷机无法比拟的。

（2）工艺要求。不同的行业因生产的性质不同有不同的工艺要求，即使是同一个行业生产同一种产品由于采用的技术设备不同也可能采用不同的工艺要求。工艺要求的不同不仅涉及物料消耗、工序设计、管理方式和员工技能，而且还影响到产品的性能和质量。

（3）物耗、能耗情况。有些企业生产特别耗物，有些企业生产尤其耗能，而有些企业生产可能既耗物又耗能。耗物、耗能的企业一般生产设备落后、生产工艺落后。这类企业不仅生产成本高居不下，而且对生产过程也是一个制约，一旦物料或能源供应不上，就可能限产停产。

（4）环保情况。耗物、耗能的企业本身就存在环保问题。有些企业可能耗物、耗能并不高，但废气、废水、废渣的排放对环境造成严重危害。"三废"的存在对生产企业来讲可能是经济的、有效益的，但"三废"的排放对社会来讲却是不经济的、无效益的。这在经济学上称为外部不经济，企业转嫁了治理成本，社会为之付出了高昂代价。因此，环保部门对于"三废"企业要实行严格监管。企业要么同意治理，但需要投入大额环保费用；要么拒绝治理，则可能受到环保部门的巨额罚款及停业处罚。

信息核实人员应走访客户的生产部门获得以上有关信息。

5. 现场核实客户的生产经营场所、办公场所和人员

现场核实客户的生产经营场所、办公场所和人员主要有两个目的：一是感受客户的经营氛围；二是核实客户的经营情况。

从外观上看，现场核实人员需要留意的是，厂房及办公楼的新旧程度，厂房及办公楼的建筑面积，厂房之间的功能区分，以及厂房与其他建筑物、构筑物的功能区分等。根据这些办公、生产或经营场所的外观、面积、分布等情况，可以大体判断企业的已经营的时间、经营的规模、经营的实力等。企业办公楼之间、厂房之间，以及办公楼与厂房之间的沟通是通过道路和过道连接的。进入企业后，需要留意的是厂区的卫生状况、绿化状况、美化状况等；厂区环境是否存在乱扔垃圾、乱摆放杂物、乱张贴通知或宣传物、设施破旧、墙饰油漆剥落等情况。根据厂区的规划、装点、收拾等情况，可以大体看出企业的经营理念、管理水平、精神面貌等。

办公室是企业管理部门和管理人员的办公场所。深入办公室后，需要留意的是企业管理部门的办公分布，办公室内的空间状况、卫生状况、整洁状况，办公室管理人员的衣着状况、工作状况等；办公室是否存在空间拥挤又条件简陋，或室内空荡而了无人气，地面脏乱且桌面零乱；管理人员是否存在衣着不整或过于休闲，无所事事或看报、上网或电话聊天，扎堆闲聊或打骂嬉闹等情况。根据办公环境、工作状况等情况，可以大体看出企业的办公条件、考勤制度、工作秩序等。

客户员工工作态度、对企业的看法和忠诚度、薪金水平和福利待遇、员工流动情况等信息，能够从企业另一侧面反映出企业的经营管理状况。其中，最需要调查了解的是员工对客户企业的看法和忠诚度。

对于现场核实信息人员来讲，第一感觉很重要，这包括对经理人员的感觉、对一般员工的感觉、对经营设施的感觉、对经营活动的感觉以及对经营氛围的感觉等。因而实地调查的信息量是非常丰富的，也是非常鲜活的，是从客户二手资料中无法得到的，可谓百闻不如

一见。

（二）现场核实信息人员应当掌握的技巧和要求

客户与现场核实人员处于信息不对称地位，客户对自己掌握的信息不一定都会讲出来，也不一定都愿意讲出来，也可能夸大地讲出来或者虚假地讲出来。现场核实信息人员如何获得第一手材料，无外乎两个基本方面：一是问，二是看。为了有效地通过问（访谈）、看（观察）获得真实全面的第一手材料，就有必要掌握一定的现场核实信息技巧和要求。

1. 访谈技巧

访谈技巧的关键在于沟通，因为访谈问答的主体之间是一种人际关系，而人际关系的充分理解在于有效沟通。这种沟通对于征信人员来讲就是客户沟通，客户沟通需要讲究技巧。因此，现场核实信息人员在访谈时需要掌握以下技巧：

（1）处理好与客户之间的关系。在接触客户时，首先要表现出友善。友善的态度可以消除彼此的隔阂、消除对方的顾虑，从而取得客户的信任，而信任则是商务合作的基础，良好的合作关系有利于访谈达到预期目的。其次还要表现出诚意。在访谈时应主动说明来意，提出的问题应当简单明了，对于客户的回答应当认真聆听，对于一些专业性较强或技术性较强的经营面的问题应当虚心请教，受到尊重的客户自然容易沟通，容易深入交谈。

（2）把握好访谈的主动权。首先，在访谈之前要拟订计划，特别是要带着看二手材料时发现的问题有备而来。其次，在访谈开始时要善于主动拉近与客户的情感距离。一般可以先寻找轻松的话题开始或者从题外话开始，如听对方口音，有无老乡关系可作为话题；听对方经历，有无共同的朋友或熟人可作为话题；听当天新闻，有无热点问题可作为话题；在来访途中，有无特别事件可作为话题；走进客户单位后，有无特别感受可作为话题，等等。总之，一开始先通过寻找轻松的话题闲聊一会儿，可以立刻收到拉近征信人员与客户之间的距离的效果，为接下来切入正题营造良好的访谈氛围。再次，在访谈过程中要把握好节奏和重点，询问时先易后难、由浅而深，使得客户在现场核实信息人员的引导下一步步完成整个访谈过程。

（3）运用好询问的方式。询问是访谈过程的核心部分，询问的质量在很大程度上决定了访谈的质量。提高询问的质量需要运用好以下询问的方式：其一，掌握询问的技巧。询问技巧上将问题的提法分为两类：一是开放性问题，二是封闭性问题。开放性问题要求对方具体回答所提的问题，答案是开放的，这类问题往往以疑问词"什么"、"什么时候"、"在哪里"、"怎样"、"谁"、"为什么"等提问。如提问者问："你公司现在的主营业务是什么？你公司新产品是什么时候投产的？你公司目前在哪几家银行有贷款？为什么采取 T/T 付款？"以上封闭性问题则要求对方肯定地或否定地回答所提的问题，答案是封闭的，这类问题往往以疑问词"吗"等提问，通常表现为提问者先入为主，要求对方简单回答"是"还是"不是"。如提问者问："手机生产是你公司的主营业务吗？你公司新产品是去年末投产的吗？你公司目前在工商银行有贷款吗？你公司进口是采取T/T付款吗？"一般来说，开放性问题要求回答的信息量较多，提问者容易得到实质性的答案，并能减少提问的次数，缩短询问时间，宜多用于询问的开始阶段；而封闭性问题则回答的信息量较少，但提问者能得到明确性的答案，宜多用于询问的结束阶段。总的来讲，挖掘信息宜用开放性问题，证实信息宜用封闭性问题。其二，设计好询问的内容。不管是开放性问题还是封闭性问题，都要求得到的回答或获得的信息都是有效的，要避免无实际意义的提问。如"你公司到期能够偿还贷款，是吧？"这样的问题是毫无意义的。因为被问者不管有无能力、有无意愿偿还贷款，都肯定会回答"是的或能够"。而较好的提问方式应当是："你公司打算怎样安排还款，到期有哪些收入来源？"这是一个开放性的问题，被问者不能简单地搪塞过去，必须正面回答。这样，提问者就可以在被问者的回答过程中，捕捉到一些有价值的信息，结合掌握到的其他情况，就可以大体判断出被问者的偿还能力和偿还意愿。其三，一次只问一个问题。提问题的所有目的在于聆听对方的回答并获取期待的信息。提问时要一个一个地问，不宜一次叠加多个问题。如果一下提出好几个问题，被问者很难将所有问题答全，也难免打乱问题的先后顺序，或者有意避重就轻、避实就虚地回答，从而达不到提问者询问的预期目的。其四，学会聆听。访谈中"问"有技巧，同样，"听"也有技巧。聆听的基本要求是充分理解对方所要表达的意思。如果把聆听过程放慢，在你"有资格"做出回答之前一般要经过四个阶段：一是听，即听对方怎么说；二是领会，即理解所听到的话；三是思考，即在心中思考所理解到的意思；四是复述，即说出你的理解。不合格的聆听者常有着以下毛病：听对方刚说出一半，就打断对方的话，匆忙作出归纳；误解对方的话；一脸厌倦、不感兴趣的样子；不耐烦或心不在焉；说是在听但同时又在做别的事；不仔细听对方正在说什么，而是在想自己下面要说什么；不能把对方的话用自己的语言准确地解释或复述一遍。

2. 观察技巧

观察是实地调查的重要内容。如果说访谈还可以选择不同的地点进行，那么，观察则只能在特定的场所如客户的办公地点和经营地点进行。

从观察的内容来看，主要有三个方面：一是观察客户的经营场所；二是观察客户的经营设施；三是观察客户的经营活动。

从观察的方式来看，主要有三个类型：一是参与性观察，即现场核实信息人员参与客户的经营活动之中，从内部收集有关第一手资料。参与性观察又可分为公开参与性观察和暗地参与性观察，前者如参与客户的经营工作会议，参与客户的商务谈判会议或促销会议等，后者如在客户不知情下以顾客身份参与商场的交易活动，或以购房者身份参与房地产开发商的售楼活动等。二是随意性观察，即现场核实信息人员走马观花式地随意观察客户的经营活动，以简单地收集有关第一手资料。三是结构性观察，即现场核实信息人员根据既定的调查目的，拟定调查提纲，借助感官或辅助工具，对客户的经营活动进行连续性观察来收集有关第一手资料。如对于某段公路车流量的观察、对于某个工厂产量的观察、对于某个商场客流量的观察、对于某个营销地点成交率的观察等。结构性观察具有三个特点：首先是目的性，要求观察者观察什么，怎么观察，以及观察的手段、步骤、范围等都要做到心中有数；其次是系统性，要求观察者根据调查提纲连续地进行观察，资料数据也具有连续性；最后是可重复性，观察者根据既定的观察手段和范围选择不同的时段观察所得出来的资料数据之间具有可比性，如对商场客流量的观察或营销地点成交率的观察，可选择平常经营日观察和节假日观察进行对比，或选择上午观察和下午观察进行对比等。

现场核实信息人员除需要掌握以上观察方式外，在实地观察时还须留意以下方面的情况：其一，观察企业大门及前台接待人员；其二，观察企业的厂房及办公楼的外观；其三，观察企业的厂区环境；其四，观察企业的办公室情况；其五，观察企业的生产车间；其六，观察企业的生活休闲设施；其七，观察企业的板报张贴等。

3. 进场核实信用信息的要求

考虑到现场核实信用信息的经济成本与机会成本较大，并不要求所有信用申请都必须进场核实信息。只有在条件许可且有实际需要的情况下，才进场核实信息。在很多情况下，销售人员最有条件直接进入客户生产、经营现场，企业应该充分利用销售人员这个便利条件，尽可能多地为企业获取大量第一手信用信息资料。

对于非常重要的客户和业务，如果信用管理人员必须到现场核实信息，那么，实地调查前必须约定时间。一方面需要告知客户拟去走访的人员情况；另一方面需要了解客户出面接待的有关人员情况，至少客户的总经理和财务主管必须出面，这有利于保证实地调查的顺利进行，也有利于观察主要经理人员的可信度。实地调查的时间应当约定在正常的工作日，以便观察了解企业的生产经营活动。对于客户的管理部门、研发部门、生产部门、仓库等不在同一地点的情况，需要参观哪些部门最好事先商定，以便在时间上做出恰当安排。基本要求是：该询问的人能问到、该去的地方能去到、该看的情况能看到、该要的资料能要到。

现场核实信用信息的气氛应保持在和谐、友好的气氛中进行。富有经验的信用管理人员会使信息被采集人员根本没有察觉出正在被调查，而在不知不觉中完成实地调查工作。

信息核实人员应根据客户是否配合调查的意愿采取不同步骤。如果被调查客户非常反感被调查，那么，信息采集人员可采用非公开状态下进行调查，不必通知客户调查的情况；如果客户不介意被调查，为提高调查的工作效率，信用采集人员可以直接通知客户，以便安排调查的接待单位和人员。为提高现场核实信用信息工作的效率，可拟写实地调查提纲。提纲内容大致如下：其一，需要客户填写哪些资料，如现场调查表；其二，需要客户提供哪些资料，所需资料列明清单并注明哪些是原件哪些是复印件；其三，需要核对和查阅客户哪些资料，如《企业法人营业执照》、《经营许可证》、有关政府批文、有关业务交易单据、纳税凭证、偿债凭证、财务报表、会计账簿、房地产证等；其四，需要会见客户哪些人员，如法定代表人、总经理、财务主管、业务主管、上级企业或关联企业的有关人员等；其五，需要参观客户哪些地点或部门，有些企业的经营活动可能发生在几处地点，如管理部门、研发部门、生产部门、仓库等各处不同的地点。调查提纲尽量考虑得充分些，以免实地调查时遗漏，事后再去补访或再电话询问或再索要资料，容易给对方造成困扰，可能影响彼此间往来关系。

最后，销售人员、信用管理人员进行实地调查结束后，须撰写"实地调查报告和客户情况表"。实地调查报告中应详细记录现场调查全部内容；此外，还必须在每一项调查内容上加入信息采集人员的评语与参考意见。实地调查表和客户情况表参考格式如表3-7、表3-8所示。

表3-7　实地调查表（部分列示）

信息核实人员：　　　　　信息核实时间　　年　　月　　日

面 谈 记 录				
客户名称全称				
被访人员		所属部门		职务
现 场 记 录				
被调查者		所属部门		职务
被调查者		所属部门		职务
一、面访记录				

1. 针对客户品格的询问（被询问人_____）

（1）提出的问题：（如：企业的核心价值观是什么？）

被询问人的答复：_____

_____

_____

_____

（2）提出的问题：（如：企业是否有文化手册，是否认同并遵循？）

被询问人的答复：

_____

_____

2. 针对客户资质、信用申请和偿付能力的调查（被询问人_____）

（1）提出的问题：（如：客户的注册资本近期是否变更？）

被询问人的答复：

_____

_____

_____

（2）提出的问题：（如：偿付能力主要指标的变化情况？）

被询问人的答复：

_____

_____

_____

3. 针对客户战略经营方针的调查（被询问人_____）

（1）提出的问题：（如：客户有无经营发展战略规划？）

被询问人的答复：

_____

_____

_____

（2）提出的问题：（如：客户主要产品的销售渠道？）

被询问人的答复：

_____

_____

以下从略。

二、现场核实情况的记录

1. 针对客户的工作环境、从业人员的调查（现场采集人_____）

现场环境：（如：员工总人数及员工岗位分布情况？）

_____

_____

现场被调查人员的信息反馈：

_____

_____

2. 针对客户购货情况的调查（现场核实人_____）

现场环境：（如：客户的主要采购类别？）

_____

_____

_____

现场被调查人员的信息反馈：

_____

_____

_____

以下从略。

三、信息核实人员对客户的整体评价

1. 主要负责人信息：

_____

_____

_____

2. 表面状况：

_____

_____

_____

3. 内部管理：

_____

_____

以下从略。

四、其他相关补充事项

_____

_____

_____

信息核实人员对客户的整体评价可选择调查表、流程图、书面说明等多种方法单独或综合运用。

表3-8 客户基本情况及赊销意见表

企业名称（全称）						
注册号码		企业性质			上年度销售额	
所属行业		成立时间	年 月 日		注册资本	
企业性质		员工数量			业务人员数量	
办公地址						
法人代表		年龄		家庭状况		管理经验
主要负责人		年龄		家庭状况		管理经验
联系人			职位		手机号码	
联系电话			传真		E-mail	
主要资产	办公场所	□自有 □股东所有 □租用 □不详				
	厂房/仓库	□自有 □股东所有 □租用 □不详				
	设备/车辆	□自有 □股东所有 □租用 □不详				
内部装修	□豪华 □标准 □较好 □一般 □简单 □不详					
地理位置	□商业区 □工业区 □住宅区 □商住混合区					
营销分布		付款情况	□及时 □较及时 □略有拖欠 □一般 □有拖欠			
业务类型	□大型经销商 □大型生产商 □中型经销商 □中型生产商 □小型经销产商 □小型生产商					
资产总额		资产负债率			流动资产总额	
行业影响力	□卓著 □很好 □好 □一般 □不佳					

预计月采购额		预计月交易笔数		有无特别要求	
结算类型	□银行承兑汇票（期限：____） □电汇 □现金 □远期支票 □非票据结算				
发货方式	□自提 □送货（送货地址：_____）				
是否担保/抵押	是/否 担保公司（_____）抵押内容（_____）				
提供复印件	□营业执照 □法人代表身份证 □财务报表				
申请类型	□新客户申请 □申请提高赊销额度 □申请延长信用期限				
客服信用管理工作组意见		销售员		初步评分	
评分评级		建议			
建议赊销额度					
建议赊销期		销售经理意见			
其他建议：		营销中心副总经理意见			
		营销中心总经理意见			
		公司经理意见			
建议人签名：		信用控制委员会意见			

（三）发挥销售人员在现场核实信用信息中的独特作用

销售人员收集客户信息有六方面便利条件：

（1）总体印象：与该客户接触总体感觉如何？客户内部组织机构完善吗？他们回复电话、信件及时吗？其地理环境、厂房设备情况如何？较差的印象是一个信用危险信号。

（2）产品状况：其产品质量如何？运用最新工艺技术生产吗？其市场需求旺盛吗？客

户的命运在很大程度上取决于其产品。

（3）市场需求：其市场是正在扩大还是正在萎缩？市场需求有无季节性变动？这些因素可以反映出客户盈利的难易程度。

（4）竞争程度：客户及其竞争对手在市场上各处于什么地位？竞争优势是什么？在市场需求有限的情况下，只有那些竞争优势最大的企业才能生存。

（5）最终用户：该客户通过什么渠道销售？分销网络是自己的还是代理的？产品最终供应给哪些公司？交易和付款方式如何？这些公司的信誉如何？

（6）管理状况：客户的管理制度健全吗？主要管理者经验丰富吗？有无专业背景？名声如何？是否由一个最高管理者独断专行？是否每一笔大的付款都要请示董事会？如是，是否因为现金短缺而不得不加强控制？

销售人员应尽可能多地收集核实客户情报。他们收集的客户信息越多，越容易及时地发现客户信用状况的变化，从而避免产生货款被拖欠以至无法回收的风险。要知道，销售部门收集的信息是免费的。

思考3-2：你是否掌握了核实客户信用信息的相关要点？请谈一谈你对这方面的理解。

第三节　整理客户信用信息与受理客户信用申请

自学提示

本节讲三方面内容：分析、整理客户信用信息；客户信用服务窗口的作业方法和客户授信管理实务。在本节的三方面内容中，具体操作的要点较多。教材只是从理想的企业信用管理实务角度展开阐述。在实际工作中，还需要你结合具体业务情况作出相应的取舍。

一、分析、整理客户信用信息

通过各种渠道收集得到的客户的信用信息并非都是重要有用的，因而必须对其从真实性、相关性、可靠性、重要性、经济性等方面加以鉴定。审核客户的信用信息，在很大程度上完成了对客户信用信息在真实、重要且有用方面的鉴定。但是，只有通过分析、整理客户信用信息，才能使其成为有序的、系统化的、彼此联系的客户信用信息链，依据这样的客户信用信息链建立起来的客户信用档案，我们才有把握对客户的信用状况进行正确评价，得出正确的授信意见。

以下一些表格（表3-9至表3-24）是分析、整理客户信用信息时经常用到的。信用信息分析人员负责在分析、整理、综合这些表格中信用信息的基础上选择录入不同客户的信用档案。

表3-9 客户信用度分析表（公司）

客户名称	简要评语
○行业动向	
□ 1. 生意往来企业的业界动向是好是坏	
□ 2. 现今国际环境、状况下的趋势如何	
□ 3. 金融环境如何	
□ 4. 行业未来的展望是向好还是向差	
□ 5. 行业的长期展望如何	
○经营素质	
□ 1. 生意往来企业的经营是法人还是个人	
□ 2. 其资本、资金实力如何	
□ 3. 同行的评价如何	
□ 4. 总公司、母公司、关系企业、主要银行的信赖程度如何	
□ 5. 劳资关系如何	
○外界评价	
□ 1. 是否有不当交易的评价	
□ 2. 是否有政策性不利的评价	
□ 3. 与问题较多的外部团体的联系如何	
□ 4. 是否有财务计算上负面的评价	
□ 5. 有无偷税漏税行为	
○市场	
□ 1. 主营商品的利润率是多少	
□ 2. 销售战略是否适当、实现是否困难	
□ 3. 批发商或零售商品是否安全	
□ 4. 对新产品开发、技术开发是否热心	

客户名称		简要评语
□ 5. 库存管理、交货措施是否安全		
○财务状况		
□ 1. 近三年平均利润如何		
□ 2. 公司的资产质量怎样		
□ 3. 贷款是否适当		
□ 4. 有无过度投资、安全性如何		
□ 5. 是否有不良的债权		
信用度综合分析		

注：可在□内划√或×并给以简要评语。

表 3 – 10 客户信用度分析表（主要负责人）

客户名称		简要评语
○负责人的素质		
□ 1. 负责人的人品是否可信赖		
□ 2. 负责人的领导能力如何		
□ 3. 负责人的健康状况如何		
□ 4. 负责人的年龄是多少		
□ 5. 经营理念是否坚定		
○负责人的个人条件		
□ 1. 负责人的家庭是否圆满		
□ 2. 是否有花边新闻		
□ 3. 酒品是否很坏		
□ 4. 是否爱好赌博		
□ 5. 是否有很多兴趣、嗜好		

客户名称		简要评语
○负责人的评语		
□ 1. 在商场上的声誉如何		
□ 2. 是否受职员敬爱		
□ 3. 是否有不明朗的政治关系		
□ 4. 是否与特别的暧昧团体有关联		
□ 5. 是否有犯罪的丑闻		
○负责人的经营能力		
□ 1. 负责人的经营手段如何		
□ 2. 业绩如何		
□ 3. 指导部属是否卓越		
□ 4. 是否用心地培育后继人才		
□ 5. 顾客或主要银行的评价如何		
○负责人的资产		
□ 1. 负责人的个人资产与其经营规模是否成正比		
□ 2. 个人贷款是否过多		
□ 3. 是否有个人的事业		
□ 4. 凡事是否都不编列预算随意支出		
□ 5. 抵押状况如何		
评价		

注：可在□内划√或×并给以简要评语。

表 3 – 11　客户基本情况（参照表 3 – 8）并注意以下补充的信息

企业基本情况

【企业名称】	【机构代码】	【工商注册号】
【最新注册日期】	【成立日期】	【注册资本】
【注册地址】	【办公地址】	【法定代表人】
【经营范围】	【经营期限】	【所属行业】
【行业代码】	【企业类型】	【登记机关】
【税务登记日期】	【税务登记证号】	
【高新技术企业认定时间】	年　　月　　日	【高新技术企业证书号】
【员工总数】	【资产总额】	【所有者权益】
【主营业务收入】	【利润总额】	【净利润】
【上缴税费（最近一个完整年度）】	【已获贷款次数】	【是否按期履约】
【已获担保次数】	【是否按期履约】	
【评级机构名称】	【评级时间】	【信用等级】
【已获技术奖项】	【已获产品奖项】	【已获其他奖项】
【是否有处分记录或涉诉记录】	【电　话】	【传　真】
【邮　编】	【网　址】	【E-mail】

表 3 – 12　历史沿革及重大事件简表

成立背景与起始时间	
企业发展过程	
技术创新与进步	
经营范围的变化	
股东的变化	
股份制改造	
主要经营者和技术持有人的变更	
注册资本变更	
主要经营状况：公司的销售网络：有××个直属公司、××个零售商、××个代理商、附属市场及配套市场、出口业务	

表 3-13　股本结构简表

股东名称	股权比例（%）	出资额（万元）	实到资金（万元）	出资形式	主营业务

注：表中资料截止时间为　年　月　日。

表 3-14　分支机构及下属企业简表

下属企业名称	股权比例（%）	注册资本（万元）	出资形式	实到资金（万元）	主营业务

注：表中资料截止时间为　年　月　日。

表 3-15　高级管理人员情况简表

姓名	年龄	职业资格	现任职务	学历	主要工作经历

注：表中资料截止时间为　年　月　日。

表 3－16　企业员工素质情况简表

员工总人数：_____人　　管理人员：_____人　　技术人员：_____人

30 岁以下：_____人　　30～50 岁：_____人　　50 岁以上：_____人

基本情况	分　类	数量（人）	占职工总数（％）
员工文化程度	博士		
	硕士		
	大学		
	大专		
	中专		
员工职业资格	高级		
	中级		
	初级		
	高级技术工人		
员工岗位	从事科技活动		
	其中：从事研发工作		
	生产活动		
	经营管理		
	销售服务		
	咨询服务		

注：表中资料截止时间为　年　月　日。

表 3－17　经营情况简表

【主要产品】

主要产品	生产能力（吨、套、件）	实际销量（万元）	市场占有率（％）

注：表中数据可为××年×季或年报。

【销售情况】

销售区域		
主要客户		
销售渠道		
收款方式		
主要应收账款明细	金额（万元）	账龄（月）

注：表中应收账款明细截止到　年　月　日。

【采购情况】

主要采购类别		
主要供货商		
付款方式		
主要应付账款明细	金额（万元）	账龄（月）

注：表中应付账款明细截止到　年　月　日。

表 3-18 技术状况简表

技术 来源	自主 研发	市场 转让	国外 引进	引进 创新	产品 仿制	仿制 创新	进口 组装	整机 代理	其 他

研 发 人 员 素 质	研发人员成果与业绩			
	技术人员数量与研发机构设置			
	研发人员学历构成			
	研发人员职称构成			
	研发人员主要经历	（包括留学、科研机构和大型企业工作经历）		
	科研成果	（包括获得专利情况明细）		
	业绩	（对研发产品的描述）		

技 术 发 展 潜 力	技术储备	技术名称	前瞻性	适用性	市场潜力
	研发创新准备	技术名称	开发方向	实施步骤	采用措施
	同类技术比较	技术名称	性能与质量	成本与价格	市场竞争力
	研发过程难度	技术名称	周期长短	难度大小	

科 研 条 件	科研技术装备	实验室设备与管理状况
		设备系统体系状况（自成体系或外接体系）
		环境保护条件
	科研经费支出 情况	年研发费用、占当年销售额比

续表

技术质量标准	质量体系认证	国际标准	国家标准	行业标准	企业标准		其他
	ISO 9001						

技术市场优势	国家急需	市场短缺	出口需要	市场竞争	适用范围（全国、地区、部门）		

技术综合评价	国际领先	国际先进	国内领先	国内先进	重大创新	应用创新	适用技术	衰退技术	淘汰技术

注：可在表相应项目栏内划√。

表 3 – 19　管理状况简表

企业管理模式（管理公司的方式）：如：总经理负责制
组织机构设置（设置方式和决策方式）：
内部制度建设（包括财务、会计、劳动人事和经营管理制度等）： 如：财务岗位责任制、劳动人事、销售人员管理制度
经营发展战略规划（包括年度、发展战略规划和商业计划书的主要内容）：

表 3 – 20　有关财务数据及预测

单位：万元

项　目	2006 年	2007 年	2008 年	2009 年	2010 年	2011 年（预测）
当年提取的折旧						
当年摊销						
当年利息支出						
主营业务收入						
利润总额						
净利润						

表 3 - 21　公司治理结构简表（董事会、监事会、经理层）

姓名	年龄	现任职务	是否由本公司发薪	个人持股比例	学历	职称	专业	从事本行业工作年限

表 3 - 22　客户应收账款、其他应收款基本情况简表

应收账款	金额	计提准备金额
账龄 1 年以内		
账龄 1 ~ 2 年		
账龄 2 年以上		
应收账款合计：		
其他应收款	金额	计提准备金额
账龄 1 年以内		
账龄 1 ~ 2 年		
账龄 2 年以上		
其他应收款合计：		
账龄 2 年以上的应收款（前 5 位）		
收款对象名称	余额	未收款原因
账龄 2 年以上的其他应收款（前 5 位）		
收款对象名称	余额	未收款原因

表 3 - 23　开具进口信用证情况、开具承兑汇票情况简表

开证金融机构	开证日	到期日	开证用途	开证金额	保证金比例

表 3 - 24　发行债券情况简表

序号	债券类别	用途	发行日	发行金额	利率	到期日	未偿付金额
1							
2							
3							
4							

二、客户信用服务窗口的作业方法

客户信用服务窗口的作业方法是指在正式受理客户信用申请之初要做的基础工作。如同银行授信的柜台窗口，总有一些基本手续需要办理一样，企业特别是大中型企业的客户信用服务，必然要从信用服务窗口的作业方法做起。主要包括以下两个方面：

（一）筛选合格的客户

筛选合格客户的相关知识已经在本章第一节中做过基本阐述（参见表 3 - 2）。信用管理人员在受理客户信用申请的阶段，需要把握工作效率与工作质量的关系，协调二者的时间分配。如果信用管理人员每天都要处理大量的信用申请，则只需确认客户基本信息即可，因为信用管理人员受理客户申请之后，会有专门的人员负责客户信息的审核工作。具体做法可参照本章第一节"识别和查证客户身份信息的真伪"所述的操作要点。

以下列示一些在受理客户信用申请阶段筛选合格客户时设计使用的表格参考格式（见表 3 - 25 至表 3 - 26）。

表 3 - 25　客户等级分类表

客户等级分类	A级	业种				
		客户代码				
	B级	业种				
		客户代码				
	C级	业种				
		客户代码				
	D级	业种				
		客户代码				
	E级	业种				
		客户代码				

表 3 - 26　客户信用审核表

	审　核　项　目	明显	轻微	特殊迹象
经营状况	销售增长现象突然停止			
	虽然进行大规模的投资，但新的事业却不见起色			
	库存急增却仍在进货			
	产能过剩情况下仍无有效的市场预测			
	实际业绩与经营计划的目标相差甚远			
	订单数量和销售量与计划目标存在巨大差异			
	市场份额开始大幅下降			

审　核　项　目		明显	轻微	特殊迹象
办公气氛	比以前更加沉闷			
	员工对上级部门产生不信任及不满情绪			
	有能力的员工辞职频繁			
	无法了解的人事调动及职岗变动明显增加			
	会议比以前更为频繁			
	主管经常不在办公室			
倒闭迹象	出现要求支票持票人宽延支票往来期限现象			
	以前是现金交易，突然改为票据往来			
	开始向高利贷者借贷			
	似乎已开出空头票据流通于市面			
	开始处置库存的货品			
	展开抛售不动产的活动			
	大量地解雇员工			
	员工工资无法按时发放			
	经营者频频更换			
经营者言行举止	总是夸耀远大的计划			
	牢骚满腹			
	表情多变			
	对于部属的疑心突然增强			
	明显地呈现焦躁不安的状态，无法心平气和			
	行踪不定			

经理：　　　　　　　　　　信用主管：　　　　　　　　报告人：

（二）客户信用申请规范性、完整性的判断

信用申请需要客户提交相当多的资料，在受理客户信用申请之初，助理信用管理师对客户信用申请是否规范、完整的判断起着重要作用。

判断客户信用申请是否规范、完整的对象主要针对上文已阐述的客户提交的信用申请资料，即信用申请表、客户财务报表、对客户的现场调查表、客户与其他相关方的业务往来信息等。助理信用管理师应侧重在客户的基本情况、行业情况、经营情况、财务情况、担保情况、授信风险与收益六个方面，通过客户提交的信用申请资料，综合上一节和本节分析整理的信息（参见表3-7至表3-30），提出对客户信用申请规范性、完整性的判断结论与建议。

下面以客户经营情况、财务情况、担保情况、授信风险与收益四部分为例，说明应具备哪些信息才是规范、完整的。

1. 经营情况

（1）经营范围：主营业务及其比重、兼营业务及其比重、主营业务之间的行业关联、主营业务与兼营业务之间的行业关联等；

（2）产品情况：产品种类、主导产品、产品产量、产品质量、产品技术含量等；

（3）技术水平：研发人员素质、研发设施条件、研发成果情况、研发协作单位等；

（4）设备状况：主要设备的制造商、设备性能、设备新旧程度、设备开工率、设备所有权等；

（5）生产情况：生产工艺要求、生产工序环节、质量监控体系、物耗及能耗情况、环保要求及治理情况等；

（6）原料供应情况：主要供应商、供应渠道、进货价格、付款条件等；

（7）产品销售情况：主要客户、主要销售地区、销售渠道、销售价格、收款条件等；

（8）经营决策情况：重大体制改革计划、增资扩股计划、重大投资计划、市场开拓计划、新产品开发计划。

2. 财务情况

（1）营运能力：应收账款周转率、存货周转率、流动资产周转率、固定资产周转率、总资产周转率；

（2）盈利能力：主营业务利润率、总资产利润率、净资产利润率；

（3）偿债能力：流动比率、速动比率、现金比率、资产负债率、利息保障倍数；

（4）现金流量：经营活动现金净额、投资活动现金净额、筹资活动现金净额；

（5）发展能力：近三年销售增长率、总资产增长率、净利润增长率、资本积累率；

（6）负债情况：应付账款总额、应付账款账龄、银行借款总额、负债总额、以往信用记录。

3. 担保情况

（1）担保方式：保证担保、抵押担保、质押担保；

（2）担保人（物）：保证人的经济实力、经营状况、财务状况、担保能力；抵押物的所有权人、所在位置、原值、市值、抵押率；质物的所有权人、面值或评估价值、质押率；

（3）担保质量：保证人的信用记录、有无重大诉讼纠纷；抵押物的权属关系、登记机构、市场变现风险；质物的权属关系、登记机构、市场变现风险。

4. 授信风险与收益

（1）风险：行业风险、政策风险、市场风险、经营风险、财务风险、操作风险；

（2）收益：业务收益、市场开拓、客户合作等。

信用管理人员应在对照比较客户提交的信用申请资料和自行收集、整理的信息基础上，对客户信用申请是否规范、完整给出判断和初步授信的结论意见。初步授信的结论意见中除包括对客户的总体评价、前景展望、信用评价和授信额度外，还应对客户的授信前提、出款条件、还款安排的操作方式提出主要建议。

三、客户授信管理实务

（一）受理客户提出的信用申请

所谓客户信用申请是指客户为了获得信用额度，向企业提出的信用交易请求。在实际工作中，客户信用申请应该是客户授信管理实务活动的基础和开端。如果客户没有提出信用申请，就不应当认为其具备了从事信用交易的必要和先决条件，也谈不上授信管理。

目前，客户提出的信用申请一般有口头申请、书面申请和网上申请三种形式。

1. 口头申请

口头申请是指客户以口头的方式向企业索要信用支持而提出的请求。口头申请具有一定的局限性，其无法使企业全面了解客户的信用需求，缺乏书面法律依据，也不利于企业内部审核和信息传递。因此，信用管理较完善的企业会要求客户在口头信用申请后，补充书面信用申请文件。例如，在企业销售人员与客户洽谈业务同时，客户向企业销售人员口头提出采用信用结算的要求。如果企业确认并接受客户的口头信用申请，双方应进一步在合同中约定信用结算方式的细节内容并签署合同。

2. 书面申请

书面申请是最正式和规范的信用申请形式。当客户向企业提出信用请求时，企业应该要求客户提交书面正式的信用申请，在申请获得企业信用审批部门批准后，再授权销售部门按照审批结果与客户签署信用销售合同。

书面申请最正式且规范，是因为书面申请具有以下三个特点：

（1）申请程序的严谨性。信用交易对于授信方是一项风险较大的交易方式，如果客户申请流程不具备严谨性、资料记录不完整，就会加大申请的随意性或缺少信用申请的依据，极有可能造成审批、信用评估和决策、合同签订、债权保障等一系列环节的失误，给企业增加信用风险。书面申请作为客户申请的纸质文件，可一式多联，能够多环节完整准确认定客户申请目的和意愿，保证了申请的严谨性。

（2）客户信用资料的多样性。书面申请能在一定程度上满足对客户信用资料的多样性需求。由于管理、财务及行业环境三个要素是客户经营的主要组成部分，经营者的人格、财务、资产、生产、管理、行销及人事等方面都构成客户的其他部分并使之成为一个多样性的有机体。当客户提出书面申请，就会提交包含着大量客户信用信息的资料，这些信息资料能够为授信方进一步的资信调查、信用评估和信用决策等提供重要的多方面参考依据。

（3）书面申请的法律保障性。书面申请能够提供有效证据，以求得法律保障。一般书面申请的内容中都包含客户偿付条件、担保、客户应承担的法律责任等条款，客户一经确认书面申请并签字盖章，这些条款也随之生效（见表3-3）。此项措施在保障企业权利、追索账款等方面都将发挥相当大的法律保障作用。

总之，可将书面申请的好处归结为具有程序上的严谨性、资料上的多样性和法律上的保障性。关键是我们给客户设计的书面信用申请表必须充分考虑以上三点，以发挥其在信用申请环节的独特作用。

3. 网上申请

网上申请是继口头申请和书面申请两种信用申请方式之外的申请形式。近几年，欧美企业越来越多地采用互联网电子邮件或直接登录企业网站页面的形式提出信用申请。但是，由于网上申请方式存在缺乏实时性、也无法取得客户签字确认等弊端，因此，网上申请还只能是书面申请的补充形式。

（二）辅导客户填写信用申请表

信用申请表的特点和重要性已如前文所述。客户是否填写信用申请表也是区分其有无诚意的试金石。信用管理人员要认真辨别客户不提供信用申请表的原因，达到说服客户提供信用申请表的目的。在向客户索取信用信息之前，需要得到客户的书面授权。因此，在信用申请表中一定要包含授权声明的内容并且应在授权条款后加盖客户公章，以表示信用调查已经获得客户的授权，客户同意针对客户的调查。

信用申请表并没有标准统一的格式和内容。相对于不同行业、不同企业，信用申请表所包含的内容、格式也各不相同。但在企业信用申请表中，有几个方面的内容是必不可少的。

一般应涉及：

1. 客户的基本信息

客户的基本信息主要是指客户工商注册登记方面的信息。在信用申请表中，基本信息包括：

（1）客户注册名称：在工商管理部门注册的法人名称或承担法律责任的名称；

（2）客户注册地址：在工商管理部门注册写明的法定地址；

（3）客户经营地址：企业实际生产办公和对外宣传所在地；

（4）客户发票地址：向企业送达发票的邮寄地址；

（5）客户企业成立的日期：在工商管理部门注册成立的日期或营业执照注明的成立日期；

（6）客户企业的性质：在我国主要指企业所有制的性质。

授信方应当规定，在客户的注册名称栏必须填写客户在工商管理部门注册的全称。如果客户名称填写不清或在签署合同时使用了简称、出现文字差错等，其法律主体就可能发生相应变化。许多案例都是由于企业忽略了客户名称完整准确的重要性，从而引起签订合约的本身不被承认，最终使债权方失去向债务方主张权益的权利。

每个客户负责人必须十分清晰地了解和掌握客户的地址。有时，企业的"公司地址"并不唯一。在工商管理部门注册的地址仅代表企业进行注册时的办公和使用场所，也许因为企业的发展，由一个办公场所发展成为几个办公场所，或者仅是其办公场所发生改变，从一个办公场所迁移到另一个办公场所。还有一些较大的集团公司中，企业销售机构和企业财务结算机构可能是分属两个不同的地址甚至不同地区，从而相差甚远。如果不能明确知道其经营地址和发票地址，必定会给企业今后的工作带来很多的麻烦，甚至影响到双方的合作关系。

成立日期能够反映出客户经营时间的长短。在进行信用评估和决策时，一般认为，新成立或成立不久的企业产品的市场认可率不一定很高，经营渠道也需要进一步开拓，管理制度完善程度低，因此，企业出现信用风险的概率比较大；相对的，经营时间长的企业产品已经成型，经营渠道广泛且畅通，管理制度相应完善，所以，企业出现信用风险的可能性也较小。由此，客户成立的时间成为企业考量客户并作出信用决策的一项依据和指标。

2. 与客户信用密切相关的信息

主要包括：与客户建立开户关系和融资往来等密切关系的关联银行的相关信息；与客户建立上下游买卖关系的商业往来方的信息；客户自身的财务信息；与客户信用建立担保关系的个人基本信息以及必要的惩罚性条款等。详情见信用申请表的一般格式（见表3-3）。

（三）如何受理新客户的信用申请

从第一节采集客户信用信息，到核实客户信息，分析、整理客户信息，一直到现在为止的绝大部分实务操作，都是为受理新客户信用申请所做的准备工作，也是新客户授信管理实务的重要依据。根据受理新客户信用申请的特点，在具体操作时，重点是说服客户填写信用申请表，特别是指导客户填写信用申请表中的重要内容。信用申请表中一般包含一些对客户的限制性条款和惩罚性条款，有些客户认为填写信用申请表是对客户的歧视，甚至不愿填写信用申请表。因此，信用管理人员必须学会如何说服客户填写信用申请表。在说服过程中，信用管理人员运用的技巧和处理方式尤为重要。如果处理不当会影响与客户的关系，对待客户不能态度强硬，不要和客户争吵，要使客户感到比较融洽、沟通顺畅，善于营造和谐的氛围。具体操作上，可参考上一节中的访谈技巧要点。所谓场合不同、道理相通，"运用之妙，存乎一心"。

在取得客户的认可和达成共识后，信用管理人员应该将准备好的客户信用手册、程序文件说明和信用申请表交给客户，并详细耐心讲解其中每个程序的含义和做法。如果能够从公共信息上查阅到客户的财务状况，或有充分证据表明客户的财务状况良好、资金流顺畅，信用交易的风险极小的情况下，信用管理人员也可以放弃此程序，否则还需要求或说服客户提交财务报表，以便评估和授予客户信用额度。

信用管理人员可以根据客户填写的信用申请表并在认真综合其他相关信息并作出正确判断后，设计填写新客户认定表，该表参考格式如表3-27所示。

表3-27　新客户认定表

					成立时间	交易时间
企业概况	企业名称				年　月	年　月
	企业法人	姓名		主要股东		
		职务		总资本		
	所在地	邮编	地　址	电话		传真
	总部					
	工厂					
	门市					

续表

经营规模	员工人数		企业性质			平均年龄 岁	
	近期业绩	销售额（元/年）		营业利润（元/年）		本期利润（元/年）	
	年 度						
	年 度						
	分客户和分产品的销售额	主要客户名称与销售额（元/年）			主要生产品种与销售额（元/年）		
		1			1		
		2			2		
		3			3		
	工厂	占地面积 m² 1. 自有 2. 借用					
		建筑面积 m² 1. 自有 2. 借用					
供货条件等	供货商品目录			年供货额（元/年）			
	信用交易理由与今后方针	信用交易理由		今后交易方针			
	信用条件						
	结算期	短期应收账款	中期应收账款	最长支付期限	开户银行	备注	
		%	%	天			

  企业还应该为所有新客户建立一个标准的信用额度，前提是在一般购买规模和标准结算条款的基础上，每一个新客户都将根据其信用评估而在这个信用额度以内获得由企业提供的赊销，并处于企业的严密监控之下。直到其与企业交易一定时间并产生能够支持企业判断授信额度的信用记录，才可以正式对其授信。为新客户建立信用额度除了参考客户填写的信用申请表、新客户认定表和其他相关信息外，还应为每一个客户专门建立客户资料管理卡，参考格式如表3-28、表3-29所示。

· 126 ·

表 3－28　客户资料管理卡（1）

				电话		传真	
	客户名称			电话		传真	
	地　　址					邮编	
	企 业 类 型			注册资金			
	营业内容						
营业概况	内外销比		内销：　　　%；外销：　　　%				
	营 业 性 质						
	信 用 状 况						
	营 业 状 态						
	员 工 人 数						
	淡旺季分布						
	最高购买额/月						
	平均购买额/月						
主要人员概况	姓名	职务	电话	性格特点		嗜好	
	使用本公司主要产品						
	首次交易时间						
备注			总经理	经理		主管	制卡

表 3-29　客户资料管理卡（2）

一般资料	公司名称	检测状况	设备	□佳□一般□差	经办人员	起止日期	姓名	
	地址		人员素质	□佳□一般□差				
	工厂地址		检验人数					
	工厂名称		决定人数					
接洽人员	负责人		检验方法	□佳□一般□差	采购本公司产品金额	年度	主要产品	金额
	厂长		严格程度	□佳□一般□差				
			其他					
	联络人	付款状况	付款日期	每月				
营业状况	营业项目		手续			厂商	相关产品	金额
	营业额							
	业务员人数		付款方式	□支票　□其他				
	员工人数		态度	□爽快　□可以				
	营业旺季			□延迟　□为难	往来厂商			
	投资额			□常欠尾款　□难以确定				
	生产能力		其他说明					
	财务状况							
	发展潜力							

（四）向客户授予信用额度的注意事项

1. 信用管理人员的建议

对于一个以前从未与本企业发生过经济往来的新客户，助理信用管理师应尽量引导客户采用较安全的销售结算方式。

安全的结算方式内容包括以下四种：

（1）预付一定比例货款，在交货时支付余款；

（2）现款现货，到企业的仓库提货付款；

（3）付款提货形式结算（Cash On Delivery，COD）；

（4）在国际贸易中，也可以采用信用状（Letter of Credit，L/C），即信用证形式结算。

信用管理人员还应该在分析、整理客户信用信息的基础上，提出客户信用评估与建议初步意见。客户信用评估与建议书参考格式如表3－30所示。

表 3 － 30　客户信用评估与建议表

No. _____

日期：_____

客户编号		建议发货最高限度	
客户名称			
成立日期			
预计销货	向本公司采购产品：		
	每月平均采购数量、金额：		
	采购旺季：		
客户业务状况	销售产品名称：		
	平均月销售量：		
	销售地区比例：		
	未来营运方针：		
初步结论	商场经营经验：		
	市场销售能力：		
	财务状况：		
	关系企业名称：		
	其他供应厂商：		
	对该公司授信意见：		

经理：　　　　　　　　　　　主管：　　　　　　　　　　　评估者：

2. 核准的信用额度必须由信用经理批准

信用经理拥有赊销审批的权限。信用经理必须认真严格执行信用政策，对总体信用政策的偏差失败负有主要责任。客户的信用额度应当定期核准，可以以半年或者一年为一个周期，另外企业在促销期间可以设置临时信用额度，过期就取消；对于重大或者特殊项目的信用额度应当单独进行审批。当然，任何信用额度的调整都应该和客户进行协商和沟通。不论怎样，是否向客户最终授予额度，主要取决于信用经理凭借其丰富的经验和对总体情况的把控进行专业审核并作出决定。

（五）授予客户信用额度的基本程序

授予客户信用额度是一项信用管理实务的重要工作，要按照公司规定的业务程序进行，可以参照图3-4的流程：

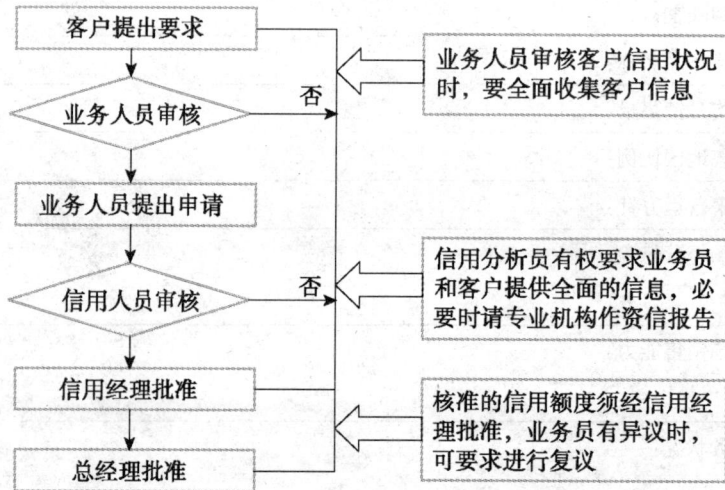

图3-4 对客户授信的流程

以上对客户授信的流程既适用于新客户、也适用于老客户。即使是常年合作良好的客户也有可能发生信用危机，给企业造成重大的损失，对于客户的情况要随时进行监控，及时发现其经营不善等情况。业务员及相关部门具体负责与客户联系的人员需要关注和发现客户的经营、付款和采购等方面是否有恶化情况，并通知履行合同的相关部门（如仓储部、客户服务部、财务部及信用部等）及时采取延期发货或不发货、及时回收货款或加大催款力度等积极应对措施。总之，信用管理人员既要遵循对客户授信的流程，又不能过于刻板，而应善于及时发现授信流程中的问题，善于沟通各部门进行通力合作，善于防患于未然，防止授信流程各环节中的问题给企业带来信用隐患。

（六）对老客户的授信管理

对于老客户主要是进行常态管理，并做好售后服务，如果其拒绝付款，则要调查原因，采取有针对性的行动。另外，业务人员和信用管理人员要关注老客户的经营状况，对于发生经营危机的客户要及时作出反应，严格控制应收账款的安全性，并监控每一笔新发生的销售行为的安全性，直至确认企业的信用风险降低至可接受的水平为止。

客户是否发生经营危机可以从经营管理、经营者的言行举止表现、客户公司里的气氛、付款行为、销售和采购等方面的各种迹象上看出，以下列出了一些客户可能发生危机的征兆，供企业参考：

销售出现负增长，销售情况突然恶化；突然开始大量倾销；主要销售对象破产，或有大量退货；经常要求延迟付款或者付款日期常常变更；突然要求改变付款的银行；突然更换主要的材料及设备供应商；毫无理由地突然增加订货额；毫不计较地以高价进货；突然提出延期提货；开始处理库存的商品或原来的楼盘、变卖不动产；大量地解雇员工；有能力的员工辞职变得频繁；经营者频繁换位或缺位。

助理信用管理师有责任对客户可能发生危机的以上征兆作出判断，并在授信管理中使用一些授信的基本技巧，以防范信用风险。比如，区分客户信用等级、对不同的客户授予不同的信用额度；对不能确定风险水平的客户从低信用额度开始，然后视情况逐渐提高等。

（七）配合使用现金折扣

在授信管理实务中，在已经同意给客户提供的信用期限基础上，配合使用现金折扣是防范信用风险、加快货款回收的有效手段。

1. 现金折扣的作用和效果

现金折扣是企业为加快应收账款回收而向客户提供的在商品价格上的优惠，其主要作用在于吸引客户为享受优惠而提前付款，也能够吸引一些视折扣为减价出售的顾客前来购货，借此扩大销售量。企业在确定信用条件时可以向客户提供现金折扣条件，折扣通常采用表现如"2/30，N/60"的形式，"2/30"表示如果客户在30天内付清全部货款，企业将给予客户销售额2%的折扣，即只需支付原价的98%；"N/60"表示信用期限是60天，即付款的最后期限是60天，在30天以后付款将不享受折扣优惠。企业在给予客户现金折扣时，采用什么程度的现金折扣，要与信用期间结合起来考虑，决定采用什么样的付款期限，能够给予多大的折扣率。如果折扣率过低，无法产生激励客户提早付款的效果；折扣率过高，则企业成本过大。

2. 现金折扣的综合成本与收益比较

现金折扣相当于企业为加快获得资金而向客户支付的利息，其利息成本计算公式为：现金折扣的利息成本 = 折扣率 ÷（信用期限 - 折扣期）× 365。以"2/30，N/60"为例，现金折扣的利息成本为 2% ÷（60 - 30）× 365 ≈ 24.33%，远远高于银行短期贷款利率。企业在准备使用现金折扣政策时，通常要比较四个成本：第一个是通过现金折扣率计算的直接现金损失；第二个是通过利率和折扣期限、信用期限计算的机会成本；第三个是通过坏账损失率计算的坏账损失；第四个是收账费用。是否使用现金折扣，就是在这四种成本的利弊比较后所作出决策（变动成本是与现金折扣无直接关系的成本）。下面举例说明。

某公司目前年赊销收入为 5 000 万元，变动成本率 60%。目前的信用条件为"N/30"，坏账损失率 2%，收账费用 80 万元。

公司管理层在考虑未来年度经营目标时，提出如下目标：赊销收入要求在未来年度增长 20%。为此，提出了以下两项促进目标实现的信用条件：

（1）方案 A。该方案将放宽信用条件至"N/60"，估计的坏账损失率 2.5%，收账费用 70 万元。

（2）方案 B。该方案的信用条件确定为"2/10，1/20，N/90"，且预计客户中利用 2% 现金折扣的将占 60%，利用 1% 现金折扣的将占 30%，放弃现金折扣的占 10%；预计坏账损失率保持在 1%，收账费用 10 万元。

已知资本机会成本率为 10%，一年按 360 天计算，小数点后保留两位小数。

要求：根据上述材料，通过计算，评价公司是否应使用现金折扣改变目前的信用条件。

计算评价如下：

（1）未来年度的销售收入额 = 5 000 ×（1 + 20%）= 6 000（万元）

（2）计算 B 方案的平均收账期 = 10 × 60% + 20 × 30% + 90 × 10% = 21（天）

B 方案平均现金折扣额 = 6 000 × 2% × 60% + 6 000 × 1% × 30% = 90（万元）

（3）计算应收账款的应计利息：

目前信用条件下的应计利息 = 5 000 ÷ 360 × 30 × 60% × 10% = 25（万元）

A 方案的应计利息 = 6 000 ÷ 360 × 60 × 60% × 10% = 60（万元）

B 方案的应计利息 = 6 000 ÷ 360 × 21 × 60% × 10% = 21（万元）

将以上计算结果整理填入表 3 - 31 所示的表内进行比较。

表 3 – 31 是否应使用现金折扣改变目前信用条件的计算比较

项 目	目 前	A 方案	B 方案
年销售收入	5 000	6 000	6 000
减：现金折扣	0	0	90
变动成本	3 000	3 600	3 600
边际贡献	2 000	2 400	2 310
减：机会成本	25	60	21
坏账损失	100	150	60
收账费用	80	70	10
预计净收益	1 795	2 120	2 219

通过以上计算可看出，通过使用现金折扣政策的 B 方案净收益最大，可能最好。

需要注意的是，利用现金折扣政策来刺激付款不应经常被采用，因为现金折扣通常应足够高才有吸引力，而此时授信方成本会较大。所以，如果确定客户最终会付款的话，忍受 90 天的延迟支付比提供 2％ 的折扣更加合算。

企业在受理客户的信用申请和与客户的正常交易过程中，都有可能会遇到客户投诉的情况，信用管理部门对于客户的投诉，既不能仅为了保证与客户之间的关系而过多地承担责任，又不能对客户不予理睬而影响与客户的关系。因此，在处理过程中，需要在维护客户关系的基础上把握总原则，妥善处理，不仅维护合作关系，还要保护企业自身的正当利益。

如何受理客户的投诉将安排在第五章中一并介绍。

思考 3 – 3： 你是否掌握了辅导客户申请信用的相关要点？你认为它应体现在哪几个方面？

第四节 处理和录入客户信用信息

自学提示

本节与第一、二、三节密切相关，本节重要性在于在采集、核实和分析整理客户信用信息之后，处理和录入客户信用信息就成为建立客户信用档案的关键一步。以下展开介绍的先审核与确认客户信用信息，再分别录入客户信用信息的两方面基本业务正是体现了这种"把关"的特点。

一、审核与确认客户信用信息

（一）审核与确认客户信用信息的核心内容

审核与确认客户信用信息的核心内容主要集中在与偿付能力和偿付意愿密切相关的信息上，下面的信息对判断客户偿付能力和偿付意愿很有帮助：

（1）注册信息：企业性质、名称、地址、电话、法人代表、股东情况、经营范围、经营年限、注册资本、开户银行及账号；

（2）经营信息：表面印象、管理水平、经营能力、营利能力、产品优势、市场竞争、行业特点；

（3）财务信息：资产负债表、利润表、现金流量表中的基本信息及其基本钩稽关系；

（4）信用信息：企业负责人和经办人的品德、付款习惯、拖欠记录、违约记录、诉讼记录、银行信用；

（5）交易信息：上年交易额、本年交易趋势、交易价格、交易条件、交易稳定性；

（6）客户自身特征：企业规模、经营年限、信用原则；

（7）竞争能力、合作能力、发展潜力；

（8）交易价值特征：交易条件、交易总量、交易趋势；

（9）交易利润、交易依赖度、交易影响力；

（10）交易风险特征：资金实力、付款意愿、付款速度；

（11）付款能力、付款保障、不良记录。

（二）应用第三方提供的客户资信报告审核与确认客户信用信息

（1）与新客户交易时，应用客户基本资料报告审核与确认客户信用信息；

（2）与客户进行重大项目合作时，运用客户标准资信报告审核与确认客户信用信息；

（3）客户发生异动时运用客户综合资信报告审核与确认客户信用信息；

（4）付款异常时运用客户连续性资信报告审核与确认客户信用信息；

（5）订单异常时，对核心客户定期调查，确认其真实信用信息。

二、录入客户信用信息

（一）录入客户非财务信用信息

客户的非财务信用信息通常包括以下内容：

（1）客户关键人员，如经营决策人员、主要执行人员和技术人员的个人职业经历、受教育背景、品行、健康状况等；

（2）客户业主或主要股东个人及其家庭其他投资、资产负债及或有负债情况；

（3）客户业主或主要股东家庭成员情况、家庭居住情况、婚姻状况、家庭大致日常收入、生活开支情况；

（4）客户业主或主要股东个人资信情况、信贷登记咨询系统和个人征信系统信息；客户在工商、税务、海关等部门的信用记录情况；

（5）客户近一年的水电费或其他公用事业收费清单；

（6）客户近一年的设备运转和开工率；主要生产设备的技术水平；

（7）客户成品仓库的入库、出库情况；

（8）客户的纳税清单；

（9）客户的资产、职工人数、收入情况；

（10）客户近一年的现金流情况；

（11）客户主要供应商和销售商情况；

（12）其他情况。

（二）录入客户的财务信息

1. 登录并进入客户信用信息管理系统

信用信息录入人员输入用户名、密码、信息日期、登录日期等信息之后，系统将自动验证用户名和密码的真实有效性，通过验证后信用操作人员即可进入客户信用信息管理系统界面。

2. 输入或传输导入财务报表数据

输入或传输导入的财务报表数据是按照中华人民共和国财政部的相关规范操作的。例如，按照财政部统一设计的财务报表格式输入相关财务数据，信用信息录入人员只需要按图索骥式地完成这项录入工作。如有些企业采用 ERP 管理系统①，可将财务、库管、运输等一系列管理部门的数据传输或导入信用管理系统。

3. 自动运算

信用信息录入人员输入财务报表或其他各项数据之后，系统会自动核算出预先设定好的信用管理所需要的数据。

4. 对数据类型的校验

对数据类型的校验是仅限于计算机信用信息管理的过程。录入人员在输入财务报表数据

---

① ERP 管理系统，也称企业资源计划（Enterprise Resources Planning，ERP）。

的同时，系统将自动对其所填数据的类型进行校验，为了保证财务报表中各个数据可以有效核算，其报表中数据类型均为数值型，所以当信用信息录入人员输入字母如"abcdef"或"资产、负债"之类的汉字时，系统将会提示信用信息录入人员此项必须输入数值型的数据。当财务报表全部输入完毕并保存报表数据时，系统会自动对表内数据类型、必填项是否完全填写等规范性问题进行校验。

5. 表内平衡的校验

表内平衡的校验主要是对财务报表数据录入之后是否符合会计恒等式的内在逻辑要求而做出检验。客户将财务报表输入完毕后，点击"保存"按钮，数据经过类型校验合格后，系统会自动对表内逻辑关系再进行核对，并给出相应的提示信息。

6. 生成各项财务比率

在信用信息录入人员输入、导入全部财务报表数据，系统各种逻辑计算和校验完成之后，客户信用信息系统将会自动运算出全部常用财务比率的数值。企业需要的相关各种财务比率应事先通过系统格式中的公式或程序公式设置完成，再运行设置的财务比率公式进行相关计算，得出所需结果。

思考 3 - 4：你是否掌握了处理和录入客户信用信息的相关要点？你认为它应体现在哪几个方面？

第五节　客户信用档案的管理与使用

自学提示

本节内容较多（共六方面要点），你在学习中，除了注意与上两节学习要求的相同之处外，还须特别注意，为企业的所有客户建立一个完整的数据库信用档案，是客户信用管理的基础。该数据库汇集容纳公司各部门、各级管理和业务人员所接触了解到的每一条信息资料，作为对客户查询和信用分析的主要信息来源。此外，掌握建立客户信用档案，回复客户信用申请的基本操作也是与客户建立实质性信用关系的关键一步。本章后的第四章、第五章和第六章的很多实务操作都要用到本节的相关知识。

案例 3-3

美国某公司数字化信用档案库的应用

美国洛杉矶地区的某饲料经销公司，在公司内部一直执行着信用管理制度。每当业务部门中层以上的经理人员接待一个新客户或来访者以后，接待来访者的业务部门有责任判断该客户有无与公司存在深等级生意往来的可能性，或者有无信用交易的可能性。如果有上述两种可能性，业务部门有责任联系信用管理部门的外联人员共同研究是否有必要对来访者进行资信调查。

当信用管理部门确定该来访者应该被调查时，业务部门会立即将来访者的名片提供给公司的信用管理外联人员，并填写调查申请单，最后汇总到客户信用档案管理部门。相距公司信用管理部门较远的部门和分公司，调查请求可以通过网上传递给信用管理部门，该公司只为部门副经理级别以上的管理人员特别设置了密码，传递过来的请求一定是经过业务部门经理批准的。在收到调查请求后，客户信用档案人员会立即根据该来访者名片所提供的信息，将这个潜在客户的记录从档案库调出，或立即向征信机构订购。如果公司的档案库中有该潜在客户的档案且该潜在客户属于本地客户范围，档案管理人员会按照工作程序填写外勤场地调查任务请求，由信用管理经理安排外勤人员按照"工作底稿"的项目对记录的有关部分进行核实。待调查或场地核实工作完成后，档案管理人员开始分析报告的记录，重点放在调查该来访者所代表的公司是否有任何不良信用记录，并按照有关规定的要求，在报告上做出提示性重点和短评意见。

在被调查的潜在客户再次到公司拜访前的几个小时，信用管理外联人员会将经过分析和标注的来访者资信调查报告，包括信用管理人员对该来访者的评语返给业务部门。当业务部门与该客户再次进行商业接触时，公司所有业务员相关经理人员和参加谈判的人员对于该潜在客户的背景已经有了比较充分的了解，可谓知己知彼。至于资信调查的费用管理，常采用信用管理部门记账，年终向财务部门报告各部门信用调查请求的数量和成本。

信用管理部门提供的潜在客户的调查报告会影响参加会谈人员的谈判姿态。如果从调查报告上发现被调查客户的财务状况不佳，客户企业的经营正在走下坡路，授信企业可以采取一定程度的"俯视"谈判姿态；对于当前正在快速扩张的客户企业，授信企业可以采取"吊其胃口"的方式进行客户谈判，对其拉拢和敲打并举；对有不良信用记录或陷入经济纠纷的客户，因为与其进行信用交易的风险太大，企业应该婉拒客户的信用请求，只与其进行现金交易；对于信用记录优秀、母公司强大、销售渠道广泛的客户，企业销售人员应该对其加倍尽心示好，热情招待。必要时，可以安排高层经理同客户企业的高层经理建立经常性直接联系。

分析：

该公司的客户信用档案服务是主动式服务，其特点如下：

（1）该公司设立了信用管理外联岗位，本例中介绍了外联人员的作用；

（2）案例中给出了信用管理部门对业务部门的服务关系，以及业务部门与信用管理部门的配合；

（3）介绍了信用管理部门的工作程序，以及对档案库中有记录和无记录两种调查请求的处理；

（4）该公司不限制资信调查费用的使用，高度重视利用客户信用档案的内容。

（资料来源：林钧跃．企业与消费者信用管理．上海：上海财经大学出版社，2005.）

以上这种建立在数字化基础上的信用数据库的高效管理及运用方式比我国许多企业现有的书面资料档案式管理有更多的优越性。它使得公司不至于遗漏与客户每一次接触或每一次交易中所获得的珍贵资料，因为这些资料在日后对客户的信用分析中具有极其重要的作用；它也使公司客户管理保持了必要的系统性和连续性。这正是我们不断努力要做到的。

一、客户信用档案的内容

客户信用档案是企业在与客户交往过程中所形成的客户信用信息资料，是指一个企业将其客户的各种信息进行集中收集、记录整理、并对每个客户的资信状况进行定期分析、评估，从而为企业的各级管理人员提供决策支持的客户资信的记录。建立合格的客户信用档案是企业信用管理的起点，属于企业信用管理和档案部门的基础性工作。在第一次与客户接触之后，就应当着手建立客户的信用档案，并在随后的交往中不断积累增加新的信息资料。客户信用档案的设计一般是以通用版本的企业资信调查报告模板为基础的，包括在调查报告格式的表格中填充的记录、对客户进行特殊观察得到的资料、本企业对客户的评价、应用提示和查询记录等。

信用档案中除了要求有客户的原始记录以外，一般还要求附上对被调查对象的企业资信评级或者风险指数分析。对于一些真实性可能存在问题的信用信息，一般可以通过对积累数年的历史数据进行统计处理，挤出水分，提高客户信息的真实性。

客户信用档案的主要内容有：信用申请表；财务报表；信用信息调查表；资信调查报告或信用分析结论；授信额度表及通知函；业务往来信函；客户通话记录；验货记录；追账记录等各种表单。客户档案原始资料是客户档案的基础内容，常见的客户档案原始资料主要有：交易过程中的合同、谈判记录、可行性研究报告和报审及批准文件；客户的法人营业执照、营业执照、事业法人营业执照的副本复印件；客户履约能力证明资料复印件；客户的法定代表人或合同承办人的职务资格证明、个人身份证明、介绍信、授权委托书的原件或复印件；客户担保人的担保能力和主体资格证明资料的复印件；双方签订或履行合同的往来电报、电传、信函、电话记录等书面材料和视听材料；签证、公证等文书材料；合同正本、副本及变更、解除合同的书面协议；标的的验收记录；交接、收付标的、款项的原始凭证复印件。在对客户档案资料进行保管分析的过程中，各类原始资料的保管和整理是最基本的工作。因为在交易过程中逐渐形成的客户档案原始资料是非常多的，为了避免今后的经济纠纷，这些书面的原始档案资料应该被完好地保存起来，切实防范企业与客户经济往来中发生的合同风险、法律风险和信用风险。

客户资信调查报告是客户档案的核心内容，它是对客户档案原始资料进行整理和分析基础上形成的综合反映客户资信情况的档案材料。从资信调查报告的形成过程和主要用途来看，它是由企业资信调查人员撰写的一种反映客户信用动因和信用能力的综合报告，是详细记录客户资信信息的载体。资信调查报告的主要内容有：被调查公司的概况；股东及管理层情况；财务状况；银行信用；付款记录；经营情况；实地调查结果；关联企业及关联方交易情况；公共记录；媒体披露及评语；对客户公司的总体评价；给予客户的授信建议等。此外，资信调查报告还可以包括经过分析得到的分类类别、交易的趋势、客户的购买模式和偏好特征等内容。企业资信调查报告的格式没有严格的规定，在实践中可以根据企业的具体情况选择不同的格式，通常在撰写过程中可以参考专业资信调查机构的标准报告来进行。

客户信用档案中的信用信息是要提供给本企业的相关经理和业务人员使用的，信用管理人员必须使用一种简单明了的信用评价报告版式给出对客户资信状况的分析，才能够达到客户信用信息被利用的效果。

客户信用档案的精华是对客户作出信用分析和信用等级评定。所谓信用分析，就是通过对客户的所有相关财务及非财务信息进行整理、分析，得出客户的偿债能力。它需要运用专门的信用分析技术和模型，并结合专业人员经验来完成。目前在国际上流行的多种分析技术和模型中，较为适合我国企业特点的是特征分析技术和模型。它的优点是综合性地考虑了影响一个客户企业的所有因素，较为全面和客观。同时在缺乏某些信息的情况下，也可以利用手头现有的信息，作出最客观、准确的判断。

二、客户信用档案的管理原则

实践证明，建立企业客户信用档案应遵循集中、动态和分类管理的原则，进行科学管理。长期以来，客户档案在我国企业管理实践中没有得到应有的重视，客户资料分散化，数据信息更新缓慢、滞后，缺乏恰当的客户分类等问题十分突出。这些不利因素限制了客户档案在企业信用管理方面发挥应有的作用。

（一）集中管理原则

企业客户资料分散化通常有两种情况：一是分散在业务人员手中，二是分散在企业各个部门。如果是第一种情况，可能导致客户是业务人员的客户而不是企业的客户，因为企业的管理层并不熟悉每一个客户，所以当业务人员离开企业后，客户及业务也随之离去，给公司造成重大的经济损失。现实生活中，这种案例屡见不鲜，如某公司的销售人员因为某种原因离职或者集体离职，同时将掌握的客户资料和关系带给公司的竞争对手，将造成该公司销售额在短时间内巨幅下滑。更严重的还有，如果业务人员带走了销售合同和发货单据，就会使某些客户拖欠的账款变成坏账，无法追回。再加上企业长期支付业务人员的工资和维护客户的费用，损失不可低估。如果是客户资料分散在各个部门的情况，虽然可以杜绝个人掌握企业客户资源的问题，但也会引出部门之间、部门与整个企业之间平衡利益的问题。在实践中，具体表现在多个部门与同一客户交易，结果可能是不同的部门为了赢得订单而提供一个比一个更优惠的信用条件，部门的利益保住了，但企业的整体利益遭受了损害，同样的情况还可以发生在总公司和分公司之间。因此，针对客户资料分散化的问题，企业唯一的解决办法就是对客户档案进行集中管理。集中管理客户档案后，公司可以进行统一授信，全面跟踪，及时抑制可能出现的问题。在集中管理的模式下，企业仍然要注意加强信用管理部门的工作人员的职业道德教育，使其意识到客户档案是企业的特殊资产，也是企业商业秘密的重要内容。

（二）动态管理原则

所谓动态管理，是指对于客户档案信息要不断进行更新。这是因为客户本身的情况是不断变化的。就客户的资信报告来讲，它是一份即期的客户档案，有效期一般在三个月到一年。超出这个时间，就要对客户进行新的调查。同时对客户档案实施动态管理的另一个目的是，随着客户的财务、经营、人事变动情况，定期调整对客户的授信额度。信用管理部门的授信应该按客户协议进行，一般以年度为单位确定本期授信的有效期。当客户的基本情况发生变化，信用额度也要随之进行调整。长期积累客户信息也非常关键，通过完整的历史记录可以看到客户的发展趋势，更好地对客户的发展潜力进行分析。此外，历史积累数据是进行统计分析的基础，可以去掉客户财务报表的"水分"，提供比较准确的预测基础。总之，客户档案不是静态的，而是一个动态变化的集成过程。

（三）分类管理原则

对客户档案进行恰当的分类，主要是基于客户对企业的重要性和客户档案管理费用进行考虑。一方面，企业客户规模的大小不一，对企业销售额的贡献程度也相应不同，理应区别对待；另一方面，进行客户档案管理也要考虑到成本效益原则，尽量使有限的资源发挥最大的经济效用。考虑客户对企业的重要性因素，信用管理部门可以将客户分成普通客户和核心客户。划分的标准是企业与客户的年平均交易额，同时要考虑与客户交往的时间长短。核心客户与企业的交易量大，是利润的主要来源。统计数据显示，国有工业企业80％以上的销售额来自这类客户，如果这类客户出现风险，对企业所造成的损失将是巨大的，对该类客户的管理尤为重要。一旦将某客户划入核心客户范围，对其档案进行管理的复杂程度就会提高，对应的档案管理费用也会有所提高。费用提高的主要原因在于对核心客户要进行深层次的资信调查，同时要保证信息的及时更新。所以对于经费预算相对困难的企业，应该在短期内控制企业核心客户的总数；对于核心客户的重点管理并不意味着对普通客户的管理可以放松。普通客户数量多、交易额小，应用群体分析和评分控制更为简便、有效。值得注意的是，企业有一些多年保持生意来往的中小客户，尽管企业与它们的年交易额并不高，但也要给予必要的关注，不能因其是老客户，并且交易额不大而忽视对它们的风险防范。

三、客户信用档案库的建立与更新

企业在建立客户信用档案库时，可以根据自身的实际情况和预算，设计一个合理的筹建工作计划，并以此开展工作。建立客户信用档案库的主要模式是新建客户信用档案库和改造企业原有的客户信用档案库；从工作进度看，又可以分为一次性到位和逐步投资到位型的建设等方式，这与企业的筹建档案工作计划和预算等有关。图3－5是一个粗略的客户信用档案库建立的基本流程。

一份客户信用档案的有效期通常在三个月到一年。合格的客户信用档案要求其客户信息是动态的，这是一项很重要的考核指标。所谓信息的动态，指的是对于客户信用档案信息不断地更新，可以是定期更新，也可以是适时更新。

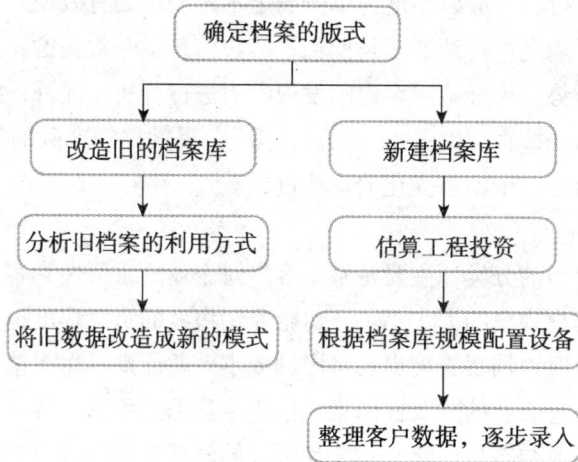

```
              ┌─────────────────┐
              │  确定档案的版式  │
              └─────────────────┘
                   │        │
        ┌──────────┘        └──────────┐
        ▼                              ▼
  ┌──────────────┐            ┌──────────────┐
  │  改造旧的档案库 │            │   新建档案库   │
  └──────────────┘            └──────────────┘
        ▼                              ▼
  ┌──────────────────┐        ┌──────────────┐
  │ 分析旧档案的利用方式 │        │  估算工程投资  │
  └──────────────────┘        └──────────────┘
        ▼                              ▼
  ┌──────────────────┐    ┌────────────────────┐
  │ 将旧数据改造成新的模式 │    │ 根据档案库规模配置设备 │
  └──────────────────┘    └────────────────────┘
                                       ▼
                            ┌────────────────────┐
                            │ 整理客户数据，逐步录入 │
                            └────────────────────┘
```

图 3 – 5　建立客户信用档案库的基本流程

四、客户信用档案的维护和利用

（一）客户信用档案的维护

维护客户信用档案是信用管理部门的日常工作，维护客户信用档案的目的是保证信用档案中的信用信息日益完整和定期更新。维护客户信用档案的工作包括不断积累客户信用信息、动态管理、主动提示和统计分析等。

信用部门负责建立和维护完整客户档案。业务部门必须将老客户和新客户的资料档案交予信用部门，财务部门提供客户以往交易记录。当客户资料收集完整，客户档案建设完毕后，由信用部门接手持续收集和存储客户资料。业务部门和财务部门提供资料应翔实、准确，由于资料的误差出现信用风险时，这些部门的相关人员应承担相应责任。

客户信用档案的维护包括建立相关配套制度，如客户档案的建立制度；客户档案的更新制度（客户档案要定期更新，档案更新时间要根据行业特点来定，但最长不要超过半年）；客户档案的查询制度（客户档案是公司的机密资料，要建立相应的制度来保证信息安全。如查询时要登记，要规定查询权限等）；客户信息泄露惩罚制度等。

（二）客户信用档案的利用

信用管理部门建立客户信用档案库，主要目的是支持企业的赊销和授信工作，因此信用管理人员应该让企业内部所有与客户打交道的业务人员都能够得到客户尽可能多的信用信息和评价。所以，能否在企业与客户交易的事前、事中和事后提供及时准确、简明易懂的信用档案服务，是评价企业信用管理服务是否合格的重要标准之一。

利用客户信用档案的几点做法：

（1）评定客户重要性等级（如按销售额、利润贡献率等）。做销售的都知道二八原则，重点客户重点管理是管理的一般原则。把客户按 A，B，C，D 分级管理，A 级客户可以得到更好的支持，这也是激励客户取得更好业绩的一种手段。

（2）确定客户拜访计划。客户拜访是业务人员的重要工作，拟定拜访路线，明确拜访目的，规划拜访时间和费用，销售经理可以以客户档案为参考评估其合理性。

（3）评定客户资信。客户档案中有所有者（股东）、注册资金、企业规模、经营理念、管理水平等重要的数据做参考，以便于我们对客户评级授信。

（4）确定销售回款计划等。

五、使用客户信用管理信息系统实现客户信用档案的科学管理

企业应对客户信用档案进行经常性的监督检查并在管理工作中进行流程化和制度化设计，使用客户信用管理信息系统，实现客户信用档案的科学管理。

（一）使用客户信用管理信息系统的优点

通过建立客户信用信息数据库，运用客户信息管理系统进行管理，其电子化、完善的数据库和信息管理系统能够高效地实现收集、存储、分析和利用客户信用信息，相对于手工操作的方式具有极大的优越性。

由于计算机存储运算能力的提高，使用客户信息管理系统有助于帮助企业存储和管理大量的客户信息。使用客户信息管理系统使客户信息的复制、查询、传输和更新更加方便，提高了使用信息的效率和便捷性，同时也可以方便地实施接触客户资料的权限控制。

（二）客户信用管理信息系统的功能与作用

客户信息管理系统的功能包括客户信息的录入、查询、对客户的内部评价和编制客户信息报告等功能。如果选用合适的信用管理工具，公司经理可以在办公桌上展示每一个客户的资信状况信息，帮助他们从高风险的到低风险的至零风险的客户进行比较，并根据客户和自身的优势和劣势，作出迅速准确的决策，就像本节案例 3 - 3 中美国公司所做到的那样，可谓知彼知己，百战不殆。

（1）建立客户信用管理信息系统能保证对客户信用档案管理的统一性和完整性。做到

客户资源的集中统一管理，防止信息垄断，实现资源共享。

（2）由于客户信息管理系统可以随时记录企业不断获取到的客户信息，对原有信息进行补充或更新，动态反映客户的实际情况，并使用易于使用者理解的标准模式形成完整的报告，将大大有利于把企业信用档案的使用管理与客户开发、销售决策以及货款回收等工作结合起来，加强部门间的协调合作。

（3）大大有利于分清信用档案在信用风险管理上的职责，实现专业化、职能化管理。

（三）建立客户信用管理信息系统的做法

企业建设客户信用管理信息系统有两种途径：一是购买市场上成熟的信用管理软件系统在企业内部实施；二是定制开发信用管理系统，或者将信用管理功能模块内嵌到企业已有的管理信息系统（如ERP）中。

采购信用管理软件具有实施便捷、见效快和价格便宜等优点，缺点是可能有部分功能与企业现有的业务不完全适应，需要软件公司对其进行修改。企业在选购此类产品时，要注意选择在业内有一定知名度、声誉良好的专业公司提供的产品，并关注其后继的实施和服务。

定制开发信用管理系统，或者将信用管理功能模块内嵌到企业已有的管理信息系统中，都需要企业进行大量的准备工作，并可能涉及企业的业务流程重新再造，其支出也是较大的，一般只有大型企业才有实力进行此项工程。需要注意的是，由于信用管理在我国是一项新的管理内容，因此企业在定制软件系统时，除了选择技术提供商以外，还需要选择一个在信用管理方面具有经验的业务顾问，为企业的信用管理流程改造和技术实施提供咨询，降低风险。

六、回复客户信用申请

在回复客户信用申请的实务工作中，主要应掌握好信用审批程序和时间、及时查询授信审批结果和回复客户的信用申请三个环节。

客户提出信用申请到信用管理部门完成信用调查和评估并作出决策，一般应需要7个工作日的时间。对于重要的客户和业务，可以延长至12个工作日。

在及时查询授信审批结果环节上，助理信用管理师应发挥积极沟通、协调的作用，包括：对客户的致电催促进行耐心的解释。根据企业的信用政策和信用申请处理时间，在适当的时间，主动与信用经理联系，询问客户信用申请处理的进展情况，针对客户的信用申请在审批中遇到的问题，一旦需要客户进一步提交资料，能够及时获悉该信息，并与客户取得联系。要时刻保持积极的、对客户负责的工作态度，协调好与销售部门的关系，因为销售部门是企业对外的窗口，与客户的接触最频繁。如果信用申请的结果迟迟得不到回复，客户很有可能会转而向销售人员反映进行情况，销售部门随之也会抱怨信用管理部门的工作效率。所以，为避免客户和销售部门的抱怨，助理信用管理师要通过及时主动的查询，发挥好在与利益相关方之间的积极沟通、协调作用。

在回复客户的信用申请环节上，不论信用额度是否被批准，信用管理部门都应该立刻以书面形式将信用评估决定函告客户。如果信用额度得到批准，应在信用审核通知函中清楚写明客户获得的信用额度、信用额度使用方式和信用账期；如果客户的信用申请被拒绝，信用管理人员也应在信用审核通知函中解释未获批准的原因，并告知客户可在改善信用状况后继续申请信用额度，同时明确客户即使现在不能使用信用结算方式，还可以现汇交易形式与企业结算。

信用审核通知函的具体样式如图3-6、图3-7：

信用审核通知函（核准）

尊敬的×××公司

×××女士/先生：

　　按照贵公司提出的申请，我方经过仔细研究，确定与贵方的如下信用条款：

　　信用额度：　　　　　　　元人民币

　　信用期限：货到确认后30天

　　贵公司可以在信用额度的限额内与我们进行赊销交易，同时我们也希望贵公司能够如期付款，详细条款请参阅后附的信用额度核定表。

　　我们会尽力使发票和账单准确无误，如果出现任何错误或失误，请及时通知我们。

　　需要特别说明的是我方对提前付款的客户实行现金折扣办法，即10天内付款的给予2%的现金折扣。

信用经理：

年　月　日

　　　　　　附件：　信用额度核定表

信用条件	批　准　内　容
客户名称	
客户编号	

是否批准授信	是□ 否□
信用期限（天）	
信用额度（元）	
保证金/担保条件	
其他信用条件	

说明：

信用经理：

年　月　日

图3-6　信用审核通知函（核准）

信用审核通知函（未核准）

尊敬的×××公司

×××女士/先生：

　　按照贵公司提出的申请，我们对贵公司提供的信用资料进行了仔细的研究，根据信用分析和评价结果，我们目前不能向贵公司提供信用额度。

　　我们希望继续与贵公司以2%的现金折扣现款交易，当然，如果贵公司的信用状况有所改变，我们将会很乐意接受贵方的信用额度申请。同时，我们非常希望与贵公司建立互相信任基础上的贸易伙伴关系。

　　再次感谢贵方购买我公司产品，并向我们提出信用额度申请。

信用经理：

年　月　日

图3-7　信用审核通知函（未核准）

　　思考3-5：你是否掌握了建立客户信用档案、回复客户信用申请的相关要点？你认为它涉及哪几个方面要点？

资料　客户信用风险管理的六大建议

1. 企业领导重视，全体员工参与，建立企业的信用文化。

2. 专门的人员、专门的部门来从事客户信用风险管理，最好和业务队伍分开，便于监控。比如有些大型公司设有专门的风险管理部。

3. 建立客户信息管理系统。信用评估必须以翔实的信息为基础，没有足够和准确的数据，其他都是空谈。

4. 建立专业的评估模型。如果自己公司不具备这个实力，需要由第三方专业的公司来协助执行。

5. 对客户持续的监控。客户自身、所在国家的情况都在不断变化，需要掌握对方最新的发展状况。

6. 充分利用各种收款手段。除了公司自己收款之外，还可借助其他的机构来协助收款。

·本章小结·

本章第一节主要阐述了具有相辅相成关系的两方面内容：第一方面内容（明确不同客户的性质，针对不同客户采集信用信息）又分为两大要点，是重难点问题。其中，通过客户填制的信用申请表，可以了解客户经营、财务等部门的信息和实力的概况，是一个涉及客户信用档案基础资料、客户信用信息质量和信用管理人员职业判断的综合性问题，因而，在本章的各节都以不同角度进行了分析；第二方面内容（识别和查证客户身份信息的真伪）也分为两大要点，但是，理解上要容易得多。

第二节主要讲了三个问题：初步评价客户信用信息的可靠性、委托第三方调查核实客户信用信息和进入现场核实客户信息。这三个问题都是围绕着核实客户信用信息质量的目的展开。为了评价客户信用信息的可靠性，需要从不同角度对客户信用信息进行审核验证。这种不同角度的审核验证也可以看做三者的递进和互补关系。

第三节阐述了三方面内容：其一，分析、整理客户信用信息；其二，客户信用服务窗口的作业方法；其三，客户授信管理实务。其中，分析、整理客户信用信息是在上一节基础上，对客户信用信息所作的全面系统分析、整理，因而，涉及的各种表格较多。客户信用服务窗口的作业方法主要解决如何筛选合格的客户和对客户信用申请规范性、完整性的判断两个问题。客户授信管理实务的内容有七个方面，其中，客户信用申请形式中的书面申请最为正式和规范，是学习的重点；而如何使用现金折扣的操作要点不仅是重点，初次掌握也有难度，需反复研习。

第四节主要解决客户信用信息的处理和录入问题。本节与第一、二、三节密切相关。其重要性如同在迈入企业信用管理流程，建立规范的客户信用管理制度的关键一步，因为客户管理中的"客户信用申请"是企业实施信用管理的前提，而"客户信用信息的采集"和"客户信用信息的处理和录入"都是落实以上前提的基础工作。要打好这一基础，首先，需要掌握如何"审核与确认客户信用信息"；其次，需要掌握"录入客户信用信息"的方法。在学习第四节的时候，请你务必注意将本节两方面内容联系起来学习。

第五节内容较多（共六方面要点），学习中，除了注意与上两节学习要求的相同之处外，还须特别注意"为企业的所有客户建立一个完整的数据库信用档案，是客户信用管理的基础。该数据库汇集容纳公司各部门、各级管理和业务人员所接触了解到的每一条信息资料，作为对客户查询和信用分析的主要信息来源"。此外，掌握"建立客户信用档案，回复客户信用申请"的基本操作也是与客户建立实质性信用关系的关键一步。本章后的第四章、第五章和第六章的很多实务操作都要用到本节的相关知识。

可见，本章五节内容是环环相扣、逐步深入的关系。可以说前四节内容都是为第五节"建立客户信用档案，回复客户信用申请"打基础。如果没有采集客户信用信息的基础工作，没有核实客户信用信息质量的必要条件，没有整理分析客户信用信息、辅导客户信用申请的前期准备，没有处理和录入客户信用信息的进一步准备，就不可能到"建立客户信用档案，回复客户信用申请"这最后一步。

✎ 本章自测题

以下测试题均是按本章教材知识点的顺序排列，请你依次把测试题的答案找出来，并在每一测试题后注明答案，同时写上对应的页码，作为形成性考核的积分之一。

一、单项选择题

1. 下面不属于企业信用管理部门的客户的是（　　）。

   A. 采用赊购方式购买企业产品的购买者

   B. 产品或服务的代理商

   C. 生产原材料或原件的国内外供应商

   D. 付现金购货的买主

2. 下列哪个等级的客户的信用最好（　　）。

   A. AAA　　　　　B. AA　　　　　C. A　　　　　D. BBB

3. （　　）获得客户信用状况和信用等级信息的方法是比较直接和最具客观性的。

   A. 向客户直接索取　　　　　　　B. 向行业协会等机构调查

   C. 向工商注册部门或银行索取　　　D. 通过官方数据库或网站等收集

4. 企业在采集新客户的信用信息时，主要采集方法为（　　）的调查手段。

   A. 6 "C" 体系　　　　　　　　B. 6 表 +1 报告

   C. 三个面 + 三个点　　　　　　D. 3 +1 体系

5. 信用管理部门对老客户分级分类，再按照其类别、级别进行信用复审管理，级别越高、信用越好的老客户，信用复审的频率将会（　　）。

   A. 越高　　　　B. 不变　　　　C. 越低　　　　D. 不定期

6. 为了保证采集信息的质量和数量，现场核实信息的时间一般不少于（　　）小时。

   A. 4　　　　　B. 3　　　　　C. 5　　　　　D. 2

7. 下列哪种不属于客户信用申请的主要形式（　　）。

   A. 口头申请　　　B. 书面申请　　　C. 网上申请　　　D. 间接申请

8. 最终必须由（　　）决定是否向客户授予信用额度。

   A. 销售经理　　　B. 信用经理　　　C. 财务经理　　　D. 总经理

9. 下列不属于客户信用档案的管理原则的是（　　）。

   A. 动态管理原则　　　　　　　　B. 集中管理原则

   C. 分类管理原则　　　　　　　　D. 分散管理原则

10. 维护客户信用档案的工作内容不包括（　　　）。

    A. 静态管理   B. 不断积累客户信用信息

    C. 主动提示   D. 统计分析

二、多项选择题

1. 客户资信管理制度的具体内容包括（　　　）。

    A. 客户信用信息的收集   B. 客户信用档案管理

    C. 客户的授信程序   D. 客户的信用评估

    E. 客户的所有信用信息

2. 企业信用管理部门的客户主要包括（　　　）。

    A. 产品出口的外国购买者   B. 接受企业发包加工的下游企业

    C. 需要企业招待的来访人员   D. 经常有往来的中介机构等

    E. 所有客户

3. 企业可以通过以下几种信息来源渠道了解与其合作的客户（　　　）。

    A. 向客户直接索取   B. 向行业协会等机构调查

    C. 向工商注册部门或银行索取 D. 通过官方数据库或网站等收集

    E. 凡是可接触到的信息来源渠道

4. 下列属于客户信用信息的内容的是（　　　）。

    A. 基本情况   B. 经营状况   C. 财务信息

    D. 信用记录   E. 所有相关信息

5. 企业外部信用信息来源渠道主要包括（　　　）。

    A. 加强与同行业企业的交流，获取自己所需要的信息

    B. 通过公共渠道获得

    C. 委托专业机构调查客户信用状况

    D. 通过客户提供的信用申请表获得

    E. 可接触到的所有外部信用信息来源渠道

6. 信用信息采集四要素包括（　　　）。

    A. 采集时间   B. 采集地点   C. 调查对象

    D. 采集内容   E. 采集来源

7. 当出现以下哪些情况时，需要对老客户进行不定期信息采集（　　　）。

    A. 老客户向授信方提出新的信用额度申请时

    B. 有确切的消息、迹象和证据表明客户的信用状况突然发生或即将恶化时

C. 当与客户之间的交易突然出现异常时

D. 授信方的其他信用经理认为必须立刻采集客户信息时

E. 老客户财务报表发布后

8. 征信服务公司资信调查后出具资信调查报告的种类有（　　　）。

A. 简明信用调查报告　　　　　　　B. 标准信用调查报告

C. 深度信用调查报告　　　　　　　D. 特殊信用调查报告

E. 财务信息报告

9. 客户信用申请的形式主要包括（　　　）。

A. 口头申请　　　B. 书面申请　　　C. 网上申请·

D. 间接申请　　　E. 电话申请

三、判断题

1. 明确客户的性质是受理好新老客户信用申请，实施成功信用管理的关键一步。（　　　）

2. 凡是签订购货合同的买方都是信用管理部门的客户。（　　　）

3. 对于信用管理部门来说，纳入信用管理中的客户比销售部门更为广义，所以，销售部门的客户都是信用管理部门的客户。（　　　）

4. 在企业经营过程中，对于年交易额不高，但与企业有多年交往历史的客户划为核心客户进行管理。（　　　）

5. 客户信用信息的来源渠道有企业内部信息来源渠道和外部信用信息来源渠道。（　　　）

6. 各公司的信用额度申请表应由销售人员来填写。（　　　）

7. 企业在采集新客户的信用信息时，主要采集方法为"五步调查法"的调查手段。（　　　）

8. 现场核实信用信息的绝大多数工作是由信用管理人员完成的。（　　　）

9. 书面申请虽然是最正式和规范的信用申请形式，但网上申请可以完全取代它。（　　　）

10. 信用申请表中是必须包含对客户惩罚性条款的。（　　　）

11. 合格的客户信用档案要求客户信息是动态的，应该定期或适时更新。（　　　）

四、案例分析题

1. 请你结合案例 3-1 运用第一节知识分析并回答下列问题：如果你与该公司（或有类似情况的公司）发生交易，请说明：

（1）如何针对该公司特点采集信用信息？.

（2）采集老客户信用信息的渠道和方法有哪些？对授信方来说，老客户风险的核心问题是什么？

（3）如何针对该公司特点识别和查证客户身份信息的真伪？

2. 请你结合案例3-2运用第二节知识分析并回答下列问题：

（1）简述委托第三方调查核实客户信用信息的特点和基本做法有哪些？

（2）简述委托第三方调查核实客户信用信息之后，是否需要资信调查报告？为什么？资信调查报告一般包括哪几种？

3. 试从你的工作环境（或间接经历）中，找出一些与本章核心知识相关的案例，并作出针对性的判断和分析。可参考以下的案例。（400字左右）

⭐ **案例 3-4**

格兰仕的客户信用风险管理

两年前，东欧一新客户开始和格兰仕企业（集团）公司海外市场部接触，希望从格兰仕大批量购买微波炉。海外市场部随即启动了客户信用评审程序。从客户提供的资料看出，这是一个颇有实力的大型进口商兼零售商，销售范围覆盖东欧三四个国家，并辐射到中亚和前苏联一些国家。之后双方进一步当面接洽，主管业务员从客户的言谈、营销网络和使用的品牌等方面，了解到对方确实有相当的规模，应该是一个颇有潜力的买家。这位客户通过了公司关于客户信用评审的第一关。

紧接着，海外市场部评审对方的开证银行。发现客户尽管地处东欧，但在开立信用证时，使用的多是德国、瑞士等地知名度高、信誉不错的银行。这就通过了信用评审的第二关。

评审的第三步——第三方机构（银行）获得的资料显示，它和不少中国公司合作的历史却不光彩，尤其是付款信誉不佳：该客户多次以信用证的不符点为由，推迟付款甚至漫天杀价，使不少中国公司损失惨重。

格兰仕对此非常重视。于是继续第三步评审：利用自己在船运公司方面的网络，顺藤摸瓜了解到，由于信用证的不符点等原因，该客户经常将货物滞留港口。客户的"劣迹"确认之后，该客户顺理成章被自动评为 C⁻级。在和对方谈判时，格兰仕态度强硬，弃用信用证的付款方式，改用 T/T，收到全额付款之后再发货。同时，为了规避风险，拒绝对方一次10个柜的订单，要求每次订货数量减少。

三个面＋三个点

作为当事人之一，格兰仕海外市场部业务经理黄振斌如今对上述事件仍记忆犹新。黄表示："如果早几年的话，我们肯定被这个客户套牢了。但现在，我们的信用评审系统将过滤掉那些劣质的客户。"由于这套系统，格兰仕的出口额在每年保持50%高速增长的同时，坏账率却持续下降。2002年出口额3亿美元，坏账率几乎为零。

黄振斌刚进格兰仕集团时，公司出口量小，客户不多，对客户采用非常粗放的管理。评判客户信用全靠业务员的主观推断，很多时间都消耗在单证审核上，尤其是信用证项下的单证。尽管投入精力不少，但拖欠和坏账仍有发生。随着客户和出口量的增加，公司意识到，必须加强对客户信用的管理，而这种管理需要建立在科学的流程之上。

格兰仕摸索出一套行之有效的流程。黄振斌介绍，对客户信用评审，大致通过"三个面＋三个点"来完成。三个面是指格兰仕自己、客户和第三方机构的信息，而三个点分别指客户所在国、客户使用银行和客户公司本身。

具体地说，和任何一个客户洽谈生意，都需要就客户自己提供的背景资料、格兰仕自己了解的信息（老客户的话需要考察双方历史资料）、第三方机构获取的情报进行评审。之后，还需要了解客户所在国家或地区的风险评估、客户使用银行的信用级别加上客户本身的经营和财务状况等。经过了这些规范复杂的评审之后，得出客户的信用等级。有了这个等级，公司在和客户合作时，就能掌握一定的授信度和灵活度。业务员在操作时，就会有据可依，在此基础上充分发挥个人的主观能动性。

客观性＋科学性

客户信用评审需要建立在翔实的数据之上。数据的广泛性和客观性是决定评审是否准确的重要前提。所以，出口企业必须广开渠道，多方收集数据，然后进行加工处理。黄振斌说，企业要采用立体交叉的方式获取信息。

首先是企业对历史数据的整理。老客户以往成交的记录、对方付款状况需要集中起来，以后和老客户的合作，需要这些一手资料。这些资料往往最真实、最直接，并且获取的成本小。这一点并没有被大多数中国企业所重视。

从第三方机构获取数据非常重要。其中包括：银行、保险公司、船公司、专门的市场调研机构乃至同行。黄振斌说，就格兰仕公司而言，银行提供的帮助最大。银行同时为无数的出口企业服务，在国内外也有广泛的网络，他们对买家尤其是那些有一定规模、和中国公司合作过的买家的信誉有一定了解。上述的那个东欧客户就是通过中国银行提供的信息，从而避免了出口风险的。另外，部分保险公司有专门针对出口企业的出口信用保险，一些金融机构开展保理业务，还有如邓白氏公司有专门针对地区的公司调查。从这些机构都可能得到买家的一些背景资料。

通过互联网查询是另一行之有效的途径。地区或行业网站（尤其是一些互动的社区）里面有些专门针对买卖双方的黑名单。这些资料当然不一定全信，但至少可以作为参考。

黄振斌特别提醒，客户的信息是动态的，因此信息收集的过程也必须一直持续。因此，格兰仕公司还推出了对客户的定期拜访制度。各区域的业务队伍针对自己的区域，在适当的时候拜访客户，并对当地市场和销售业态进行调研。这种访问和调研可以得到关于客户最新、最直接的资料，然后提交标准的报告，进入数据库系统。

格兰仕公司现在正和专业的外贸软件公司合作，共同开发一套外贸软件系统。黄振斌介绍，这套系统将订单管理、单证管理、合同管理、付款记录、售后跟踪等外贸业务的所有流程纳入电脑管理，客户信用评审是其中一个重要模块。一旦这套系统启动，将彻底避免以往手工操作的弊端，实现信息真正的共享，大大提升业务效率。

政策化 + 制度化

邓白氏公司的统计表明，2002年中国企业的坏账率为2%～3%，而国外企业平均只有0.25%～0.5%，更重要的是，国外的销售有90%是信用销售（赊销），而国内该比例不足20%。这些统计足以说明，中国企业目前在信用管理上还存在相当的距离。

邓白氏国际信息咨询（上海）有限公司商务咨询部经理梁波和出口企业打过多年的交道。他觉得，目前国内企业的客户风险管理大多还停留在非常初级的战术层面，在局部进行操作。很多企业将客户信息交由业务人员分散管理，没有建立共享的制度。梁波在给企业做咨询时，一些总经理甚至没办法将客户信息汇总，因为业务人员各自为政，哪有共享可言？由于客户信用管理的不力，中国出口企业收款的周期非常长。邓白氏公司在2002年的统计表明，出口企业比其他企业的周期要长，同时出口企业的坏账率更高。

梁波认为，企业首先需要制定自己的信用政策，包括信息怎么收集、客户如何评估、机构如何设置等。在信用政策的基础上，企业需要开发一套具体而详细的信用制度，主要对具体的操作层面进行规范，比如单据怎么审核、交易该怎么执行、收款该如何处理等。

梁波进一步指出，客户信用管理需要作为企业特别是出口企业的战略来考虑。它是全方位的，涉及企业的各个部门，部门之间需要密切配合；它同时又是全过程的，贯穿到企业运作的整个流程。客户信用风险管理的提升，能保证最大限度地降低风险，保证企业的最大利润。

以上案例充分说明：企业在销售与回款这一重要而复杂的核心业务流程中是否具有竞争优势取决于掌握客户资信状况制定合理的信用政策，而这一过程（程序）的关键点在于是否能迅速而准确地采集到客户相关的信用信息，并进行科学的客户资信管理。

第四章
客户信用调查报告

学习目标

学完本章后，你应做到：

1. 复述客户信用调查的时机与作用；
2. 熟练列示客户信用报告的种类和内容；
3. 列示客户信用报告的使用业务操作要点。

请你在本章学习开始时填写表4-1中的第1~2项，学完本章后填写第3~6项，如果本表填不下，可自行加页，填写好后交给老师，作为积分作业记入平时成绩。

表4-1　编制学习计划书

序　号	项　　目	内　容　提　要
1	制订本章自学计划	
2	列出本章各节要点	
3	综述本章核心知识	
4	提出疑难问题	
5	简述学习体会	
6	作出自我评价	优秀（　）良好（　）及格（　）跟不上（　）

关键术语

企业信用调查报告　　信用记录　　　　信息不对称　　　　简单信用调查报告

标准信用调查报告　　深度信用调查报告　特殊信用调查报告

引　言

欢迎你进入第四章的学习。本章与第三章、第五章、第六章为同一单元，阐述企业信用管理的常见主要实务。本章的重要性在于通过学习"客户信用调查报告"知识，了解资信调查后的信用调查报告实务方法，帮助你解决经营中的信息不对称问题。经营中的信息不对称问题，通常被企业称为信息陷阱或信息地雷，往往给企业带来致命后果，因而资信调查及其信用调查报告在信用管理工作上"具有基础性的关键作用"。四川长虹公司为什么被信用欺诈的美国 APEX 代理商所骗而遭受重大损失？怎样判断有偿付能力客户的这一类企业的财富来源，拒绝美国 APEX 这一类企业的风险来源？这一切都离不开信用管理中资信调查和信用调查报告的"基础性关键作用"。资信调查是信用调查报告的前期工作，而信用调查报告则是资信调查的必然结果。如果说两者有什么区别，可以理解为资信调查是更广义的概念，信用调查报告则具体得多，有些资信调查需要信用调查报告，而有些简单的资信调查则不需要信用调查报告（见第三章第二节的分析）。此外，委托企业外部专门正规的资信调查服务机构进行的资信调查必须有相应的信用调查报告（他们通过信用调查和信用分析后，最终产生信用调查报告，作为资信调查代理服务的产品，供委托人使用）；而企业自身进行的客户资信调查则比较灵活，可以根据需要确定是否编写信用调查报告。

本章第一节主要介绍企业信用调查的时机所需考虑的八种情况和企业信用调查报告的三方面作用。第二节侧重介绍信用调查报告的三种基本类型及其内容。第三节的相关知识与第一节有密切联系，必须结合起来学习。

第一节　客户信用调查的时机与信用调查报告的作用

自学提示

本节介绍了两方面问题。其重点是客户信用调查报告的作用，特别是信用调查报告在国际贸易中的作用。

结合第三章客户资信管理的相关知识，不难理解客户信用调查的重要性是全面了解关于目标企业的历史背景、财务状况、经营状况、信用记录等方面的信息，评价目标企业的风险级别并给出建议信用额度，掌握客户状况的变化，对客户群体作出分析和分类，从而作出及时有效的商业决策，有效降低企业经营风险。商场上有句话：先交朋友，后做生意。这意味着：先建立相互信任的关系，才会进行实质性交易。人们为什么相互信任？信任的基础是信用。根据什么评估信用？信用的基础是信息。然而由于信息的不对称性造成了企业经营的风险。资信调查帮助我们解决经营中的信息不对称问题，因而具有基础性的关键作用。

一、客户信用调查的时机

什么时候对客户实施信用调查？主要考虑以下几种情况：

（一）寻找潜在客户时

市场开发阶段，寻找有价值的潜在客户时，通过信用调查了解客户的业务状况，包括：该客户是哪种类型的企业，是生产型、贸易型、管理型还是集团型；主要经营的产品种类、以何种产品为主；新产品的开发情况如何；主要产品目前的产销情况，主要产品年产量和销量；有无进出口权等。从而判断这些客户是否属于有价值的潜在客户。

（二）与新客户建立业务关系时

与新客户建立业务关系时，经验表明，一些诈骗公司通常都是新注册的公司，通过信用调查了解新客户的基本情况是非常必要的。新客户的基本情况包括：

1. 企业名称

公司只能使用一个名称，经公司登记机关核准登记的公司名称才受法律保护。名称中包含地域、商号、行业、经济性质等，如合肥海尔空调器有限公司。"合肥"表明企业所属地区及注册地、"海尔"表明企业的商号、"空调器"表明企业所在行业及业务、"有限公司"表明企业的经济性质。公司名称冠有"东方"、"华夏"、"新华"等商号的企业一般都要求在国家工商总局注册。合同中出现的客户名称应是客户注册登记中的名称，二者要完全一致。

2. 注册地址

为享受一些优惠政策，企业会注册在"保税区"内，但经营地址会在市区。一些私营企业为了合法注册，企业会注册在某经济开发区内，但实际经营地址在市区内。

3. 法定代表人（负责人）

客户的法定代表人是否与合同中签字的人员为同一人。如果不是，则应查明该人是否具有足够的权力代表法定代表人行使签字权。若是外籍、港、澳、台人士，应提供其英文名字。

4. 注册资本

公司法明确规定了有限责任公司、股份有限公司和上市公司的注册资本最低限额。合伙企业、个人独资企业、分支机构、个体工商户和无法人资格的中外合作企业无注册资本最低限额规定。注意区别。

5. 企业类型

企业类型按公司法规定分为：股份有限公司、有限责任公司、国有独资有限公司；按外商投资企业法规定分为：中外合资、外商独资；按个人独资企业法规定为：个人独资、个体经营。

6. 经营范围

经营范围直接决定并反映企业的权利能力和行为能力的广度和深度。企业只有在经营范围内活动，其行为才合法、有效，否则，企业的经营行为无效。公司申请登记的经营范围中有法律、行政法规规定必须报经审批的项目，应当在申请登记前报经国家有关部门审批，并向公司登记机关提交批准文件。如进出口经营权（需经当地对外贸易经济委员会等审批），特殊产品，如汽车、贵重金属等。

7. 经营期限

根据公司法、外商投资企业法、中外合作经营企业法及合伙企业法等设立的企业，其营业期限由企业章程决定。国有企业、集体企业通常为长期；不具有法人资格的企业及个人独资企业目前一般为一年更换一次营业执照。

8. 注册号码

由工商行政管理机关核定的，标志一个企业身份的唯一一个号码。国内企业注册号在1999年以前为8位，1999年后统一改为13位；三资企业注册号码一般为6位。企业登记注册的机构，即当地的工商行政管理局。国家工商行政管理总局负责全国企业的登记工作，各地区工商局负责当地企业的登记工作。内资企业，营业执照上面的公章或具体指明的登记机关为其注册机关；外资企业，公章上注明的登记机关一律为"中华人民共和国国家工商行政管理局"。具体判断其注册机关应分析注册号，如企合沪总字第021092（普陀），表明这是一家合资企业，在上海市工商局普陀区分局注册；企独苏总字第00235号，表明这是一家独资企业，在江苏省苏州市工商局注册。

（三）客户资料超过一年以上时

客户资料超过一年以上时，定期调查老客户资信状况，跟踪资信变化。注意：普通客户每年调查一次，具体时间在其财务年度结束后2~3个月；重要客户调查周期要缩短，每半年、每季度或每月一次。

（四）客户要求扩大信用额度时

当客户要求大幅提高交易额度时，特别需要调查客户的生产经营情况。包括：

1. 生产/经营设施情况

生产/经营设施情况包括：办公用房：办公面积，应该注意办公面积与人员数量之间的关系；所有权：是否抵押。厂房：占地面积；对于生产型企业而言，生产厂房的状况要重点考察；对于贸易型企业而言，则要了解其经营场所的面积、位置等对其经营成败有重要影响的因素；对于生产型企业而言，生产设备是其重要的资产，因此应有清晰的了解。

2. 从业人员情况

从业人员情况包括：从业人员的数量与其同行业情况对比如何；人员结构则说明客户的人力资源状况和管理人事工作的效率；从业人员的素质则通常由员工的平均教育水平来判定。

3. 原材料采购/支付方式

原材料采购/支付方式包括：客户原材料的来源是国内还是国外，供货商是知名企业还是一般企业。如果客户可以获得其供货商的信用，则表明该客户信用良好。如果客户的付款方式均是立即支付，则表明其供货商对其信任度有限。

4. 产品销售/收款方式

产品销售/收款方式包括：客户的产品市场是面向国内市场还是国际市场；其客户群是著名企业还是一般企业；收款方式则在一定程度上反映了该企业对其应收账款的管理水平。

（五）客户要求改变交易方式时

客户要求改变付款方式时，特别需要重点调查客户的财务情况。包括：

（1）资产负债表——财务结构的显示；

（2）利润表——经营成果的显示；

（3）财务结构——财务杠杆运用是否过当；

（4）偿债能力分析——短期支付、即期偿债及支付利息费用的能力；

（5）经营能力评估——商品去向及账款回收的能力；

（6）获利能力评估——获取营业利润及纯利的能力；

（7）现金再投资比率——手头现金可添购营业所需的生产设备及原料成本的能力等。

（六）客户有异常情况发生时

客户的异常情况包括：订单出现定量剧增或剧减等异常现象时，客户被他人欠账、企业改组、经营者易人、经营者健康欠佳等多种异常出现时，关系企业出现问题、出售不动产、减薪、裁员、财务危机或倒闭等。此时，尤需调查客户的往来银行，客户往往有许多银行账户，因此同时有多家往来银行，多了解其往来银行及银行的评价有益于评价客户的信用。企业如果有银行贷款，包括长期、短期贷款，则了解其偿还情况、抵押物情况、担保方情况，这对于判断客户的信用十分重要。国内目前有许多银行对当地的企业评定其信用等级，作为其贷款的依据。由于标准不统一，不同企业的银行征信等级之间不具有可比性。一般情况下，私营企业或其他一些小型企业极难获得银行贷款，外商独资企业也不易取得当地银行贷款。如果存在短期借款，则应弄清此部分借款的来源；同时，应注意多头贷款，即企业同时向几家银行申请贷款，同一设备抵押给几家银行，这可能造成严重的纠纷。

（七）客户存在各种纠纷时

客户的各种纠纷包括诉讼本身并不一定说明客户的信用问题，但是如果其与多家企业存在债务纠纷问题，即可在一定程度上表明客户的信用程度较差。通过信用调查可了解客户发生的包括诉讼在内的各种纠纷基本情况。

（八）与客户有重大合作项目时

遇有重大合作项目时，特别需要调查。包括：

1. 客户的履约要求和合同实质

履约要求包括质量要求、服务要求、保证金要求和其他要求四个指标。企业为了满足客户的要求，需要付出各种努力。当客户的要求过于苛刻或者本企业不能满足客户提出的某些条件却仍勉强接受时，就会带来交易纠纷，就会冒客户拒绝付款的风险；同时，目前各种融资形式出现的赊销合同，其本身的关系是什么，我们拥有哪些权利和要承担哪些义务，也是我们调查合同内容时需考虑的重点。

2. 客户的市场影响和竞争吸引力

市场影响和竞争吸引力主要包括品牌影响和渠道影响。一笔业务，可能利润情况不是良好，客户的信用风险也一般，但考虑到该业务对品牌的拉力，可能会考虑和客户达成赊销条件。同时，在某一个地区和渠道内，为占领竞争品牌的渠道或者吸引大客户，也会在赊销决策方面重点倾斜。

3. 客户的发展前景和销量趋势

发展前景和销量趋势主要包括客户的潜力和发展趋势。特别是在培育某一个地区市场和寻找合作渠道伙伴的时候，会更看重客户的潜质、忠诚度和未来一段时期内对销量增加的趋势。

总之，企业为了吸引更多的客户，扩大营业额，增加盈利，除了依靠广告、价格、产品质量等因素外，还在结算上采用了赊销的方式，即信用销售，由此就产生了应收账款，信用风险也由此产生。如果前期没有经过严格、科学的客户信用状况调查，一旦遇到不诚信客户拖欠、拒付欠款，就会使企业陷入被动。所以，通过客户信用调查报告掌握其工商注册信息、诚信信息、财务数据和行业背景等，可以帮助企业挖掘潜在客户、遴选合作伙伴、了解竞争对手、降低经营风险。

二、客户信用调查报告的作用

客户信用调查报告是根据不同目的和规范要求而针对客户信用的系统调查文字报告。出具客户信用调查报告的作用可归纳为以下三个方面：

（一）迅速获得对目标企业的总体印象的评估意见

通过客户信用调查报告可以清晰列示目标企业的基本信息，提供目标企业付款记录的概况，为相关决策提供客观的数据，对目标企业的整体运作、获利能力及稳定性有一个客观的认识；为应收账款及其他资产和负债的分析提供关键数据；帮助我们了解客户的应付账款和采购部门情况；为与客户进行的商业谈判提供背景资料；识别特定的销售商、核对销售商的真实可靠性，协助确定信用销售的方向；确定供货商的来源；核对供货商的信用状况，评估他们履行承诺的能力；评估贷款申请人的信用度；评估应收账款，以便获得贷款等。

（二）科学地对目标企业的总体状况进行分析总结

信用调查报告提供的数据信息经多方来源核实，可为建立客户的档案提供客观可靠依据；对目标企业可能发生的变化发出预警；对已知的客户信息，提供其他可靠的信息来源进行对比参照。信用调查报告可提供深度分析，评估新客户或有问题的客户；监控已开发的客户；提供高效的风险评估工具；帮助使用者设置或调整对目标企业的信用额度和信用期限；协助使用者判断是否可接受客户新的贸易订单；为使用者制定清欠政策提供高价值的工具。信用调查报告也是分析资产负债表、利润表及现金流量表的便捷工具；使用者通过信用调查报告可分析潜在客户和市场，为建立销售队伍提供帮助；对客户及其潜在的购买力作出评估；为市场竞争分析提供信息等。

（三）客户信用调查报告在国际贸易中的作用

在国际贸易中，为了在获取利益的同时能够规避风险，企业需要建立专业化的信用管理部门，以强化信用风险管理；建立完整的信用管理制度；建立规范、安全的信用管理业务流程；全面运用先进的信用风险防范技术。在信用管理的事前、事中和事后阶段，信用报告都会是信用管理最基础、最核心的部分。

客户信用调查报告在国际贸易中的作用或服务领域包括以下几个方面：

1. 有助于企业分析和研究现有的或潜在的分销商和交易对象

国际贸易中由于地域、经济状况、语言文化以及政治背景等方面的差异，企业难以对异国的分销商或交易对象有一个清晰而深刻的认识，代理权的授予和赊销政策的制定又往往会关系到企业销售业绩和产品推广的最大化。在无法对异国的分销商或交易对象作出准确的分析和研究，或必须付出较高的人力与资金成本才能实现准确的分析和研究的情况下，由专业的信用评估机构出具的信用报告不仅能够满足企业在信息上的需求，更能够使这种需求的满足建立在快捷、专业和低成本的基础之上。信用报告会针对委托方指定的分销商和交易对象，提供其基本注册信息、运作能力及业务现状等方面信息，以便企业更好地对分销商进行管理和选择合适的交易对象。

2. 有助于调查和研究交易对象的信用状况

中国信用制度尚不健全，企业信用透明度较低。经营状况的好坏往往成为衡量企业信用状况的唯一标准。经营状况是显现的，而信用状况通常是隐现的。专业的信用评估机构不仅根据企业的经营状况，更会根据多种渠道，比如工商部门、企业开户银行、企业供应商、企业客户、企业顾问机构、人民法院、税务部门等，对企业在信用方面出具全方位的信用报告，并且这种信用报告完全是由征信机构以第三方身份，并结合了与企业关联的供应商、客户以及相关政府部门对该企业的评价出具的。委托方可以根据信用报告对分销商和交易对象在信用方面有一个全方位和深刻的认识。

3. 有助于企业确定对交易对象的信用额度

当确定分销商和交易对象后就进入了制定交易方式的阶段。20 世纪 90 年代以来，信用交易应用越来越广泛，在医药食品、纺织、机械等竞争比较激烈的行业，赊销已成为主要的结算方式。通过适当的赊销可以帮助企业扩大销路、提高市场占有率，然而，不良赊销往往造成企业资金不足、周转困难、实际利润降低，严重制约和威胁着企业的生产和发展。据不完全统计，每年通过赊销方式完成的交易额已达到全球总交易额的 60% ~90% ，其中美国企业的赊销比例高达 90% 以上，而中国企业赊销比例只有 20% 。在信用额度的制定过程中，由专业的信用评估机构出具的信用报告会为企业提供一个合理而公正的第三方参考。企业根据信用报告，再结合企业自身状况及销售政策，可以制定出富有竞争力的信用额度。

4. 有助于企业寻求出口信用保险

出口信用保险是由国内信用保险延伸发展起来的。它是以鼓励本国出口企业扩大出口贸易，开拓海外市场为出发点，同时为保障出口企业的收汇安全而制定的一项由国家财政提供保险准备金的非营利性的政策性保险业务。企业在实现自身产品出口的同时，也在寻求由政府部门提供的出口信用保险。对于出口方而言，出口信用保险可以实现销售业绩，为国外交易对象提供赊销政策，又可以有效地规避国际贸易风险；对于进口方而言，有了出口信用保险业务，可以使进口方得到出口方更为优惠的赊销政策。出口信用保险公司在决定担保与否以及保费的制定时，主要参考依据即是由专业的信用评估机构出具的信用报告。

5. 信用报告也能够提供行业信息

这并不是信用报告的主要目的，但通过信用报告的确可以帮助企业了解行业方面的信息。成熟的征信机构不仅拥有一批专业的资信评估人员，更有内容丰富的企业资源数据库。通过专业的征信人员对行业、企业的把握和征信机构对行业、企业的信息积累，征信机构可以提供专业的包含行业分析的信用报告，该报告可以做出该行业与相关行业的纵向对比，也可以做出同行业内企业的横向对比，为委托方提供完整而深刻的行业信息。

6. 规范国际贸易中的诚信行为

信用报告在国际贸易中所起到的最终作用是规范国际贸易中的诚信行为，即可通过信用报告来考察交易对象的信用状况，也可以客观上起到约束交易对象信用行为的作用。信用报告的内容与作用也会随着国际贸易的发展而发展，根据市场变化与需要，做到与时俱进，为国际贸易提供更多、更必要的服务。

思考 4-1：你是否理解企业信用调查的时机与信用调查报告的作用？请联系以下背景资料举例谈一谈你对信用档案和信用调查报告的理解。（300 字左右）

资料 建立"信用档案"解决融资难题

佛山市 550 家中小企业因信用评级较高，已获银行授信意向。

记者曾庆斌报道：许多中小企业因为无抵押、无担保而被银行拒之门外。佛山 371 家这样的企业却因为在人民银行建立了自己的"信用档案"，而获得银行贷款，贷款余额总计 17 亿元，轻松突破了融资难题。

近日召开的佛山市中小企业信用服务体系建设工作会议透露，截至 2008 年 8 月底，佛山共有 22 242 家中小企业参与信用服务体系建设，在人民银行佛山市中心支行的企业征信系统建立了"信用档案"。其中 550 家因为信用评级较高，已获银行授信意向。

佛山自 2006 年开始中小企业信用服务体系建设，2007 年还被确定为"广东省中小企业信用服务体系建设试点市"。目前佛山市信用信息征集工作，主要依托于人民银行佛山市中心支行的征信系统，同时发挥信用评级中介机构的作用，对企业进行第三方信用评级。信用数据主要来源于企业、商业银行以及环保、公安、工商等 18 个政府部门。

"以前，大多数中小企业因为抵押而无法获得抵押贷款，因为没有在银行贷款、还款的记录，缺失信用记录，而无法获得信贷；现在我们通过收集企业在银行之外的经营活动信息，一样可以掌握企业的信用状况。假如记录显示企业信用良好，银行就可以决定发放贷款"，人民银行佛山市中心支行行长彭化非这样解释信用服务体系对中小企业突破融资瓶颈的帮助。

信用评级，事关企业能否成功贷款，因此，也促进了中小企业提高自身素质。市劳动和社会保障部门反映，拖欠工资信息纳入征信系统后，今年上半年全市拖欠工人工资的企业有了明显反响，目前已有2 200多家企业主动支付了4万多名工人共计8千多万元的工资。欠税信息纳入征信系统后，主动前往税务部门缴纳欠税的企业也明显增加。

市经贸局副局长香杏秀表示，今后将扩大企业信用评级结果的有效使用范围，在政府采购、信用担保、财政专项资金扶持、项目招投标、资质认定、行政许可等实际工作中运用起来。

政府秘书长黄海宁认为，佛山28万中小企业中目前只有2万多家企业参与进来，所占比例还很低，企业的信用意识还有待提高。他同时要求各有关机构要降低收费、简化手续，吸引更多企业参与进来。

（资料来源：曾庆斌. 佛山日报，2008 - 09 - 10.）

第二节　客户信用调查报告的种类和内容

自学提示

本节介绍了四种客户信用调查报告，除简明型、标准型信用调查报告之外，还有深度信用调查报告和有特定用途的特殊调查报告。所有这些都需要在实际工作中根据具体情况慎重选择使用。

一、企业信用调查报告的基本类型

通过信用调查和信用分析后，最终产生信用调查报告，供委托人签订合同时参考使用。信用调查报告主要分为三种类型：一是简明型信用调查报告；二是标准型信用调查报告；三是深度信用调查报告，如表4 - 2所示。

表4-2　信用调查报告的基本类型

报告项目	涵盖内容	简明报告	标准报告	深度报告
注册登记信息	提供目标企业的合法注册资料，包括：企业名称、地址、邮编、电话、传真、成立日期、企业性质、法人代表、经营范围、注册机关、注册号、注册资本、投资总额、验资单位、经营期限	√	√	√
企业发展背景	提供目标企业成立之前企业的发展背景			√
历史沿革	提供目标企业成立至今的合法变更信息		√	√
企业发展计划	提供目标企业的近期、中期发展计划、技改规划、投资规划等			√
股东及持股比例	提供目标企业股东名称、股份比例、投资方式（现金、实物、土地、技术等）		√	√
股东简介	提供目标企业主要股东介绍			√
组织结构	介绍目标企业组织结构、主要职能部门		√	√
管理人员	提供主要管理人员履历、管理经验及风格等		√	√
人力资源	提供目标企业员工总数、按照职能部门分类人员比例（数量）、按照学历分类人员比例、人员流动率		√	√
经营情况	介绍目标企业的主营业务（品牌）		√	√
	提供目标企业的产销量（情况）			√
	目标企业生产能力介绍，是否满负荷运转等			√
	介绍目标企业原材料采购规模、支付方式、国内外采购比例等		√	√
	提供主要供应商名称及其对目标企业合作和付款情况的评价			√
	介绍目标企业产品销售情况、收款方式、放账比例及账期、国内外销售比例等		√	√
	提供主要客户名称及其付款评价			√
	提供目标企业的经营场地情况、面积、自有或租赁等		√	√

报告项目	涵 盖 内 容	简明报告	标准报告	深度报告
分支机构	提供目标企业分支机构、代表处等信息		√	√
对外投资	提供目标企业对外投资成立的企业信息		√	√
财务状况	提供目标企业的合并财务报表，包括资产负债表、损益表、现金流量表。简明报告只提供一年销售收入和利润总额；标准报告提供一年财务报表；深度报告提供三年财务报表	√	√	√
财务比率分析	对照行业一般标准，提供常用财务比率分析，包括偿债能力比率、杠杆比率、经营能力比率、盈利能力比率			√
财务状况综述	结合企业现状，对财务数据作全面详尽的评价与分析			√
银行信息	提供目标企业的银行信息、开户行信息及账号、抵押担保情况、银行信用记录等			√
竞争力分析	对目标企业的相对优势、劣势、机会及威胁作全面分析，并通过与同行业标杆企业对比，找出目标企业的核心竞争力所在			√
行业分析	对目标企业所处细分行业的客观论述，指出行业发展潜力及发展方向			√
企业发展趋势	结合上述竞争力分析与行业分析，分析企业发展趋势			√
信用评级与合作建议	根据成熟的信用分析模型，对目标企业进行整体分析，得出信用等级，并提供切实可行的合作建议			√

注：部分企业信用报告由于目标公司的特定情况可能不包含上述全部内容

此外，还有一种特殊调查报告，主要是为满足客户的特殊需求，根据客户要求而为其量身定做的专项报告。其主要是针对客户特殊感兴趣的一项或几项情况进行调查，要对客户的特殊提问给予明确回答，常用于对特定消费者的信用调查中。

二、客户信用调查报告的基本内容

以下分别说明三种主要信用调查报告基本内容：

（一）简明型信用调查报告

简明型信用调查报告，仅仅是对企业登记档案进行调查后的文字记录汇总，几乎不进行信用分析；简明型信用调查报告旨在说明一个企业是合法存在的。其格式和样例如下所示。

北京智达天地科技有限公司的简明型信用调查报告

2009 年 8 月 20 日，受北京永达医疗器具有限公司的委托，我们对北京智达天地科技有限公司的工商登记情况进行了调查，现报告如下：

一、该公司公开的联系方式

注册地址：北京市沪青平公路 1688 号

邮政编码：200001

电　　话：（010）61234567

传　　真：（010）67654321

主营地址：北京市衡山路 88 号 24 楼 B 座

邮政编码：200000

电　　话：（010）61238888

传　　真：（010）61238800

二、公司档案注册资料

成立时间：1999 年 5 月 18 日

注册日期：2005 年 4 月 22 日

注册机关：北京市工商行政管理局

法人代表：王涛

注册号：3100001012345

企业性质：有限责任公司

注册资本：10 000 千元

法定经营范围：计算机系统设备，办公自动化设备，通信设备，机电设备（批发零售代购代销）

经营期限：从 1999 年 5 月 18 日至 2019 年 5 月 17 日

注册变化情况：2005年4月注册资本由1 000千元增加至目前的数额

目标公司的前身是成立于1999年5月18日的北京智恒科技发展有限公司，后于2005年4月被北京新奉（集团）有限公司收购后更为现名，但其业务范围基本保持不变。

股东及股份

目标公司的股东及股份比率情况如下：

股　东	出资额	份　额
北京新奉（集团）有限公司	5 100千元	占注册总资本51%
王　成	4 000千元	占注册总资本40%
符　斌	900千元	占注册总资本9%

三、其他需要说明的问题

公司的法定代表人为大股东北京新奉公司委派。根据委托，我们未对法定代表人的身份证资料向公安机关核实。

此致

信用机构（盖章）：　　　　　　　亨瑞特（北京）信用评价事务所

信用调查人员　　　　　　　　　　（签字）：李正　王同

报告日期：2009年8月21日

（二）标准型信用调查报告

标准型信用调查报告，是对目标单位的信用情况较有深度的调查以后，在信用分析的基础上做出的信用报告。其主要内容列示如下：

1. 目标单位的基本情况

（1）企业公开的营业地点与联系方式；

（2）企业注册档案情况；

（3）法定代表人及其他管理人员的主要情况。

2. 目标单位的经营、管理情况

（1）实地探访；

（2）主营业务；

（3）销售情况；

（4）采购情况；

（5）管理组织结构；

（6）财务情况。

3. 目标单位的信用记录

（1）欠款记录；

（2）被起诉记录；

（3）其他信用记录。

4. 信用风险分析提示

内容见以下举例。

5. 信用评价

内容见以下举例。

6. 其他需要说明的问题

内容见以下举例。

下面以华普信用调查公司的信用调查报告为例：

客户名称	某人民印刷股份有限公司	客户报告编号	AD - 10101
华普报告编号	HCMR - 1606 - 06030	报告提交日期	2009 年 4 月
客户服务电话	8610 - 65671799	客户服务传真	8610 - 65667517
信用调查报告摘要			
目标单位名称	胶北印刷机股份有限公司	注册资本	19 968 万元
企业类型	股份有限公司	销售收入	8 亿元（2008 年）
员工数量	2 190 人	同业中的规模	大型
行业领域	普通机械制造业	主要产品	印刷设备等
风险评级	GC - 2（信用良好）		

评级提示：从该公司近两年的财务数据分析可知该公司的资产负债率低，财务安全性好。且该公司在行业内市场占有率较高，发展稳定，随着国际市场的拓展，2009 年业绩预计趋好。因此我公司为该公司评定的信用级别为 GC - 2，建议委托方注意对象日常来往情况，结合自身情况研究赊销条件和支持。

特别说明：本报告是根据本公司信用调查和分析人员通过合法、公开渠道取得的相关资料撰写而成。根据行业惯例，本报告仅作为委托方商业决策之参考，委托方对自己的商业决策行为负责，本公司对使用本报告造成的损失不负任何法律责任。未经本公司同意，本报告内容不得透露给任何第三方。除非特别说明，本报告中的货币单位均为人民币。

第一部分：基本信息

一、企业概况

企业名称　胶北印刷机股份有限公司

英文名称　Jiaodong Print Press Co. , Ltd.

企业简称　胶北印刷　　　　　　　　　法定代表人　赵东衡

注册地址　山东省胶北市文化西路 14 号

办公地址　山东省胶北市开发区东海西路 2 号

联系电话　0500 - 6964791　　　　　　联系传真　0500 - 6961241

成立时间　1996 年 10 月 11 日　　　　工商注册号码　3711122233300

登记机关　山东省工商行政管理局　　　经营期限　长期

经营范围　主营：印刷机、印后设备和相关机组的制造、销售、租赁；上述机器零配件的制造、销售、修理；所需原材辅料、机械设备、仪器仪表的制造、销售；机械加工；批准范围内的自营进出口业务；上述境外工程所需技术服务；对外派遣实施上述境外工程所需的劳务人员。

二、其他信息

1999 年 3 月，通过 ISO 9001 质量体系认证，由北京金都国际咨询公司进行认证。

第二部分：经营历史

胶北印刷机股份有限公司是由中国印刷集团总公司直属企业胶北印刷机厂作为发起人，以募集方式设立的股份有限公司，1996 年成立并上市，注册资本为 8 000 万元。

1997 年 5 月，注册资本变更为 16 000 万元。

2002 年起，胶北印刷陆续收购了胶南油墨厂 60% 的经营性资产和鲁南油墨厂 55% 的股份。

2003 年，又以货币资金收购了石家庄红旗印刷厂动力机分厂，挂牌重组为胶北印刷机股份有限公司河北分公司。

2004 年 3 月，注册资本变更为 16 640 万元；2004 年 5 月，法人代表变更为赵东衡。

2008 年，注册资本增至 19 968 万元，并与德国麦迪合资成立“胶北麦迪印后设备有限公司”，生产麦迪牌装订机设备。

第三部分：股权结构

一、股东及出资情况表

股东名称	出资额（万元）	出资比例（%）	备　　注
胶北印刷机厂	13 728	68.75	国有法人股
AAA	409.924 3	2.02	A 股流通股

股东名称	出资额（万元）	出资比例（%）	备　　注
BBB	330.000 0	1.65	A 股流通股
CCC	198.690 7	0.99	A 股流通股
DDD	193.642 0	0.97	A 股流通股
其他流通股	5 107.743 0	25.62	A 股流通股
合计	19 968	100	

二、主要股东简介及其他事项

胶北印刷机厂：建于 1920 年，原为民族资本家所建立，最初名称为中华机器厂，新中国成立后收归国有。该厂是山东省印刷行业专业的设备制造厂商之一，1955 年改称今名。该厂主要生产中小幅面系列胶印机，其产品广泛应用于报刊、宣传品、纸包装等领域印刷。现行政归属山东省胶北市国有资产管理委员会。

该公司前五名股东之间不存在关联关系。

第四部分：组织机构和经营者

一、分支机构

名　　称	地　　址	与母公司关系	负责人	联络方式
大件分厂	山东省胶北市开发区东海西路 2 号	分厂	李阳	0500 - 6964111
锻铆分厂	山东省胶北市开发区东海西路 2 号	分厂	周成	0500 - 6964222

备注：除上表所列两家机构以外，该公司还在胶南、鲁南等地设立了分支机构。该公司下属分支机构还包括：配套分厂、热处理分厂、中小件分厂、装备分厂、总装分厂、胶南油墨有限责任公司、鲁南油墨有限责任公司、胶北印刷机股份有限公司河北分公司等。

二、核心领导层

姓名	职务	性别	年龄	学历/职称	主管业务	备注
赵东衡	董事长	男	60	大专	主管企业战略发展	
陈升	总经理	男	54	硕士	主管企业全面业务	

三、主要领导简历

1. 董事长：赵东衡简历

时间	所在单位	任职
1967.7	东营财经学校中专毕业后参加工作	
1967.7—2001.5	胶北印刷机厂	总装车间主任
	胶北印刷机厂	办公室主任
	胶北印刷机厂	生产副厂长
2001.5—2004.5	胶北印刷机厂	厂长兼党委书记
2004.5 至今	胶北印刷机股份有限公司	董事长

2. 总经理：陈升简历

时间	所在单位	任职
1970.7—1999.5	胶北印刷机厂	助理工程师、工程师、车间副主任、主任、科长、厂长助理
	胶北印刷机股份有限公司	副总经理
1999.5 至今	胶北印刷机股份有限公司	总经理

第五部分：人员状况

	人员数量	备注
该公司共有人员	2 190	另有临时工约 200 人
其中：管理人员	100	技术人员　700
		销售人员　20

第六部分：贸易往来

一、采购及付款情况

采购材料和服务	付款方式	付款期限	所占比例
电子仪器仪表、钢板等	T/T	30 天	60%
工程安装服务、按技术服务合同收款	T/T、支票	首付 30% 定金，工程结束付清余款	40%

二、销售及收款情况

销售产品及服务	收款方式	收款期限	所占比例
印刷机、装订机、油墨等	电汇、支票、转账	30~60 天	80%
	按合同规定收款		20%

第七部分：金融机构往来

一、开户银行

	银行名称	银行账号
开户银行	中国工商银行山东省胶北市分行营业部	22223333444455556666

二、贷款银行

中国工商银行山东省胶北市分行

三、备注

中国工商银行山东省胶北市分行 2004 年授予该公司 AA 级贷款企业

第八部分：财务资料

一、财务报表（2008 年）

1. 资产负债表

单位：千元

项　目	金　额	项　目	金　额
货币资金	174 136	短期借款	106 125
应收票据	45 188	应付账款	102 908
应收账款	139 794	预收账款	31 343
减：坏账准备	9 663	应付福利费	940
应收账款净额	130 131	其他应付款	4 135
存货净值	228 774	预提费用	0
其他流动资产	0	其他流动负债	0
流动资产合计	601 577	流动负债合计	398 526
长期投资	165 525	长期借款	0
固定资产原值	390 125	其他长期负债	255 859
固定资产净值	195 423	长期负债合计	355 859
		其他负债	0
		负债合计	754 385
		少数股东权益	0
递延税款借项	0	实收资本	199 680
其他资产	258 101	资本公积	29 724

续表

项　　目	金　　额	项　　目	金　　额
		盈余公积	48 920
		未分配利润	187 917
		所有者权益合计	466 241
资产合计	1 220 626	负债及所有者权益合计	1 220 626

2. 损益表（利润表）

单位：千元

业务收入	803 312
业务成本	597 047
税金及附加	4 355
销售毛利	201 910
费用合计	101 341
其中：	
销售费用	33 696
管理费用	69 341
财务费用	−1 696
营业利润	100 569
营业外收入	36 526
营业外支出	505
利润总额	136 590
所得税	12 480
净利润	124 110

二、财务比率概要及分析（2008 年）

财务比率	现数值	正常值及简要分析	补充说明
流动比率	150.95%	150%～200%	
速动比率	93.55%	80%～100% 两率均在正常值区间	该公司流动负债偿债能力较好
资产负债率	61.80%	60%～80%	资产负债率正常

· 174 ·

财务比率	现数值	正常值及简要分析	补充说明
存货周转次数	2.61	3～5	该公司营运能力尚可
应收账款周转次数	6.17	6～8	应收账款周转较快
总资产周转次数	0.66	1～2	
净资产收益率	26.62%	该公司获利能力尚可	与2004年相比，业务收入提
主营业务利润率	25.13%		高，但由于经营费用增加，净
税前利润率	17.00%		利润增长较小

注：本报告提供报表从工商行政管理部门获得，该报表为企业合并报表。

第九部分：法律纠纷

2008年5月，胶北印刷起诉东湘市电动机厂，要求返还订货款46万元并赔偿相关损失。2009年1月，人民法院判决东湘市电动机厂返还胶北印刷货款46万元及其利息2万元。

第十部分：综合述评

胶北印刷机股份有限公司是中小幅面印刷设备生产企业，主导产品"胶北"系列印刷机，主要型号包括四开的J1650A/J1740等，色组以单色和双色为主。2005年胶北共生产各类印刷机460台，全部是中小幅面，销售色组数约350～400。此外，胶北印刷还生产印后设备（以装订设备为主）和印刷油墨。2005年印后设备产量约为80台。

胶北产品95%以上在中国内地销售，出口少量的印刷零配件和中档印刷油墨，出口区域包括马来西亚、泰国、巴基斯坦等。

该公司在中国中小幅面印刷机市场上具有相当知名度，20世纪六七十年代占有率曾一度高达40%以上。外资品牌进入中国以后，该公司感受到很大市场压力。一方面印刷市场增长速度极快，另一方面印刷设备市场价格竞争也越来越激烈。该公司将产品定位于中小幅面的中端客户，强调本土品牌在价格、服务等方面的优势。同时，尝试通过合资合作，引进和吸收先进技术，提高设备的附加值。

2009年，该公司计划与法国ALAN公司合作，在山东建立中大幅面印刷设备生产线。同时开发印刷油墨品种，研究丝网转移油墨技术。

※※※※※※ 报告完 ※※※※※※

（三）深度信用调查报告

深度信用调查报告，需更深入地对被调查对象进行调查，主要在资产、土地使用权、经济纠纷、人事变动、财务分析、供应商调查等方面进行详细调查，注重的是事实，并不增加许多数学方法的数据处理。深度企业资信调查报告主要用于企业并购、法律诉讼、企业拍卖、抢夺大客户、重大项目的合作等目的。

深度信用调查报告的主要内容请参照以下北京博大创信国际商务咨询有限公司提供的目标公司信用调查报告样本。

目标公司名称：上海阿托菲纳双氧水有限公司

目标公司地址：上海市闵行区××路55号

目标公司电话：021－643419××

目标公司传真：021－643××023

邮政编码：201108

对上海阿托菲纳双氧水有限公司的信用调查报告

中文名称：上海阿托菲纳双氧水有限公司			
英文名称：SHANGHAI ATOFINA HYDROGEN PEROXIDE CO.，LTD			
中文地址：上海市闵行区××路4400号（注册地址）			
上海市闵行区××路55号（经营地址）			
英文地址：××××××× 邮编：201108 电话：021－643××928 传真：021－643××023		网址： E-mail： 负责人：	××××××× ××××××× 赵持恒

公司概况

成立年份：1996年 企业性质：中外合资 所属行业：制造业		是否为上市公司： 有无进出口权： 法人代表：	否 有 赵持恒
资产总额：	402 484千元（截止到2008年12月31日）		
营业总额：	120 699千元（2008年）	经营面积：	6 000平方米
税后利润：	－4 397千元（2008年）	业务趋势：	一般
员工人数：	70人	信用等级：	中等

※※※※※ 本报告货币单位除特别说明外，均为人民币 ※※※※※

法律性质和历史背景

1. 注册资料

注册机关：	上海市工商行政管理局	注册资本：	3 834.026 万美元
注册日期：	1996 年 3 月 29 日	法人代表：	赵持恒
最新变更日期：	2003 年 7 月 2 日	营业期限：	40 年
注册号码：	企合沪总字第 022×19 号		

2. 股东情况

名　　　称	持股比例
阿托菲纳（中国）投资有限公司	67%
上海太平洋化工有限公司	33%

　　阿托菲纳（中国）投资有限公司隶属于法国道达尔菲纳埃尔夫集团之化工分部——阿托菲纳公司是其在中国的投资性公司。公司于 1997 年正式成立，原为"埃尔夫阿托化（中国）投资有限公司"，于 2000 年正式更名为"阿托菲纳（中国）投资有限公司"。

　　自 1995 年起，阿托菲纳公司通过建立一系列的生产基地，积极全面参与中国市场的工业发展。目前，阿托菲纳（中国）投资有限公司已在中国建立了 14 个生产基地，分布于北京、常熟、上海、广州、昆明、昆山、苏州、十堰等地，总投资额达 3 亿美元。主要成员企业有：北京阿托菲纳化学有限公司、常熟阿托菲纳三爱富氟化工有限公司、上海阿托菲纳双氧水有限公司、阿托菲纳（广州）化学有限公司，等等。其中常熟阿托菲纳三爱富氟化工有限公司、上海阿托菲纳双氧水有限公司的注册资本超过了 3 000 万美元。

　　目前，阿托菲纳（中国）投资有限公司正在进行以该公司为主体的公司合并，把法国道达尔菲纳埃尔夫集团在中国的相关性质的公司"道达尔菲纳埃尔夫（中国）投资有限公司"予以吸收合并，并组建"道达尔菲纳埃尔夫（中国）公司"，继续从事有关相关性质的业务活动。合并后的中国投资公司将继续在中国扩大业务范围，其投资领域将不仅局限于化工方面，还将扩展到石油、石化等各个领域。

　　上海太平洋化工（集团）有限公司焦化总厂是现代化综合性的大型化工企业，位于地处上海西南的吴泾化工区，占地 108 公顷，有职工 8 000 余人。下设炼焦一厂、炼焦二厂、煤气一厂、煤气二厂、有机化工厂、活性炭厂、钛白粉厂、延安油脂化工厂、动力厂、桃浦精细化工厂、焦化设计研究院、实业总公司、发展商社等；有数家中外合资企业，上海卡博特化工有限公司、上海金泰实业有限公司、上海豪斯化工有限公司、上海芝海气化技术开发有限公司等。几年来，全厂销售收入以每年40%左右的速度递增，2005年销售收入达20亿元，出口创汇1 368万美元。

3. 历史背景

该公司成立于1996年3月29日，公司成立至今一直延续着德国总公司的传统工艺和先进的管理体制，该公司是在法国阿托菲纳公司的基础之上成立的。

4. 重大变更

成立日期：1996年3月29日

注册内容：公司名称：上海××化工有限公司

注册资金：1 382.35万美元

投资总额：2 941.18万美元

法人代表：邱广培

经营范围：生产销售浓度50%和50%以下的各种浓度的过氧化氢

股　　东：法国××有限公司	55%
上海××洋化工（集团）公司	45%

变更日期：1998年7月5日

变更内容：注册资金：2 705.88万美元

投资总额：5 764.71万美元

经营范围：生产销售浓度70%和70%以下的各种浓度的过氧化氢

股　　东：法国豪斯有限公司	55%
上海××洋化工（集团）公司	45%

变更日期：1999年11月12日

变更内容：公司名称：上海××阿托双氧水有限公司

变更日期：2002年1月6日

变更内容：法人代表：赵持恒

经营范围：生产浓度70%和70%以下的各种浓度的过氧化氢，销售自产产品。（涉及许可经营的凭许可证经营）

变更日期：2004年5月25日

变更内容：股　　东：埃尔夫阿托化学（中国）投资有限公司（注册地：法国）	67%
上海太平洋化工（集团）有限公司	33%

变更日期：2005 年 12 月 6 日

变更内容：公司名称：上海阿托菲纳双氧水有限公司

变更日期：2006 年 12 月 3 日

变更内容：注册资金：3 653.303 1 万美元

投资总额：5 764.71 万美元

股　　东：阿托菲纳（中国）投资有限公司　　　　　67%

上海太平洋化工（集团）有限公司　　　　33%

变更日期：2008 年 7 月 2 日

变更内容：注册资金：3 834.026 万美元

投资总额：5 764.71 万美元

股　　东：阿托菲纳（中国）投资有限公司　　　　　67%

上海太平洋化工有限公司　　　　　　　　33%

5. 企业管理层

姓　名	赵持恒	职　务	董事长	年　龄	56 岁
性　别	男	学　历	大学	职　责	全面负责
专业经验	● 10 年以上		○ 三年以上		○ 三年未满
专业经验	● 10 年以上		○ 三年以上		○ 三年未满
经营经验	● 10 年以上		○ 三年以上		○ 三年未满
擅　长	● 管　理		○ 技　术		● 经　营
升职途径	● 创 业 者		○ 外部调入		○ 内部升迁
	○ 选　聘		○ 承　包		○ 继　承

工作简历：		
目前兼任	上海焦化有限公司	总经理
	上海精文投资有限公司	总经理
	上海太平洋化工集团公司焦化厂	总经理
	上海阿托太平洋水合肼有限公司	法人代表
2000 年 1 月至今	上海阿托菲纳双氧水有限公司	董事长

姓　名	罗　宾	职　务	总经理	年　龄	52 岁
性　别	男	学　历	大学	职　责	日常管理

专业经验	● 10 年以上	○ 三年以上	○ 三年未满
专业经验	● 10 年以上	○ 三年以上	○ 三年未满
经营经验	● 10 年以上	○ 三年以上	○ 三年未满
擅　长	● 管　理	○ 技　术	● 经　营
升职途径	○ 创 业 者	● 外部调入	○ 内部升迁
	○ 选　聘	○ 承　包	○ 继　承

工作简历：		
2005 年 5 月之前	阿托菲纳（中国）投资有限公司	
2005 年 5 月至今	上海阿托菲纳双氧水有限公司	总经理

6. 公共记录

经查尚未发现该公司在近两年内的不良公共记录；

经查尚未发现该公司的董事长、总经理在近两年内的不良公共记录；

本公共记录资料来源于媒体的公开信息，查询截止日期 2009 年 8 月 26 日。

7. 银行往来

该企业主要开户银行及账号如下：

开户银行：	上海浦东发展银行闵行支行		
地　址：	上海市莘建路 2 号		
电　话：	021－64882488		
账　号：	076499－04135955860		
借贷情况：	短期借款（有）	长期借款（有）	是否按时还款（是）
	偿还方式（　）	用　途（　）	银行评级（无）

在调查过程中，我们未发现公司有任何银行欠款记录。

8. 经营情况

（1）经营范围

主营：生产浓度 70% 和 70% 以下的各种浓度的过氧化氢，销售自产产品（涉及许可经营的凭许可证经营）

兼营：无

（2）主要产品及服务

产　品	生产能力	产量	销量	年份
浓度为 35% 的双氧水	15 000 吨	12 000 吨	12 万吨	2004 年
双氧水（折百数）	40 000 吨	35 000 吨	35 000 吨	2004 年

（3）生产设备

生产设备	数　量	单　位
生产线	4	条

（4）采购情况

（1）国内	100%
主要区域：	上海市及周边地区
主要付款方式：	现金、支票、电汇
（2）主要原材料供应商	
氢气供应商	上海焦化有限公司
地址	上海市龙吴路 4280 号
电话	021 – 64343649

（5）销售情况

（1）国内	90%
主要区域：	上海市及周边地区
主要付款方式：	现金、支票、电汇
（2）国外	10%
主要区域：	欧洲、美国、东南亚
主要付款方式：	信用证
（3）主要客户	
双氧水	阿托菲纳（上海）有限公司

（6）销售品牌及畅销产品

产品名称	品　牌	占销售额的比重
35% 双氧水	阿托菲纳	40%
50% 双氧水	阿托菲纳	20%
60% 双氧水	阿托菲纳	20%
70% 双氧水	阿托菲纳	20%

注：该公司35%双氧水产品在公司产品结构中比重有所下降，浓度比较高的双氧水比重越来越大。

（7）进出口产品

主要出口产品	数　量	出口国
60% 双氧水	60 吨	韩国、日本、亚洲地区
70% 双氧水	40 吨	韩国、日本、亚洲地区

（8）营业情况（单位：千元人民币）

项目	2008 年度	占比	2007 年度	占比	2006 年度	占比
内销	108 629	90%	97 492	90%	74 039	90%
外销	12 070	10%	10 832	10%	8 227	10%
合计	120 699	100%	108 324	100%	82 266	100%

（9）财务概况：（单位：千元人民币）

项　目	2008 年度	2007 年度	2006 年度
实缴资本	317 565	302 607	302 607
所有者权益	192 271	181 709	245 489
负债总额	210 213	266 044	271 072
资产总额	402 484	447 753	516 561

（10）经营业绩（单位：千元人民币）

项　目	2008 年度	2007 年度	2006 年度
营业总额	120 699	108 324	82 266
利润总额	-4 397	-23 981	-52 856
净利润	-4 397	-23 981	-52 856

9. 财务数据

（1）资产负债表　　　　　　　　　　　　　　　　　　　　　　单位：千元

资　产	2008/12/31	2007/12/31	2006/12/31
现金及银行存款	10 709	36 030	33 792
应收票据	4 692	6 802	3 810
应收账款	5 189	3 436	2 787
应收关联方款项	0	0	178
预付账款	1 151	1 249	990
其他应收款	623	791	837
存　货	12 560	10 052	11 216
待摊费用	145	1 944	1 275
其他流动资产	0	0	0
流动资产合计	35 069	60 304	54 885
长期投资	0	0	0
固定资产净值	330 123	351 428	370 182
在建工程	2 584	143	0
其他资产合计	34 708	35 878	91 494
资产总计	402 484	447 753	516 561
负债			
短期借款	10 000	0	10 000
应付账款	22 404	23 717	1 411
应付关联方款项	0	0	34 715
预收账款	2 278	750	434
应付工资	277	366	776
应付福利费	585	862	0
应交税费	4 668	2 272	466
其他应交款	26 234	0	0
预提费用	1 267	11 988	22 561
一年内到期的长期负债	12 500	50 000	75 000

续表

资　产	2008/12/31	2007/12/31	2006/12/31
其他应付款	0	26 147	769
其他流动负债	0	0	0
流动负债合计	80 213	116 102	146 132
长期负债	130 000	149 942	124 940
负债合计	210 213	266 044	271 072
所有者权益合计	192 271	181 709	245 489
其中：实收资本	317 565	302 607	302 607
资本公积	0	0	0
盈余公积	0	0	0
未分配利润	− 125 294	− 120 898	− 57 118
负债及所有者权益总计	402 484	447 753	516 561

（2）利润表　　　　　　　　　　　　　　　　　　　　单位：千元

项　目	2008 年	2007 年	2006 年
主营业务收入	120 699	108 324	82 266
减：销售成本	76 906	83 056	70 598
销售税金及附加	0	0	0
主营业务利润	43 793	25 268	11 668
加：其他业务利润	171	72	15
减：销售费用	18 139	17 847	15 736
管理费用	16 583	16 076	30 878
财务费用	13 424	15 381	18 070
营业利润	− 4 182	− 23 964	− 53 001
加：投资收益	0	0	0
补贴收入	0	0	0
营业外收入	42	21	145

项 目	2008 年	2007 年	2006 年
减：营业外支出	257	38	0
利润总额	– 4 397	– 23 981	– 52 856
减：所得税	0	0	0
税后利润	– 4 397	– 23 981	– 52 856

（3）比率分析

偿债能力

流动比率	流动比率 = 流动资产/流动负债	0.437
速动比率	速动比率 =（流动资产 – 库存）/流动负债	0.278

通过流动比率和速动比率的分析可得知，该公司偿债能力较弱，但尚能用于支付日常所需的资金。

经营能力

负债对净值比率	负债对净值比率 = 负债/所有者权益	1.09
固定资产对净值比率	固定资产对净值比率 = 固定资产/所有者权益	1.72

通过负债对净值比率和固定资产对净值比率分析可知，该公司资产分布结构尚可。

获利能力

利润率	利润率 = 利润总额/总收入 ×100%	– 3.64%
资产回收率	资产回报率 = 利润总额/资产总额 ×100%	– 1.09%

通过利润率和资产回收率的分析可得知，该公司的竞争实力和发展能力较弱，主要经营业务获得净利的能力较差。

10. 总体评述

现状与展望

上海阿托菲纳双氧水有限公司是一家专业从事各种浓度氧化水的生产及销售的高新技术企业。公司目前主要从事双氧水的生产业务，目前拥有 4 条完整的生产流水线，拥有年产浓度为 100% 的氧化水 4 万吨的生产能力。该公司主要的原材料是氢气，而公司与上海焦化公司有着长期合作的贸易关系，上海焦化公司有丰富的资源，公司生产产生的副产物氢气通过管道的方式直接输送到上海阿托菲纳双氧水有限公司，保证了该公司生产的正常运行；该公司生产的产品由阿托菲纳（上海）有限公司负责在上海市及周边地区销售，产品广泛地被上海赛科石油化工有限责任公司、上海三枪集团有限公司和上海新兆林纺织科技有限公司等多家公司使用，在国内的市场占有率可达 60%。并且该公司产品销售到欧洲、美国、东南亚市场，仅在亚洲地区的市场占有率就可达 40%，得到广大用户的信赖与好评，但因市场竞争激烈等多方面原因，导致该公司盈利能力较弱。

阿托菲纳双氧水公司在全球排名第三，其在全球共有 6 家生产企业，在亚洲地区只有上海阿托菲纳双氧水有限公司，产品主要出口亚洲地区。该公司的生产质量控制和生产管理体制与德国公司是一致的，良好的品质和优良的服务使该公司拥有了广大的客户群，这是该公司最大的优势；另外，该公司有丰富的物资资源，能够保证 24 小时的生产，即使在设备检修的情况下，也能完全满足客户的需求，正常地供给产品；而且该公司拥有国际上先进的生产技术，一些国外的技术专家进行生产指导，并且把先进的管理理念应用于公司的管理。但是，公司也有不尽如人意的地方，比如该公司的产品在价格上没有优势，因此该公司盈利的能力较低。

国内目前双氧水产能已达到 63 万吨/年，市场需求非常强劲，尤其是纸浆和纸工业对双氧水的需求增长最为迅速，双氧水的市场前景较为广阔。双氧水是近十年来全球工业化学品中产能增长最快的领域之一。近几年，由于全球双氧水需求增长较快，美国各大生产商逐渐增加了生产，但仍满足不了市场的需求，一些生产装置重新开工，部分生产商计划扩建生产能力，到 2008 年底，中国的双氧水产能比美国多出近 35%，从而取代了美国成为全球最大的双氧水生产国。中国大部分的双氧水装置的开工率都在 90% 以上，中国国内双氧水进口主要来自韩国和中国的台湾省，中国内地出口国主要是韩国和巴基斯坦。而该公司的出口是由阿托菲纳（上海）有限公司负责的，出口的主要地区是韩国和印度等亚洲国家，一年的出口量在 100 万吨左右。

同时，中国政府对化工产品生产企业有规定，重点是对空气和水环境污染的处理要求，该工厂执行的环境保护标准甚至要超过了阿托菲纳设在法国本土的工厂，与阿托菲纳设在德国的工厂并列为在全球范围内执行环境安全标准最为严格的工厂之一。另外，由于双氧水无毒，并且溶解于水中时只会产生水和氧气，因此作为一种试剂，双氧水尤其适用于污染的处理，成为新兴的用于城市污水和工业废水处理的主要试剂。总体上讲，我国市场对双氧水的需求仍将保持旺盛态势，政府对双氧水的生产并没有出台相关的限制政策。政府对石油化工行业的下游产业是鼓励发展的，主要是能够合理的利用能源、节约成本和社会资源，所以，双氧水在国内的市场上还有很大的发展潜力。而在产品生产标准方面，该公司也完全符合政府规定的标准。

11. 资源

（1）员工

员工总数	70 人	其中管理人员	8 人
人员素质	○　较高	●　一般	○　较低
工作效率	●　较高	○　一般	○　较低
用人计划	○　增加	●　无	○　裁员

（2）办公用地

位　置	开　发　区		
占地面积	6 000 平方米　其中：办公（√）厂房（√）库房（　）		
地理位置	商业区（√）工业区（√）住宅区（　）商住混合区（　）开发区（　）		
所有形态	●　自有	○　租赁	○　股东自有
建筑结构	○　平房	●　楼房（砖混）	○　楼房（框架）
外　观	●　较好	○　一般	○　较差

12. 风险评估：风险评分 RS3

RS1	最小	进行延长付款条件
RS2	低	进行
RS3	中等	进行
RS4	中等偏上	进行，但需监控
RS5	较高	寻求担保
RS6	高	现金交易

该风险评估以下列 12 个关键区域的数据为根据

A. 付款能力	C. 债务权益比率
B. 资金流动能力	D. 主要负责人简历

E. 资金周转时间	I. 盈利能力
F. 组织结构合理	J. 财务增长趋势
G. 运作时间	K. 厂房所有权
H. 销售能力	L. 雇员人数

综合评语

企业在同行业中属于中型规模，企业资金实力尚可，经营管理状况一般，近三年的经济效益虽然较差，但趋于好转，各项经济指标一般，资产结构不合理。北京博大创信国际商务咨询有限公司认为该公司是一个较好的、可并购的目标企业。

※※※※※※ 报告结束 ※※※※※※

思考4-2：你是否掌握了企业信用报告的种类和内容相关知识要点？请谈一谈你对这方面的理解（200字左右）。请你结合以下背景资料列举三点以上与本章内容相对应的基本知识（400字左右）？

资料 在重点建设项目招投标领域引入信用报告

偷税、污水排放不达标、拖欠民工工资，这和企业竞标是否成功有必然的联系吗？

在浙江，这个答案现在很明确了：有关系，而且有很大的关系。

浙江省发改委已经出台政策明确规定，从2008年7月开始，在省重点建设工程招投标领域将使用企业信用报告。企业信用越好，信用报告得分越高，中标的概率就越大。

在重点建设项目招投标领域引入信用报告，浙江省算是全国第一个。发改委法规处处长钱建新表示，积累一定经验后，这种做法还将推广到市、县级重点建设项目，以及政府采购、房地产、电子商务等领域。

谁来出具企业信用报告？

信用对招投标意味着什么？"我觉得招投标肯定要建立在诚信的基础上

吧？"浙江省招标办主任林亮说，"2006年黄衢南高速浙江段工程招标，有个外地的企业来投标，出具了一份海南省五指山隧道的施工证明和两份质量安全鉴定证书，后来我们去海南一查，发现根本就不存在这个隧道。"

这样弄虚作假的信息，在招投标领域举不胜举。省招标办每年都能接到大约100起这方面的投诉。为此，省招标办想了个应对的方法：在给竞标企业评分时，也算上企业的信用分。最初的做法是使用银行的资信证明，结果有的企业在这个资信证明上做手脚；再加上串通投标、分包、转包等问题的存在，省招标办不得不出新招应对；那就是用第三方出具的信用报告来代替银行出具的资信证明。

第三方信用服务机构，必须在省信用办备案，还要对出具的信用报告负责，出现严重失实的，将会被取消资格。全省目前有7家这样的机构。

从信用报告里能看出什么？

坐在办公室里，林亮比划着说："你看，这个黄龙体育中心、后面的浙江省图书馆、远一些的浙大紫金港、杭州地铁1号线、高速公路，这些都是省重点建设项目。"

今后，省内这些对国民经济和社会发展有重大影响的基础设施、文教项目、环保项目，以及区域经济发展重大项目等进行招投标时，竞标企业都必须出具信用报告。这份信用报告有效期是一年，价格在1万元左右。

这么昂贵的信用报告，里面体现的信息可不仅仅是"借钱有没有还"、"有没有按时还"的问题，它是广义的，包括企业基本状况、财务指标状况、创新发展能力、公共信用和招投标方面的信用等。

其中，有5个小项是"大头"——获奖工程比率、招投标违规记录、工程合同履约率、有无受过行政处罚和失信记录、省信用中心的信誉度提示，占整个信用报告一半的比重；也就是说如果企业有环保违规、出过安全事故等，信用报告得分就要大打折扣。

信用报告得分占多大比重？企业信用，在招投标整个评分体系中占2分，其余98分，由价格以及技术等因素决定。"其实2分已经很多了。"林亮说，"拥有一定资质的竞标企业，在其他方面的得分都咬得很紧。一般来说，第一名和第二名都会只差0.2分或0.3分。这样，哪个企业的信用报告得分高，很可能这个标就花落谁家。"

"招投标中引入信用评估，对企业来说意味着什么？"浙江省发改委法规处副处长李军说，"招投标是市场经济活动的重要组成部分，而信用恰恰是市场经济的基础。在招投标领域使用信用报告，为的就是要让投标的企业，乃至全社会都认识到信用的价值——它和企业的资产、技术一样，都是可以为它的经济活动加分或者减分的。"

（资料来源：根据中国市场学会信用工作委员会2008年信用管理信息资讯改编）

第三节　信用调查报告的编写与使用

自学提示

本节的三个问题，重点是信用调查报告编写的基本要点。因为大中型企业可能会自行对客户作信用调查，并要求编写信用调查报告；小企业虽然可能委托第三方对客户调查，也应了解信用调查报告编写的基本要点。本节后两个问题，在第三章已经述及，结合起来理解会起到融会贯通的效果。

一、信用调查报告编写的基本要点

企业信用调查的目的在于融资或授信，而融资或授信的依据则在于客户的经营活动。因此，企业信用调查报告的撰写应以客户及其经营活动为重点。主要内容方面应当包括经济要素、经营要素和财务要素这三大要素；体系结构方面则应当包括企业基本情况、行业情况分析、经营情况分析、财务情况分析、融资用途分析、担保情况分析、授信风险与收益分析、结论与建议等。具体说明如下：

（一）企业基本情况

（1）工商登记信息：企业名称，住所，法定代表人，注册资金，经济性质，经营范围（主营、兼营），经营方式等；

（2）股东构成：股东名称，股东背景，股东出资方式，股东占股比例等；

（3）历史沿革：成立日期，股东变更，资本变动，名称变更，重组情形等；

（4）组织架构：法人治理结构，控股、参股下属企业个数及占股比例，下设职能部门等；

（5）经营资质：经营许可证，资质证书，资信证书，获奖证书，荣誉证书等情况；

（6）经理人员：董事长及总经理的年龄，学历，修养品德，从业经验，个人业绩，业界信誉等；

（7）企业文化：经营理念，管理制度，发展思路，发展目标等。

（二）行业情况分析

（1）行业状况：行业发展过程，行业发展阶段，行业发展规模，行业地区分布，业内企业情况等；

（2）行业地位：行业在国民经济中所处地位，行业在其他相关行业中所处地位，行业在本地区所处地位等；

（3）市场需求：行业目前的市场需求，潜在的市场需求，主要客户群等；

（4）行业竞争：行业壁垒情况，替代产品情况，供应商的讨价能力，购买者的讨价能力等；

（5）行业发展趋势：国民经济情况，技术革命情况，资本投资情况，制度变革情况，法律政策环境等；

（6）企业在行业中所处地位：主要竞争对手及其优势，企业在行业中的市场份额，企业在行业中的排名，企业竞争优势等。

（三）经营情况分析

（1）经营范围：主营业务及其比重，兼营业务及其比重，主营业务之间的行业关联，主营业务与兼营业务之间的行业关联等；

（2）产品情况：产品种类，主导产品，产品产量，产品质量，产品技术含量等；

（3）技术水平：研发人员素质，研发设施条件，研发成果情况，研发协作单位等；

（4）设备状况：主要设备的制造商，设备性能，设备新旧程度，设备开工率，设备所有权等；

（5）生产情况：生产工艺要求，生产工序环节，质量监控体系，物耗、能耗情况，环保要求及治理情况等；

（6）原料供应情况：主要供应商，供应渠道，进货价格，付款条件等；

（7）产品销售情况：主要客户，主要销售地区，销售渠道，销售价格，收款条件等；

（8）经营决策情况：重大体制改革计划，增资扩股计划，重大投资计划，市场开拓计划，新产品开发计划。

（四）财务情况分析

（1）营运能力：应收账款周转率，存货周转率，流动资产周转率，固定资产周转率，总资产周转率；

（2）盈利能力：主营业务利润率，总资产利润率，净资产利润率；

（3）偿债能力：流动比率，速动比率，现金比率，资产负债率，利息保障倍数；

（4）现金流量：经营活动现金净额，投资活动现金净额，筹资活动现金净额；

（5）发展能力：近三年销售增长率，总资产增长率，净利润增长率，资本积累率；

（6）负债情况：应付账款总额，应付账款账龄，银行借款总额，或有负债总额，以往信用记录。

（五）融资用途分析

企业融资用途主要有流动资金融资用途和项目融资用途两个方面，具体用途需具体分析：

（1）流动资金融资用途：在融资性质上，是长期流动资金铺垫性用途还是短期流动资金周转性用途；在周转性用途中，是季节性原因还是临时性原因；在周转环节上，是原材料原因还是生产原因，或是产品原因；

（2）项目融资用途：在融资性质上，是开发房地产项目用途还是购置大型设备用途。

（六）担保情况分析

（1）担保方式：保证担保，抵押担保，质押担保；

（2）担保人（物）：保证人的经济实力、经营状况、财务状况、担保能力；抵押物的所有权人、所在位置、原值、市值、抵押率；质物的所有权人、面值或评估价值、质押率；

（3）担保质量：保证人的信用记录、有无重大诉讼纠纷；抵押物的权属关系、登记机构、市场变现风险；质物的权属关系、登记机构、市场变现风险。

（七）授信风险与收益分析

（1）风险分析：行业风险，政策风险，市场风险，经营风险，财务风险，操作风险；

（2）收益分析：业务收益，市场开拓，客户合作。

（八）结论与建议

（1）结论意见：总体评价，前景展望，信用评价，授信额度；

（2）主要建议：授信前提，出款条件，还款安排，操作方式。

二、什么情况下使用信用调查报告

我们一直强调信用调查报告只是企业信用信息收集的一个渠道，信用经理需要结合企业现有的信息来源和交易的性质来掌握在什么情况下使用内部信息、什么情况下使用信用调查报告。通常，企业在下列几种情况下使用信用调查报告：

（一）重大的信用决策时

在企业日常的信用决策范围里，由于风险额度小，信用经理对于客户的情况比较清楚，利用常规的控制手段就足够了。然而，问题通常会出现在一些重大的信用决策上，比如一笔超出日常交易量几倍的大额信用交易，再比如重大的投资和交易决策要在短时间内作出等。这些情况有着共同的特点，就是金额大、时间短，交易双方不是很熟悉且交易的理由看上去非常充分。有经验的信用经理往往在这个时候调用信用调查报告，在短时间内全面了解客户的背景、客户交易的动机和风险大小。

（二）不同常规的交易条件时

除了一些重大的信用决策以外，常规交易中不寻常的条件也应引起信用经理的重视，比如以前从未赊购的客户开始申请信用交易，其他行业的客户跨行业订货，以及条件和金额都超出正常水平的交易。这类交易情况应区别于欺诈行为，它对企业造成的影响是打乱了正常的信用额度发放。此时使用信用调查报告，信用经理可以在了解客户基本情况之外，将信用审批纳入流程管理，从而全面考查信用发放是否符合公司利益并有助于开发潜在的长期客户。

（三）客户基本情况发生重大变化时

客户基本情况可能发生以下的变化，如业主变更、公司重组、兼并或收购、诉讼、新债权人出现等。这些情况无疑将影响到客户的还款安排，对企业是否可以按期收回货款有重要的影响。信用经理此时使用信用报告可以清楚地掌握客户的变化情况。

（四）年度的信用审查时

信用管理严格的企业都会按年度对客户进行信用审查，每到这时企业信用部都要对客户的信息进行更新，并重新评定客户信用等级。信用资信报告是一个自成体系的信息产品，它所收集的信息项目能够直接满足审核客户的需要，另外它还有成本低、时间快的特点。所以，信用报告可以大大加快企业年度信用审核的进度，减少信用部门的工作量。

三、多长时间要重新调用信用调查报告

任何企业的经营情况都是在变化的，所以客户的信用报告不是一次性的产品，需要不断更新才能保证信息的准确和及时。然而除了特殊的情况下，企业的经营在一段时间内也是稳定的，所以信用报告的更新也要按一定的时间阶段来完成。

一方面，因为企业的财务数据都是按年度发布的，所以如果信用公司的报告是在 12 个月内完成的，都可以视做有效的报告，即它可以保证用户所看到的是最近一期的财务数据。

另一方面，在正常情况下企业的经营活动在短时间内不会有太大的变化，所以短时间内更新报告也不会有什么新的内容。在实践中，企业正常更新报告内容的时间宜定为第一次调用报告后的6个月。如果企业要在更短的时间内对客户信息进行更新，可以利用信用公司的监控服务；这种服务只针对信用报告中某些随时发生变化的项目收集信息，费用比标准的信用报告低一些。

★ 案例 4 - 1

被"客户"牵进信用陷阱的某物流公司

　　某一物流公司接待了一位客户，他自称是国外某一知名贸易公司的业务员，想与该物流公司签订一份长期的货运代理合同，并称其手上有大量的进出口订单。当时公司领导对这个国外企业不了解，只是被他手中的大量订单所吸引就盲目地与其签订了合同；同时这位"大客户"还得到了比较多的优惠价格。一开始这个客户还是能很好地履行合同，几个月以后，客户要求改变付款方式，由于客户一直付款比较好，订单的数量又比较大，公司领导就相信了客户。结果，这时候的客户就从被动变为主动，市场好的时候，他就按时付款；市场不好时，他就根本不付款。由于一笔货款压一笔货款，在短短的一年内，客户竟欠该物流公司近百万美金的运输款。在公司屡次催账无效时，就把这个所谓外国知名贸易公司的业务员告上法院，经法院调查这个业务员与外国知名贸易公司毫无关系，之所以把自己和外国企业联系在一起就是为了混淆人们的视线，这样能让别的公司对他的资信情况不产生质疑。结果，该物流公司上了他的当，白白损失了几百万美金。试想，如果该物流公司在生意刚开始时，就对这个公司进行信用调查，那么后来的事情就不会发生，该物流公司也不会交上这么惨重的学费。

　　该案例的几点重要启示：其一，在生意成交前，对客户资信情况进行信用调查，通过委托一般的信用事务所，提交简明型信用调查报告即可查知目标客户的工商登记等基本信用情况；其二，在执行合同过程中，对客户资信，尤其是经营能力、信用级别进行跟踪分析，通过委托符合资质的信用评价机构提交标准型信用调查报告即可查知目标客户较为全面的信用情况；其三，在交易完成以后，对客户进行深度信用调查，并在研究深度信用调查报告基础上对客户进行分类、分档管理。对出现不良资信的客户，或者因诈骗对公司造成损失的客户，要上公司的"黑名单"，使其他业务员今后不再上当。可见，一套完整的客户资信管理制度的建立，处处离不开信用调查、离不开信用调查报告。这样，就可以有效地防范以上案例中倒账和被诈骗的事情发生。如果不建立和健全规范的客户资信管理体系，即使创造和积累了再多的财富，也有可能在很短的时间内被诈骗而一贫如洗。

　　思考4－3：信用调查报告编写的基本要点在上一节标准型信用调查报告的内容中是怎样体现的？你是否理解企业信用调查报告的使用要点？你认为它应体现在哪几个方面？以下《浙江省企业信用基准性评价指标体系和评价方法（试行)》对规范使用企业信用调查报告有何意义？

资料　浙江省企业信用基准性评价指标体系和评价方法（试行)

浙江省信用浙江建设领导小组办公室

2003 年 11 月 17 日

浙江省企业信用基准性评价指标体系和评价方法（试行)

一、评价指标体系及权重

指标和权数如下：

			评价内容	权重	指　标　项	权重
综合评价	基础指标	基本指标	一、资金信用状况	24	资产负债率	14
					流动比率	10
			二、资产营运状况	18	总资产周转率	8
					流动资产周转率	10
			三、财务效益状况	28	净资产收益率	16
					销售（营业）利润率	12
			四、发展能力状况	18	销售（营业）增长率	8
					资本积累率	10
			五、创新能力状况	12	R&D 费用收入比率	5
					新品销售收入比率	7

续表

			评价内容	权重	指 标 项	权重
综合评价	基础指标	修正指标	一、资金信用状况	24	已获利息倍数	8
					速动比率	10
					现金流动负债比率	6
			二、资产营运状况	18	应收账款周转率	8
					存货周转率	5
					不良资产比率	5
			三、财务效益状况	28	总资产报酬率	8
					成本费用利润率	12
					主营收入现金率	8
			四、发展能力状况	18	总资产增长率	6
					三年利润平均增长率	6
					三年资本平均增长率	6
			五、创新能力状况	12	三年设备更新率	4
					专职研发人员比率	3
					新产品销售收入增长率	5
		评议指标	评价内容	权重	指 标 项	权重
			一、人力资源素质状况	30	高管人员基本素质	20
					从业人员素质状况	10
			二、经营管理状况	30	基础管理比较水平（法人治理结构、制度建设和实施）	15
					技术装备更新水平（服务环境）	15
			三、竞争地位状况	20	产品市场占有能力（服务满意度）	12
					行业或区域影响力	8
			四、发展前景状况	20	企业经营发展战略	12
					政策风险与不确定因素判定	8

续表

			评价内容	权重
综合评价	基础指标	行为指标	一、诚信荣誉记录	5
			二、法院记录	10
			三、质监记录	10
			四、劳保记录	5
			五、统计记录	5
			六、工商记录	10
			七、环保记录	5
			八、物价记录	5
			九、地税记录	10
			十、国税记录	10
			十一、检验检疫记录	5
			十二、海关记录	5
			十三、金融记录	10
			十四、异议投诉记录	5

此评价指标体系及权数是企业信用评价的基本、主干指标体系；在实际操作中可根据评价对象和用途的不同对指标和权数进行适当的调整。

二、评价指标的评价标准

（一）基础指标评价标准

基础指标评价标准值按不同行业、规模企业分类，由五档标准值和与之相适应的标准系数组成（样式可参考下表）；它包括基本评价标准值和修正评价标准值两部分。基础指标评价标准值的来源有以下三个途径：一是通过对企业评价资料的长期积累；二是在全省选取样本企业，通过对样本企业资料的分析，确定标准；三是参考同类评价体系的标准。

行业：工业　　　　规模：大型企业　　　　单位：%

项　　目	优秀值1	良好值0.8	平均值0.6	较低值0.4	较差值0.2
一、资金信用状况					
资产负债率	40.7	49.5	64.2	80.6	91.9
已获利息倍数	8.4	3.4	1.5	0.2	−1.3
流动比率	225.4	156.4	108.6	76.6	56.7
速动比率	194.1	132.9	80.5	50.4	34.7
现金流动负债比率	77.2	37.5	11.1	−1.9	−11.8
二、资产营运状况					
总资产周转率	1.0	0.7	0.4	0.2	0.1
流动资产周转率	2.6	1.8	1.1	0.6	0.3
存货周转率	13.5	7.0	3.3	1.6	0.9
应收账款周转率	17.1	9.5	4.4	2.1	1.2
不良资产比率	0.0	0.1	1.1	4.5	9.1
三、财务效益状况					
净资产收益率	11.0	8.6	2.6	−2.2	14.7
总资产报酬率	11.3	6.8	3.1	0.2	−2.6
销售（营业）利润率	29.8	21.7	12.6	6.4	1.3
成本费用利润率	21.0	10.7	3.0	−2.9	−12.3
主营收入现金率					
四、发展能力状况					
销售（营业）增长率	37.6	12.4	−6.1	−21.0	−39.3
资本积累率	32.8	27.4	−12.9	−1.4	−14.9
总资产增长率	38.3	18.2	9.4	−0.9	−10.3
三年利润平均增长率	29.8	13.4	−2.1	−17.0	−33.8
三年资本平均增长率	7.9	−1.7	−12.4	−24.6	−36.7

（二）评议指标参考标准

评议指标参考标准分为优、良、中、低、差五个评议档级及对应的标准参数。

（三）行为指标参考标准

企业信用行为记录采用浙江省企业信用发布查询系统数据。依据监管记录，分为"无不良记录"、"有不良记录"和"无信息"三个档次。

（四）评价标准值选用规定

集团型企业采用全国全部行业评价标准值，或按国民经济十大门类划分的标准值。若企业所属行业没有标准值，则使用该行业上一级次行业的评价标准值。

三、评价指标的计算方法

企业信用评价的计分方法采用功效系数法、专家打分法并辅助综合分析判断法。

（一）基础指标的计分方法

基础指标的计分步骤如下：首先，根据评价企业年度财务会计报表数据，计算某项评价指标的实际值；其次，选择相应行业和相应规模评价标准值；再次，确定该项指标实际所处的档次和对应的标准系数；最后，根据功效系数法算出企业的基本评价得分及在此基础上形成的基本评价修正得分。

对某些指标具体作如下规定：

（1）当资产负债率＞100％时，标准系数为0，该指标得0分。

（2）当利润为负值时，对以利润为分母的指标，得0分。

（3）亏损企业利润增长率按以下几种情况确定单项修正系数：其一，由亏损变为盈利的，单项修正系数为1.1；其二，实现减亏的，单项修正系数为1.0；其三，由盈利变为亏损的，单项修正系数为0.9；其四，亏损增加的，单项修正系数为0.8。

（二）评议指标的计分方法

遵循综合、发展、客观、公正的原则，确定各项评议指标应取档级，加权平均得出指标分数。

（三）行为指标的计分方法

行为指标采用权重极限法计算分值。诚信荣誉记录根据有或无制定分值；强制性许可记录根据有或无制定分值；失信类记录根据有或无以及失信程度制定分值，记录有效期限为三年。

（四）综合评价的计分方法

综合评价得分＝基本评价修正总分×45％＋评议指标总分×15％＋行为指标总分×40％

（五）其他规定

其他规定主要有：

（1）基本括标的实际得分不能超过指标权数。当基本指标的实际值大于等于优秀值时，该指标的得分是指标权数；低于较差值时，该指标得0分；

（2）评价标准值的选用要保持前后一致；

（3）单项指标的计分应精确到小数点后两位数，综合分数按四舍五入保留小数点后一位数；

（4）对于集团企业的评价，原则上以集团企业合并会计报表为基础材料；

（5）对无数据指标的处理：其一，如该指标在企业评价年度无发生额，以0计算；其二，基础指标中个别指标企业故意不提供或遗漏，则应对此进行核实，按核实后的数据操作；其三，若该企业会计资料严重失真、丢失或因客观情况无法提供真实、合法的会计数据资料，经有关部门审核，可剔除基础指标，运用评议指标、行为指标进行评价。

四、评价结果的形成

（一）信用评价操作步骤

信用评价操作步骤为：

（1）参照《自、良硅济行业与分类代码》，确定企业的行业归属；

（2）参照国家制定的企业规模划分办法，确定企业规模；

（3）按评价标准，对企业各项经济指标值评价测算基本指标修正总分；

（4）按评价标准，对企业相关信息评价测算评议指标评价总分；

（5）按评价标准，依据监管机构信息，评价测算企业的行为指标评价总分；

（6）计算综合评价总分，确定信用等级和资产净值；

（7）制作《评价公示报告》；

（8）制作《标准信用报告》；

（9）评价信息和评价结果进入企业评价数据库及浙江省企业信用发布查询系统。

（二）综合评价结果的符号

1. 信用评价等级符号

类	符号	计分范围	信用提示	含　义
优	AAA	[90，100)	信用优良	公司信用管理基础完善，信用能力强，诚信度高，发展趋势乐观，综合能力处于行业领先水平
	AA	[80，90)		
良	A	[70，80)	信用良好	公司信用管理基础建立，信用能力较强，诚信度高，发展趋势稳定，综合能力高于行业平均水平
	BBB	[60，70)		
中	BB	[50，60)	信用一般	公司信用管理基础一般，信用波动，诚信度波动，发展趋势波动，综合能力波动于行业平均水平
	B	[40，50)		
低	CCC	[30，40)	信用偏低	公司信用管理基础弱，信用能力低，诚信度低，发展趋势不乐观，综合能力低于行业平均水平
	CC	[20，30)		
	C	[10，20)		
差	D	[0，10)	信用很差	公司信用管理基础很弱，信用能力差，诚信度差，发展趋势不乐观，综合能力处于行业低水平
不评价	NR	—	信用信息不完整	评价所掌握的信息不能构成对被调查对象的信用等级分析

2. 信用评价结果符号

信用评价结果符号由企业资产净值和信用评价等级组成

级别	公司资产/财力 净资产（万元人民币）	信用评价等级 优		良		中		低			差	未评
15	大于等于50 000	AAA	AA	A	BBB	BB	B	CCC	CC	C	D	NR
14	[10 000，50 000)	AAA	AA	A	BBB	BB	B	CCC	CC	C	D	NR
13	[1 000，10 000)	AAA	AA	A	BBB	BB	B	CCC	CC	C	D	NR
12	[750，1 000)	AAA	AA	A	BBB	BB	B	CCC	CC	C	D	NR

级别	公司资产/财力	信用评价等级					
	净资产（万元人民币）	优	良	中	低	差	未评
11	[500, 750)	AAA AA	A BBB	BB B	CCC CC C	D	NR
10	[300, 500)	AAA AA	A BBB	BB B	CCC CC C	D	NR
9	[200, 300)	AAA AA	A BBB	BB B	CCC CC C	D	NR
8	[125, 200)	AAA AA	A BBB	BB B	CCC CC C	D	NR
7	[75, 125)	AAA AA	A BBB	BB B	CCC CC C	D	NR
6	[50, 75)	AAA AA	A BBB	BB B	CCC CC C	D	NR
5	[35, 50)	AAA AA	A BBB	BB B	CCC CC C	D	NR
4	[20, 35)	AAA AA	A BBB	BB B	CCC CC C	D	NR
3	[10, 20)	AAA AA	A BBB	BB B	CCC CC C	D	NR
2	[5, 10)	AAA AA	A BBB	BB B	CCC CC C	D	NR
1	[0, 5)	AAA AA	A BBB	BB B	CCC CC C	D	NR

（三）评价报告

根据不同的需求，评价形成以下三类信用产品：

（1）《信用评价公示报告》。用于公示企业信用评价结果的相关简略信息。主要内容包括企业概况、行政部门信用记录情况、基本财务数据、诚信展望和风险提示等内容。

（2）《标准信用报告》。用于了解企业概貌，供常规小额交易或用于新的贸易关系的建立。主要内容包括企业注册及历史背景、股东背景（股东及股份、主要股东介绍）、附属机构、财务状况（资产负债表、损益表、重要比率表、基础指标对比、财务说明）、银行往来、负责人情况、员工情况、办公设施及房产、经营状况（主营业务、综合说明、销售情况、采购情况）、信用记录（交易商评价、浙江省企业信用发布查询系统记录情况）、媒体记录、调研员总体评价、信用等级及说明。

（3）《深度研究报告》。用于全面反映企业的综合经营能力。主要内容除标准信用报告拥有的内容外，还包括财务分析、银行往来分析、付款历史分析、企业管理能力分析、企业市场核心竞争力分析、经济纠纷及人事变动分析等内容。

·本章小结·

　　本章第一节主要阐述客户信用调查的时机与信用调查报告的作用两方面知识。关于客户信用调查的时机，是根据客户的八种不同情况分别描述的，所以也是上一章客户资信管理知识的延续。我们通过比较知道：客户信用调查的时机实际上是对客户资信管理知识的具体应用；关于信用调查报告的作用主要体现在：迅速对目标企业的总体印象作出评估、科学地对目标企业的总体状况进行分析总结和对国际贸易所具有的独特作用。本节核心知识是在理顺资信调查和信用调查报告关系的基础上，重视信用调查报告的作用，特别是对国际贸易所具有的独特作用。而资信调查和信用调查报告的关系主要体现在：资信调查是信用调查报告的前期工作，而信用调查报告则是资信调查的必然结果。

　　第二节主要阐述客户信用调查报告的种类和内容，是分两方面阐述的。具体包括：（1）企业信用调查的四种基本类型；（2）逐一举例说明四种信用调查报告的基本内容。本节的核心知识是要在明确四种信用调查报告主要内容的基础上，学会正确选用。当然，这也是操作性最强的实务知识。

　　第三节主要阐述信用调查报告的编写与使用，是按照三个问题分别阐述的。核心知识是在明确信用调查报告的编写要点基础上，掌握在四种情况下使用信用调查报告的要求。

本章自测题

　　以下测试题均是按本教材知识点的顺序排列，请你看书依次把测试题的答案找出来，并在每一测试题后写上答案，同时注明与本教材知识点相对应的页码。

一、单项选择题

1. 市场开发阶段，企业寻找有价值的潜在客户时，通过信用调查了解客户的（　　）。

　　A. 基本情况　　　B. 生产经营情况　　　C. 业务状况　　　D. 财务情况

2. 在与新客户建立业务关系时，通过信用调查了解新客户的（　　）是非常必要的。

　　A. 基本情况　　　　B. 生产经营情况　　　C. 业务状况　　　D. 财务情况

3. 企业应该定期调查老客户资信状况，跟踪其资信变化，对于普通客户应该（　　）调查一次。

　　A. 每半年　　　　　B. 每季　　　　　　　C. 每月　　　　　D. 每年

4. 当客户要求大幅提高交易额度时，企业特别需要调查客户的（　　）。

　　A. 基本情况　　　　B. 生产经营情况　　　C. 业务状况　　　D. 财务情况

5. 客户要求改变付款方式时，特别需要重点调查客户的（　　）。

　　A. 基本情况　　　　B. 生产经营情况　　　C. 业务状况　　　D. 财务情况

6. 为满足客户的特殊需求，根据客户要求而为其量身定做的专项报告是（　　）。

　　A. 简明型信用调查报告　　　　　　　　B. 特殊调查报告

　　C. 标准型信用调查报告　　　　　　　　D. 深度信用调查报告

7. 仅对企业登记档案进行调查，几乎不进行信用分析的信用调查报告是（　　）。

　　A. 简明型信用调查报告　　　　　　　　B. 特殊调查报告

　　C. 标准型信用调查报告　　　　　　　　D. 深度信用调查报告

8. （　　）是对目标单位的信用情况有较深度的调查以后，在信用分析的基础上做出的信用报告。

　　A. 简明型信用调查报告　　　　　　　　B. 特殊调查报告

　　C. 标准型信用调查报告　　　　　　　　D. 深度信用调查报告

9. （　　）需要对被调查对象进行深入调查，主要在资产、土地使用权、经济纠纷、人事变动、财务分析、供应商调查等方面进行详细调查。

　　A. 简明型信用调查报告　　　　　　　　B. 特殊调查报告

　　C. 标准型信用调查报告　　　　　　　　D. 深度信用调查报告

10. 在实践中，企业正常更新报告内容的时间宜定为第一次调用报告后（　　）个月。

　　A. 3　　　　　　　B. 6　　　　　　　　C. 12　　　　　　D. 8

二、多项选择题

1. 企业信用调查能够提供全面关于目标企业的（　　）等方面的信息。

　　A. 历史背景　　　B. 财务状况　　　　　C. 经营状况

　　D. 信用记录　　　E. 所有记录

2. 企业在什么情况下，需要对客户实施信用调查（　　）。

　　A. 客户资料超过一年以上时　　　　　B. 客户要求扩大信用额度时

C. 客户要求改变交易方式时　　　　D. 客户有异常情况发生时

E. 客户有破产情况发生时

3. 企业在与新客户建立业务关系时，通过信用调查了解新客户的基本情况，基本情况包括（　　）。

A. 企业名称　　　B. 注册地址　　　　C. 法定代表人

D. 注册资本　　　E. 员工素质

4. 企业应该定期调查老客户资信状况，跟踪其资信变化，对于重要客户应该（　　）调查一次。

A. 每半年　　　　B. 每季　　　　　　C. 每月

D. 每年　　　　　E. 每2年

5. 客户的异常情况主要表现在（　　）。

A. 订单出现定量剧增或剧减　　　　B. 客户的关系企业出现问题

C. 出售不动产　　　　　　　　　　D. 减薪或裁员

E. 出现破产迹象

6. 企业在与客户有重大合作项目时，特别需要调查（　　）。

A. 客户的履约要求和合同实质　　　B. 客户的市场影响和竞争吸引力

C. 基本情况　　　　　　　　　　　D. 客户的发展前景和销量趋势

E. 客户的行业背景和销量趋势

7. 信用调查报告类型包括（　　）。

A. 简明型信用调查报告　　　　　　B. 一般信用调查报告

C. 标准型信用调查报告　　　　　　D. 深度信用调查报告

E. 复杂型信用调查报告

8. 标准型信用报告的主要内容包括（　　）。

A. 目标单位的基本情况　　　　　　B. 目标单位的经营、管理情况

C. 目标单位的信用记录　　　　　　D. 信用风险分析提示

E. 深度信用分析

9. 深度企业资信调查报告主要用于（　　）等目的。

A. 企业并购　　　B. 法律诉讼　　　　C. 企业拍卖

D. 重大项目的合作　　　E. 企业开业

10. 企业在（　　）时使用信用调查报告。

A. 重大的信用决策时　　　　　　　B. 不同常规的交易条件时

  C. 客户基本情况发生重大变化时   D. 年度的信用审查时

  E. 客户已经破产时

三、判断题

1. 全中资企业的企业名称可以是英文名称，并且具有法律意义。（ ）

2. 与新客户建立业务关系时，要了解客户的经营范围。企业只有在经营范围内活动，其行为才合法、有效，否则，企业的行为无效。（ ）

3. 企业应该每年对老客户资信状况进行一次调查，跟踪其资信变化。（ ）

4. 客户存在各种纠纷包括诉讼问题表明客户的信用程度较差。（ ）

5. 在信用管理的事前、事中和事后阶段，信用报告都会是信用管理最基础和最核心的部分。（ ）

6. 简明型信用报告，需要对目标单位进行信用风险分析和信用评价。（ ）

7. 标准型信用调查报告仅对企业登记档案进行调查，几乎不进行信用分析。（ ）

8. 信用资信报告是一个自成体系的信息产品，它具有成本低、时间快的特点。（ ）

9. 在实践中，企业正常更新报告内容的时间宜定为第一次调用报告后的12个月。（ ）

10. 一套完整的客户资信管理制度，离不开信用调查，也离不开信用调查报告。（ ）

四、案例分析题

结合本章案例4-1分析回答：

1. 资信调查与信用调查报告的联系与区别。

2. 简述客户信用调查的时机和在什么情况下使用信用调查报告的要点。

3. 比较客户信用调查的时机和在什么情况下使用信用调查报告的区别。

第五章

交易中的信用监控与管理

🎯 学习目标

学完本章后，你应做到：

1. 复述客户交易账户和基本数据管理的相关要点；

2. 能举例说明客户交易合同和单据的信用管理相关要点；

3. 可操作库存和发货中的信用管理相关要点；

4. 可列举财会记账环节的信用管理相关要点；

5. 可操作客户收货和发票确认的相关要点；

6. 可操作货物质量的检验确认和质量争议解决的相关要点；

7. 熟练操作应收账款到期前的提示和管理相关要点。

请你在本章学习开始时填写表 5 – 1 中的第 1 ~ 2 项，学完本章后填写第 3 ~ 6 项，如果本表填不下，可自行加页，填写好后交给老师，作为积分作业记入平时成绩。

表 5 – 1　编制学习计划书

序　号	项　　目	内　容　提　要
1	制订本章自学计划	
2	列出本章各节要点	
3	综述本章核心知识	
4	提出疑难问题	
5	简述学习体会	
6	作出自我评价	优秀（　）良好（　）及格（　）跟不上（　）

关键术语

客户订单管理	单据管理	原始设备制造商	收货和发票确认
库存管理	期内应收账款管理	应收账款跟踪管理	

引 言

本章与第三章、第四章、第六章为同一单元，以阐述企业信用管理的基本实务为主。本章的重要性在于通过学习企业交易中的信用监控知识，能跟踪了解客户的及时付款能力、客户的经营实力、客户会不会赖账乃至客户是否面临破产的风险。同时，第六章需要掌握的内容，也离不开对本章基本知识的理解。

第一节的五方面知识，主要介绍如何管理客户交易账户、如何处理客户基本账户的变更、如何对客户交易合同和订单进行信用管理、如何实施发货与库存中的信用监控以及如何进行记账环节的信用监控。第二节的三方面知识，主要阐述如何进行客户收货和发票确认、如何进行货物的质量检验确认和解决质量争议以及如何进行应收账款到期前的提示和管理。

【背景资料】据权威资料统计，在中国的几百万家企业中，按照工作日计算，每五分钟就有一家企业倒闭或停业，其原因有七成是无法如期偿还欠款，而其结果通常是其供应商或其他债权人无法得到足额清偿。许多供应商处于货款被拒付的危险中，因为他们的客户信用不佳或经营不善随时可能破产。一旦这种事情发生，多数供应商会感到吃惊。只有极少数供应商，因为信用管理组织完善，重视调查和跟踪客户信用状况变化，较早地预见到客户的经营风险，在结果到来之前逐渐减少供货量，并及时回收了绝大多数货款。如果你知道一个客户下个星期就会破产，你会同意客户提出的一个月的付款期吗？当然不会。问题是你如何知道它会破产呢？进一步，你是否知道客户的及时付款能力？他们的经营实力是上升还是下降？他们会不会赖账呢？诸如此类的问题你能回答吗？如果不能，你就要进行企业交易中的信用监控，去寻找能够帮助你回答这些问题的相关信息了。

要进行企业交易中的信用监控，就必须管理好企业客户交易账户和基本数据。管理客户交易账户和基本数据，是为了保证企业明确自己与哪一家客户公司发生过什么样的交易、交易的结果如何等，尤其是发生信用赊销的账目内容。这些操作流程和相关记录是信用管理人员实施客户信用管理的具体监控对象。一般而言，企业对客户信用风险的监控始于每一家客户基本账户创建和基本信息数据维护，贯穿于全部交易过程，直到与该客户所有交易和收款事项完全结束为止。

（资料来源：根据信工委2009年提供的信用管理信息资讯改编）

第一节　交易中的信用监控

自学提示

本节的五方面内容中，可了解一、二、五部分基本内容，重点掌握第三部分四个要点和第四部分两个要点。

一、如何管理客户交易账户

企业制定客户基本账户的相关流程时，必须对以下方面作出规定：提出申请的部门、提供什么样的基本信息、由谁来进行批准和审核以及最终由谁负责建立和维护客户的基本账户。由这一流程，可以看出，负责进行批准和审核的信用管理人员的权力大小在一定程度上决定了企业对客户信用风险的监控力度。

（一）如何建立客户基本账户

1. 赋予客户基本账户编码

建立客户基本账户的第一步是赋予客户基本账户一个编码，这是为了能够迅速快捷地找到客户信息以及业务往来的内容。赋予客户基本账户一个编码的时候，可以直接用数字，也可以用客户名称缩写，或者直接按照一定的规定进行自定义，如可以用客户名称的首字母进行编制。

2. 输入客户基本账户的主要数据

建立客户基本账户的第二步是输入客户基本账户的主要数据。这主要包括两部分的内容：一方面是客户的基本信息，如客户的法定名称，工商注册号码，公司地址、发货地址、负责人、联系人的姓名、联系方式等；另一方面是客户的财务信息，如客户的开户银行名称、地址、账户号码，客户的税务登记证号码，支付方式等。除了这两部分主要内容之外，有关数据还包括根据一定属性（如业务性质、客户性质等）对客户进行的分类或编组，以及一些交易条件的信息，比如客户采购产品的要求（价格、质量、数量、运输、包装等）。

3. 对客户信息进行审核

建立客户基本账户的第三步是对客户信息进行审核，包括基本信息、财务信息的审核以及其他交易条件信息的审核。简言之，对第二步中输入客户信息的数据必须进行审核，以避

· 209 ·

免错误，达到交易顺利完成，企业实现利润的目的。在审核客户信息时，信用管理部门必须做到能够从客户方的有关授权部门和人员获得正式的书面文件，以便核实。有关交易条件的信息可以从本企业的有关部门加以进一步的确认。必要时，应该对客户提供文件的真实性加以复核。

4. 明确客户账户的基本流程以及负责人

建立客户基本账户的第四步是在客户基本账户的建立过程中需要明确客户账户的基本流程以及负责人。对于一个企业而言，其内部一般按照其职能划分为销售、财务、生产、后勤等部门。如果合同已经签订，则建立客户账户，主要是负责交易的销售部门和相关部门将有关信息通知后勤部门，确立成交登记，并准备为客户进行交易造册及进入发货准备。

5. 对客户信用账户进行复核

建立客户基本账户的第五步是对客户信用账户进行复核。当客户账户创建成功，信用管理人员应该及时录入批准的有关信息（信用额度和信用结算期限），并及时通知有关负责业务的人员，以便即时与客户展开交易。

（二）创建客户信用账户中需注意的基本问题

在创建客户信用账户的过程中，我们应该注意以下两方面基本问题，以明确信用管理人员的监控责任及对客户信用风险的控制。

1. 确定客户信用风险等级

对于信用管理人员而言，其主要的监控责任就是避免现有及未来建立的客户基本账户缺少规定的结算条件。任何在监控工作中发现的缺乏信用额度或账期的客户基本账户必须根据具体的企业政策和客户性质，对其进行信用级别的处置，一般而言，要按照最低信用级别处理。信用条件明确的客户，则应该确保履约的严格性。表 5-2 是一个简易的客户等级分类表，可帮助我们在确定客户信用风险级别（A 级最低，E 级最高）之后填入。

表 5-2 客户等级分类表

客户风险等级分类	A 级	业种	
		客户代码	
	B 级	业种	
		客户代码	

续表

客户风险等级分类	C 级	业种		
		客户代码		
	D 级	业种		
		客户代码		
	E 级	业种		
		客户代码		

2. 确保客户账户的唯一可识别性

从客户信用风险控制的角度出发，对于同一客户，不能重复建立客户账户。重复建立客户账户，一方面对于企业的订单录入、发票的开出、账目核对以及收款清欠等产生混淆，另一方面还会带来客户信用风险控制上的问题。信用管理人员应在客户账户上对其迅速准确识别，以跟踪其信用风险情况、实施全程监控。

（三）通知客户开户

当客户的账户建立完毕之后，信用管理人员应该尽快以书面形式通知客户信用关系已经确立，同时告知客户本企业对提前付款的优惠政策，以鼓励客户提前付款。关于客户开户通知书的样本可以参照表 5 - 3 所示。

表 5 - 3　开户通知书

开户通知书

新信用销售账户号码：

尊敬的先生/女士：

很高兴通知您，我们已经为贵公司开立了信用销售账户，账号号码见上。

运用该信用销售账户，贵公司可以享受 RMB　　　　的信用销售额度，如果您认为这一额度需要增加，请通知我公司，我们乐意就此事与您磋商。

我们的信用期限是接货确认后 30 天。希望贵公司如期付款，从而避免双方在供货方面的麻烦。

我们会尽力使发票和账单准确无误。如果有任何错误或失误出现，请及时通知我们。

> 需要特别说明的是我方对提前付款的客户实行现金折扣办法，即：××天内付款的客户给予×%的现金折扣。
>
> 我将在几天之内再次打电话给您，了解您对我们的信用销售安排是否满意。
>
> 顺祝
>
> 商安！
>
> 信用经理：
>
> 日期： 年 月 日

表5-4为客户分类销售及回款金额管理月报的一个基本格式样本。信用管理人员可据此并结合其他相关资料掌握客户基本账户情况。

表5-4 客户分类销售及回款金额管理月报 月份： 年 月 日

客户名称	客户编号	负责人编号	商品编号	销售金额	折扣金额	毛利额	毛利率	回款金额	备 注

二、如何处理客户基本账户的变更

在建立客户基本账户之后，客户的一些信息如果发生变动，此时，信用管理人员必须对客户基本账户进行变更，以避免对企业经营带来意想不到的影响。

客户信息包括基本信息、财务信息和有关交易条件的信息。当客户基本信息变更时，客户方面会有正当合法授权的书面通知，只有本企业维护客户基本账户的人员才能够加以变更，并且这一变更通常符合一定的程序：首先收到客户正式通知后，由本企业分管该客户的业务员确认后，然后经过信用管理人员的复核签字，维护人员才能实施变更。

当客户其他交易条件的信息变更时，则需要业务部门负责批准并申请办理，信用管理人员参与复核，客户信息维护人员负责进行数据的输出入。如销售单价的调整、交易范围的缩小或扩大、销售性质的变化、客户归类变化等，都需要业务部门的相关授权人员做出修改，并有信用管理人员的参与复核。当涉及付款条件的变更时，比如信用额度、信用期限的变更或修改，则必须经过信用管理部门或信用职能人员审核批准；依据所批准的内容再对客户账户的付款条件做出相应变更、修改客户账户。需要注意的是，在实际订单操作和账期的监控要求方面，信用管理部门应当做出进一步明确是否按照变更前后的订单分别执行并管理，如果双方事先有其他约定，则按约定执行。

如果客户的基本情况发生股权变更、公司更名、业务转型等重大变更，信用管理人员应该详细评估客户基本情况的变更是否对本公司与客户业已存在的债权债务关系产生影响。如果存在影响，就需要立即向对方提出交涉，并采取有效的风险防范措施，分散和转移风险。当前，大多数企业所采取的具备一定必要性和可行性的做法有：对变更内容和合同条款的核实；对双方债权债务关系的重新确认；信用额度和结算条件是否变更的协商等。企业应该避免客户基本状况发生重大变更后，找不到具体负责履行义务的债务人这种情况的出现，并在实践中明确债务人如何履行义务。

如有信用额度的变更问题，可参照表5-5进行控制。

表5-5　变更信用额度申请表

赊销商品名称		业　务　员	
		申请日期	
客　户　名		负　责　人	
地　　址		电　　话	

续表

开始交易的年月		某某年上半年月平均业绩	
原信用 额度办法			
拟变更信用 额度办法			
信用管理 科审查			
信用部 经理批示			

三、客户交易合同和订单的信用管理

交易合同和订单的管理是信用管理部门监控客户信用风险的另一个重要环节。信用管理人员和销售人员必须共同参与和制定信用结算条款的交易合同，从最初的谈判意向到最终的交易达成。一旦一项交易涉及信用条件，销售代表就必须得到事先的信用管理部门的授权，才能够对外公布，不能够自行决定某一客户的信用销售条件。

（一）明确合同管理的基本流程

合同是市场经济的手段，是企业信用交易的重要载体。合同管理本身是一种交易活动，这种交易活动以合同形式为载体，为减少信息的不对称和降低交易中的不确定性，在各种合同行为的过程中，进行的一系列活动方式。它是现代企业制度的一个重要管理内容，构成了信用管理的基础。

从加强信用管理角度讲，合同管理主要包括以下几个方面内容：文本，授权委托和专用章，签订审批，担保，履行，变更、转让和解除，档案和纠纷管理。

合同全程管理一般可按照下图中的基本程序进行，各企业可以根据自身的合同管理特点，并针对需加强信用管理的环节进行相应调整。

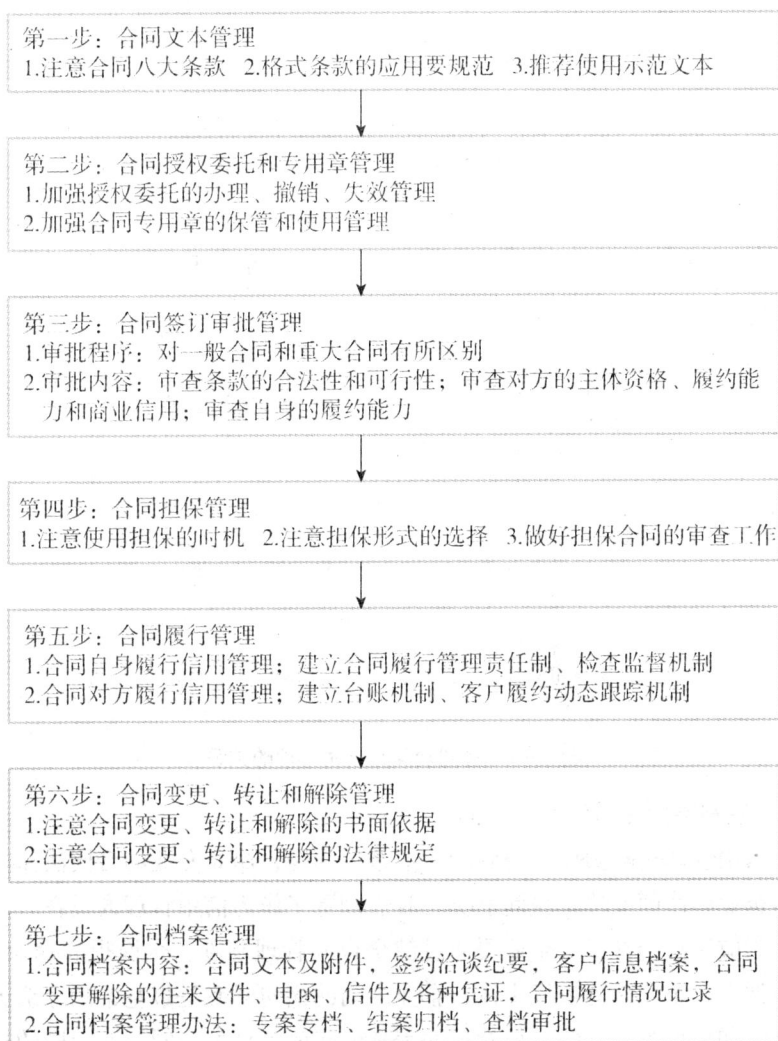

第一步：合同文本管理
1.注意合同八大条款 2.格式条款的应用要规范 3.推荐使用示范文本

第二步：合同授权委托和专用章管理
1.加强授权委托的办理、撤销、失效管理
2.加强合同专用章的保管和使用管理

第三步：合同签订审批管理
1.审批程序：对一般合同和重大合同有所区别
2.审批内容：审查条款的合法性和可行性；审查对方的主体资格、履约能力和商业信用；审查自身的履约能力

第四步：合同担保管理
1.注意使用担保的时机 2.注意担保形式的选择 3.做好担保合同的审查工作

第五步：合同履行管理
1.合同自身履行信用管理：建立合同履行管理责任制、检查监督机制
2.合同对方履行信用管理：建立台账机制、客户履约动态跟踪机制

第六步：合同变更、转让和解除管理
1.注意合同变更、转让和解除的书面依据
2.注意合同变更、转让和解除的法律规定

第七步：合同档案管理
1.合同档案内容：合同文本及附件，签约洽谈纪要，客户信息档案，合同变更解除的往来文件、电函、信件及各种凭证，合同履行情况记录
2.合同档案管理办法：专案专档、结案归档、查档审批

图5-1 合同管理基本程序流程

（二）处理好合同管理与信用管理的关系

合同管理属于信用管理的基础和主线，合同管理作为一条主线，始终贯穿于企业信用管理的始终，包括信用管理中的事前防范、事中监控和事后处理。可参照图5-2处理合同管理与信用管理的关系。

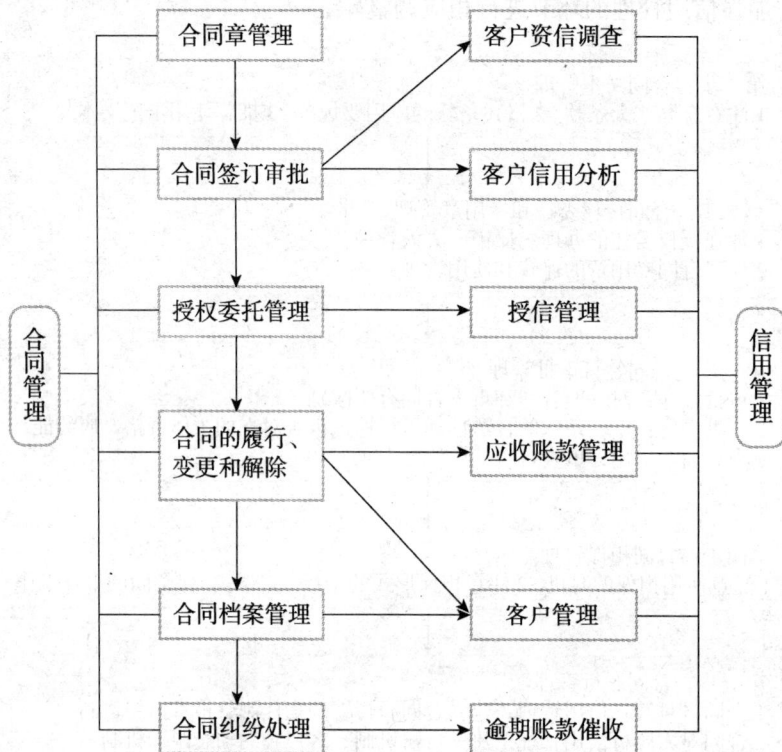

图 5-2　合同管理与信用管理的关系

（三）如何鉴别不同性质的交易合同

　　下面讨论信用管理实际操作中遇到的一般常见问题，而非专业的合同法律问题，专业的法律问题留给企业的律师或法律顾问解决。我们侧重于作为信用管理人员在合同签订和履约过程中风险控制应注意的常识。企业要通过健全合同管理制度，全面提高企业合同履约率。在市场经济条件下，企业作为市场主体，企业之间的横向联系是最基本的经济关系，这种横向联系是以契约和信用为基础的，最常见的表现形式就是订立合同，而合同的执行率、履约率被视为衡量企业信用的一个基本依据。企业法律顾问通过参加合同谈判、参与合同起草、审查合同条文、监督合同履行等企业合同的全过程管理，强化企业的合同信用，同时通过对企业合同的审查，防范企业合同风险。

★ **案例 5-1**

2008 年 7 月，远达贸易公司将盖有本单位公章的空白合同书交给韩某，委托他购买建材。同年 8 月 10 日，韩某用该空白合同书与佳丽服装厂签订了购买 500 套运动服的购销（买卖）合同，货款总额为 26 500 元，合同规定货到后 15 天内付款。韩某将签好的合同带回交给远达贸易公司经理，经理对此合同未置可否。2008 年 8 月 25 日，佳丽服装厂将 500 套运动服如数运至远达贸易公司，远达贸易公司经验收后陆续出售。因付款期限已过，未见远达贸易公司付款，佳丽服装厂电话通知远达贸易公司支付货款，而该公司以韩某超越代理权限与佳丽服装厂签订合同为由拒付货款。请分析：

（1）本合同是否完整合法？哪一方属于违反企业信用的一方？

（2）货款最终应由哪方支付？

（3）信用监控中应注意合同管理的哪些细节？

分析提示：

（1）不完整。完整的销售合同包含了几乎所有业务往来的信息。包括：交易品种、数量、单价、运输方式、交付方式与时间、付款条件、开具发票等信息。本例中远达贸易公司与佳丽服装厂签订的空白合同实属于无效合同，是不合法的。但是，由于远达贸易公司在佳丽服装厂运到货物后，非但未予拒绝，反而验收后出售，事实上属于违反企业信用的一方。

（2）货款最终应由远达贸易公司付给佳丽服装厂货款 26 500 元以及逾期付款利息。

（3）以上案例显然涉及合同管理的细节。尽管实际工作中，不同类型和不同性质的交易合同五花八门，但是，以下一些常见要点还是必须高度重视的：①明确合同双方当事人的签约资格；②合同条款要求具体详细、协调一致；③合同要明确规定双方应承担的义务、违约的责任；④一定在签约前明确当事人的真实法律身份；⑤只有具备独立法人资格的企业以及事业单位、政府机构有独立签约资格；⑥必须有代表有效法律身份的三个章：公司公章、合同专用章、财务专用章。

总之，千万不要轻视合同的规范性和完整性。

（资料来源：信工委 2009 年信用管理师培训资料）

对不同类型和不同性质的交易合同而言，随其类型和性质的不同，信用交易合同和随之产生的不同的应收账款的具体跟踪管理措施是不同的，应该做到具体情况具体分析。总体上，我们应该从以下角度作出分析鉴别。

1. 信用期限不同的信用交易合同

对信用交易合同而言，可以采取不同的信用期限。不同信用期限的信用交易合同，其风险是不同的，这就需要信用管理人员必须对合同进行区别对待，以控制风险，提高收益。

（1）月清方式。月清方式是指在合同约定期限内，交易双方以每个月的某个固定的日期作为付款日，对在约定的信用期限内所发生的交易产生的赊销账款一次性的结付清零，不管是否完全用完所批准的信用额度。如果客户双方的交易较为零星、分散频繁，则采用月清方式较为合适。应该注意，采用月清方式，其信用期限仍然可长可短，但最长一般不超过30天，并且月清日期一般在月初、月中或月末。

在确定客户的月清日期时，企业的信用管理部门所考虑的主要有以下几个因素：本企业与本企业的供货商、客户与它的客户、客户对外支付的方式、日期等内容。换句话说，企业之间的付款制度在一定程度上影响客户的月清日期。

交易双方在达成交易的基础上，首先应该决定是否采取月清方式，一旦决定采取这一方式，必须决定月清日期是每月的哪一天。具体而言，双方一般决定的月清方式是指在发货后的30天内月清（发货后30天以内结清货款），特殊情况下，可以是30天结清、60天结清、90天结清。

当客户的应收账款采取月结方式结清时，在交易合同中必须用严谨的语言准确、真实地描述，以避免产生歧义，影响经济交易。并且对应收账款的管理，应该采取格式化的方式，每月在固定时间向客户发出对账单，主动提醒客户按时付款。在对账单中，本企业应该列示以下基本内容：对账期间的所有发货凭证单号或发票号，对应的凭证开立日期、计价币种和具体金额，账目是否超期、具体超期天数等。此外，客户接收到对账单后，可能会有一些疑问，故本企业应该注明具体的联系方式和联系人员，以便解决问题，迅捷、快速地结清货款。

表5-6是月清对账单的一个格式样本。

表5-6　月清对账单

自：××××有限公司 致：××客户公司名称 客户公司地址：	对账清单
	日期： ××年××月××日 我们的会计人员：×× 电话： 传真： 您与我公司的往来账户代码：××××××

以下为贵公司××年××月1日到××年××月××日在我公司未付货款的对账单（提示注意：这里的年份、月份）

凭证号码	凭证日期	凭证类型	货币	金额	至××年××月××日超期天数
结转上月余额	××. ××.01				0.000
凭证号码	××.××.a.	注明买方	货币单位	数额A	0
凭证号码	××.××.b.	注明买方	货币单位	数额B	0
凭证号码	××.××.c.	注明买方	货币单位	数额C	0
凭证号码	××.××.d.	注明买方	货币单位	数额D	0
凭证号码	××.××.e.	注明买方	货币单位	数额……	0

当前日期：××.××.××.　总计到期款额：　　货币单位A+B+C+D+……

请贵公司核对后在本对账单上加盖贵公司公章，对本对账单予以确认后付款，并将本单据传真至我公司财务部（传真号：××××××）。

如有任何问题，请尽快与我公司会计人员联系。

（2）信用期限固定。信用期限固定是指企业约定某一特定日期为基准日，自该日期起的若干天之内到期结款。常见表述一般是"……起……天之内结清货款"。如果交易双方的交易并不频繁，金额较大，且客户获得商品供应后需要进行加工或者一段时间进行周转的交易。通过这种固定的信用期限，可以为客户提供一定程度的便利，满足其对赊销期限的要求，从而促进交易。

这种固定信用期限的客户的监管，不需要频繁的监控，但也应该掌握客户的一些异常状况，尤其是在经济萧条时期更应注意客户的经营状况，以避免客户将本企业拉入泥潭。企业可能既有不定期的零星交易的客户，又有固定信用期限的客户，如果企业没有自动提前提示账款到期的预警系统，为保证信用期限管理的有效性，企业应该对有不良信用记录的企业、交易金额较大的客户或者有特殊要求的客户，提前发出对账单，要求对方按时付款。只是发出对账单的日期应该做到不迟不早，过早可能仍会造成客户的疏忽，过迟可能影响客户的安排，引起账款支付延迟。固定信用期限的对账单与月清对账单的格式类似，应该提示的内容也是类似的，以下表5-7为一个样本。需要注意的是，其发送日期是要早于到期账款日期的，只有这样，才能够便于客户核对并安排按时付款。

表5-7 信用期限固定的对账通知单

自：××××有限公司 致：客户公司名称 客户公司地址：	对账清单 日期： ××年××月××日 我们的会计人员：×× 电话： 传真： 您与我公司的往来账户代码：××××××

以下为贵公司××年××月1日到××年××月××日在我公司未付货款的对账单（提示注意：这里的年份、月份）

凭证号码	××.××.a.	注明买方	货币单位	净到期日	数额A	订单号码
凭证号码	××.××.b.	注明买方	货币单位	净到期日	数额B	订单号码
凭证号码	××.××.c.	注明买方	货币单位	净到期日	数额C	订单号码
凭证号码	××.××.d.	注明买方	货币单位	净到期日	数额D	订单号码
凭证号码	××.××.e.	注明买方	货币单位	净到期日	数额……	订单号码

当前日期：××.××.××.　　总计到期款额：货币单位　　数额A+B+C+D+……

请贵公司核对后在本对账单上加盖贵公司公章，对本对账单予以确认后付款，并将本单据传真至我公司财务部（传真号：××××××）。

如有任何问题，请尽快与我公司会计人员联系。

2. 如何审核不同交货方式的信用交易合同

交易达成以后，从交货方式上看，合同常常会有一些限制性的要求，包括要求整批发货、允许分批发货、限定分段发货或允许缺件发货。另外，对于供货方如果不能按照合同约定达成交易，如何进行惩罚也会有一些具体的措施。必须注意，这些措施应该在合同中作出具体的规定，以免在交易的过程中造成争执乃至于诉讼。

具体而言，企业在与客户的合同中约定发货后结清货款日期的语句时，必须避免事后产生歧义，防止客户事后提出在货物到货后的若干天内进行付款，甚至在分批发货时要求按最后一次收到货物的发货日起计算付款期限。一般而言，企业应该在合同中具体作出如下规定："每批发货的发货日后的若干天内应结清该批货物的全部货款金额。"避免客户进行借题发挥，寻找各种借口，按照对其有利的方式进行付款。

从这里，我们可以看出，信用管理人员的一个重要工作，就是对合同中的许多细节性问题进行审查，其中，对交货方式的审查是值得关注的细节性问题之一。此外，当执行合同时，信用管理人员也应该对本企业的配货、发货部门进行协调和监督，防止出现纰漏。

需要注意，有一些合同规定发货是分批、分期进行的，如果货款的回收也是按比例进行的，此时，更需要信用管理人员在监控交易中发挥作用。例如，当前批货物的款项尚未回收时，信用管理人员就应该注意了，此时，应该提醒发货部门对发货进行控制，以有效防止恶意拖欠货款，避免延迟付款的恶化趋势形成。

3. 如何识别不同种类的交易合同

对合同而言，有不同的分类方法，合同类型不同，所涉及的条款就有所不同，所以企业内部针对各种业务会产生不同版本和文本内容的格式合同，经过企业内部审核后，供各个业务部门选用。

按《合同法》规定可将部分合同分为 15 类：买卖合同；供用电、水、气、热力合同；赠与合同；借款合同；租赁合同；融资租赁合同；承揽合同；建设工程合同；运输合同；技术合同；保管合同；仓储合同；委托合同；行纪合同；居间合同。

其他分类方法有：按照是否依据国家有关计划签订，分为计划与非计划合同；按照是否相互负有义务，分为双务合同与单务合同；按照当事人意思表示一致即可成立还是必须交付标的物或者其他给付义务才可成立的合同，分为诺成合同与实践合同；按照能否独立存在，可分为主合同与从合同；按照是否有偿，分为有偿合同与无偿合同；按照法律要求是否必须具备一定形式和手续，分为要式合同与不要式合同；按照业务性质，划分为销售合同、服务合同、租赁合同、系统集成合同、工程安装承包合同等；按照采购内容，划分为一般产品的采购、供货合同与成套设备采购、供货合同；按照约定时效，划分为常年合作合同与一次性交易合同；按照地域或境内外，可划分为进出口外贸合同与内贸合同。

此外还可以分为：为订约人自己订立的合同与为第三人的利益订立的合同；总合同、分合同；一般转移财产的合同、工作性合同、劳务合同。

信用管理人员对于合同的格式、内容以及一些关键性条款必须充分的了解，尤其是涉及付款方式、金额，法律管辖条款以及争议解决条款等，更是应该加以特别注意。一般产品的采购合同，其条款较为简单，所以可以采用大家都能接受的格式文本。但对于成套设备采购供货合同，则条款复杂，需要对合同的所有细节都要面面俱到的作出详细规定，甚至对于合同中的名词的含义都要专门加以注释和进行定义，以避免发生争执，影响交易。

4. 如何审查和对待不同类型客户的信用交易合同

当前，在合同管理中，为了对不同类型的客户实施有效管理，信用管理人员应该能够辨析客户类别。在实际的市场销售过程中，企业可以针对不同类型的客户，实施不同的商业销售策略，并分配给不同类型客户不同的信用政策。这样，对不同类型的信用客户，必须关注其业务经营情况，避免出现问题。与同一类别客户所签订的合同和所提供的各种产品服务体现对客户实行分类管理的商务政策。

按照不同的分类标准，有不同的客户类别。按照渠道可分为：代理商、分销商、批发商、零售商、大型商业连锁店或大型专业卖场等；按照业务类别可分为：配套厂商或成套厂商、中间加工厂商、系统集成商、系统运营商、原始设备制造商（Original Equipment Manufacturer, OEM）、工业用户、最终用户、项目开发商、工程总承包商、工程分承包商、建筑公司、安装公司等。客户类别的不同，其交易合同有所不同，信用管理人员必须对此进行区别对待，进行相应的审查和管理。

信用管理人员要特别注意对以下几种比较常见和重要客户类型的信用交易合同进行审查和管理。

（1）如何审查和对待代理商或分销商。代理商是指在生产厂家的授权之下，销售某种产品，这种产品仍然归厂家所有，代理商只是按照卖出商品的价值从中收取报酬。分销商则是指买断商品，此时，产品归分销商所有，通过买卖产品的价差获得利润。作为供货企业实现产品销售的重要渠道，这两种方式越来越受到重视。

信用管理人员对代理商和分销商的管理，是从资质审查开始的，只有具备一定的合作条件，并具备一定的资格的企业，才能够获得本企业产品的经销权。随后，双方签订的合作协议中，会明确规定交易条件，如是否采用信用销售，如果采用，要规定信用额度、付款期限、违约的解决机制等。这些交易条件是信用管理人员在管理中的一个重要任务，信用人员必须认真审查，保证各种协议的合法有效，并保管好交易的凭证。

　　除此之外，信用人员必须认真了解这一类客户分销业务的模式，了解企业的相关政策和规定，以及企业从分销中能够获得的收益，分销商的收益等，从而能够更好地对信用赊销实施更好地监控。相比较而言，信用管理人员对代理商的管理是更为复杂和烦琐的，原因在于他们需要对代理商的经营进行监控：到代理商处监控其销售数量、库存数量和价值，确保及时结算，回收货款。

　　（2）如何审查和对待成套商或系统集成商。成套商或系统集成商对用户所使用的产品有一定的甚至相当大的影响力，为本企业的产品销售考虑，企业的客户若是成套商或系统集成商时，则企业应该有针对性地积极与之建立合作伙伴关系并给予各种营销支持，包括信用交易条件的支持，以进入特定的市场销售。由成套商或系统集成商进行安装后，用户使用本企业的产品，所以信用管理人员在这一过程中的管理是针对信用交易条件的，一方面要管理成套商或系统集成商，另一方面也要管理用户，避免交易过程中产生损失。

　　（3）如何审查和对待 OEM 或工业用户。实际上就是本企业采购外部厂商提供的某些元器件作为其产品的原材料或组装材料，经过自己的技术和创新，加工生产出各种产品。有时，供应商的产品往往销售给一些工业用户，这些工业用户拥有一定规模的厂房设备，甚至拥有自己的专有技术、品牌，或者能够利用某种成熟的技术，加工制造并提供给市场直至消费者各种各样的产品或消费品。由于 OEM 或工业用户的特殊地位，他们在商品交易过程中，供应商经常会提供一些信用条件。

　　需要注意的是，由于 OEM 或工业用户从供应商那里采购元器件的比例不同，双方交易地位是不对等的。如果他们只能采购一家供应商的产品，则这家供应商的地位就是强势的；反之，如果他们可以从多家供应商那里采购商品，则这些供应商的地位就是弱势的。供应商的地位不同，其达成交易中的信用条件就会不同。强势的供应商可以获得较好的交易条件，弱势的供应商获得较差的交易条件。弱势的供应商可能被要求提供最好的服务，超常的信用期限，并且在账期的定义上往往会必须按照对方的内部流程来安排，并不认可实际协议载明或公认的定义。例如，OEM 用户从供应商那里获得产品后，可能直到验货入库才确认单据，并计算信用账期，此时，就会超出协议书中所载明的"发货日起 30 天付款"中的信用账期。

　　信用管理人员要仔细甄别和监控与 OEM 或工业用户的交易，认真按照业务流程操作，并不断与客户沟通，促进客户的付款速度，尽量解决客户的各种合理要求，并避免与客户发生冲突。

　　（4）如何审查和对待最终用户。最终用户对生产企业的产品采购很可能是一次性的，一段时间内的重复采购是比较少的。作为产品的使用者，对产品的品质和厂家的服务要求比较挑剔，而且其评价也会影响生产企业在市场上的地位。因此，企业应该尽量满足最终用户的各种合理要求，做到供货及时，售后服务良好，保质保量，影响用户对本企业产品的评价，从而口口相传，提高在市场上的影响。特殊情况下，企业可能对最终用户提供资金融通，此时，意味着两者之间的交易是信用交易。

一旦双方采取了信用交易，则必须注意协议中的信用条款是对实际操作有无差异或影响。如合同中对产品质量和售后服务条款的规定可能对付款造成影响，客户的验收、安装进程同样会影响付款，导致不能实现合同中约定的信用账期。

在以上客户类型中，一般而言，对代理商和分销商的监控较为严格，一旦发生拖欠，则会导致严格的信用管理措施和惩罚；对 OEM、工业用户和最终用户的管理则较为宽松，即便出现暂时的延迟付款，企业也不会采取严格的措施，而是继续和这些用户进行交易。对其他类型的客户的监控，则处于这两者之间，企业在用户不能按照合同约定付款时，采取的措施更多的是根据买卖双方的信赖程度来定。

思考 5 - 1：你能分析回答以下七个问题吗？

（1）在什么情形下合同无效？（2）以欺诈和胁迫方式签订的合同有效吗？（3）什么情况下合同可以撤销？（4）违约金约定的越高越好吗？（5）何时提出验收和质量异议？（6）合同语言是否需要表达准确？（7）应该如何编制和修订标准合同？

（四）如何处理单据管理和信用监控的关系

单据包括：客户订单、发货通知书、委托运输的确认书、保险单、客户收货确认书、远期票据、往来对账单和其他未完结业务应当留存的票据。单据管理的重要性在于当我们的债权利益受到侵害时可以作为有力的证据，并可以防患于未然，提高追偿债务的效率，所以是交易中信用监控的重要工作。单据管理和信用监控的关系在于：通过对交易单据规范性、完整性及一致性的确认，可及时发现信用交易中的问题和隐患，以便采取必要的防范措施加以控制。交易单据的完整性至少应该包括：合同或订单，客户收货时的有效签收证明以及发票底联。其中，合同或订单是证明交易发生法定依据；客户收货确认书是履行合同义务的主要依据，同时又是主张债权时的强有力证明；发票底联则是财务处理环节中的有效证据；此外，有时也应考虑公司内部使用的各种管理单据。

⭐ **案例 5-2**

某制药公司客户资信评估表

客户名称	A B C	信用额度：	RMB196 000.00
		付款期限：	60 天

与该客户签订的购销合同

客户名称	A B C	购货金额：	￥234 800.00
		付款期限：	90 天

可见，实际交易中的赊销期限比评估赊销期限长，不管什么原因，都绝对令该笔款项造成拖欠。你作为信用管理人员，请说明如何处理好合同管理与信用管理的关系以及如何鉴别各种不同性质的交易合同以避免这种情况发生？（300 字左右）

单据管理的重点是客户订单管理，客户订单管理是根据客户的需求和实际情况来组织货源实现合理配置、销售产品，是以市场为导向，最大化地满足客户的合理性需求的一系列措施和方法。经过信用管理人员批准的信用额度应当录入客户的信用账户，超过信用额度的订单或者发货都应该被阻止。特殊情况下，信用管理人员有权作出符合企业利益的选择，并应该报经公司高层管理人员批准。

1. 如何处理订单与信用额度占用的关系

信用管理学者常将客户订单值和信用额度占用之间的关系，划分为以下两种口径：

（1）商业风险（Commercial Risk）或称合同义务风险（Commitments Risk）

　　　商业风险 = 已接纳的订单（订单 + 待发货物）+ 应收账款 - 预收货款

按照这一公式核算下来的客户信用额度，包括三个方面的内容：已经发货形成的应收账款金额、已经确认接纳的订单、正在备货待发的订单。

（2）财务风险（Financial Risk）

$$财务风险 = 应收账款$$

与前面的商业风险相比，这一核算公式仅仅包含已经发货形成的应收账款金额，而没有包括已经接纳的订单和正在备货的客户订单，这意味着企业并没有考虑其对该客户的其他投入和承诺。按照这一定义，企业可以一直发货到客户的信用额度用完。但问题是，对于同一个客户，企业往往还有一定量的订单正在备货或待发，若这部分投入不计入客户信用额度内，万一客户要求取消尚未发货的订单，在某些情况下，可能给企业造成一定损失。不过，我们可以看出，财务风险核算信用额度更为宽松，商业风险的口径则偏紧。

通常情况下，对于中等及以上风险级别的客户，企业应该采取商业风险核算口径；对较低风险的客户在采购标准产品时可以采用财务风险核算口径，这样可以在一定程度上分散企业取消尚未发货订单的风险。

2. 如何管理客户订单

客户订单管理的复杂性、烦琐性和专业性要求信用管理人员要具备高素质和严谨性。信用管理人员必须具备丰富的专业知识，并严格按照业务操作流程来处理客户的订单。通常情况下，客户订单处理步骤如下：

（1）如何接受和录入客户订单

在客户与企业交易过程中，信用管理人员必须对客户资信状况进行全面调查，并依据本企业的信用政策对客户进行客观公正的评价，给予合理的信用额度和信用期限。由于不同类别的客户被给予的信用额度使用方式是不一致的，信用管理人员在接受和录入客户订单时，必须对订单进行认真地复核，并登记主要信息：货品标的、数量、金额，见表5-8。

表5-8　一般订单录入登记表

合同编号	客户名称	合同类型	签约时间	货物标的	合同数量	货物单价	合同金额	履约地点	履约方式	约定履约时间	实际履约时间	合同变更、解除情况	经办人

信用管理人员必须仔细核对，避免订单中可能存在的不合理条款，尽可能降低企业的风险。

（2）如何识别客户的不同风险级别

核算客户下达订单的信用额度，需要确定按照何种"口径"或尺度去衡量和把关，这就有必要清楚了解和区别企业对信用客户所规定的风险级别、各个级别的定义和核算口径，再结合信用交易的信用条件，准确选择并设定客户的风险级别，以保证运营系统自动监控和执行，同时便于订单管理人员遵照系统的提示进行订单和发货操作。

对于订单处理，我们可以设定为五种风险级别，依次从最低风险级别、较低风险级别、中等风险级别、较高风险级别直到最高风险级别。

其中，最低风险级别主要针对本企业集团内部的各个采购账户，如各子公司或者行政单位，建立账户时需要将结算方式和信用额度确立，即可按照内部结算的流程自动运行，到期结款。

较低风险级别则针对业务往来密切、合作时间比较长久并且信用评级较高的信用客户，这些客户很少出现延迟付款，当企业提供信用额度给客户时，不容易发生拖欠。此时，可以给予客户的订单一些优惠待遇，特殊情况下可以使所批准的信用额度全部用于发货，以支持本企业与这一级别客户的交易。

中等风险级别则主要是指那些有风险、在一定情况下可能会造成损失的客户，这些客户的风险程度相对较低，只是在偶尔情况下才会失控，但相对于企业的收益而言，这种风险并不是很大。企业的信用风险监控的重点管理领域就是针对这些客户，应该进行实时监控，尽量避免给予客户较高的信用额度。

较高风险级别则针对那些风险很大的客户，这些客户非常有可能造成损失。对于这些客户，企业会要求其采取付款提货的方式进行结算。特殊情况下，高级管理人员可以授予客户一次性的信用额度。新客户就属于这一级别，所谓新客户就是指刚刚与本企业进行第一次交易而没有办法辨别其风险的客户。对于新客户，由于信用管理人员还没有评出其信用等级，也没有给予其信用额度，所以一般不能进行信用交易，而应该是现金付款交易。

最高风险级别指的是那些风险已经显现出来的客户。对于这些客户，应该采用最苛刻的付款条件，如款到发货，或者预付部分货款或者定金才接纳订单，而备好货物后需付清余款才发货。最高风险级别的客户主要有企业客户黑名单中的客户、发生退票的客户、有过两次以上确认付款却又从银行撤回付款申请行为的客户、有不良名声或业务经营出现问题的客户以及要求定制产品并且交货期不能确定的客户。这些客户很容易给企业造成不可挽回的损失，所以企业应该对它们按照最高风险级别对待。

3. 处理客户订单过程中的注意问题

（1）处理客户订单过程中，第一个需要考虑风险级别的定义，必须综合考虑如何区别客户的风险并加以优化，保证订单录入顺畅（参照表5-9）。

表5-9　风险级别不同客户的订单和发货处理

风险级别	核算订单	核算应收账款	订单阻拦	发货阻拦
最低风险	否	否	否	否
较低风险	否/核算	核算	否	是
中等风险	核算	核算	否	是
高风险	核算	核算	是	是
新客户	核算	核算	是	是

其中，企业需要考虑接受订单后直到企业发货所需要的时间，在这段时间中，客户可能退单或者退单造成企业损失。因此，需要考虑对同一个客户的所有订单是否设置限额，客户的信用额度和信用账期的水平。在一定情况下，企业可以调整自己对风险级别的定义，与客户共同承担市场上的风险。

（2）信用管理人员在审核订单时，必须保持严谨的态度。对文件中的有利条款和不利条款进行严格审核，确保买方没有把其给出的购买条件放入某个文件的背面。在审核订单时，信用管理人员尤其需要注意订单背面的购买条件，而这些条件通常对购买方是极其有利的。所以，信用管理人员应该注意坚持一个原则：所有信息都包括在订单里。但问题是，有时购买方在订单的背面打印购买条款，而且字体非常小，颜色浅而难以辨认。

（五）单据和合同管理的注意问题

1. 发票的管理

发票是重要的记账凭证，付款人往往会以发票遗失作为拒付的理由，所以需要对发票进行有效管理；邮寄发票必须使用中国邮政快递服务或挂号信；如果是直接交给对方，需要收票人签收；对于开出的发票要做好登记，方便随时查阅。

2. 收货单管理

收货单是证明卖方按照合同约定履行义务的重要证明，是保障债权的重要依据。收货单必须注意以下各项：收货单是与合同匹配的单据；收货单一定要由对方签署，最好使用签收印章；收货签章人最好能在合同里指定；必须清楚列明货品名称、批次及金额；最好有营销人员的联系电话。

3. 对账单管理

对账单是保障债权的重要依据。对账单必须注意以下各项：对账单一定要有对账的功能，必须要求对方确认；对账单是一个注明结余的单据；对账单也是一个显示一段时间内货款的清单；必须清楚列明应付及尚欠金额；必须有联系电话；最好在背面写上合同付款条文；定时确认每一时间段业务的具体金额；及时提醒客户付款。总之，对账单是强有力的债权证明，也是中断、延长诉讼时效的法律文件，必须重视其管理上的每个细节。

图 5－3 是应收账款月对账单的一般格式。

对账单

客户名称:ABC　　　　　　　　　　　　　　公司名称:

地址:　　　　　　对账单编号:　　　　　　地址:

客户编号:　　　　发出日期:　　　　　　　电话:

日期	发票编号	金额	积累金额	是否过期

总结欠：　　　　　　　　期内：

期内即付	已过期				(2+3+4+5)
	30天(2)	60天(3)	90天(4)	120天(5)	

如有拖欠，我们将保留收取利息的权利，多谢合作！

1. 此月结单的截止日期为上述发出日期.
2. 如有疏漏，请于发单后十四日内提出.否则视为正确并得到默认！

图 5－3　应收账款月对账单

4. 授权书管理的注意事项

合同签订方与收货方名称不符，需要合同签订方签署授权书指定由收货方签收货物，方为有效；发票抬头与合同签订方不符，需要合同签订方签署授权书要求指定发票抬头；合同签订方与实际付款方不符，需要实际付款方出具证明文件给收款方，说明款项缘由；集团采购订单，需要实际付款方出具证明文件给收款方，说明款项缘由；购买方要求指定物流公司代收货物的，需要购买方签署授权书指定物流公司代收等。

5. 停货名单管理的注意事项

当客户的拖欠超过期限后，应停止供货，但必须小心行事；恰当地实施，可减少风险，否则会破坏客户关系。运作流程：信用管理部经理准备长期拖欠的客户名单；要求负责的追账员详细解释情况，将客户分为大客户、可理解、不合作三类；信用管理部、销售部、财务部等部门经理开会，确定停止供货名单；发函通知停止供货的客户，并要求其合作；通知储运部及相应的销售员、追账员。停货名单格式见表 5－10：

表 5 - 10 停货名单

客户名称	拖欠金额	拖欠天数	销售员	追账员	核准人
A	50 000	102	X	K	签名
B	30 000	150	X	K	签名
C	28 500	145	Y	P	签名
D	16 800	136	Z	F	签名
合计	125 300	共：4 家客户			
以上停止供货名单，必须自发布日起严格执行。					

6. 票据和合同管理的期限

当进入合同执行阶段时，企业的销售人员可以不再密切跟踪，但信用管理人员仍需继续保持密切关注合同的执行情况，掌握交货和履约的情况，从而掌握对未来收款的可能影响，在适时情况下采取必要措施去协调处理，维护企业的权益。在对合同和订单的管理中，信用管理人员应该明确自身存在对于企业的意义，在于确保企业维护自己的合法权益，保证企业内部各种凭证具有具体的保管责任人，采取合理的保管方式等。

当客户没有特殊要求，且客户采取先付款后发货的交易方式时，企业对交易档案的保管期可以相对较短。但如果企业与客户采取了信用交易方式时，信用管理人员应该将客户的一些转为特殊信用交易的书面申请和付款承诺，作为补充文件交由信用管理部门加以保管，直至全额收回应收账款。

思考 5 - 2：对客户交易合同和单据的管理包括哪些要点？请以客户交易合同和订单为例说明其信用监控的意义。

四、发货与库存中的信用监控

（一）如何处好发货程序与信用监控的关系

企业采取赊销的方式进行销售时，其主要目的在于促进产品销售，但信用赊销在提供了便利的同时也为企业带来了一些问题：经营成本上升、经营风险增加和经营效率降低。为了尽可能避免这些问题，必须加强对赊销的管理，其中，对发货程序进行管理是重要的一个环节。在发货流程中，所有必要的手续，如购货确认书、发货通知书、运单及收货确认书等必须完备，并有必要的审批手续。

1. 发货流程

信用监控需要关注发货流程内部控制的各个关键点，尤其是发货单和各联次的用途在这一在发货流程的重要作用。

（1）在授权批准控制方面，仓库发货人员必须经过销售部门事先批准才能发货；接到"发货单"时，应认真复核，依据产品规格及发货单编号顺序列档，明确其具体内容（若不明确，应及时反映给销售部门）。

（2）由销售部门开出"发货单"，一式6联，第1联"存根"由销售部门留存备查，并作为统计销售量的依据；第2联"发货联"交仓库，由仓库据以发货，并登记商品保管明细账；第3联交会计部门进行会计核算，据以登记有关账簿；第4联交给运输部门作为发运凭证；第5联交客户；第6联交门卫，据以对货物放行。

（3）货物按备货单备完后，还需要按车辆顺序进行二次分拣以便装车，并依据装车顺序按单排列。

（4）每单备货必须在外包装上详细写明发货地址、电话及取货人，以便发货。

（5）备货分拣完成以后，订单应做拣货单确认，并通知运输部门和发货人员，准备发货。

（6）仓库保管员、开具发货单的销售业务员、保安必须严格执行内部控制制度。按经过批准的发货单发货后，开具发货单的销售业务员必须对发货单进行编号，各项内容的记录应全面、完整，发货人员按照发货清单核对件数，记录货物装车过磅重量，与司机办理交接手续。保安应根据合格的"货物放行联"放行，并登记车辆号牌。

发货时可能存在两种情况：一种情况是企业负责运输，此时，企业须由运输部门和销售部门进行协调，将预计到达指定交货地点的时间通知客户，要求对方准备收货。另一种情况是客户自行运输货物，则需运输部门首先确认客户确为自行运输，并要求承运人在"成品交运单"上签字确认。

（7）装车完成后，司机应在出库单上写明车号、姓名，同时发货人员签字。司机按公司规定的运输路线与运输方式，办理托运手续，取回运单及有关凭证。发货人员将完整的出库单交给接单人员进行出库确认。

2. 如何进行发货过程中的信用监控

（1）在发货过程中实施信用内部控制。发货条件是重要的信用控制手段，企业对发货应该有严格的规定，并需事先告知客户，具体规定应包括三方面：其一，超过信用额度的客户订单需要审批，不能通过审批的要停止发货，直至客户付清欠款至信用额度以下为止；其二，应付款项超过信用期限一定时间的客户，后继订单须停止发货；其三，具有货款到账条件的发货指令应由财务部确认到款后发货。对不符合以上规定的客户，可考虑书面通知客户停止发货。

书面通知样式如图5-4：

尊敬的×××公司

×××女士/先生：

感谢贵公司××年××月××日第××号订单。

遗憾的是我们在您账目结清之前无法给您供货。目前，您账户上的欠款为　　元，应于××年××月××日结清。我们希望在7天内收到您的付款。现在我们正在为您备货，一旦收到您的款项我们将立即送货。

顺祝商安！

信用经理：

年　月　日

图5-4　书面通知样式图

需要注意的是，专门写信通知暂停供货不是明智之举，应在必要时（比如接到客户订单或催促客户付款时）提出。另外，信的主题是消极的，但语气应是积极的，传递给对方一个积极合作的形象，即我们正在备货，一旦对方补救了疏漏便可立即发货。

（2）在对发货过程中的信用进行监控时，信用管理人员必须掌握本企业的业务流程，产品生产和售后服务。包括生产产品的供应链、原材料的来源、生产所需时间、包装和运输的状况、发货和物流频率、库存水平以及从接纳订单到发货所需时间等，以便在这一业务流程中对客户信用额度的使用情况进行把握，避免出现客户对信用额度、信用账期等提出异议，甚至拖欠货款。

在与客户约定的交货条件中有以下几点需注意：其一，客户是否要求整单交货或分批交货；其二，货品的销售价格是否包括运费，也就是运费是不是由客户承担；如果是，那么应该如何收取。信用管理人员应该对此非常清楚。在实际交易过程中，企业最好将运费计入销售价格统一收取，这在一定程度上可以提高效率，减少不必要的麻烦和延误。

（二）如何处理好库存管理与信用监控的关系

库存管理是指对制造业或服务业生产、经营全过程的各种物品、产成品以及其他资源进行管理和控制，使其储备保持在经济合理的水平上。库存管理在保证企业生产、经营需求的前提下，使库存量经常保持在合理的水平上；同时能够使企业掌握库存量动态，适时、适量提出订货，避免超储或缺货；这一方面减少库存空间占用，降低库存总费用，另一方面控制库存资金占用，加速资金周转。由此，可以避免库存量过大或过少所导致的诸多问题：库存量过大会增加仓库面积和库存保管费用，从而提高产品成本，占用大量流动资金的同时也会造成产成品和原材料的有形损耗和无形损耗；库存量过小则会影响销售利润和企业信誉，造成生产系统原材料或其他物料供应不足，影响生产过程的正常进行，并提高订货成本。

信用管理人员应该明晰企业的物流管理尤其是产成品库存管理模式，了解其业务流程及功能，掌握库存的分类、库存管理的内容，了解产成品的范围以及其库存管理的方式、方法，知道企业的产成品的库存水平以及存货周转的规定，能够对本企业产品的销售情况有一个比较清晰的概念。在此基础上，信用管理人员在做出对客户订单或发货的选择时才能够有一个合理判断。

1. 从信用监控角度把握好准时发货

从信用监控的角度看，准时发货也是有必要的。如果供货方提前发货或者延迟发货，都会对客户造成不利影响。客户对发货的约定，是基于其自身利益所做的合理选择，并据此做了还款的资金安排。如果企业提前发货，则意味着信用账期的提前结束，还款日期也会提前，客户就很难实现提前支付；而发货延迟意味着这会影响客户的后续交易，客户很可能会受到其客户的惩罚，并因此承担着经济损失，为弥补损失，客户就会要求其供货企业赔偿损失。因此，无论是提前或是延后发货，都会对客户造成不利影响，为避免这些不利影响的出现，需要信用管理部门协调发货部门和运输部门尽可能做到准时发货。

信用管理部门对发货部门和运输部门进行协调时，需注意向这两个部门的管理人员解释清楚。因为在通常情况下，这两个部门的观点是为获得客户百分百的满意度，应该尽早发货，此外，尽早发货也降低了企业的库存压力。如果提前发货，而不是严格遵循客户对合同或者订单的约定，就很可能导致客户对付款期限的不认可，甚至引发争议乃至诉讼。

2. 分析客户延迟付款情况以酌情调整实际发货的状况和信用期限

信用管理人员应该提请发货和运输部门注意履行交货承诺，不能提前或者延迟交货。一旦出现这类问题，就必须积极与客户进行沟通协调，解决应收账款的收付问题。对于客户的延迟付款问题，在必要时可以改变实际发货的状况调整信用期限，并跟踪账款的回收进程，直至全额收回。对于客户延迟付款问题的沟通工作，可通过表5-11来分析记录沟通情况。

表5-11　客户延迟付款分析表

客户名称：　　　　　合同号：　　　　　编号：

1	对方尚未验收及对账
2	因推迟交货导致客户不满

3	货品质量存在问题（需核查是自身货品质量问题还是客户借口）
4	对方付款能力不足（需核查是客户付款能力恶化还是暂时资金周转困难）
5	客户管理漏洞（需核查是由于个别事务处理的疏忽还是内部控制链有问题）
6	货品过于庞大需分期付款
7	蓄意拖欠（如：对方有意不想付款等）
8	客户经营问题（如：销售状况恶化等）
9	交易手续不规范（如：交易之初未讲好付款条件等）
10	单据上的问题（如：对账单内容不符等）
11	客户不满（如：交易未能按照对方的希望或约定进行等）
12	两公司间的纠纷

业务人员：　　　　　　　　信用管理分析人员　　　　　　　日期：

3. 从信用监控角度处理常规发货和紧急发货

信用管理人员对于企业内部发货的常规安排和紧急发货的处理程序等，应该非常明确。对于一般情况下发货的节奏、发货的实际程序、客户对发货的满意度等都要了解。特殊情况下，当客户确实急需收到货物时，应该采取措施，优先满足重点客户的要求。

4. 从信用监控角度处理客户要求直发异地用户的要求

客户有时可能要求供货方将所订购的货物直接按照指定的要求发给其用户，而不是按照原来的协议发给客户自己。此时，信用管理部门的具体操作程序如下：信用客户可以提出书面申请，在申请报告中，客户应该详细说明变更事项以及变更理由，信用管理部门做出审核并批准之后，核实后勤的实施责任人并确实完成所有发货的程序，防止造成遗漏。对于客户的申请报告，客户应该签字盖章，作为交易变更的有效记录文件，入档保管。

5. 及时进行发货过程中的信用监控

信用管理人员可参照表5-12了解生产及发货进度，以便于及时进行发货过程中的信用监控。

表 5 – 12　生产及发货进度表

承办人员：

厂商	S/C No.	P/O No.	ITEM No.	品名规格	数量	箱数	材数	总材数	生产及发货进度							
									预计	实际	预计	实际	预计	实际	预计	实际
经理								业务科长								

思考 5 – 3： 库存和发货中的信用管理要点包括哪些？

五、如何进行记账环节的信用监控

许多企业中，信用管理人员还负责客户的付款收录、账款核销、开立发票等会计职责，但即便信用管理人员不负责这种工作，也应该了解这些工作对于提高客户满意度的重要性。一旦客户对企业的信用额度的使用、发票和货款的支付安排、对账单和催款函等很满意，则企业和客户的信用交易就会比较容易，能够完整准确地保持交易记录，如实反映账款金额和账龄信息，能够及时顺利地完成交易的账款回收。所以信用管理人员也有必要熟悉企业的会计规章制度，了解会计工作的业务流程，并清楚企业与客户的特殊约定，从而掌握会计工作的每一个步骤对信用交易的影响。

（一）处理好 COD 会计记账与信用监控的关系

通常情况下，当采用现款现货或者付款提货的交易方式时，供货方会在备好货物时通知客户付款提货，客户接到通知后会立即汇入款项并将附有汇款底单的传真发给供货方的财务部门，而供货方财会人员在核对订单的备货金额与汇款金额后，即可录入收货款，并通知后勤部门按照约定办理发送货物、办理运输等事项。信用管理人员在熟悉这种交易方式基础上，需要从信用监控角度做到以下两点：

1. 从信用监控角度制止或介入 COD 交易方式的变更

从信用监控角度看，财会人员要想接受客户对于 COD 交易方式的变更，必须经过信用管理人员的审核特批，才可以接受请求。信用管理人员要审批客户 COD 交易方式的转变请求，必须拥有客户的合法有效的书面申请及付款承诺，才能予以考虑。因为如果企业没有得到客户的申请和承诺，一旦允许了客户的临时信用请求，就意味着客户的交易条件已经发生变化，当客户不履行付款义务时，企业就不能正当主张、有效维护自己的债权。

2. 从信用监控角度处置 COD 交易方式的会计问题

一是当客户付款与企业发出的货物价值不符时，尤其是出现短少时，信用管理人员需配合企业会计人员与客户联系并加以核对或者确认，要求客户尽快补付短少的货款。二是如果客户急于提货，则应该由客户进行书面确认这一事实，并保证在约定的天数之内进行付款。这一书面确认即为相关的债权凭证，需要企业妥善保管，直至企业的货款全额收回。

（二）从信用监控角度了解信用交易的财会处理

对于某个客户产生的应收账款的回收和冲销账款的账务处理，企业的财会人员一般是按照优先冲抵的原则，每次收到款项时，冲抵日期最早的应收账款。企业和客户应该进行合作，及时对往来账目进行核对，并定期确认账目余额，防止由于账期过长、错过处理期限等原因造成的呆坏账。

信用管理人员应该注意了解客户对付款记账的特殊要求。对于客户的一些特殊要求，企业应该采取对应的具体措施来提高客户的满意度，保证账目的准确性，并且恰当及时地提醒客户按时付款，避免形成较长的逾期账款。

在具体的经营过程中，企业可能会开出错误的发票金额，这可能是因为客户对发票的单价、数量有争议，或者收货、验货有分歧，甚至是交易双方计价系统的技术问题造成的偏差。这时，客户一般不会主动通知供货方，为了避免其后的一系列麻烦问题，信用管理人员应该及时通知客户，澄清偏差，尽量及时解决这些问题。

（三）从信用监控角度协调与会计注销坏账的关系

对于企业的应收账款，信用管理人员应该使逾期账款的比例、计提坏账准备的比例、乃至注销坏账的数额都应该控制在最低水平，从而尽可能降低企业的风险、提高企业的利润。毕竟，如果企业的应收账款变成坏账，企业将会产生很大损失。

从信用监控的角度看企业的应收账款，信用管理人员应该筛选每个客户应收账款，对于那些没有希望追回的账户，应该列出名单，准备申请坏账注销。一般情况下，如果账户的所有者已经申请破产、停业倒闭、搬迁以及下落不明时，通常可以列入没有希望追回账款的名单。

但如果要申请注销坏账，信用管理人员应该证实自己已经尽了最大努力来回收账款，要有相应的证明文件来证明自己采取的措施以及为何这些措施仍然没有奏效的原因，比如一些委托第三方追账的协议书或者向司法机关主张债权的所有文件等。

所有附有上述支持文件的坏账注销申请，主要是向企业的管理层和外部审计部门及税务部门证实，本企业已经尽了自己的最大努力来回收这些账款，但由于各种外部原因，企业在事实上已经不能够收回这些账款。据此，企业希望能够利用这些合法的坏账注销来减轻年度纳税义务。

不过，坏账注销在企业内部和企业外部申请和获得批准的容易程度是不同的：企业内部更为容易；而企业外部的审批往往涉及企业纳税义务的减轻，所以企业信用管理部门必须出示一些法律文件，以证明客户确实破产或者无力偿还债务。

总之，从信用监控角度协调与会计注销坏账的关系，需要信用管理人员既熟知相关法规对会计注销坏账的规定，又掌握客户确实破产或者无力偿还债务的法律文件，才能有理、有据地申请和获得注销坏账的批准，达到维护企业自身利益的目的。

思考5-4：财会记账环节的信用管理要点包括哪些？

案例 5-3

雅芳公司信用经理的做法

雅芳原来是一家采用直销方式的化妆品公司。1998年4月国家禁止传销和直销，公司的销售方式因此转型为批发零售。被动转型后的雅芳销售额一落千丈，市场迅速萎缩。

面对现状，公司研究了一系列的销售策略，期望在短期内提升销售额，夺回失去的市场。在销售上，雅芳采取多渠道销售方式，包括在全国范围内的商场专柜、雅芳专卖店、推销员等。

面对竞争，各种渠道的销售都需要采取信用销售的方式。尤其值得注意的是，雅芳在全国各地有数千家雅芳专卖店，占雅芳业务总量一半以上。这些专卖店都属个体经营性质。在目前中国个人信用体制尚是一片空白的环境下，要对如此规模的个体经营者进行信用销售，对公司来讲实在是一种非常冒险的尝试。

但是，公司要提升销售额，就必须要采用信用销售的方式，这是公司既定的策略。作为公司一名信用管理人员，我的工作职责是制定适合的信用政策，建立一支好的信用管理队伍，促进公司销售顺利进行，确保公司资金安全使用。

面对如此不同的客户群，我不可能采用以往的经验去管理。在此情况下，我只能一方面请教专业咨询公司，专门学习"个体经营者信用评估方法"。但有了方法，我还无法得到客户的信用方面的信息，因此，另一方面我还请教银行个人消费品信贷的做法。但面对如此面广量大的专卖店和推销员，银行那套严格得近乎苛求的贷款条件、长时间的繁复的贷款审核程序和抵押手续，对企业来讲显然是不适合的。

要帮助公司在短期内迅速提升销售目标的信用政策只能是开放型的，但特定的销售对象又是高风险的群体。一不小心，会造成公司很大的风险，那样非但不能达到公司的目标，反而会使公司雪上加霜。因此，制定一个适当的信用政策对雅芳来讲是尤其重要的。

由于没有现成的经验，我只能边学习、边摸索地去制定一套适合雅芳的特别的信用管理政策。

第一，我明确公司信用政策的最终目标是：在短期内迅速提升销售，同时将风险控制在一定的范围内。

第二，分析客户群与雅芳的特定关系。在此基础上，制定了一个信用条件从严到宽，信用额度从低到高的一个逐步渐进的信用政策。并且在政策实施过程中，我们经常性地对各地分公司进行信用政策问题调查访问，从中发现问题，及时修订政策，使政策能够在尽可能短的时期内符合公司业务发展的需要。之后，在政策逐步完善的基础上再制定坏账考核办法，以逐步加强公司信用管理力度。

第三，由于雅芳是由一个全球的直销公司转型而来，以赊销为主而零售观念还很薄弱。因此，除了制定公司信用政策的重点工作之外，还需要对公司员工进行观念上的培训。在制定公司信用政策和程序的同时，我们邀请了咨询公司先对公司管理高层进行信用管理培训，以加强公司管理高层对中国信用环境的认识和对公司信用管理工作的重视。在信用政策实施以前，又对全国所有分公司的管理人员分期分批进行大规模的培训，以确保公司所有管理人员了解一定的信用知识，掌握公司信用政策和程序。

专业的培训、政策实施前的充分的宣传和沟通为日后的信用管理打好了坚实的基础。从雅芳两年来信用政策的实施效果来看，公司销售连年保持高速的增长，1999 年销售比 1998 年几乎增长了一倍。2000 年公司的销售更是在 1999 年的基础上增长了 49%。更令人惊喜的是两年来，公司的坏账只有 10 多万而已，完全达到了公司所期望的目标。

可以说，我很幸运能够有机会在不同行业做信用管理，与不同客户打交道，使我在信用管理方面得到了不同的经验与体会。

总结这些年来从事信用管理的经验，我认为做好企业信用管理的关键有以下几个方面：

（1）与公司目标一致的信用政策与程序。包括适当的客户信用等级评估方法、专业的应收账款收款程序和合理的应收账款考核制度。

（2）有一套完善的信用管理电脑支持系统。可支持信用等级评估，完整的应收账款账龄、销售数据和信用分析报表。

（3）严格的应收账款日常跟踪管理和定期召开账款会议。

（4）足够的专业机构的培训与客户信用调查信息。可提供你对客户的风险系数的判断。千万不要因为节约一点点成本拒绝专业公司的培训和信用风险调查，而忽视了公司未来的风险。

上述几点之间的关系可以这样去形容：信用政策起关键作用；系统支持是信用管理的基础；日常管理和沟通反馈是必不可少的措施；专业培训和专业机构的信息是不可多得的风险指导。

问题：联系以上案例分析回答学习本章要达到的目的。

第二节 期内应收账款管理实务

自学提示

本节的五方面内容中，可了解二、三部分基本内容，重点掌握第一、四、五部分内容。其中，应收账款的跟踪管理涵盖了本章两节内容的基本要素，应作为重点知识学习。

期内应收账款管理是指对合同规定的账期内所有已经提供信用销售、信用服务或融资的客户及其应收账款进行管理、分析和监控的过程。

通常，企业信用管理部门对期内应收账款的管理主要包括以下几方面的工作：

（1）企业信用管理部门对客户所做的工作。客户收货和发票确认，即客户确认收货并签署收货单和接收发票；如未进行确认，及时与客户沟通，采取补救措施；做好对应收账款的跟踪监控工作；培养客户正常付款习惯。

（2）企业信用管理部门对本企业内部所做的工作。根据客户支付情况，将应收账款按账龄分类；及时调整客户的信用额度；定期计算应收账款收现保证率；确定应收账款风险控制标准；在应收账款即将到期前提示客户付款；不断完善收账政策；利用计算机网络及相关软件，防止欠款客户继续购货。具体操作流程和步骤可以参见下图5-5：

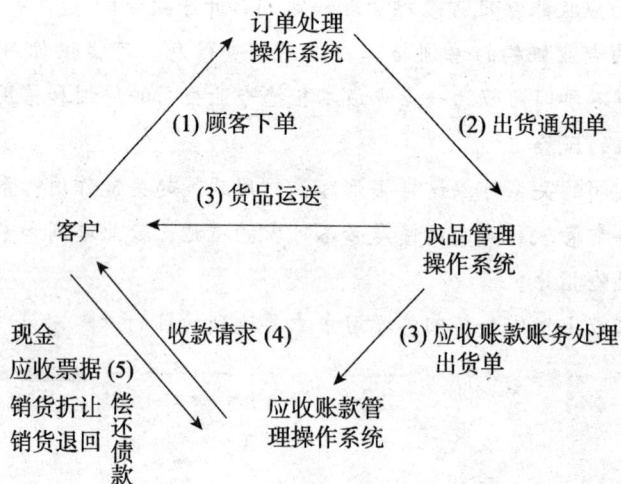

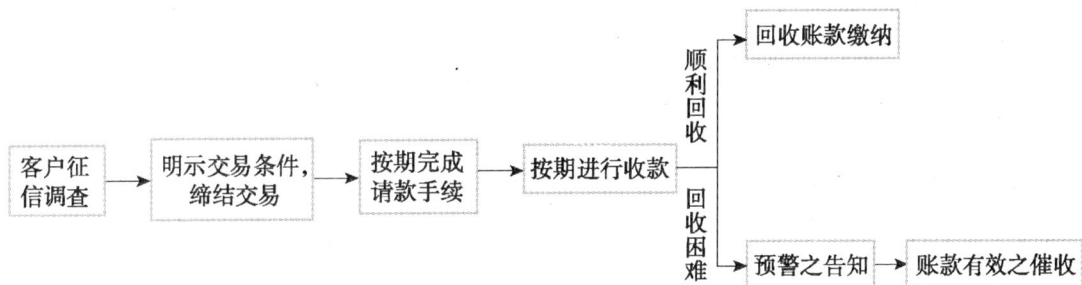

图5-5　期内应收账款管理实务操作流程示意图

一、如何进行客户收货和发票确认

客户收货和发票确认是指企业向其客户对外赊销产品、材料、提供服务时，在货物发出、应收账款产生后适当的时间与客户取得联系，及时确认客户已经收到货物、发票，并对其表示认可的管理工作。

（一）如何检查客户收货和发票确认的凭证

1. 为什么要检查客户收货和发票确认的凭证

客户收货和发票确认是应收账款日常管理工作中的首要环节。客户收货和发票确认对企业信用管理具有非常重要的作用。

（1）客户收货确认的依据。客户收货确认，即物权已经由企业转移到客户，明晰流通环节中出现问题的责任的承担者，既满足客户的生产、经营需要，又能有效保证供货企业的利益。

（2）发票是供货企业债权凭证。首先，客户确认收取发票表示对债权关系的确认，可以使企业在以后可能产生的纠纷中处于相对有利的地位。其次，客户的财务部门依据收到发票的日期、金额对账并给付货款。不能及时送出发票意味着本单位收款条件并非充足，补充新的发票，意味着付款期限的延迟，从而影响账款正常回收，或许会丧失收回款项的好时机。同时，有些信用不良的企业也会以没有收到发票为借口延迟付款。所以，保证及时确认客户收到发票，是防范客户采用这种手段延迟付款的有效手段。

（3）奠定与客户建立长期合作、交易关系的基础。企业不仅要有先进的仓储物流管理系统，在向客户频繁地发运货物的同时，要通过客户收货和发票确认与客户保持及时的沟通，以便满足客户实际的需求。另外，由于种种原因，在出现货物数量、品种、发货期等问题时，可以通过客户收货和发票确认及时沟通，将损失成本降低到最少，维护了客户与企业的关系，为及时收回应收账款，也为与客户建立长期的合作、交易关系奠定了良好的基础。

2. 明确收货和发票确认函的内容与样式

收货和发票确认函所包括的内容：

（1）客户及其负责人的姓名；

（2）订单号；

（3）形式发票号；

（4）凭证（发票）日期；

（5）金额等内容；

（6）信用管理人员的联系方式、方法；

（7）客户收货和发票确认函中客户的回执（回执可以与确认函相连，也可用多联收货确认凭证）；

（8）客户确认公章、法人章；

（9）代理人签字；

（10）确认日期。

样本参见图5-6。

收货和发票确认函

××××××公司（客户）

财务部

地址：

TEL：

FAX：

尊敬的 ＿＿＿＿ 先生或女士：

　　本公司信用管理部向贵公司致意，并谨此提醒贵公司：贵公司订购的货物已经发运到贵公司，同时发票也已经寄出，请查收。

具体明细如下：

订单号	形式发票号	凭证日期	金额
×××××	×××××	××.××.××	××,×××.××
×××××	×××××	××.××.××	××,×××.××

如贵公司已经收到上述订单号项下的货物和发票，请回执确认。

若贵公司没有收到上述货物和发票，务请立即与我们联系。

感谢您的合作！

×××××公司（债权人）

信用管理部

信用管理人员：

电话：

传真：

E-mail：

日期：　年　月　日

收货和发票确认函回执

×××××公司（债权人）：

　　　　已经收到上述货物和发票。

　　　　　　　　　　其发票章为×××××（此处加盖此章）

　　　　　　　　　　×××××公司（客户）

　　　　　　　　　　签章（公章、法人章）：

　　　　　　　　　　确认日期：

图 5-6　收货和发票确认函

（二）如何确认物权转移状况

（1）为确保所有发货一定随货附送内容相同的发票，信用管理部门每天应确认当天产生的发货资料。发货资料的主要内容包括：发票存根联与客户联内容是否相符、客户名称及联系人、发票号码、发票金额、货物种类、数量等。

（2）为防止客户交货管理有缺失而发生无法准时交货情况，需严格履行出货业务流程管理，要求出货人员确实执行。信用管理人员则要按照客户的名称或其他类别，及时将应收账款记录到每个客户的销售分户账中，保证信用管理人员每天的账款管理工作顺利完成。

随着企业信用管理软件的发展，有的企业采用信用管理系统，随着财务部门编制发票的同时，所需要的信息就会传输到信用管理部门的操作终端，大大减少了信用管理人员每天的收集和分类工作，从而提高了信用管理的工作效率。

（3）一般情况下，在货物发出 10 天之内，信用管理人员应该与客户的财务部门取得联系。在信用管理人员应收账款管理工作中，每个客户准确的到货期是必须明确的。每个客户应区分清楚路途远近不同、运输时间不同，并按照具体情况适当调整联系的时间。

收货和发票确认的方式有两种形式：电话确认和书面确认。

其一，新客户要采用书面确认的方式。为了保证时效性，一般采用传真确认的方式，即信用管理人员将编制好的收货和发票确认函传至客户公司，客户一经确认后再传真至本企业，由信用管理部门留存。

其二，老客户，由于本企业已熟知其老客户还款情况并且具备一定的信誉度，为了节约时间和管理费用，采用电话确认即可。

（4）在确认并取得相关凭证后，信用管理人员应将该笔应收账款的确认记录下来，确认工作完成。如一时没有与客户取得联系，应继续确认，直到取得联系为止，如长时间搁置联系即认为工作出现失误。表5－13是信用管理人员确认物权转移状况具体内容记录表。

表5－13　确认物权转移报告书　　　　　No._____

日期：

客户名		客户类别	
客户编号		地　址	
确认物权转移情况			
建议对策			
批示			

信用经理：　　　　　　　　审核人：　　　　　　　　经手人：

（三）如何处理争议

如果客户对货物收到的时间或其他与合同规定不符事项而抱怨、有争议，信用管理人员应立刻向储运等部门核实情况，如属实，应立刻向信用管理经理汇报。在此种情况下，信用管理经理必须与客户良好地沟通，全面了解客户面临的问题和态度。信用经理首先应全力缓和客户的敌对心理，与客户协商，在最短的时间里找出最好的补救方法，争取最好的处理结果。如果货物收到时间能够早于合同规定时间，应争取按照账款期限支付账款；如果货物收到时间晚于合同规定时间，应争取按照合同期限支付账款。

在发现货物发运提前或滞后的情形出现时，信用经理有必要前往储运部门，反馈客户的意见和反应，提醒储运部门负责人及时纠正发货出现的问题，尽可能地减少和杜绝争议再次发生。

助理信用管理师的职责之一是协助信用经理和营销部门辨别与客户争议的不同情况，尽力给客户提供优质的服务。表5-14至表5-19可针对不同情况酌情采用，用于记录和处理客户的投诉，达到为客户提供优质服务的目的。

表5-14　新客户抱怨处理表（一）（制造业）

受理日期：___年___月___日　　　　　　　　　　　附件：_____

填表单位：_____　　　　　　　　　　　　　　客户投诉编号：_____

填表人：___年___月___日　　　　　　　　　　　客户代号：_____

接单日期：　　　　接单人： 受订编号：　　　　制造单位： 交运编号：　　　　料　　号： 交货日期：　　　　单　　价： 交货数量：　　交货金额：　　不良数量： 发票日期：　　　　发票号码： 本批货款：□已全部收回　□部分收回，金额： 　　　　　□尚未收回　□其他 本批货品：□已经使用　□部分使用，数量： 　　　　　□尚未使用　□其他 发现本批客户投诉系客户在： 　　　　□入库时　　□生产线上 　　　　□制成品　　□出口后 　　　　□遭客户投诉　□其他 客户发现日期：　　　客户反应日期：	客户名称：　　　　负责人： 地　　址：　　　　存货地址： 联络人：　　　　　电　话： 客户投诉方式：□电话　□书信　□其他 产品用于：□内销　□外销　□合作外销 　　　　　□其他 客户有无质量确认：□有　□无，产品名称： 本次客户投诉：本年度第　　次客户投诉 协调后议：□退回。数量：　　　金额： 　　　　　□补送。数量：　　　金额： 　　　　　□重修。数量：　　　金额： 　　　　　□折让。数量：　　　金额： 　　　　　□索赔。数量：　　　金额： 客户投诉比例：%（客户投诉损失金额÷交货金额）

客诉内容		业务部经理意见	业务部经（副）理意见

质量单位检验分析及异常判定：

制造单位异常原因分析及改善对策：	经理	
	科长	
	经办	

经理室意见：

研发部意见：	经（副）理	
	科长	
	经办	

业务部处理意见：			业务部门处理结果：		
	经理			经理	
	科长			科长	
	经办			经办	

总经理	副总经理	经（副）理	责任归属：				
			单位	比例	金额	结案日期	销案日期

表5-15 老客户抱怨处理表（二）（制造业）

（　）急件　　　　　　　　　　　　　　　　　　No.

（　）普通件　　　　　　　　　　　　　　　　　年　月　日

客户名称		品名		规格		
交货批号		科号		抱怨数量		结案日期
项目		内　容			负责单位签章	
抱怨内容						

续表

项　目	内　　　容	负责单位签章
客户要求		
调查分析		
改善对策		
抱怨处理建议	（　）赔偿￥_____　　　（　）折价 （　）以良品交换 （　）非本公司责任 （　）检修或返工　（　）其他	
厂长批示		

表 5-16　客户售后服务报告表

客户名称		地址		电话	
访问日期		方式			
访问发现问题		问题分析			
对问题的处理意见		处理措施及方法			
备注					

主管：　　　　　审核：　　　　　报告人：

表 5-17　客户投诉处理通知书

客户名称		单位		经办人	
投诉原因					
订单编号		问题发生部门			
索赔数量		制单号码			

索赔金额		订购数量				
再发率		处理期限	年　月　日	回签	要	否

发生原因调查结果	客户希望： 1. 换新 2. 退款 3. 打折扣 4. 索赔 5. 其他
	营业部观察结果：
处置及公司对策	公司对策
	对策实施确认

表 5-18　客户投诉处理日报表

接待人员	上午	下午	晚上	值班人	迟到、早退、缺勤者		
接待流程	（营业部门）			（信用部门）			
客户问题							签名
处理与 改善意见							
联络事项							
明日预定							

主管意见		
经理意见		
当事人签名		

经理： 部门主管： 填表人：

表5-19 客户抱怨处理报告表

	年 月 日
	报告人： 签章：

抱怨受理日	年 月 日上午、下午 时 分
抱怨受理方式	1. 信 2. Fax 3. 电话 4. 来访 5. 店内
抱怨内容	内容分类：1. 品质（有杂物） 2. 品质（故障） 3. 品质（损坏） 4. 品质（其他） 5. 数量 6. 货期 7. 态度 8. 服务
抱怨见证人	
地址	
处理紧急度	1. 特急 2. 急 3. 普通
承办人	
处理日	
处理内容	
费用	
保障	
原因调查会议	

原因调查人员	
原因	1. 严重原因　2. 偶发原因　3. 疏忽大意　4. 不可抗拒的原因
记载事项	
检讨	

思考 5-5：你是否明确了客户收货和发票确认的基本知识？掌握了客户收货和发票确认的相关操作要点？请谈一谈你对这方面的理解。

二、如何进行货物的质量检验确认和解决质量争议

（一）如何进行货物的质量确认

1. 为什么要进行货物的质量确认

货物质量确认是指当货物发出后，按照合同约定取得客户对货物质量认可凭证的管理工作。

货物质量确认工作必须完全依照合同中约定的质量条款执行，要求在签订销售合同时，对具体约定质量确认的时间和具体方法进行确认。货物质量确认最根本的目的就是保证信用销售过程中债权方的权益。

如双方未规定检验期限的，检验的期限最长为两年。即根据我国《合同法》和联合国《国际货物买卖合同公约》的相关规定："交易当事人约定检验期限的，买受人应当在检验期间内将标的物的数量或者质量不符合约定的情形通知出卖人。买受人怠于通知的，视为标的物的数量或者质量符合约定。当事人没有约定检验期限的，买受人应当在发现或者应当发现标的物数量或者质量不符合约定的合理期间内通知出卖人。买受人在合理期间内未通知或者自标的物收到之日起两年内未通知出卖人的，视为标的物的数量或者质量符合规定。"

信用销售是企业未收回账款就将货物交付客户，意味着付款与否的主动权掌握在客户手

中。企业采用信用销售，尤其是信用期限较长的，合同检验没有明确的期限要求会对自身非常不利。例如，在信用销售时常见的一种拖欠情形是：应收账款到期，由于客户销售市场变化等原因，客户不能将供应商的货物转售出去，进而也不能或不愿向供应商支付货款。此时，推说货物存在质量问题成为顺理成章的理由，借故要求卖出方降价、退货甚至提出赔偿。如果在应收账款到期前企业信用部门完善货物检验期限工作，客户不论判断出货物是否能够售出，也不会因轻易提出货物质量问题而出现货物质量争议。因此，检验的期限是必须在企业合同中明确写明的，客户在商检期限内未提出质量异议书面回执，视为确认收到货物质量合格。

一般情况下，合同规定的商检期限日期必须早于这批货物的应收账款到期日。对信用期长的客户，企业对其信用管理更为严格，信用管理政策则相应要求合同规定中的商检期限为应收账款账期的一半。

2. 质量确认函的内容与样式

质量确认函的要素包括以下内容：

（1）客户及负责人的姓名；

（2）订单号；

（3）形式发票号；

（4）凭证（发票）日期；

（5）金额；

（6）信用管理人员的联系方式；

（7）客户质量确认函中客户的回执（回执可以与确认函相连）；

（8）客户确认公章、法人章；

（9）代理人签字；

（10）确认日期。

质量确认函样本如图5-7所示。

质量确认函
××××××公司（客户）
地址：
TEL：
FAX：

尊敬的_____先生或女士：

　　本公司信用管理部向贵公司致意，并谨此提醒贵公司：贵公司订购以下货物的质量确认最后期限已到。

具体明细如下：

订单号	形式发票号	凭证日期	金额
×××××	×××××	××．××．××	××，×××．××
×××××	×××××	××．××．××	××，×××．××

如贵公司已经收到上述订单号项下的货物和发票，请回执确认。

若贵公司没有收到上述货物和发票，务请立即与我们联系。

感谢您的合作！

×××××公司（债权人）

信用管理部

信用管理人员：

电话：

传真：

E-mail：

日期：　　年　月　日

质量确认函回执

×××××公司（债权人）：

　　已经收到上述质量确认函，确认货物质量符合合同约定。

　　　　　　　　　　　　　×××××公司（客户）

　　　　　　　　　　　　　签章（公章、法人章）：

　　　　　　　　　　　　　代理人：

　　　　　　　　　　　　　确认日期：

图5-7　质量确认函

（二）如何催要质量确认凭证

信用管理人员应根据每份合同规定，确定针对每个客户签订的商检期限。要求客户在每笔发票所属货物的商检最后一天,将质量确认回执或质量争议回执发回。如未收到回执,信用管理人员应尽快与客户取得联系,提醒客户发回质量确认回执。

货物质量确认的工作主要适用于:

(1)信用期长的新客户;

(2)工程类客户;

(3)OEM客户;

(4)分期付款客户和国际业务中的海外客户。

反之,对于熟悉的老客户、信用期限较短客户质量确认工作则可以省略或者与其他管理工作一并完成。

(三)如何处理货物质量争议

可针对客户提出质量争议的三种原因进行区别对待。

1.企业本身产品和服务质量原因

可先参照图5-8向有关部门提交质量异常原因及改进报告。

日期
致产品质量科
复查科　　　　　　　　　　异常报告:
异常原因:(在□内√)
□产品生产　　　　　□内部保管　　　　□配货等
改进状况:
□已通知相关部门　　　□已改进　　　　□待处理
科长:
组长:

图5-8 质量异常原因及改进报告

如果信用管理人员查明:货物质量问题确实存在于企业自身产品生产、内部保管、配货等环节。一方面,信用经理立刻与客户取得联系,坦诚沟通,尽全力缓和客户的对峙心理,尽最大限度地取得客户谅解;另一方面,信用经理应该敦促相关部门向客户作出客观的书面解释,并向客户通报调查结果和补救措施。最终,信用经理要将补救工作落实到位,尽快向客户发出满意的补充货物,替换出现问题的货物。

2.企业外部运输环节造成质量下降

由于企业运往客户的货物还有一段空间距离,因此,有可能借助车、船等运输工具将货物运至客户指定卸货地点。在运输过程中，陆运出现的破损或海运中出现的海损，都是运输环节可能发生的问题。此类问题有可能影响到货物质量，此时信用经理应立即熟悉合同条款规定，根据合同规定，尽快通知企业相关部门或协助客户办理索赔事宜。

应注意的是，如要求储运公司承担的赔偿责任，则应包括：其一，货物本身的损失赔偿；其二，客户提出的额外赔偿要求。

3. 客户拖延付款和拒绝付款的借口

某些客户出于各种原因，以卖出方提供货物质量出现问题为理由，要求延期付款或根本拒绝付款，此时需要信用管理人员利用职业判断及时鉴别理由的真伪，如确系货物质量问题，按规定作出相应处理，应尽力说服客户到期时支付合格部分货物的货款；如确系客户为拖延或拒付货款编造的借口，信用管理人员首先要进一步会同内勤催收人员想方法得到客户的付款承诺，其次将此客户从销售分户账应收账款中扣除，转入争议账款栏中。

分析客户拖延或拒绝付款的借口引起，可以从以下几点入手：其一，首先确认自己的产品、服务是否真的有问题；其二，客户是否难以提供质量争议货物检验报告或其他依据；其三，客户对货物质量问题的说法是否有所改变；其四，是否为市场发生变化，对本行业造成冲击；其五，在客户档案中查找或通过其他渠道了解客户是否经常提出质量争议；其六，市场上是否出现明显迹象，或通过其他迹象表明客户经济状况等出现较大变动。

如质量纠纷确系客户借口，对于产品质量的处理将会比较复杂，信用经理不仅要保证企业的账款避免损失，而且要维护良好的客户关系。因此，即便信用经理确实认定是客户的拖欠借口，在本批发货处理完毕之前，也不能立刻采取任何强硬措施，而应尽最大努力与客户缓和并保持融洽的合作关系。同时，信用经理应尽快采取以下措施：其一，不断要求客户尽快提供证据，密切跟踪该客户动向；其二，要求销售等相关部门配合调查，取得客户相关资料；其三，如果条件允许，可要求相关部门指派人员到客户所在地查验货物；其四，在得知客户出现重大变动时，可通知客户将争议货物运回公司；其五，指令储运部门停止发货，直到纠纷处理完毕；其六，考虑客户信用度的降低，结算方式也应由信用结算改为现金结算。

思考 5-6：你是否掌握了货物质量的检验确认和质量争议的解决相关操作要点？请谈一谈你对这方面的理解。

三、如何进行应收账款到期前的提示和管理

在应收账款到期前，信用管理人员应及时通过自行登记的应收账款日记表（见表 5-20 所示）和营销部门的应收账款月报表（见表 5-21 所示）了解应收未收账款的动态情况，

并根据应收未收账款原因的分析，做出提醒客户付款的内容安排。

表 5 – 20　应收账款日记表

年　月　日销货				年　月　日　催收　至　年　月　日逾期							
发货单号			经手业务员	客户名称	应收账款金额	收款记录					收讫证销章
字	本	号				日期	金额	日期	金额	日期	金额	
		合　计									

主管：　　　　　会计：

备注：一式三联（第一联：自存，第二联：营运单位，第三联：信用部门）

表 5 – 21　应收账款月报表

月份：＿＿＿＿＿

日期：＿＿＿＿＿

客户名称	本月前累欠	本月销售		本月折让退货		本月累计应收款	应收未收账款				未收原因及对策
		数量	金额	数量	金额		1～30天	31～60天	61～90天	91天以上	
合计											

营销：　　　　　　　会计：　　　　　　　业务经理：

（一）提醒客户付款的操作

许多业务人员认为：到期之前向客户提醒付款，会引起客户不满，且不会对回收货款起到作用。其实不然，对客户账户的监控最好是及时、准确的，即使在客户较少的情况下，也要保证部门间信息沟通顺畅。收账款到期前的提醒是指在每笔应收账款到期前，安排账款管理人员提醒客户按时付款的管理工作。

1. 为什么要进行应收账款到期前的提醒

应收账款到期前提醒是应收账款管理工作中非常重要的一环。这项工作可以缩短账款回收时间，有效地提高应收账款回收率。

（1）对收款管理严格是客户给付账款及时的前提。应收账款是企业的一种赊销策略，可以使企业降低存货，但是在降低存货的同时，不能及时收回账款，必定会造成本企业资金链的断裂。信用管理部门要收回资金，加强收款的内部管理，才能争取在客户所有供应商中最先得到付款。

（2）以防客户的自身财务部门由于管理混乱出错而忘记安排付款事宜。一些中小客户由于经营管理合一，财务管理相对混乱。尤其在月末的一段时间，付款任务繁重，其财务部门很可能遗忘一些即将到期的付款。企业信用管理部门如能及时提醒客户可以更大程度防止此类事件发生。

（3）与客户账账核对。信用管理部门不仅要提醒客户付款，还要与客户进行对账工作。尤其是交易频繁的客户，对账工作意义更为重大。只有做完对账工作才能确保每笔应收账款都经过核实和确认，才能明确本企业尚未收取账款的准确数据或者本企业与客户企业账面差额的根本原因。能够避免有些客户在企业不知情的情况下扣款、扣货的发生，或者由于计算的差异造成的支付金额与发票金额不符。总之，及时对账的确能及早有效地防范以上情况发生。

（4）尽早发现客户的异常反映，以便于企业及时应对。由信用管理部门与客户及时沟通，为企业做好客户的信誉度的衡量。所以，当客户出现重大变动不能按时付款时，能够最早得到此类信息，从而发现客户资金链的情况，并为保证企业利益尽快作出相应处理。下表（见表5-22赊销款回收状况报告书）有利于信用管理人员作出客户异常反应的判断。

表 5 – 22　赊销款回收状况报告书

负责人：　　　　　　　　　　　　　　　　　　　　　　年　　月　　日

品　　名		订单金额	
付款方式	□现金　　　　　　□支票	收款	
品　　名			
与客户沟通的结果	1. 依笔记与本人约定 2. 打算依照笔记收款 3. 数次至公司催款 4. 前往客户处催款 5. 邮寄请款单	余额	
		预订	
收款延迟理由	1. 不来取制品		
	2. 制品不良修理中		
	3. 因制品不良而不愿付款		
	4. 单方变更付款方法		
	5. 客户称不打折就不付款		
	6. 不在家无法照面，旅行中		
	7. 生病住院中		
	8. 以意外支出为理由而被拒绝		
	9. 无法做指定公司处理		
	10. 财务处理错误		
承担损失者的希望处置方式	希望财务部直接做坏账处理		
	希望打折扣，金额		
	希望取回制品解约		
	回收无望，生病，破产，下落不明		
报告人姓名			
清账责任者意见	姓名	决定处置	再催收 折扣 解约 呆账 坏账处理

2. 通过提醒付款函和应收账款到期提醒备忘录进行付款提醒

提醒付款函应包括的要素内容：其一，客户（公司）及其负责人的姓名；其二，账款到期日；其三，账款到期金额；其四，对账明细单；其五，企业银行账号；其六，信用管理部门的人员姓名；其七，联系方式等。

应收账款到期提醒备忘录格式见图 5 - 9。

（小姐/先生）

您所负责的客户（编号）××× _____ ××× ××× 截至 _____ 年 _____ 月 _____ 日欠我公司 _____ 元，根据签订的购销合同，其赊销金额 _____ 元，赊销天数 _____ 天，现已到期，累计金额共计 _____ 元。

望您在收到此备忘录尽快与客户取得联系，明确具体回款日期及回款计划，并请在收到备忘录三个工作日内给予答复，如需协助的地方请告知。如果未在规定时间内给予明确答复，信用管理工作组将按公司制度通知相关部门实行控制发货措施，如需继续发货需按公司制度执行。且对您的月底绩效有直接的影响。

谢谢配合！

财务部/信用科

日期： 年 月 日

图 5 - 9　应收账款到期提醒备忘录

（二）如何选择不同的提示方法

账款到期前的提示是避免客户拖欠欠款的一项有效工作，因此，信用管理人员应该充分重视这项工作。通常信用管理人员会采用多种方式提示客户按时付款，目前最为常用的方法有信函、电话、传真和电子邮件等。

详细内容及操作要点将在下一章"交易后的逾期应收账款管理"中展开表述。

思考 5 - 7：你是否掌握了应收账款到期前的提示和管理相关操作要点？你认为它应体现在哪几个方面？

四、如何使用 DSO 指标考核企业的应收账款管理

（一）DSO 指标的含义

DSO 指标也称"收账回款期"，表现了平均收款期，即把赊销转化为现金所需要的时

间。它表示实际收回所有应收账款所需要的天数，也可被称为应收账款平均回收时间。我们在前面已经讨论过，在成熟的市场中企业持有应收账款最大的成本是机会成本，而降低企业赊销机会成本的主要途径是改善企业的 DSO 指标，通用公式表示为：

DSO ＝（某段时间内的）平均应收总额 ÷（某段时间内的）赊销总额 × 某段时间

DSO 可以反映应收账款回款的快慢，通常突出表现某一企业或公司的资金营运状况，DSO 值越小，应收款回款速度越快，公司可利用资金增大，利息损失减小，机会成本减小，信用成本减小，由此利润当然增大。信用管理的目标就是设法减小公司的 DSO 值和降低坏账率。不同行业有不同的 DSO 水平，同一行业不同时期的 DSO 也不相同。

利用 DSO 的计算，我们可将自身公司的 DSO 值与同行业公司相比较，以分析自己的应收账款管理相对于竞争对手的管理水平。

也可以利用 DSO 的计算方法，将每一具体客户的 DSO 值与公司总体 DSO 值相比较，以分析每一客户的回款情况。

DSO 指标主要用于检验收款工作，督促企业员工提高收款效率，因为这项指标揭示了每笔应收账款的平均回收时间。通过测算该指标，可以了解客户群体的实际付款速度，DSO 指标直接关系到企业现金流量充足与否，应收账款管理水平的高低。该指标的变化只受到信用期限和收款效率的影响，与销售额的大小无关，信用期限越长，收款效率越低，DSO 越大；相反，则其越小。

（二）DSO 指标的作用

DSO 指标作为比应收账款周转率指标更先进的管理指标，在国际企业管理实践中被广泛采用。因为其表达形式简单，反映问题直接，使其成为衡量信用管理人员工作成绩和企业整体信用管理状况的重要指标之一，尤其是在对企业的信用管理工作做连续性考评时。在与同行业内的其他企业作比较的时候，DSO 指标也能够简单明了地反映相互间的差距。信用管理部门工作责任之一就是将本企业的 DSO 水平降低到行业的平均水平之下。

国内大多数企业经常使用的是应收账款周转率指标，但在建立信用管理体系的过程中，还是尽量使用 DSO 指标。在当前市场上较为普及的管理软件中，一般都会把 DSO 指标作为主要指标之一。通过表 5 - 23 所计算的结果，可明显看出 DSO 水平的降低对企业利润的正面影响。

表 5 – 23　DSO 对企业利润的影响

项　　目	DSO 为 72 天	DSO 为 60 天	DSO 为 30 天
销售额（万元）	3 000	3 000	3 000
息税前利润（10%）	300	300	300
应收账款	600	500	250
支付融资利息（10%）	60	50	25
税前利润	240	250	275
税前利润为销售额的百分比	8%	8.33%	9.17%
税前利润增加	—	10	35
应收账款减少	—	100	350

（三）DSO 指标的计算和运用

DSO 可以按年、季度或月时间段进行计算，计算的方法有期间平均法、倒推法和账龄分类法三种。

1. 期间平均法

期间平均法包括简单平均法和总平均法。

例 1（简单平均法）：4 月 1 日　　应收账款余额　　100 000 元

4 月的赊销额　　150 000 元　　30 天

5 月的赊销额　　160 000 元　　31 天

6 月的赊销额　　140 000 元　　30 天

6 月 30 日　应收账款余额　　150 000 元

则 4，5，6 月 DSO = 应收账款平均余额 ÷ 总赊销售额 ×91

　　　　　　　　 = 25.2（天）

例 2（总平均法）：4 月的赊销额　　150 000 元　　30 天

4 月 30 日　　　应收账款余额　　130 000 元

5 月的赊销额　　160 000 元　　　31 天

5 月 31 日　　　应收账款余额　　140 000 元

6 月的赊销额　　140 000 元　　　30 天

6 月 30 日　　　应收账款余额　　150 000 元

则 4，5，6 月 DSO = 应收账款平均余额 ÷ 总赊销售额 ×91 = 28.3（天）

以上计算方法的不足之处是，没有考虑到季节性因素的影响，准确性和敏感性相对较差。

2. 倒推法

因为应收账款更多地与最近发生的赊销额有关，DSO 的计算就应该更多地考虑最近的赊销额，而不是年度或季度的平均值。倒推法是以最近的一个月为开始，用总应收账款余额逐月甚至逐日的减去销售额，直到应收账款余额被抵完时为止，再查看减去的总天数，总天数即为 DSO。通常的做法是在每个月底按倒推法计算，用总应收货款（当前的、过期的和未结算的）减去总的月销售额，逐月算回去，直到总应收货款数字被减光为止，如表 5 - 24 所示。

表 5 - 24　使用倒推法计算 DSO

截止日期：2008 年 6 月 30 日　　　　　　　　　　　　　　　　　　　　单位：元

6 月底应收账款总额		3 500 000	
各月份	赊销额	抵消后余额	相当的天数
6 月	1 400 000	2 100 000	30
5 月	1 600 000	500 000	31
4 月	1 500 000	0	10
DSO 天数			71

实例：某企业在 2009 年 7 月份对信用销售情况进行统计的结果如下：

截止日期：2009 年 6 月 30 日　　　　　　　　　　　　　　　　　　　　单位：元

项目	1 月	2 月	3 月	4 月	5 月	6 月	合计
日赊销额	20 000	17 000	18 000	20 000	14 000	21 000	
总赊销额	620 000	476 000	558 000	600 000	434 000	630 000	
未收账款	25 000	30 000	85 000	120 000	310 000	600 000	1 170 000

在 2009 年 6 月底，企业的应收账款总额为：

25 000 + 30 000 + 85 000 + 120 000 + 310 000 + 600 000 = 1 170 000（元）

扣除 6 月份的销售额（30 天）= 1 170 000 - 630 000 = 540 000（元）

扣除 5 月份的销售额（31 天）= 540 000 - 434 000 = 106 000（元）

106 000 元相当于 4 月份 5.3 天的销售量 106 000 ÷ 20 000 = 5.3（天）

DSO = 30 + 31 + 5.3 = 66.3（天）

假设这个公司 2009 年 5 月份的 DSO 是 60 天，4 月份的 DSO 是 56 天，客户群的付款速度在整体放慢，说明这家企业的信用管理工作出现了异常。信用管理经理应该找出原因：如果是由于企业的信用政策放松的缘故，要及时研究做法是否正确；如果是执行收账政策出了问题，就要及时采取措施进行补救。总之，通过计算DSO，信用部门就可以立刻发现信用管理的异常和缺陷，及时找出对策。这种DSO的计算方法注重最近的账款回收业绩，而非全年或半年的业绩，能够反映出当前应收账款回收的细微变化，不大会受季节的影响，是最准确的DSO计算方法。

3. 账龄分类法

总的应收账款由各月应收账款发生额组成，各月实际未付款除以当月赊销额得到当月的DSO，各月DSO合计为当年DSO。由此可以计算以下DSO：逾期应收账款DSO、期限内DSO、有争议货款DSO，见表5-25所示。

表5-25 账龄分析表（对客户）

客户	应收账款余额	信用期内	31~60天	61~90天	91~180天	180天以上
A	10 000	10 000				
B	20 000	10 000	10 000			
C	30 000		5 000		15 000	10 000
D	30 000			30 000		
E	60 000	40 000				20 000
合计	150 000	60 000	15 000	30 000	15 000	20 000
比例	100%	40%	10%	20%	10%	20%

账龄分析表（企业整体）

账龄天数	已付金额	百分比
信用期限以内	720 000	72%
逾期1~30天	200 000	20%
逾期31~60天	60 000	6%
逾期61~90天	10 000	1%
逾期91~180天	5 000	0.5%
逾期181~360天	5 000	0.5%
合计	1 000 000	100%

相关指标计算如下：

（1）应收账款余额/年度赊销总额＝1 000 000÷5 000 000＝20％

（2）应收账款余额/流动资产＝1 000 000÷10 000 000＝10％

（3）应收账款余额/资产总额＝1 000 000÷30 000 000＝3.33％

可据此与企业上年度作比较，与行业平均水平作比较，找出问题，研究改进。

不同的计算方法有不同的作用，信用管理人员需要根据企业的需求分别或者全部计算出不同的 DSO 数据，以满足信用经理和高层管理者使用要求，见表 5－26 所示。

表 5－26　不同 DSO 计算方法的优劣

计算方法	目　的	优　点	缺　点
期间平均法	企业的横向比较和纵向比较	用这个数据与本企业前几个年度进行比较，可以得知本年度的现金回收速度是更快了还是更慢了，从而为下一年目标做准备。也可以用这个数据与其他企业本年度 DSO 作比较，评估出本企业的信用管理工作是否优于同行业的其他企业	没有考虑到季节性因素的影响，准确性和敏感性相对较差。计算的期间越大，误差也越大。这主要是因为这种计算方式不考虑销售高峰与低谷变化的原因。因此，这种方法计算出来的 DSO 只能作为综合评价使用
倒推法	了解最近日期的 DSO 大小	这种方法最准确地反映出每个月的 DSO 变化，从而使企业信用部门和信用经理及时作出安排	倒推法 DSO 的缺点是无法了解每笔被拖欠货款的账龄
账龄分类法		信用经理可以对每笔应收账款的账龄一目了然，并通过计算每个阶段应收账款的比例，发现拖欠的原因和解决方法	账龄分类法 DSO 的数据也存在一定误差

DSO 指标与现金状况直接相关，如果一个企业的 DSO 指标超出同行业的平均水平，信用经理就必须采取措施，努力使 DSO 低于行业平均水平，从而获得竞争优势，以保障现金的正常周转。如果你比竞争对手少 10 天，你的企业就少相当于 10 天销售额的资金融通成本。因此，既然应收货款和现金流量对于竞争十分重要，每一个公司的管理层都应该了解行业和主要竞争对手的 DSO 水平，并应力争超过它。

假设 A 企业的销售额为 7 300 万元/年，平均每天销售额 20 万元，期末应收账款为 1 400 万元，则 DSO＝1 400÷7 300×365＝70（天）。同行业中 B 企业的销售额与 A 企业类似，但 DSO 为 60 天，较 A 企业少了 10 天，这时 A 企业的现金数量比 B 企业少了 200 万元

（10 天 ×20 万元/天）。

从现金回收速度来看，B 企业比 A 企业信用管理工作要做得更好。如果同行业的企业平均 DSO 为 60 天，则 A 企业信用经理必须在下个月将 DSO 降低 10 天才能达到目标。

4. DSO 分析报告

DSO 是企业信用管理最常使用的指标，应引起信用经理和高层领导的足够重视。信用部门应当定期做出 DSO 状况分析报告，最好是与财务报表同时报出，作为企业管理者的决策参考资料，并提出解决问题的方案，见表 5 – 27 所示。

表 5 – 27   DSO 分析报告

DSO 类别	天　数	应收金额	百分比
信用期内应收账款 DSO			
逾期应收账款 DSO 超过 2 年应收账款 DSO			
有争议应收账款 DSO			
全部应收账款 DSO			
其中：应收货款 DSO			
质量保证金 DSO			
其他应收款 DSO			
DSO 分析结论：			
报告人：		分析截止日期：	

信用管理部门应于每个期末完成本报告，给出分析结论，提交管理层。上表中没有的应收账款种类可以不列，能够分销售大区分析的应当分开分析，以便制定更详细的分区信用政策。

运用 DSO 指标时还应注意以下问题：

DSO 反映了当前收款的速度，用于检验收款工作，便于及时发现重大的客户拖欠以及企业内部的信用管理和收账问题。

使用 DSO 指标的最简单方法是与企业的标准信用期限做比较；理想的状态是 DSO 等于标准信用期限，这说明企业的应收账款全部能够正常回收，或者有一部分提前回收了。

使用 DSO 指标的另外一个方法就是比较当月的 DSO 和以前各月的 DSO 的变化情况。对于大企业来讲，减少一天 DSO 可能意味着有几千万的应收货款已经回笼。

要经常比较 DSO 的变化与信用政策、经济环境等各种因素变化的关系，以便及时调整信用政策，改善信用管理。

企业如果想在当前迅速降低 DSO，可以尝试通过改变现金折扣政策来改善。

思考 5 - 8：DSO 指标运用在应收账款质量分析及监控中有何特殊意义和使用价值？

五、应收账款的跟踪管理

应收账款跟踪管理是指对应收账款从发生到收回的全程紧盯监控。其具体步骤为：赊销成立时建立应收账款客户信用档案进行专户监控；发货日当天，通知发货情况；发货后五天，询问验货情况；到期日前五天，提醒付款；到期日当天，催促付款；逾期，进入追账流程。全程监控中，至少与客户建立四次联系，优点是：定期沟通，及时解决纠纷；节省费用；管理严格，消除拖欠企图；多联系，维护合作关系；向客户施加压力。如果企业未对应收账款实施跟踪管理，那么可能会出现企业无法获得发票号、无法确认客户代码等诸多问题，这些问题均会延误收款，使企业债权遭受损失。因此，企业实施应收账款跟踪管理是很有必要的。

广义上的应收账款跟踪管理是一个外延广泛、不断发展的概念。本章两节内容包括了应收账款跟踪管理的基本要素。为了强化这些内容中的基本要素，特归纳如下：

（一）建立客户货款回收基本账表实施应收账款跟踪监控

信用管理部门对应收账款跟踪监控工作的依据是应收账款财务往来账目、凭证、发票等资料，企业信用管理部门应该建立货款回收明细台账，归集和总结有关货款回收的详细资料，以满足这方面工作之需。

实际工作中，业务人员在出货日将发票复印件和销售报告等有关资料进行整理和编号，并及时交给专门负责客户信用档案管理的信用管理人员归档，业务人员也要做好业务记录，再将正式资料交到财务部门。负责账款跟踪监控的信用管理人员定期、不定期要与业务人员、财务进行资料核实，填写货款回收管理台账等相关表格。除择取上文已列示的相关图表格式样本以外，还应结合选用如下表格来跟踪记录应收账款的全过程，见表 5 - 28、表 5 - 29 所示。

表 5 – 28　应收账款异常报告表

No. _____

日期：_____

客户名称			客户编号		负责人	
地址			电话		客户等级	
开始交易日期			平均月交易额		本年异常次数	
异　常　情　况			发　生　原　因			
收款金额	预定金额					
	实收金额					
	差　额					
延迟付款	预定日期					
	实际日期					
	延迟日期					
收款差异	合约规定					
	实际收到					
	差　距					
票据延期	原定付款日期					
	延期付款日期					
	延缓日数					
处理方式						

责任者：_____

总经理：　　　　　财会：　　　　　　　主管：　　　　　　　制表：

表 5 - 29　应收账款催收责任登记单

账　户	负责人：					年　　月　　日		
年　月　日		发票号码	货品名称	数　量	单　价	金　额		发货日期

账　户	负责人：					年　　月　　日		
年　月　日		发票号码	货品名称	数　量	单　价	金　额		回款日期

催收款理由：	经办人签字
（一）所收总额与销货总额有差异（　　　）	
（二）后账已收，前账未清（　　　）	
（三）此款已逾 5 日尚未收回（　　　）	
（四）久催未能回收之款（　　　）	
（五）可能倒闭之客户（　　　）	

主管批示：

第一联：存会计

第二联：送业务主管

第三联：经办人自存

结合上述各表及其他相关资料的分析，就可以进入下一步的操作。

（二）跟踪查询货物到期日和客户满意度

在企业向客户发货同时信用管理部门应明确货物到达日，货物到达日当天信用管理人员应当通过电话或传真任一种方式积极主动与客户取得联系。要询问的内容主要包括：其一，客户是否收到本企业货物和发票；其二，货物的数量是否符合合同要求；其三，货物的表面包装是否完好；其四，对运输服务人员的满意程度。在此期间，应时刻注意客户对产品服务的反映，记录货物到达日的同时记录下来，并保留存档。通过与客户沟通，既能够明确货物已经到达并转交给买方，又能表达本企业对客户能否收到货物的关心。

在货物送达一段时间以后（发货后五天），信用管理人员应及时与客户联系，询问货物本身的质量、包装、损耗、变质等一系列相关情况，从而进一步了解客户对于货物质量满意程度。每次问函，信用管理人员都应做到十分专业：让客户多讲情况，认真倾听，做好相关记录，同时密切关注客户说话语气，仔细识别其真实目的，便于改进本企业措施。如果发现客户异常情况，信用管理人员应该及时备案并上报信用管理经理，同时通知到相关部门。可通过表5-30记录货物查询状况和客户满意度。

表5-30　货物查询及客户满意度状况报告书　　　　　　　　No.＿＿＿＿＿＿

日期：＿＿＿＿＿＿

地区	客户名称	客户是否收到本企业货物和发票	货物的数量符合合同要求否	货物的表面包装符合合同要求否	对运输服务人员的满意程度	事故发生事实	整理决定状况	备注：①债权总额②客户异常③有无担保（类别估算额）
合计								

经理：　　　　　　信管人员：　　　　　　营销：　　　　　制表：

(三) 对违约客户进行跟踪预警报告

企业信用管理部门在管理期内应收账款的过程中，需要不断地对企业所持应收账款客户信用进行跟踪和监控，对类似于联系不到、所欠账款超出信誉度的异常情况或发生危险的客户进行预警报告，对违约、履约情况不正常的客户严密监视，及时准确地作出合理的处理决定，降低呆坏账的发生率，以便于企业自保。具体报告表格见表 5 – 31 和表 5 – 32。

表 5 – 31　客户账龄分析预警信息表

客户名称：　　　　　　　　　　　　　　200 × 年度　　　　　　　　　　　单位：元/万元

日　期	赊销金额	赊销天数	账龄时间	欠款金额	超出赊销金额	超出赊销天数
备注：以往年度付款情况						
□未取得联系　　□经营不佳　　□资金周转不佳　　　□强行推销积压　　　□过多采购 □积压　　　　　□故意拖欠　　□公司责任合同纠纷　□客户责任合同纠纷　□意外事故 □追款不力　　　□其他						

录入员：　　　　　　　　复核员：

表 5 – 32　全部客户账龄分析预警信息汇总表

200 × 年度

客户名称	赊销产品	赊销金额	赊销天数	账龄时间	欠款金额	超出赊销金额	超出赊销天数	预警原因
合计								

填表人：

思考5-9: 应收账款跟踪管理的基本含义是什么？其基本要素围绕哪几步展开？

★ 案例5-4

甲公司与乙袜厂于某年4月6日签订了一份丝袜供应合同。合同规定：乙袜厂向甲公司供应丝袜2万双，总价款人民币4万元，同年4月20日交货，货到付款，合同有效期至同年4月30日止，双方若有违约应支付违约金。5月9日，乙袜厂送来2万双丝袜。甲公司以交货已过合同有效期为由拒收货物。经乙袜厂再三请求，甲公司同意接受2万双丝袜。次日，甲公司销售人员将丝袜售出5 000双，其余入库存放。6月底乙袜厂电话催付货款，甲公司原签约人称，丝袜已卖出5 000双，其余存在库中。同年10月8日，乙袜厂派人来收取货款，甲公司认为此批货系暂时代为保管，除已代售的5 000双丝袜货款如数支付外，其余丝袜应由乙袜厂取回。但乙袜厂要求给付全部货款。

请分析回答：

(1) 甲公司起初拒收货物是否符合合同规定？

(2) 乙袜厂要求甲公司给付全部货款是否有理？

(3) 乙袜厂在履约过程中应承担什么违约责任？

(4) 甲公司在履行合同中是否应该承担违约责任？

★ 案例5-5

包装纸业公司的信用管理

纸业公司有一定的市场占有率，客户绝大多数是外商投资生产性企业。但是，该公司的盈利水平较低，为了提高盈利水平，该公司建立了独立的信用管理部门。公司要求信用部门扮演一个控制的角色，重点任务是最大限度地帮助公司控制坏账，缩短应收账款回收期。

针对当时公司的实际状况，公司信用管理部门制定了一套信用管理办法，包括：

（1）适合公司现状的较为保守的信用政策，确保公司的低风险要求。

（2）自行开发的电脑支持系统，易于系统控制，提高工作效率。

（3）严格的催账程序。控制应收账款的延期及坏账发生，缩短DSO，减少坏账损失。

（4）每周一次收款会议制度。检讨逾期货款的原因，商定逾期款催收方案。

（5）明确坏账界定，及坏账考核规定，促使销售人员重视收款工作。

在这一系列信用管理措施中，最重要的是信用政策。一个好的信用政策能够帮助公司获得最大的利益，但一个不好的信用政策也可能导致公司亏损甚至倒闭。

利用一套信用等级评估方法，为每一个客户计算风险系数，并以此为依据，从高到低对客户进行分类管理，分别给予不同的信用等级，再根据信用等级给予不同的信用额度和信用期限。

上述对客户进行风险等级评定的基础是翔实的客户信用资料。为此，挑选资深的信用咨询公司对客户进行信用调查。在此基础上，重点客户每半年评估一次，并及时调整信用额度和信用期。

这些措施的实施，使公司可以保留好客户，淘汰不良客户，确保了客户群的高质量。有了良好的信用政策，还必须采取有力的跟踪措施。请大家牢记一个观念："在很多情况下，客户的付款习惯是你自己培养形成的。"这说明，应收账款的日常监控是非常重要的，而且它有一定的规律和技巧。掌握了它，您的工作将轻松有序得多，公司也会因您专业的管理而提高效益。为此，我们建立了每周一次的收款例会制度。事实证明，这是控制应收账款逾期的非常行之有效的办法，它能督促销售人员及时去客户那里收款。

通过这一系列切实可行的信用管理方式，我们做到了在销售增长率符合公司要求的前提下，连续4年公司没有一笔坏账发生。同时，应收账款资金周转天数也从长达60多天，缩短到40多天。缩短了应收账款周转天数，提高了资金使用效率，降低了资金成本，基本达到了公司利润最大化的要求。

公司的信用管理方式得到了某些信用咨询机构的充分肯定，他们甚至把公司的应收账款的催收程序写进了他们的培训教材中。

在进行应收账款管理的过程中，公司考虑最多的是信用。一般情况下，信用分为两类：商业信用和消费信用。当一家公司从另一家公司购买了货物或劳务而没有立即付款，公司之间的商业信用就发生了。企业通过提高信用意识和信用管理水平，以实现快速收款、增加现金流量、实现销售最大化、回款最快化和坏账最小化，这已经成为公司加强应收账款管理的重中之重。应收账款管理是指对所有已经提供信用销售、信用服务或融资的客户及其应收账款进行管理、分析和监控的过程。

资料 流行的应收账款管理信息系统

1. 实现超过两年账户的自动清除功能，对有大量账户和一次性的客户的企业非常有用。

2. 系统能够在新订单成立和现金分配后自动更新数据。

3. 实现自动订单处理、辅助收账、指标控制、现金分配和开出发票等多项业务流程管理和控制功能。

4. 能够根据客户订单情况和支付货款情况，定量分析出订货趋势和付款习惯以及是否有信用恶化趋势，以支持销售部和信用部的销售及收款决策。

5. 没有好的系统能够阻止坏账的发生，但好的信息管理系统可以帮助信用经理及早发现问题。

6. 通过数据平台解决诸如现金分配、赊销数据与会计数据接口问题。

·本章小结·

第一节阐述五方面知识。其中，如何管理客户交易账户和处理客户基本账户变更是简单的前提性知识；客户交易合同和订单的信用管理、发货与库存中的信用监控是最为重要的核心知识；而记账环节的信用监控是辅助性知识。

第二节阐述五方面知识。其中，客户收货和发票的确认是期内应收账款管理实务的基础、货物的质量检验确认和解决质量争议是保证应收账款按期回收的必要条件；应收账款到期前的提示和监控可有效提高应收账款的回收率；使用 DSO 指标考核企业的应收账款管理是重要的量化操作；而应收账款的跟踪管理则是对本章两节内容基本要素的总结和提炼。

自接受客户订单和发出货物后，应收账款就形成了。企业信用管理部门不能被动地等待客户付款，而应该经常对所持有的应收账款进行分析和监控，对大额应收货款和核心客户进行跟踪管理，并对企业的应收账款管理工作给予指标化的评价。这样才能及早地发现客户及内部管理上存在的问题，及早纠正和处理，避免应收账款的大量逾期或客户的随意拖欠。良好的应收账款监控管理技术的应用和建立实用的信息管理系统，是成功收账的基础。可以毫不怀疑地肯定，做好这部分工作，90%以上的应收账款就可以低成本地收回了。

本章自测题

以下测试题均是按本章教材知识点的顺序排列，请你依次把测试题的答案找出来，并在每一测试题后注明答案，同时写上对应的页码，作为形成性考核的积分之一。

一、单项选择题

1. 下列不属于客户基本账户的主要数据中客户的基本信息的是（　　）。

　　A. 客户的法定名称　　　　　　　　B. 工商注册号码

　　C. 公司地址　　　　　　　　　　　D. 客户的开户银行名称

2. 采用月结方式，其信用期限仍然可长可短，但最长一般不超过（　　）天。

　　A. 30　　　　　　B. 45　　　　　　C. 22　　　　　　D. 60

3. （　　）是指企业约定某一特定日期为基准日，自该日期起的若干天之内到期结款。

　　A. 季度结方式　　　　　　　　　　B. 信用期限固定

　　C. 月结方式　　　　　　　　　　　D. 半年度结方式

4. 不属于按照渠道划分的客户类别有（　　）。

　　A. 代理商　　　　　　　　　　　　B. 分销商

　　C. 批发商　　　　　　　　　　　　D. 项目开发商

5. （　　）是针对那些风险很大的客户而言的，这些客户非常有可能造成损失。对于这些客户，企业会要求其采取付款提货的方式进行结算。

　　A. 最高风险级别　　　　　　　　　B. 较高风险级别

　　C. 较低风险级别　　　　　　　　　D. 最低风险级别

6. （　　）是应收账款日常管理工作中的首要环节。

　　A. 账款到期前提醒　　　　　　　　B. 到期付款通知

C. 货款逾期通知   D. 客户收货和收取发票确认

7. 收货和发票确认函中可以不包括的内容是（　　）。

    A. 客户及其负责人的姓名   B. 订单号

    C. 形式发票号   D. 信用额度

8. 对于企业的老客户，为了节约时间和管理费用，收货和发票确认的方式可采用（　　）。

    A. 传真确认   B. 书面确认

    C. 电话确认   D. 邮件确认

9. 货物质量确认的工作不适用于（　　）。

    A. 信用期长的新客户   B. 工程类客户

    C. 老客户   D. 分期付款客户和国际业务中的海外客户

10. 企业在收款过程中采用收账提示方式中，（　　）是最常用的手段，比较节省成本，工作量小，对信用管理人员要求不高，但是成效往往较低。

    A. 传真提示   B. 电子邮件提示

    C. 信函提示   D. 电话提示

二、多项选择题

1. 建立客户基本账户包括的内容有（　　）。

    A. 赋予客户账户代码   B. 输入客户基本账户的主要数据

    C. 对客户信息进行审核   D. 明确客户账户的基本流程以及负责人

    E. 辨别客户身份

2. 客户基本账户的主要数据包括的内容有（　　）。

    A. 客户的基本信息

    B. 客户的财务信息

    C. 根据一定属性对客户进行的分类或编组

    D. 交易条件的信息

    E. 根据一定属性对客户身份进行辨别

3. 从加强信用管理角度讲，合同管理主要包括（　　）方面内容。

    A. 合同文本管理   B. 合同签订审批管理   C. 合同担保管理

    D. 合同履行管理   E. 合同签约管理

4. 按照是否相互负有义务，分为（　　）。

    A. 双务合同   B. 单务合同   C. 有偿合同

    D. 无偿合同   E. 连环合同

5. 通常情况下，客户订单处理步骤包括（　　）内容。

    A. 接受和录入客户订单　　　B. 识别客户的不同风险级别　　　C. 制作拣货单

    D. 按照拣货单备货　　　　　E. 输入客户的不同风险数据

6. 对于订单处理，我们可以设定的风险级别包括（　　）。

    A. 最低风险级别　　　　　　B. 较低风险级别　　　　　　　C. 较高风险级别

    D. 最高风险级别　　　　　　E. 混合风险级别

7. 企业信用管理部门对本企业内部所做的工作包括（　　）。

    A. 应收账款按账龄分类

    B. 及时调整客户的信用额度

    C. 定期计算应收账款收现保证率

    D. 确定应收账款风险控制标准

    E. 定期分析应收账款风险级别

8. 收货和发票确认的方式有（　　）。

    A. 传真确认　　　　　　　　B. 电子邮件确认　　　　　　　C. 电话确认

    D. 书面确认　　　　　　　　E. 身份确认

9. 提醒付款函应包括的要素内容是（　　）。

    A. 账款到期日　　　　　　　B. 账款到期金额

    C. 企业银行账号　　　　　　D. 信用管理部门的人员姓名及联系方式

    E. 仓库部门的人员姓名及联系方式

10. 通常信用管理人员会采用多种方式提示客户按时付款，目前较为常用的方法有(　　)。

    A. 信函　　　　　　　　　　B. 电话　　　　　　　　　　　C. 传真

    D. 电子邮件　　　　　　　　E. 去人提醒

三、判断题

1. 企业对客户信用风险的监控始于每一家客户基本账户创建和基本信息数据维护。（　　）

2. 负责进行批准和审核的信用管理人员的权力大小在一定程度上决定了企业对客户信用风险的监控力度。（　　）

3. 客户基本账户的编码，可以直接用数字或客户名称缩写，不可以用其他方式。（　　）

4. 从客户信用风险控制的角度出发，对于同一客户，不能重复建立客户账户。（　　）

5. 客户基本账户的数据信息的更正，首先收到客户正式通知后，由本企业分管该客户

的业务员确认后，并经过信用管理人员的复核签字，维护人员才能实施变更。（　　　）

6. 合同管理属于信用管理的基础和主线，合同管理作为一条主线，始终贯穿于企业信用管理的始终。（　　　）

7. 对OEM、工业用户和最终用户的监控较为严格，一旦发生拖欠，则会导致严格的信用管理措施和惩罚。（　　　）

8. 信用管理人员应该提请发货和运输部门注意履行交货承诺，不能提前或者延迟交货。（　　　）

9. 保证及时确认客户收到发票，能有效地防范客户以没有收到发票为借口延迟付款。（　　　）

10. 检验的期限是必须在企业合同中明确写明的，客户在商检期限内未提出质量异议书面回执，视为确认收到货物质量合格。（　　　）

四、案例分析题

1. 请结合案例5-3分析回答学习本章要达到的目的？

2. 请结合案例5-4分析回答：

(1) 甲公司起初拒收货物是否符合合同规定？

(2) 乙袜厂要求甲公司给付全部货款是否有理？

(3) 乙袜厂在履约过程中应承担什么违约责任？

(4) 甲公司在履行合同中是否应该承担违约责任？

第六章
交易后的逾期应收账款管理

学习目标

学完本章后，你应做到：

1. 复述预判和诊断逾期应收账款实务的相关要点；

2. 能举例说明企业自行催收逾期应收账款的相关操作要点；

3. 可列举其他方式催收逾期应收账款相关操作要点。

请你在本章学习开始时填写表 6 – 1 中的第 1 ~ 2 项，学完本章后填写第 3 ~ 6 项，如果本表填不下，可自行加页，填写好后交给老师，作为积分作业记入平时成绩。

表 6 – 1　编制学习计划书

序　号	项　　目	内　容　提　要
1	制订本章自学计划	
2	列示本章各节要点	
3	综述本章核心知识	
4	提出疑难问题	
5	简述学习体会	
6	作出自我评价	优秀（　）良好（　）及格（　）跟不上（　）

关键术语

预判逾期应收账款　　　诉讼保全

引　言

欢迎你进入第六章的学习。本章与第三章、第四章、第五章为同一单元，仍然阐述企业信用管理应掌握的基本实务。本章的重要性在于通过学习"交易后的逾期应收账款管理"知识，能帮助你掌握如何防范和控制逾期应收账款的实务方法。对待逾期应收账款，企业应该时刻保持警惕，控制和处理逾期应收账款越早，企业面临损失的可能性就越少。同时，本章需要掌握的内容，与第三章、第四章、第五章的基本知识构成一整套对企业信用销售风险业务的"流程化管理"（这套"流程化管理"在本章后附的案例中体现得非常充分，请阅读对照）。通过学习教材第一节预判和诊断逾期应收账款实务的两方面知识，主要搞清如何对早期逾期应收账款的预警、如何判断逾期应收账款并确定催收策略。通过学习本教材第二节的三方面知识，主要明确逾期应收账款的追账策略、逾期应收账款的催收方式和自行催收逾期应收账款的技巧。第三节的相关知识尽管是企业不得已而为之的逾期应收账款催收方式，但在一个完整的对企业信用销售风险业务的"流程化管理"中却不能不考虑。

第一节　预判和诊断逾期应收账款

自学提示

从预判和诊断逾期应收账款开始，就意味着进入交易后的逾期应收账款管理环节。对比图 6-1 的四步流程可知，应收账款账龄分析已在第五章介绍，本节着重说明分析和控制逾期应收账款流程的后三步，重点是正确判断逾期应收账款的性质及选择恰当的逾期应收账款催收策略。

一、可能逾期应收账款的预警

（一）预警期前的应收账款管理

信用期限内的应收账款是实际已经发生的债权。在信用期内，客户不付货款是合理的，信用管理人员不会对客户采取任何实质性的行动。但在企业内部，对在信用期限内的赊销，信用管理部门仍然要进行管理工作。信用管理人员要了解客户是否在意加速付款条款或争取获得现金折扣，要经常检查已经发生应收账款的客户信用限额的变化，对于个别信用期限长且应收账款金额大的客户动向进行动态监督。

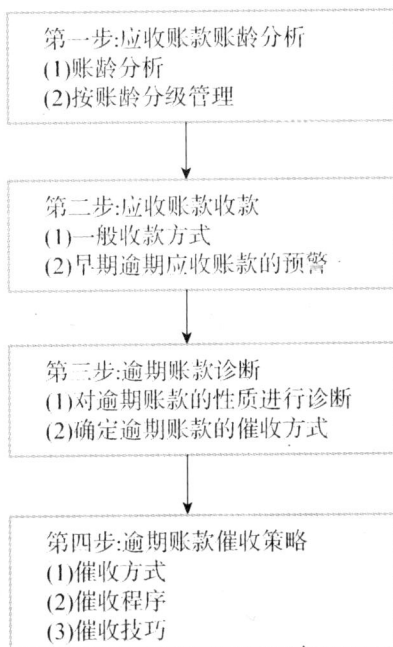

```
┌─────────────────────────┐
│ 第一步:应收账款账龄分析        │
│ (1)账龄分析                │
│ (2)按账龄分级管理           │
└─────────────────────────┘
            ↓
┌─────────────────────────┐
│ 第二步:应收账款收款          │
│ (1)一般收款方式            │
│ (2)早期逾期应收账款的预警    │
└─────────────────────────┘
            ↓
┌─────────────────────────┐
│ 第三步:逾期账款诊断          │
│ (1)对逾期账款的性质进行诊断  │
│ (2)确定逾期账款的催收方式    │
└─────────────────────────┘
            ↓
┌─────────────────────────┐
│ 第四步:逾期账款催收策略       │
│ (1)催收方式               │
│ (2)催收程序               │
│ (3)催收技巧               │
└─────────────────────────┘
```

图 6-1　分析和控制逾期应收账款流程图

可能逾期应收账款的预警，主要目的是防范客户的经营和产权状况在信用期限以内发生重大变化，导致客户不能正常地偿付货款，加大信用风险。一旦客户信用状况发生重大变化，企业就需要争取时间，尽快使用信用管理手段处理赊销账款。

另外，通过信用管理的监控和沟通，可以防范客户因人为或管理因素而产生拖欠货款。实践证明，如果客户从一开始就拖欠货款，客户便可能习惯性地经常拖欠。

（二）进入预警期内的应收账款管理

进入预警期内的应收账款是指即将到期的应收账款，不是逾期应收账款。信用管理部门应该对处于这个范围内的客户给予适当的提示，特别是那些新客户和大客户，以及那些曾经有过不良信用记录的客户等。

对于持有即将到期应收账款的客户，企业销售或者财会部门应该打电话给客户的财会部门，礼貌地询问未付款原因，并根据客户的答复作出必要的反应。

信用管理部门可以自己建立一本企业应收账款"流水账"，但要经常同财会部门的应收账款记录进行核对比较。对于信用管理功能健全的企业，它们对企业所持有的应收账款设置了"预警"程序,当一笔应收账款快到期时,计算机系统就会自动提示,并将记录送入应收账款分级的另一栏目下。系统的"预警"操作还可以将每一个级别栏目之下的所有应收账款汇总,自动显示该级别应收账款的总体水平。

此外,要特别注意拖欠借口与危险信号:

1. 拖欠借口

拖欠借口主要有:

(1) 流动资金不足;

(2) 客户没有付款;

(3) 我们双方贸易关系很长,为何不相信我公司;

(4) 我公司将要破产;

(5) 我公司老板出差或老板死了;

(6) 你公司货物质量有问题;

(7) 单据没有收到;

(8) 支票已经寄出;

(9) 账单与购货单不一致。

2. 危险信号

危险信号包括:

(1) 付款放慢;

(2) 推翻已有的付款承诺;

(3) 留下口信不回复;

(4) 未经许可退回有关单据;

(5) 突然或经常转换银行;

(6) 不经许可退货;

(7) 以不合理的价格倾销;

(8) 突然大额购买;

(9) 改变付款方式。

二、逾期应收账款的判断和催收策略

(一) 对逾期应收账款的一般诊断

应收账款一旦逾期,就要立即进行诊断,对海外应收账款尤其要注意诉讼时效。有些客户逾期确实是出于一些特殊困难，此时企业应该考虑给予客户诊断时，必须注意不要盲目行动，避免不必要的费用发生，不要打扰重要的只是暂时遇到困难的客户，以免失去客户；将客户的欠款形成报告，进行综合分析；企业信用管理部门还应分析收回应收账款的可能，掌握客户最新的财务信息，防止客户转移资产和抵押物。

诊断的结果一般有：

1. 合同漏洞百出

业务人员在与客户订立合同时，合同的具体操作条款产生漏洞而让客户找到拖欠的借口。例如，在合同里没有约定检验期限的情况下，却在合同的付款条件里写"货到验收合格后付款"，然而，客户常常以"货物还没有检验"为由拖延付款从而形成逾期应收账款；还有一些企业的坏账发生是因为在交易时没有合同，或者合同形同虚设；外贸企业则常常陷入外商客户的信用证欺诈中。因此，任何交易在进行前，应该签订严谨的合同，并尽可能在合同中设置保护性条款。

2. 自身管理问题

（1）发货环节出差错，由于自身原因，在物流环节上出现差错，表现为：发错货，交货不及时或货物有破损而导致客户拖延付款。

（2）业务员私自放账，给客户一定数期或收取远期票据，许多情况是采取"货到付款"的销售方式，但是货到后客户不能及时付款，还有就是发票没有按时寄出等。

（3）有关交易人员与客户相互勾结，故意造成应收账款的逾期。对此，企业有关部门只能加强自身内部控制，并将情况向高层领导汇报，给有关人员和交易人员施加压力，加快收回逾期账款，否则，企业将给予严惩，直至追究法律责任。同时通过个别案例的宣传，对其他业务员起到警示作用。

3. 客户经营出现暂时性困难

客户由于自身经营不佳或是被其自身客户拖欠，为了达到转移资金风险的目的，它也拖欠自己的供应商，因此会以"资金周转困难"为由拖延付款或拒绝付款。企业信用管理部门应考虑是否给予客户延期付款期限。

4. 客户经营出现严重困难

由于市场发生变化，客户的自身产品卖不出去或客户拿了供应商本身的货物销不出去甚至行将破产等，客户都会找借口来拖欠。此时，应尽快与企业法律顾问进行沟通，采取对策，减少应收账款可能收不回来的损失。

5. 客户欺诈

也许业务一开始就属于客户欺诈，事后方知上当受骗。在这种情况下，企业应立即跟律师商讨如何固定客户欺诈的证据，以便诉诸法律。

综上所述，将客户欠款的原因归结为偿还意愿及偿还能力两大主要因素。如6-2图所示。

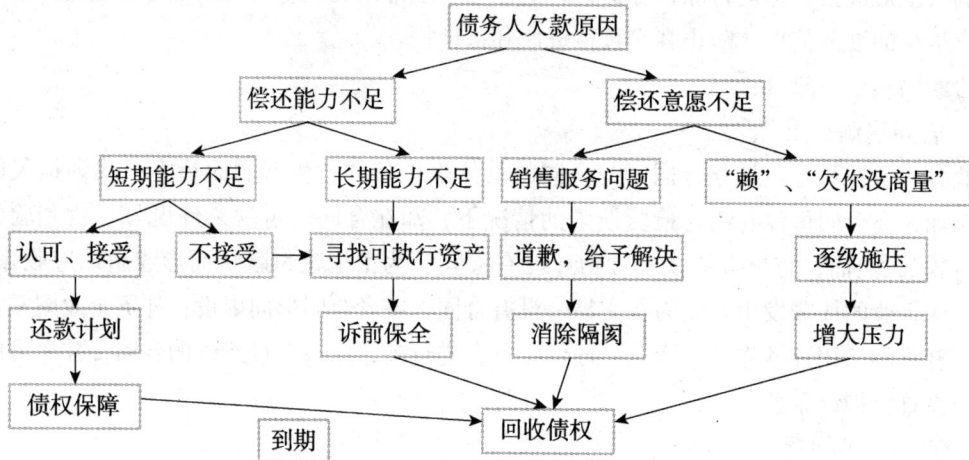

图6-2　债务人欠款原因及对策分析示意图

事实证明，不能也不可能没有欠款，企业只能尽量将欠款控制在可接受的程度之内。

根据国际收账组织统计，账款逾期时间与平均收款成功率成反比，见表6-2所示。可见，追讨欠款必须尽早重视。

表6-2　账款逾期时间与平均收款成功率

账款逾期时间	立即追讨	1个月	2个月	3个月	6个月	9个月	1年	2年
平均收款成功率	98.2%	93.8%	86.2%	73.6%	57.8%	42.8%	26.6%	13.6%

⭐ **案例6-1**

意大利一公司拖欠重庆外贸公司30多万美元货款，欠款始于2006年。之后，重庆外贸公司给意大利公司发了几百次催款传真，打过无数个电话，并两次派贸易小组上门追讨。可欠债公司的老板不是避而不见，就是一次次推翻已承诺的还款计划，在百般无奈的情况下，2009年重庆外贸公司正式委托专业公司追讨。收账公司追讨后发现意大利公司已在2007年底被强制破产抵债，但该公司在2004年至2006年还是当地实力雄厚的公司。

以上案例表明，欠款时间越长，债务人出现问题的可能性越大，收回欠款的可能性也就越小。根据专业收账公司的经验，欠款日期超过90天表明债务公司决定拖欠该笔款项，这便是为什么很多西方企业内部把逾期3个月的账款做坏账处理的原因。因此，欠款时间的长短应引起企业的高度重视。欠款一经发生，应立即采取相应措施，在自己的收账努力没有效果时应尽快把案件委托专业的收账公司处理，最好不要超过应收账款到期后的60天，以免造成更多的损失。

（二）诊断逾期应收账款的性质

信用管理部门在对销售部门转交过来的逾期应收账款制定催收策略之前，应对该项债务及债务人情况进行进一步分析。通过了解拖欠背景，收集相关信息，从不同角度判断账款回收的可能性和困难程度，以便确定和调整追收策略，提高收账成功率。对逾期应收账款的分析可以从债权特征、拖欠特征、债务人特征和追讨特征四个方面进行，对其性质分别进行评价得出分析结论，见表6-3所示。

表6-3　逾期应收账款分析结论表

特征分析	分　析　结　论
债权特征 债权文件齐全情况 承诺及担保情况 债务关联复杂程度 双方债务认同差异程度	评估值较低则说明债权特征不显著，客户很可能不认账，不适合采用仲裁或诉讼的追讨方式。应尽量与债务人协商解决债务问题，促使债务人签署还款协议，或者诱导客户补充相关确认文件，必要时可以做较大幅度的让步。实际交易中，客户对口头合同不认账。企业业务人员不注意保管合同，结果造成合同遗失的现象很多
拖欠特征 拖欠时间长短 拖欠企业地域 行业前景 拖欠性质恶劣程度	评估值较低则说明该债务属于长期或恶性拖欠，必须采取严厉的措施，事前应做周密计划，制定具体的全面的策略。或者委托专业追账机构代理催收，他们一般有相对较好的解决方法；或者通过诉讼程序，并注意加强执行；通过多种途径向债务人施加压力，这样的债务可能需要花费较大成本或大量人力物力
债务人特征 背景和实力雄厚程度 信用记录和信誉度 偿债能力和资产 偿还意愿	评估值较低则说明债务人信用状况不佳，应尽快委托专业追账机构进行实地调查，进一步确认债务人的全面情况。如果债务人具备偿债能力却无理拒付，应向其施加更大的压力，必要时建议诉讼追讨；如果确定债务人没有还债能力，可以考虑暂停追收或放弃追收

特征分析	分 析 结 论
追讨特征 双方协商状况 自行追讨 专业机构追讨 司法追讨	哪一种追讨方式的分值低，说明哪种追讨方式不能收回欠款，应加大追讨力度，或改变追讨方式
综合评价值	综合评价值较高说明债务回收的可能性较大，困难相对较小，对这样的债务，应把握"快"字，以最少地投入尽快解决问题 综合评价值较低则说明债务回收的可能性较小，困难重重。遇到这种情况，还应该具体分析四方面的评估值哪个低得比较显著，有没有改进和解决办法。在确认收回无望，或投入成本过大时，应果断放弃催收，避免进一步的损失

（三）逾期应收账款的催收策略

企业催收逾期应收账款的策略必须遵循"抓住重点、利用有限资源、发挥最大效应"的原则。如图 6 - 3 所示。

图 6 - 3　分类催收逾期应收账款策略示意图

不同的客户有不同的付款习惯，必须了解客户的行为，才能有效地回收货款；债务方拖延付款也是有不同原因的，必须了解其迟付的真实缘由，对症下药，才能解决问题。通常，在逾期应收账款的客户中有一类是略微延迟付款的，此类客户的习惯总是拖延几天付款。对此，企业必须加强与客户的沟通，了解客户付款流程，制定系统跟进制度，向对方强调迟付影响信用。在逾期应收账款的客户中还有一类是已经形成拖延付款恶习和缺乏资金的。对此，企业必须注意该行业的情况，判断其是否受行规的影响，加强与客户的沟通，加强系统跟进制度，密切关注该客户的进展状况，适时减少该客户的信用额度。在逾期应收账款的客户中也有需要恐吓的客户，他们通常认为公司对其没有影响力，加之自身又缺乏资金，因而，对逾期账款能拖就拖。对此，企业必须坚决停止继续供货，终止该客户的信用额度，密切关注该客户的进展状况，拒绝客户的主动沟通，进行诉讼准备。

企业还必须综合考虑以下因素，以制定明智的催账策略。

1. 根据账龄分析和客户类别制定催账策略

企业应当在每个月底打印每一客户的账龄记录详细清单，对逾期一定天数的客户发出警示信息，并将信息送到负责该客户的业务人员或追账人员处，由其根据具体情况并针对不同类型客户采取不同的催账策略。见表6-4、表6-5所示。

表6-4 催账策略表

区别对待	逾期账龄短	逾期账龄长
金额小	电话沟通提醒，业务人员催收，不进入催账程序	采用信函、电话、传真等方式催收，一般催账程序
金额大	上门催收，如果感到问题严重，立即进入重点催收程序；相反，如果客户有理由，适当延期，并进行严密监控	进入重点催收程序，有专人负责，催账手段不断升级

表6-5 针对不同类型客户的策略表

客户类型	相 应 策 略
长期、大客户	追账经理或财务经理上门追账；优先解决争议问题；保障继续发货
一般客户	根据其信用限额，欠款超过一定天数停止发货
高风险客户	立即停止供货，严密监控并追讨

2. 处理好催收政策与客户关系

将客户以订单额由大到小进行排序，或将客户以对应的逾期应收账款额由大到小进行排序，不难发现，少量的大客户，却占据了总营业额的80%，这就是赊销客户分类的二八法则。而对于大量的小客户（普通客户）来说，此类客户仅占企业20%的营业额，但也是公司业务组成的重要部分；对他们的逾期应收账款应只占用有限的沟通资源，一切沟通以信函或电话为主。如果违反付款协定，即可通知停货；如果有投诉，应限定在一定期限内解决。

我们在制定收账政策时，必须考虑不同收账政策所产生的不同效果，即我们所设定的收账目标会导致客户关系发生怎样的变化。一般来讲，我们愿意在维护合作关系的前提下收回欠款，但这并不代表我们应该为维护合作关系而放弃正常的收款。良好的企业需要准时回收其货款，同时不影响客户关系。所以，当要进行收账前，我们应小心思考如何进行。在拖欠金额上，企业都愿意多花时间来收取大额欠款，对小额欠款通常都容易忽略。但有两点必须考虑：何谓小额欠款及多久后可以销账？收账政策对拖欠款的忍耐程度多少？

3. 账款拖欠时间成本的计算

关于账款拖欠时间成本的计算公式如下：

（1）先从本公司取得平均毛利润率（当然也可以取得与某一个客户交易的平均毛利润率）。例如：我们的毛利润率为25%。

（2）考虑扣除必要的管理费用、营销费用及财务费用（此时的财务费用不需要考虑借贷利息）。例如：我们的各项费用约为毛利润的一半，此时接近纯利润的利润率为25% − (25% ×50%)，即12.5%，此时的12.5%是最接近纯利润率的概念（如果有借贷的情况下，则不等于纯利润率；如果无借贷，则是纯利润率）。

（3）考虑合理的时间成本率：若本公司无借贷，此时我们应收账款的时间成本率 = 活期存款利息率 + 通货膨胀率。目前的银行活期存款利率约为0.81%，而中国2007年的GDP增长为13%，我们都知道通货膨胀率是与经济增长息息相关的，通常国际上认为，通货膨胀率约为GDP增长率的60% ~70%，故我国目前的实际通货膨胀率约为13% ×60%，即7.8%（国家公布2007年的通货膨胀率实为8.4%）。此时，供应商每一笔应收账款每一年的时间成本率为0.81% +7.8%，即8.61%，那每天的时间成本为8.61% ÷365，即0.023 6%。若本公司有借贷，此时我们应收账款的时间成本率 = 借贷利息率 + 通货膨胀率。按2007年我国银行最低的借款利率约为5.3%，而通货膨胀率和上述情况一样，此时，供应商每一笔应收账款每一年的时间成本为5.3% +7.8%，即13.1%，每天的时间成本则为13.1% ÷365，即0.035 9%。

假设我们对于每笔账款的最大忍受是完全无利润，那么如果没有借贷的情况下：

用第二步计算得出的接近纯利率的比值除以时间成本则得到最大所能忍受的时间是12.5% ÷0.023 6%，即529.7（天），也就是说，我们每笔生意无论大小，只要是货物发出后529.7天还没能回收货款，那么这笔生意就白做了。用529.7天减去我们已经给了客户合理的账期（比如已经给了90天赊销期），529.7天减去90天为439.7天，这个439.7天就是作为供应商所能够忍受的最大拖欠时间，但是值得提醒的是，这个最大忍受期是完全没有利润的。

假设我们公司要求最低 10% 的纯利润率，那么此时就需要用接近纯利润率的比值减去需要保障利润的部分为（12.5% － 10%）÷0.023 6%，即 105.9 天，也就是说，要保障最低的利润率，给予客户的最大赊销期不能长于 105.9 天，否则无论生意做多大，都是达不到公司最低的利润要求。

同样上述的情况，如果有借贷的话应该是（12.5% － 10%）÷0.035 9%，即 69.6 天，此时由于时间成本增大了，我们所能够承受的忍耐时间也相应缩短了，对账款回收的天数也缩短了，由此可见，账龄的长短是直接影响企业利润状况的。

需要说明的是，对于已经有逾期应收账款的客户，企业应当停止与其进行信用交易，锁定已经暴露的风险，并给客户以压力，在客户偿还欠款之前只和其采用现金方式进行交易。如果客户对本公司的产品比较依赖，或者其转换供应商的成本较高，则在其拖欠严重的情况下暂时停止对其供货和其他交易，这也是一种比较严厉而有效的升级行动，也可以维护公司的形象和基本原则。

4. 其他因素

何时开始行动：通常拖欠时间越长，回收概率越低，查看拖欠者以往的付款记录及承诺的执行情况；

与拖欠者交往多久：如果是新客户，我们是否在交往之前告知我们的赊销政策及收账政策；如果是老客户，其付款习惯如何？以往是否有拖欠记录及是否已清偿？是否因货物或服务质量导致？

以往如何与其交往：客户是否曾经被我们停止过交易，后来又重新开始？等等。

5. 追账人员追账的原则

追账人员应确信：自己是企业中最重要的人员，是将企业的努力化为利润的人员；

追账人员应确信：没有自觉自愿付款的客户，必须经过追账人员的工作，才能收回货款；

追账人员应确信：所有客户都希望在最后期限后付款，因此客户将会以各种理由拒付；

追账人员应确信：无论情况如何，一定要收回货款。

思考 6 - 1：应如何预判和诊断逾期应收账款？如何制定逾期应收账款的催收策略？

★ 案例 6－2

"一汽大柴"是如何防范和控制逾期应收账款的？

信用风险的防范是重点和关键。信用风险主要是货款拖欠风险。长虹被诈骗的残酷现实给我国企业上了一堂生动的信用风险课，信用风险不可避免，关键在于管理、降低这些风险。全程信用管理模式为我们提供了解决思路。

一汽集团大连柴油机厂 2007 年被拖欠的账款高达 47 323 万元，通过实行全程信用管理模式，使逾期应收账款降低到 7 840 万元，并累计收回陈旧欠款近 4 亿元。原因就在于全程信用管理模式的采用。

首先，对企业的风险业务实行了"流程化管理"。在对该公司的"销售与回款"业务流程特点进行仔细分析的基础上，管理咨询专家提出了一套"售前、售中、售后"全过程的信用风险管理方案。此方案将应收账款的管理重点前移，既强化信用风险的事中控制，又注重事前对客户的信用分析工作，将"防"、"控"与"救"三者紧密地结合在一起。

其次，按照"内部控制"的原理。例如，在原来的销售管理模式中，由销售部门自己决定信用销售的期限和数量，新的管理模式则实行独立的"授信制度"，由信用管理部门审核每一个客户的信用限额。为此，他们制定三大措施来保证全程信用风险模式的有效实施。

（1）实行规范的客户信用管理制度。公司建立起了一套专业化的客户资信管理业务制度，其中包括客户信用信息的收集方法、客户资信档案的建立与管理、客户信用风险分析模型的建立以及对客户的信用风险动态监控措施等。

（2）强化营销系统的信用风险管理。营销系统是企业经营管理中最为复杂、风险性最高的领域之一。公司以信用政策的制定和实施、信用限额的评审为核心，对赊销业务实行了规范化管理，从根本上提高了企业销售与回款业务流程的效率，并且从源头上控制了信用风险的产生。

（3）在财务管理系统中建立了应收账款的预算与报告制度。同时，建立以账龄管理为核心的账款回收业务流程管理体系，由专职人员对整个账款回收过程进行监控，并将财务管理的重点移至货款到期日之前。

这套科学的信用管理机制的引入，使"一汽大柴"弥补了传统经营管理体制上的缺陷，走出了应收账款管理的误区。

（资料来源：根据信工委2009年信用管理师培训资料改编）

第二节　企业自行催收逾期应收账款

自学提示

本节的三方面内容中，重点是掌握逾期应收账款催收程序和催收方式，操作性最强的是自行催收逾期应收账款的技巧。

案例 6-3

生产某专用设备的甲企业，于2008年6月开始与客户乙建立合作关系，客户乙在经过三个月现金交易后，于2008年9月向甲企业提出赊销要求。甲企业经过调查，了解到客户乙成立于2000年，注册资本100万元人民币，是一家从事某专用设备销售和提供维修服务的代理销售商，在当地有一定知名度，其老板在业内经验较丰富，与当地政府关系较好。甲企业认为符合赊销条件，于是在2008年10月与客户乙进行赊销往来。2008年8月，客户乙开始拖欠甲企业货款，至2009年9月累计拖欠货款达9万多元。

问题：如果你是甲企业的信用管理人员，该如何列出对客户乙的货款自行催收思路？

一、逾期应收账款在不同阶段的追账策略

不论采用哪种追账程序，一笔应收账款的追收过程一般分为以下五个阶段，根据不同的阶段采取不同的追账策略，见表6-6所示。

表6-6　不同阶段的追账策略

追账阶段	相 应 策 略
早期阶段 (2~3个月)	企业可通过电话、传真或信函提醒客户货款已经逾期,并要求其遵守双方认可的付款条件及时付款。催款方式比较温和,操作人员一般是与客户熟悉的业务人员
特殊阶段 (3个月左右)	在此阶段,企业应通过书面形式向客户指出货款已严重逾期,并提醒他若再不付款,将采取必要的措施,客户将因此多支付不必要的费用。操作人员一般是企业的信用管理人员
专业追账阶段 (3~6个月)	如果发生以下的情形,可以将客户交给专业收账公司处理: 1. 认为专业收账公司可以收到账款——专业收账公司以信用记录威胁客户,可使他们支付货款; 2. 为这笔账款所付出的时间与金钱,超过用来支付专业收账公司的费用; 3. 尚未付清的金额大到值得聘请收账公司
诉讼阶段 (6个月~1年)	如果发生以下的情形,可以将客户交给律师处理: 1. 债务人可能会因律师出面感到害怕而付款; 2. 通过律师可以向法院起诉
坏账处理阶段 (1~2年)	如果信用经理判断收账的成本比可收回的金额要大,便应当取消此账户的催收

二、逾期应收账款的催收方式

实践中,当客户出现拖欠之后,用什么手段进行催收往往是一个较难处理的问题,企业主要应从追账的有效性、时间、成本(费用)等方面进行权衡,表6-7是几种典型收账方式及其优缺点的比较。

表6-7　收账方式优缺点比较表

项　目	自行追收	委托收账机构追收	诉讼方式追收
效果	前期效果最好,时间越长效果越差	中期效果较好	后期效果较好

项　目	自行追收	委托收账机构追收	诉讼方式追收
效率	效率一般，普通人员追账的专业性一般较差。专职的追账人员会提高效率	效率较高，追账人员经验丰富，且因其收入与回收率成正比，成功率越大，收入越多，故有催收积极性	效率较低，因法律有一定的方法、程序，不能改变。一般都在半年以上，且有时存在执行难的问题
维护客户关系	最好，一般不会影响与客户的关系。因为双方很熟悉，但这也是造成拖欠的原因	中等，较灵活，可因债权人的要求改变	最差，最具冲突性的方法
追账时间	不确定，如能在发生时马上追讨效果较好	最好，受理案件后马上可以开始处理	最差，一般都在半年以上
所花费用	如能尽快收回，费用是最少的。但是如果加上计算机会成本和其他间接费用等，就很高	一般，在双方签订代理协议时，已订好费用。一般来说不成功，不用付佣金	法律费用很高，而且随着时间增加而增长，没有确定数目
注意事项	企业往往缺少有经验的追账人员	一般来讲，收账代理机构对当地的法律及商业习惯都很熟悉	诉讼失败就会增加损失；如胜诉能否得到执行也是问题

三、自行催收逾期应收账款的技巧

在确定自行催收逾期应收账款之前，信用管理人员应及时通过营销部门的未收款项报告表（见表 6 – 8 所示）了解未收账款的动态情况，并根据未收账款原因的分析，选择适当的自行催收逾期应收账款的方式和技巧。

表6-8　未收款项报告表

业务员姓名：			年　月　日			编号：
客户名称	销售日期	传票号码	金额	收到日期	期票日期	未收理由及预定到款日期
填写须知	1. 各地区负责业务员，应于每次出差期间尽责收取货款，于出差结束，将未收理由及预定到款日期，如实填入本表并向业务主管汇报； 2. 遇有货款未收到者，请即时在当地查验解决，以免拖延货款； 3. 遇有销售退货者，应将交寄货运收据及原始统一发票取回，若不能者应取得销售退回证明					

主管：　　　　　　　　审核：　　　　　　　　　　报告人：

如果企业决定自行进行逾期应收账款的催收工作，销售人员和收账员就必须掌握一些基本的技巧以提高收账效率。收账的基本规则是找出对方的弱点，使用"威慑"手段，而不能够违法追账。运用的常识包括：有理有据，不能过于激烈；要找出对方不付款的理由，其是否知道不付款的后果及责任；是否已给其最后期限，欠债人是否知道最后期限的含义及其严重性。

主要收账技巧包括信函收账、电话收账和上门催讨，对于不同类型的企业采用的技巧也有所不同。要全面分析债务人的情况，采取有针对性的措施。现代收账运用心理战术远比粗暴行动更有效，任何人都有弱点，都有其最珍惜和最畏惧的东西；要以礼相待，慢慢施压，持续不断，不达目的绝不罢休。

（一）信函收账

收账信是一种传统的收款方式，使用收账信方式进行收账具有费用低、较正式的优点。虽然采用寄信的方式回信率不高，但这种方法能够对客户付款起到潜在的影响，企业可以用相对较低的成本，使绝大多数信用尚可的客户及时付款，从而把追账精力集中在疑难账户上，进而降低总体收账成本。因此，销售人员和收账员都要掌握收账信的形式和具体方法，使用收账信时需要注意以下一些要点：

（1）信的地址要具体写到某个人，或某一具体职位；

（2）写明签字人的职位与职权；

（3）写明电话，以方便回话，且发出函件后，必须有一次电话跟进；

（4）语言简洁，长度以不超过一页为宜；内容编排要合理、简短、明确，直接寄给指定的某人，并指出拖欠的金额及过期的天数；

（5）要求支付的货款金额要写在信函前部最显著的位置；

（6）一定要说明货款的来龙去脉，如果太复杂，则可附一张清单复印件；

（7）避免"时间段"的写法，例如："七天之内"要写到具体的到期日，例如："12月15日之前付款"；

（8）追索信函的发出时段：从第一封逾期账款提醒函（逾期10天）、第二封催款函（逾期30天）、第三封紧急催款函（逾期60天）到最后通牒（逾期90天，可附律师函），要言简意赅，用词和语气逐渐加重；

（9）追账函件建议不要超过三封，否则效力会减低；

（10）为了维护客户关系并保持压力，第一封函件以客户服务部的名义发出，第二封函件由信用管理部发出，第三封函件由法律部发出；

（11）所有函件，必须要亲笔签名，并加盖公章；

（12）不论欠债人如何可恶，都不要使用诋毁性的语言，尤其不要在书面文件中使用，否则这些信函可能成为对你不利的证据而在诉讼中公开。

发出追账函件的主要目的是：追回欠款及继续销售。欠款理由是多样化的，所以追账函件也要相应变化。催款函的基本格式见图6-4所示。

---

1. ×××催款函（居中）

2. 某某（单位、个人）：

3. 起因（发出本函的起因）

4. 事实（发生欠款的事实）

5. 要求（提出的还款要求）

6. 告诫（如果不按要求还款，本单位将采取的措施）

7. 出具人签名：

8. 日期：

9. 联系方式

10. 本函一式三份，其中一份送交×××监督协会备案

图6-4　催款函的基本格式

基本格式中：共包括 10 个基本项，纸型为 A4，实际应用中，还须根据不同情况灵活运用。

图 6-5 至图 6-7 是实际应用中，从赊销货款逾期提醒备忘录（第一封追索信函）到紧急催款函的参考格式。

致：某某公司　　　　　日期：2009 年 8 月 01 日

呈：某某经理　　　　　编号：ZZHJ_ 001

某某经理：

　　您好！据敝公司的账务记录，发现贵公司拖欠敝公司共伍万元整（商业发票号：xy123），而敝公司也没有收到贵公司关于此拖欠的解释，敝公司只能假定贵公司因业务繁忙而忘记付款，现希望贵公司在短期内安排付款，多谢合作！

　　如贵公司已寄出支票，请接受敝公司的谢意；如尚未，请以汇款作为回复，感谢贵公司的合作！

　　　祝　　商祺！

　　　　　　　　　　　　　　　　　营销部经理（签字）/客户服务部经理（签字）

图 6-5　赊销货款逾期提醒备忘录

致：某某公司　　　　　日期：2009 年 8 月 30 日

呈：某某经理　　　　　编号：ZZHJ_ 002J

　　　　　　　　　　　第二封通知函

某某经理：

　　您好！敝公司曾于 2009 年 8 月 1 日为了伍万元整欠款（商业发票号：xy123）发信给贵公司，但可惜并没有得到回应！

　　为了贵我双方得来不易的关系，请告知敝公司贵公司拖欠的理由！或请贵公司马上改善行将受到损坏的信用，立刻支付已过期的货款！多谢合作！

　　　祝　　商祺！

　　　　　　　　　　　　　　　　　财务部经理（签字）/信用管理部经理（签字）

图 6-6　催款函

```
致：某某公司              日期：2009 年 10 月 10 日
呈：某某经理              编号：ZZHJ_ 003

关于：贵公司拖欠货款伍万元整   一事（商业发票号：xy123）
某某经理：
    您好！敝公司曾于 2009 年 8 月 1 日及 30 日分别发函给贵公司，并在此间多次主动与贵公司人
员沟通，但敝公司至今尚未收到款项或任何解释的理由，敝公司深感遗憾！
    为此，敝公司严正要求贵公司在 2009 年 10 月 25 日前支付上述欠款，如届时敝公司尚未收到
货款，则即将此事交予律师处理。敝公司在此严正声明，因此事是由贵公司违反协议而起的，如交
予律师处理，一切的责任及费用将由贵公司承担，请予正视！
    祝   商祺！
副本抄呈：某某总经理（签字）                    法务部（签字）/法律部（签字）
```

图 6－7 紧急催款函

资料 收账信的写法

写收账信是一门艺术。

收账信是一般企业都会采用的一种收款方式，因为收账信具有费用低、较正式的优点。虽然世界上没有无懈可击的收账信，但是却有办法使你的收账信达到较完美、更有效率。如果你的收账信能符合以下这些原则，便是一封有效的收账信，就可以达到催账的目的。

写收账信的原则：

◆具体——地址要具体到某某个人或某一具体职位。

◆清楚——要求支付的货款金额写在信函突出位置。

◆简明扼要——信的长度不能超过一页。

◆正确——信中所写的款项数额必须正确。

◆容易阅读——语言要确切、简明、直接，没有套话和问讯，使用简短的句子与段落。

◆措辞要谨慎——要有长远合作考虑。

◆坚定与权威——信中的措辞要坚决而有礼貌。

◆不要让步——你有权要求付款。

◆合理——例如，必须向客户解释为何要将这件事交给律师处理。

◆指引——要求客户在收信当天就必须寄还一些钱给你。

◆反馈——要有具体人签字并写明职位，写明电话以方便回话。

◆避免时间段写法，要写具体日期，如：2009 年 3 月 5 日。

◆说明货款的来龙去脉或附一张清单。

◆不要透露以后还有几封信，并且只能有一封最后通知信。

◆最后——以非常婉转而客观的态度告诉客户，如果其未履行付款要求会有什么后果。

写收账信是一门艺术，如何不让你与客户的关系因收账信而恶化，又可以成功地达到收账的目的的确不太简单。若是你的收账信能符合以上的要求，就相当具有成效了。

（资料来源：根据信工委 2009 年信用管理师培训资料改编）

（二）电话收账

电话收账的费用相对较低，且能够和对方直接进行沟通。电话收账人员要弄清自己的权限和决策范围，事先做好准备工作，包括了解客户的相关资料和其与本企业的订货资料，在合适的时间打电话给关键的联系人。

与客户通电话时，要使自己成为一个好的聆听者并带有一种友好的声调，始终保持的态度是："对您的困境我很遗憾，但我们确实需要你们立即付款，我们已经尽了自己的责任。"

在电话中要坚持自己的意见，不要偏离既定的目标，始终回到要求付款这一目标上，让债务人感觉他必须尽快付款；要有与人合作的态度；要取得对方的明确的兑现承诺；对确定的事项要做好记录并得到对方的确认。

电话催收技巧：POWER

（1）P——Prepare：电话收账要事前准备客户资料、账款资料、业务历史、前期催讨情况、有无纠纷、纠纷原因、有无承诺、兑现情况等；

（2）O——Open strongly，即坚定的开场白。确认对方身份后即切入主题，简明扼要说明为何笔账款致电，要求其立即付款，然后倾听对方陈述。态度明确而有礼貌，立场坚定，把握谈话主动权；

（3）W——Work with objections：围绕问题寻找解决方案常见的说法及处理方法：①"已经付款"或"支票已经寄出"，礼貌致谢并核实如汇付日期、金额、支票号码、是否汇到正确账号等相关事项，以便立即查收。②"资金紧张"或"按月结尚未到日子"，不能让步，提醒对方付款期限已过，应信守承诺，维护我方利益。③"没收到账单或发票"，根据事实提醒对方票据早已寄出，应已收到。（注意不要主动提出为其补发票，以免被对方利用拖延，除非对方坚称确未收到，并提出副本要求。）④"发生纠纷"，了解清楚纠纷情况及对方要求，要求其先付清纠纷以外的部分。在承诺立即解决客户抱怨的同时，设法也让对方做出部分还款的承诺。

（4）E——End with commitments：结束前要对方给予明确承诺，并约定下次联系时间；

（5）R——Reconfirm in dateline record：再次确认承诺期限、礼貌结束并做记录。

资料 对电话催账员的忠告

著名英国信用管理专家爱德华曾经总结了电话催账的五条"金律"：

1. 用你独特的开场白赢得客户注意；

2. 要以积极的、信任的而不是批评的方式展开对话；

3. 尽可能给客户"留点面子"；

4. 如果自己有错误就坦率地承认；

5. 不怕拒绝并获得一个明确的付款承诺。

电话催账员应遵循的基本原则：

◆ 确保你的应收货款数据是准确的；

◆ 弄清楚该客户是否由公司中的其他人给予了特殊付款许诺；

◆ 确信你的上司对你的口头决定或处理能给予支持；

◆ 弄清自己的权限和决策范围。

注意：使自己成为一个好的听者并带有一种友好的声调，你的态度始终是："听到这个消息我很遗憾，我们确实需要你们立即付款，我们已经尽了我们的责任——我们不是银行。"

对电话催账员的十条建议：

（1）要有所准备、做好文字计划。

（2）要坚持自己的意见。不要偏离目标，始终回到要求付款这一条上。

（3）要及时。想拨电话、有必要拨电话时就拨通电话。

（4）要紧急。让债务人感觉他今天就必须付款。

（5）要有礼貌。树立信誉，改善企业形象。

（6）要机敏。应付对方的不礼貌。

（7）要认真而友好、不轻浮。

（8）与人合作、表现出为了得到付款愿意帮助对方。

（9）要重复，一再提到要求付款的金额。

（10）做好记录。起码得到对方的确认。

电话催账人员要经常总结客户在有意拖欠时使用的伎俩，提前加以防范，想好应对措施。常见的情况可能有如下几种：

1. 从一开始就不告诉催款人员企业财务部门的正确联系方法和负责人，客户采购人员迫使卖方的电话催账人员必须通过他们来联系。

2. 由秘书一类的人挡驾，不让卖方的电话催账人员与购货企业的负责人或者财务负责人通话。

3. 经理人员回答说"了解一下情况再说"，然后再也不主动回电话。

4. 将案子推给另外一位不经常坐班的人员，说该人员负责此事，而电话催账人员联系不上该人员。

5. 客户吹嘘其企业如何有实力，付款没有问题，但是现在资金确实紧张。

6. 对于所购商品说三道四，显得有些不满，或者答复研究以后再付款。

7. 答复说签合同时没有理解销售条款，而销售条款的要求与买方企业的想法不符，他们不按照合同执行，只按照自己的想法和所谓的市场惯例做。

8. 答复没有理解销售条款，因此没有取得现金折扣，虽然已经过期，但要求卖方必须给予现金折扣后再付款。

9. 谎称已经汇出货款。

（资料来源：方邦鉴. 信用管理与信用风险防范. 北京：北京大学出版社，2008.）

（三）上门催讨

上门催讨是一种重要的收款手段，亲自拜访也是了解拖欠账款实际情况的最佳途径。有经验的收账人员可以通过面访掌握客户大量的信息和意图，并通过语言、行为技巧推动收款行动。这种方式一般让债务人说出迟付款的真实理由，并立刻达成某种协议或者就付款作出安排。采用这种方式不单是为了施加压力，也有可能是协调客户关系。

上门面访收账是自行收账方式中最严厉的一种措施，它较有效果，面对面的交涉可以使施加的压力最大。当函件和电话追账无效时，可以采用这种方式，以免债务人随意搪塞。但面访的成本相对较高，对收账人员的要求也较高，它适用于对重点客户和收账困难客户的催款。

（四）催收逾期应收账款对于不同类型企业的注意事项

对于一些小的私有企业，包括小加工厂、贸易类公司等各种形式的小企业，即使官司打赢了，也不一定能够获得赔偿，对方可能早就把财产转移了，或者就注销了原来的公司另外再开一家。对于这样的小企业，追讨成功的关键不是优先考虑采取法律手段，而是先寻找其可用来偿还债务的财产，并及时对财产进行保全。就是说，是否有被执行财产，能否找到被执行财产，是追账成功的关键。

经营不好的国有企业拖欠货款也比较严重，即使官司打赢了，也不一定有办法执行。对这样企业的最好办法就是和个别人搞好关系，或者通过其上级施压。

资料　企业自身如何进行应收账款管理与追收

1. 应收账款管理不应始于拖欠后，而应始于发货时，实行全程监控。

2. 大部分欠债人并不是没有钱，只是想拖延，就像取得免息贷款一样。据统计约有37%的公司在收到"付款通知"时当做没收到。

3. 大部分企业的运营资金都是不足的，他们只会付款给压力最大者。

4. 客户的不良付款习惯是供货商养成的，根源在于企业内部缺乏科学系统的应收账款管理制度或没有严格执行。

5. 收账成功率和接触率成正比，与拖欠时间成反比。

6. 债务人心理随着时间的推移会发生微妙的变化，企业自己收账时间最好不要超过90天。通常，债务人的心理变化过程如下：

到期15日内：这笔钱是供应商的，应马上支付；

过期3个月后：客户也没太着急催，拖一拖再付吧；

过期1至2年：法律时效都快过了，不用付款了；

过期2年以后：这些钱是我的，凭什么付给你？

7. 因要求客户尽早付款而"冒犯"他们的风险是短期的，从长远看，通过放宽信用条件而获得的客户通常没有太大的价值（长痛不如短痛）。

8. 提供给客户较长的信用期限，然后向其催款，是最容易失去客户的管理方式（尽量缩短放账期）。

9. 应尽量避免由销售人员负责收款，交由其他人或信用管理部负责收账效果更好。

10. 据统计，对大多数企业而言，被拖欠款的利息损失比坏账本身高出 10 倍以上。

11. 客户迟付款的原因：财务困难 32.8%、争议 11.2%、管理失误 18.1%、有意拖延 37.9%（西方信用管理的资料统计）。

（资料来源：根据信工委 2009 年信用管理师培训资料改编）

总之，要明白收账是一项赊销活动的结束，好的催账也许会成为另一项销售工作的开始。

思考 6-2：你是否掌握了"企业自行催收逾期应收账款"相关操作要点？请概括综述一下你对这方面的理解。（300 字左右）

第三节　其他方式催收逾期应收账款

自学提示

一个企业不可能靠自己解决所有的信用管理问题，而且这样也不符合现代化专业分工的要求，就像企业需要请律师和注册会计师来提供法律和财务方面的专业服务一样，企业可以使用市场上已有的成熟信用工具来规避风险和保障债权，或者请专业信用管理公司和金融机构利用这些工具来高效解决信用管理中的问题。本节介绍了三种催收逾期应收账款的其他方式，重点是委托专业收账机构进行追收的方式。

中国企业往往习惯于自己解决问题，而许多外资企业特别是中小型的企业希望能够通过付费请专业机构提供服务，因为业务量不大的时候完全靠自己进行信用风险管理是不合算的。因此，企业应该利用外部的信用工具来规避风险，以及运用一些信用服务产品。

一、委托专业商账收账机构进行追收

专业商账收账机构是指具有先进的催收管理系统，拥有经验丰富的法律人员、专业的催收人员通过专业化的调查手段和合法的追收方式，有效帮助企业及时收回账款，降低企业风险率和坏账率，防范和控制企业信用风险，并根据收回的款额提取一定比例佣金的专门从事逾期应收账款催收的合法职业机构。供应商把逾期账款委托给专业收账机构进行追收是一种商业性的惩罚措施，同时也是供应商所做的最后一部分努力。

（一）委托专业收账机构的好处

（1）成本较低，收不回欠款不收取佣金；

（2）能收回相当比例的逾期账款；

（3）不严重损害买卖双方的合作关系，为将来的再次合作留有余地；

（4）解决客户的投诉和疑问；

（5）提高卖方的信用管理形象；

（6）收账方式灵活。

专业收账机构通常都根据账龄和收回的金额收取一定比例的佣金，若收不回来，不收取佣金。另外，专业收账机构一般都会收取小额的手续费。

需要注意的是，收账机构也可能"鱼目混杂"，要选择有规模和实力强的收账机构。

（二）专业收账机构的选择

规范的信用管理公司：从事资信调查与评估、信用管理咨询培训等业务；有国际国内网络渠道；有自己的律师或与法律机构有密切合作；成立时间较长；有定期汇报制度；有 IT 和数据库系统辅助收账管理；佣金比例一般不低于 15%。

不良收账公司：只有收账业务，依靠非法手段；成立时间短；无国际国内网络渠道；无定期汇报制度；无 IT 和数据库系统辅助收账管理；协议佣金比例可能较低等。

（三）了解专业收账公司的催收程序和信用商账催收委托手续

选择好专业收账公司后，还应了解专业收账公司的催收程序和信用商账催收委托手续。可参照国际上某知名公司（ICE 8000 国际信用机构）的信用商账催收程序（如图 6-8）。

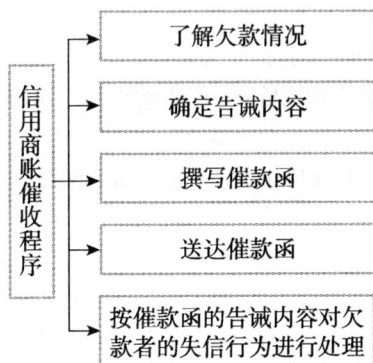

图 6-8 专业收账公司的催收程序

如果委托某家专业收账公司追收账款，还必须与其签约并履行手续。以下（如图 6 – 9 至图 6 – 13）是国际上某知名公司（ICE 8000 国际信用机构）的信用商账催收手续中的基本文书部分。

信用商账催收委托书（函）

某某公司（ICE 8000 国际信用机构）：

　　经公司研究决定，委托贵公司全权代理×××应收账款催收事宜。本公司承诺所提供的资料是真实的，如不真实，同意按 ICE 8000 国际信用监督体系相关规则承担被公开投诉和永久曝光的责任。

附件：1. 关于应收账款的说明；

　　　2. 证据复印件；

　　　3.……

×××××公司（盖章）

法定代表人：（签字）

年　月　日

图 6 – 9　信用商账催收委托书（函）

关于应收账款的说明

现就×××××拖欠我公司款项一事，说明如下：

1. 债务形成的原因和过程：

2. 我单位为催账已经做出的努力：

3. 债务人提出欠债理由：

4. 我单位对债务人欠债理由的意见：

5. 我单位还账要求与主张：（如：一次性付清，还是分期付清。在什么情况下主张利息等要求）

　　……

　　我公司承诺上述说明是真实的，如不真实，同意按 ICE 8000 国际信用监督体系相关规则承担被公开投诉和永久曝光的责任。

×××××公司（盖章）

法定代表人：（签字）

年　月　日

图 6 – 10　关于应收账款的说明

×××信用公司

（国际注册信用师或国际信用管理员）催款函

×××（公司）：

　　本信用师接受××的委托，××××。现就贵公司（阁下）拖欠××款项一事，出具此函。贵公司（阁下）×××××××，欠款××××元，×××××。

　　现为了双方友谊的延续和问题的最终解决，本信用师提出解决方案如下，供贵公司（阁下）选择：

　　1. ××××××

　　2. ××××××

　　……

　　请贵公司自接到此函后×日内，与本信用师取得联系，或书面予以明确答复。若逾期不予回复。我们将采用如下措施：

　　1. ××××

　　2. ×××××

　　……

　　以上意见，请谨慎考虑。

×××信用公司国际注册信用师〔ICCA〕：×××

×××信用公司国际信用管理员〔ICA〕：×××

××年××月××日

联系人：×××××

联系方式：×××××××

本函一式三份，其中一份送交国际信用评估与监督协会〔ICASA〕备案

图 6-11　某信用公司催款函

×××信用公司

关于×××公司的欠款已收到的函

×××（公司）：

　　贵公司拖欠的×××公司的款项×××元，现已全部还清，我公司也将贵公司还款日期在ICE 8000信用信息库中做了注明。

　　作为信用专业机构，我们非常感谢贵公司对我们工作的支持与配合，同时，我们也相信贵公司是一个讲究信用的公司，并必将会长远发展下去。

　　对我公司有什么意见和要求，请随时联系我们。

×××信用公司国际注册信用师［ICCA］：×××

×××信用公司国际信用管理员［ICA］：×××

××年××月××日

联系人：×××××

联系方式：×××××××

图 6 – 12　某信用公司关于受托公司欠款已收到的函

×××信用公司

（国际注册信用师或国际信用管理员）催款公告

本信用师接受××的委托，××××。现就该公司拖欠××款项一事，发布催款公告。

一、欠款形成的原因；

×××××××

二、债权人为催款已经做出的努力；

×××××××

三、信用机构为催款已经做出的努力；

×××××××

四、债务人对欠款提出的理由；

×××××××

五、债权人对债务人欠款理由的意见。

×××××××

本公司及本信用专业人员，已对上述证据与事实进行了充分的审查和调查，我们愿意承担失实的责任，请社会各界谨慎与失信者交往。

×××信用公司国际注册信用师［ICCA］：×××

×××信用公司国际信用管理员［ICA］：×××

××年××月××日

联系人：×××××

联系方式：×××××××

本函一式三份，其中一份送交国际信用评估与监督协会［ICASA］备案

图 6 – 13　某信用公司催款公告

二、法律诉讼

法律诉讼是供应商为收回债务人欠款所做的最后努力。进行法律诉讼要注意以下几个方面的问题：

（1）诉前准备。首先，要确认债务人的投诉已经解决，避免在法庭上面临债务人的反诉请求。其次，要确认债务人有足够资产清偿债务，否则即使获得有利于自己的判决也无法执行。同时，应在律师的协助下，取得充分的证据，包括债务人的准确资料。

（2）诉讼保全。对被告的动产或不动产向法院申请诉讼保全是保证判决能够迅速执行的重要方式。但向法院申请诉讼保全时，需要向法院缴纳一定金额的保证金。万一诉讼失败，可能会给原告带来一定的损失。

（3）诉讼成本。法律诉讼的成本主要包括诉讼费和律师费两部分。诉讼费是交给法院的费用，若完全胜诉，则由被告承担；若败诉，则由原告承担；若各有胜负，则分别由双方分担。律师费则不论胜败原告都要支付。

（4）判决的执行。判决执行难是目前普遍存在的问题，人民法院的很多判决都不能得到及时地执行，很多判决甚至被束之高阁。主要原因包括：法院执法力度不够、公民和企业不尊重法院判决、地方保护主义保护、债务人没有足够的资产、债务人在境外等。如果债务人无视法院判决，仍然不付款，债权人可以申请法院强制执行，但需先向法院缴纳一定的强制执行费。要保证判决能够得到强制执行，债权人最好能事先了解债务人的财产状况。

三、其他收账技巧

（1）传真。有时客户可能忽视来信，但对发来的传真却会作出及时反应。

（2）电子邮件。随着信息技术的发展，电子邮件提醒会是一种重要手段。并且因其快捷、普及和工作习惯而会被广泛应用。

（3）现金折扣、结算回扣、惩罚性收费、停止供货和取消额度等常规措施要配合收账使用，会收到一定的效果，这些方法的应用请参见赊销政策部分。

四、建立收款考核报告制度

为使企业各相关部门都关注客户付款，必须建立合理的收款考核体系，对业务人员应有回款考核。当然，负责信用管理的部门是应收账款的主要管理部门和协调部门，要建立定期报告制度。

信用部门应使用和提交的报告及图表包括：销售额·回收额管理一览表、月现金回收图表、货款回收进度表、客户信用状况变动报告、争议货款分析报告、应收账款账龄分析报告、DSO分析报告、应收账款情况汇总表和月度应收账款情况分析报告等各种形式的报表，信用管理部门也可以根据相应的情况使用其全部或者部分表格，见表6-9和表6-10所示。

表6-9 销售额·回收额管理一览表

客户名称	经办人	销售额明细			回收预定明细			当月回收预定明细		
		月	月	月	月	月	合计	现金	支票	
									( )	
									( )	
									( )	
									( )	
									( )	
									( )	
									( )	

表6-10 月度应收账款情况分析报告

项　　目		账龄天数	应收期内	1~30	30~60	90~180	180~360	360以上	合计
账龄分析	交货后应收款	应收金额							
		百分比							
	质保金	应收金额							
		百分比							
DSO分析		种类	全部应收款		货款	质保金	逾期款	期内款	争议货款
		天数							
		金额							
		百分比							

续表

综合分析		本月度	上年度同期	上月度
	应收账款占年度销售总额的比率			
	应收账款占流动资产的比率			
	应收账款占总资产的比率			
	坏账和坏账准备占应收账款的比率			

五、应收账款管理与追收的要点

应收账款管理与追收的要点包括：

（1）客户既是最重要的财富，同时也是最主要的风险来源；

（2）好的客户应是按时付款的客户；

（3）客户尊敬做事专业而严谨的供应商；

（4）客户不良的付款习惯是供应商养成的；

（5）防患于未然，将问题解决在萌芽状态；

（6）逾期账款成本是企业最大的赊销成本；

（7）时间是欠债人的保护伞；

（8）等待与观望不会带来任何结果；

（9）债务人首先付款给压力最大的债权人。

★ 案例 6-4

请你结合以下案情思考与本章内容相对应的基本知识的重要性？

湖南一家很有名的企业，其年销售额1.4亿元人民币，坏账率只有1.2%。这个水平相对来说本来应是不错的，但是在1.4亿元的销售额当中，有25%的应收账款平均逾期600天才能收回，以年利率3.5%计算，逾期利息损失就达到245万元，明显超过了坏账损失。所以若是应收账款不能及时收回，必然会给企业造成巨大的利息损失和机会成本损失。假设销售净利润是10％，同期借款成本率为5％，只要客户货款拖欠24个月，该笔赊销业务在某种程度上来说就是白做了。可见，企业在采取赊销方式促进销售的同时，会因持有应收账款而付出一定的代价，即为应收账款的成本。包括：（1）机会成本：指资金投放在应收账款上的所丧失的其他收入，如投资于有价证券便会有利息收入、扩大生产规模产生的确定收益等。（2）管理成本：企业对应收账款进行管理而耗费的开支，是应收账款成本的重要组成部分，主要包括对客户的资信调查费用、应收账款账簿记录费用、收账费用（差旅费、员工管理费用等）以及其他费用。（3）坏账成本：应收账款基于商业信用而产生，存在无法收回的可能性，由此而给应收账款持有企业带来的损失，即为坏账成本。这一成本一般同应收账款数量成正比，即应收账款越多，坏账成本也越多。因此，为规避发生坏账成本而给企业生产经营带来的不利影响，企业按规定应以应收账款余额的一定比例提取坏账准备。实际中，逾期（半年以上）应收账款的坏账可能性与收账成本也是成正比，而信用期内应收账款的管理成本则是应收账款成本最主要的构成部分。

（资料来源：根据信工委2009年培训资料改编）

思考6-3：你是否熟悉了"其他方式催收逾期应收账款"相关操作要点？请概括综述一下你对这方面知识的理解。

·本章小结·

本章内容主要围绕着逾期应收账款的管理展开，我们介绍了逾期应收账款管理的三条知识链。其中：

第一节预判和诊断逾期应收账款实务的两点知识，是根据分析和控制逾期应收账款流程逐一展开并加以描述的。具体包括：（1）早期逾期应收账款的预警，分为：预警期前的应收账款管理和进入预警期内的应收账款管理。（2）逾期应收账款的判断和催收策略；分为：对逾期应收账款的一般诊断、诊断逾期应收账款的性质和逾期应收账款的催收策略。本节核心知识是在分析和控制逾期应收账款流程中，如何正确判断债务人欠款原因及采取明智的策略。

第二节企业自行催收逾期应收账款，是分三个问题阐述的。具体包括：（1）逾期应收账款的追账策略；（2）逾期应收账款的催收方式；（3）自行催收逾期应收账款的技巧。本节核心知识点是自行催收逾期应收账款的技巧，当然，它是操作性最强的实务知识。

第三节其他方式催收逾期应收账款，是按照四个问题分别阐述的。核心知识点是委托专业追账机构进行追收的内容。

本章自测题

以下测试题均是按本教材知识点的顺序排列，请你依次把测试题的答案找出来，并在每一测试题后写上答案，同时注明与本教材知识点相对应的页码。

一、单项选择题

1. 对于（　　）评估值较低的企业，客户很可能不认账，不适合采用仲裁或诉讼的追讨方式。

　　A. 债权特征　　　　B. 拖欠特征　　　　C. 债务人特征　　　D. 催讨特征

2. （　　）评估值较低则说明债务人信用状况不佳，应尽快委托专业追账机构进行实地调查，进一步确认债务人的全面情况，采用恰当的追讨措施。

　　A. 债权特征　　　　B. 拖欠特征　　　　C. 债务人特征　　　D. 催讨特征

3. 对于高风险客户企业应采取的收账策略是（　　）。

　　A. 立即停止供货，严密监控并追讨　　B. 降低信用额度

　　C. 保障继续发货　　　　　　　　　　D. 追账经理上门追账

4. 企业的收账成功率和接触率（　　），与拖欠时间成反比。

　　A. 成反比　　　　　B. 成正比　　　　　C. 相等　　　　　　D. 没关系

5. 对于企业来说，（　　）负责收账，收账效果更好。

　　A. 采购部门　　　　　　　　　　　　B. 财务部门

　　C. 信用管理部门　　　　　　　　　　D. 销售部门

6. 一般而言，在应收账款逾期3~6个月时，属于追账阶段中的（　　）。

　　A. 特殊阶段　　　　　　　　　　　　B. 专业追账阶段

C. 诉讼阶段   D. 坏账处理阶段

7. 下列（　　）能更好地维护与客户的关系。

    A. 委托收账机构追收   B. 诉讼方式追收

    C. 仲裁方式追收   D. 自行追收

8. 一般而言，在应收账款逾期3~6个月时，采用（　　）方式效果最好。

    A. 委托收账机构追收   B. 诉讼方式追收

    C. 仲裁方式追收   D. 自行追收

9. 具有费用低、较正式的优点的自行催收方式是（　　）。

    A. 信函收账   B. 电话收账

    C. 上门催讨   D. 委托专业追账机构进行追收

10. 电话催收技巧：POWER中的"O"代表（　　）。

    A. 事前准备

    B. 坚定的开场白

    C. 再次确认承诺期限、礼貌结束并做记录

    D. 结束前要对方给予明确承诺，并约定下次联系时间

二、多项选择题

1. 客户对企业的应收账款进行拖欠借口主要包括（　　）。

    A. 流动资金不足   B. 货物质量有问题

    C. 单据没有收到   D. 支票已经寄出

    E. 企业已经破产

2. 判断客户有可能拖欠货款的危险信号有（　　）。

    A. 付款放慢   B. 以不合理的价格倾销

    C. 突然大额购买   D. 改变付款方式

    E. 主要负责人变更

3. 企业的追账部门对逾期应收账款的分析可以从（　　）等方面进行。

    A. 债权特征   B. 拖欠特征

    C. 债务人特征   D. 催讨特征

    E. 债权人特征

4. 企业可以从（　　）方面分析客户的拖欠特征。

    A. 拖欠时间长短   B. 拖欠企业地域

    C. 行业前景   D. 拖欠性质恶劣程度

E. 拖欠人的态度

5. 对于金额小、逾期账龄长的应收账款应进入一般催账程序，采用（　　）方式催收。

    A. 信函　　　　　　B. 电话　　　　　　C. 传真

    D. 上门催收　　　　E. 委托律师催收

6. 应收账款的追收过程一般分为（　　）等阶段。

    A. 早期阶段　　　　B. 特殊阶段　　　　C. 专业追账阶段

    D. 诉讼阶段　　　　E. 破产清算阶段

7. 自行催收逾期应收账款的主要收账技巧包括（　　）。

    A. 委托收账机构追收　　　　　　B. 信函方式追账

    C. 电话追账　　　　　　　　　　D. 上门催讨

    E. 委托律师催收

8. 写收账信是一门艺术，写收账信的原则包括（　　）。

    A. 具体　　　　　　B. 清楚　　　　　　C. 简明扼要

    D. 容易阅读　　　　E. 重在说理

9. 委托专业追账机构的好处有（　　）。

    A. 成本较低，收不回欠款不收取佣金

    B. 能收回相当比例的逾期账款

    C. 提高卖方的信用管理形象

    D. 收账方式灵活

    E. 能收回全部逾期账款

10. 法律诉讼是供应商为收回欠款所作的最后努力。进行法律诉讼要注意的问题包括（　　）。

    A. 诉前准备　　　　B. 诉讼保全　　　　C. 诉讼成本

    D. 判决的执行　　　E. 律师辩护

三、判断题

1. 在企业内部，对信用期限内的赊销账款，信用管理部门不需要进行管理工作。（　　）

2. 进入预警期的应收账款就是逾期应收账款。（　　）

3. 对于金额小、逾期账龄短应收账款，业务人员应该电话沟通提醒催收，不进入催账程序。（　　）

4. 一般来讲，企业愿意在维护合作关系的前提下收回欠款。（　　）

5. 如果客户对本公司的产品比较依赖，在其拖欠严重的情况下可暂停对其供货。（　　）

6. 客户的不良付款习惯是供货商养成的，根源在于企业内部缺乏科学系统的应收账款管理制度或没有严格执行。（   ）

7. 对大多数企业而言，被拖欠款的利息损失比坏账损失低。（   ）

8. 企业委托收账机构追收欠款的效率最高，成功率最大，费用最少。（   ）

9. 专业收账机构通常都根据账龄和收回的金额收取一定比例的佣金，若收不回来，不收取佣金。（   ）

10. 法律诉讼是供应商为收回债务人欠款所做的最后努力。（   ）

四、案例分析题

1. 请结合案例 6-1 分析回答：（1）预判和诊断逾期应收账款的要点有哪些？（2）你应该如何应对客户对逾期应收账款还款的拒绝、抱怨、借口或拖延？

2. 请结合案例 6-2 和第五章、第六章知识，概述应收账款跟踪管理与逾期追收制度的实务要点。

3. 请结合案例 6-3 及本章第二节知识分析回答：如果你是甲企业的信用管理人员，请简要列出对客户乙的货款自行催收思路。

4. 请结合案例 6-4 和本章知识分析回答企业对不同逾期应收账款有哪三种主要追讨方式？如何正确使用这三种主要追讨方式？

第七章

消费者信用管理实务

学习目标

学完本章后，你应做到：

1. 复述消费者信用的概念及形式；

2. 列示消费者信用信息的采集和管理要点；

3. 可列举消费者信用管理基本实务要点。

请你在本章学习开始时填写表 7-1 中的第 1~2 项，学完本章后填写第 3~6 项，如果本表填不下，可自行加页，填写好后交给老师，作为积分作业记入平时成绩。

表 7-1　编制学习计划书

序　号	项　　目	内　容　提　要
1	制订本章自学计划	
2	列出本章各节要点	
3	综述本章核心知识	
4	提出疑难问题	
5	简述学习体会	
6	作出自我评价	优秀（　）良好（　）及格（　）跟不上（　）

关键术语

消费者信用	消费信贷	消费者信用基本形式	零售信用
循环信用	分期付款贷款	个人信用报告	个人信用评分

引　言

　　欢迎你进入第七章的学习。本章与第三章、第四章、第五章、第六章的最大不同是在企业信用管理的对象上，第三章、第四章、第五章、第六章的信用管理对象是企业客户（B2B），而本章的信用管理对象则主要是消费者个人（B2C）。因而，我们把本章归在一个新单元。但是，本章所阐述的消费者信用管理实务知识仍然是企业信用管理的基本实务。本章的重要性在于通过学习消费者信用管理实务知识，帮助你面对和解决诸多涉及消费者信用管理的相应问题。尽管消费者信用管理与企业信用管理具有某些共性要素（如核实消费者信用信息的"5C原则"），但因为信用管理的对象现在主要是个体消费者，因此，你更应该注意的是消费者信用管理所具有的特点。

　　本章第一节主要明确消费者信用的概念、消费者信用的三种基本形式以及消费信贷发展、现状两方面知识。第二节主要阐述了个人信用报告的重要性和我国目前个人信用信息基础数据库建设的基本情况。第三节的第一方面知识涉及消费者信用管理的客户授信、账户管理、商账催收等工作流程；第二方面知识涉及个人信用评分的相关知识；第三方面知识是美国个人信用报告评分标准及管理体系。

　　以上概括了这一章的三节内容。在学习方法上，你一定要注意本章内容和前后各章内容的衔接关系和相关知识的有机联系。我们还将安排与本章内容相对应的小案例和测试题，帮助你评估自己的学习进度和把握程度。你应该先思考这些小案例题，并完成相应的测试，再参考相应的答案。如果你的答案不正确，应努力再学习本教材有关的部分知识，以找出自己出错的原因。

　　本章所需的学习时数约为4小时，但实际所需时间视你的学习进度而定。但是，请切记分配足够的时间，以便完成你的案例分析和测试题。

★ 案例 7 -1

被他人冒名贷款产生不良信用记录

　　某市市民韩某被他人冒用名义贷款后，因冒用人未按期还贷，致韩某产生不良信用记录。韩某由此认为放贷银行未尽贷款审查义务，违规放贷，侵犯了其名誉权，遂一纸诉状将其告上法庭。两审之后，市第二中级人民法院判决被告支行立即删除韩某在其银行及其他 17 家银行信用数据库中的不良信用记录，以书面形式向韩某赔礼道歉并给付原告精神抚慰金 3 000 元。

2007 年 12 月初，韩某通过朋友与某房地产公司法定代表人齐某相识。后韩某欲购买齐某所在公司建设开发的商品房，于是将身份证、户口本等相关材料都交给了齐某。同年 12 月 11 日，齐某为了筹措资金偿还工程欠款，在未经韩某同意的情况下，通过中介机构，用韩某的身份证等材料，冒用韩某名义与某银行位于本市的一家支行签订了个人住房贷款合同。该合同约定，韩某向该支行贷款人民币 16.8 万元，用于购买齐某所在公司在红桥区开发的一处商品房，贷款期限 10 年。同时双方还签订了个人住房抵押合同。后该支行如约将所贷款项给了齐某所在公司，齐某则用此款直接偿还了其所欠工程款，而韩某既没得到贷款也没实际购买到上述房屋。此后，齐某以韩某名义向上述支行偿还了数月贷款本息，而后因故未能继续偿还，以致韩某在银行个人诚信系统产生了不良信用记录。

为此，该支行于 2008 年 9 月以韩某欠款为由起诉至法院，要求与韩某解除借款合同，并要求韩某一次性偿还贷款本息。2009 年 4 月，因该案涉及齐某等人虚构事实、骗取银行贷款的犯罪嫌疑，法院裁定驳回支行的起诉，并将有关材料移送到公安机关。公安机关经调查，证实韩某本人并未向支行贷款，是齐某冒用韩某的名字在银行贷款。其后，韩某多次找到支行要求删除因违法操作造成侵犯韩某名誉的虚假不良信用记录，均遭拒绝，从而导致韩某两次申办银行卡都被驳回。韩某一气之下将该支行告上法庭，要求立即删除其不良信用记录，赔礼道歉并赔偿精神抚慰金。法庭上被告支行提出，其与韩某之间的个人住房贷款合同、个人住房抵押合同是经过公证证实的，其不存在侵权的主观故意和客观行为，因此不同意韩某诉求，但被告支行未能提供证据证实上述合同中韩某的签字系其本人所签。

法院认为，被告支行的行为已侵犯了韩某的名誉权，应承担相应的民事责任。韩某要求被告支行停止侵权行为、赔礼道歉，并赔偿精神抚慰金的请求，符合法律规定，予以支持。由此，法院做出上述终审判决。

（资料来源：根据信工委 2009 年培训资料改编）

以上案例虽系银行与消费者个人之间的信用纠纷，但隔行不隔理，其警示意义在于：任何企业都不可忽视信用管理实务可能影响客户的信用权益（请思考本案中被告支行为什么拿不出证据证实上述合同中韩某的签字系其本人所签）。试想，如果本案中的某支行在该信用交易之初，能严谨细致地进行信用管理业务操作，留下可靠的信用证据，还会让居心不良者钻信用交易的漏洞吗？还会在该信用交易上给诚实守信的消费者（本案中韩某）和授信者（本案中某支行）带来损失吗？

可见，严谨细致的消费者信用管理实务是多么重要。下面，我们将在本章各节内容中逐一说明消费者信用管理实务各环节的具体操作。

第一节　消费者信用概述

自学提示

本节首先阐述了消费者信用的概念及形式，进而分析了消费信贷的发展现状。消费者信用的概念及形式当然是重要的入门知识，而伴随着个人信用制度的建立和完善，消费信贷的发展应该是一个不断变化的动态过程，并且必然将成为消费者信用中最主要的内容。这部分知识自然是学习的重点。

一、消费者信用的概念及形式

消费者信用是指消费者以对未来偿付的承诺为条件的商品或劳务的交易关系。事实上，消费者信用作为市场经济中的交易工具已经有很长的历史了。第二次世界大战以后，科技突飞猛进，生产力大幅提高。为了推销商品，商人设计出许多创新推销方式，诸如分期付款、赊购证、信用卡等。消费者信用的出现扩大了市场的规模并使消费者可以提前享受到他们所要的东西。

消费信用作为企业与消费者之间信用关系的一种重要形式，是工商企业以商品、货币或劳务为载体，向消费者个人提供的以延期付款为主要内容的商业信用。消费信用是在商品经济不断发展的基础上产生的，早在前资本主义时期，商人向消费者用赊销的方式出售商品，实际就是消费信用的一种形式。进入资本主义时期，尤其是第二次世界大战后，借助金融机构的参与，消费信用得到了广泛的发展。

消费信用最常见的形式有以下几种：

（一）赊账

零售商以延期付款方式向消费者提供的信用，主要是为了帮助消费者实现日常的零星购买。在西方发达国家，赊账一般采用信用卡方式进行支付，即由银行或其他机构发给消费者信用卡，消费者可凭卡在指定单位购买商品或用做其他支付的手段，并可持卡定期结算清偿。

（二）分期付款

分期付款一般属于中期信用，此种信用方式多在消费者购买耐用消费品时使用。例如，消费者购买汽车、家具、房屋等耐用品时可先支付部分货款，然后按合同约定分期加息支付其余货款。多数分期付款合同规定，在货款付清之前消费品的所有权仍属于卖者。

（三）消费信贷

所谓消费信贷是指银行或非银行金融机构采取信用放款或抵押放款的方式，向消费品交易的双方提供贷款，以解决消费者延期支付给交易双方带来的资金困难。按照授信方的不同，消费信贷可分为买方信贷和卖方信贷两种方式。买方信贷是对购买消费品的消费者发放贷款；卖方信贷是以分期付款单证作抵押，对销售消费品的企业发放贷款。按照交易商品或服务的不同又可分为汽车信贷、住宅信贷、教育学资信贷、小额生活信贷、度假旅行信贷等。消费信贷一般为中长期信贷，是消费信用中使用最为广泛的一种形式。

（四）零售信用和现金信用

如果以信用的使用目的为标准，消费者信用可以分为零售信用和现金信用等。

1. 零售信用

零售信用是指零售商向消费者以赊销的方式提供产品与劳务，是消费者直接用来向零售商购买最终产品的一种交易媒介。通过这种方式，企业或零售商增加了销售，争取了更多的消费者。在现代市场经济条件下，零售信用已经成为市场竞争的一种手段。

在零售信用中，具体可以划分为循环信用、零售分期付款信用以及专业服务信用。

（1）循环信用是零售商与消费者之间的一种协定。依据协定，零售商允许消费者在事先约定的限额内，以信用交易购买各种商品。

（2）零售分期付款信用的特点是要求受信方支付首付款，然后要在一定期间内按期支付固定的金额，直到还完全部款项为止。它与循环信用不同的是，消费者要与企业签订销售合同，在余款支付完后信用交易自动终止，所以它又叫做封闭信用。

（3）专业服务信用专指消费者可以先期获得专业人士的服务，在收到账单后再行付款，是专业服务提供者对消费者所提供的短期信用。专业服务信用类似上述的循环信用，只是由专业服务替代了实际商品。

2. 现金信用

现金信用即现金贷款。当消费者由于各种理由需要现金，都可以向金融机构申请贷款，消费者得到的是现金，授信主体是金融机构。现金信用比零售信用进步了很多：零售信用将交易限定在具体的商品上，而现金信用则可以使消费者购买任意的商品以及更广泛地使用。

与零售信用一样，现金信用因偿还方式的不同，可以分为分期付款贷款、单笔付款贷款及一般用途信用卡三种。

（1）分期付款贷款是一种贷款的协定。它约定借款人在将来的一段时间内，以固定而有规律的付款方式偿还贷款。借款人必须提供收入及财务的安定性证明，使贷款人对借款人将来偿还贷款抱有信心。

（2）单笔付款贷款是一种短期的贷款，贷款期限通常短于 1 年，并规定在期限终了时，借款人应将全部贷款一次付清。

（3）一般用途信用卡由银行、金融公司或大公司的财务部门发行，是发卡公司对于持卡人预先核准的贷款凭证。此种贷款通常设有信用额度，亦即持卡人使用信用卡购买商品或支付费用的最高限额。

二、消费信贷发展概述

作为消费信用主要形式之一的消费信贷，亦称消费者贷款，是银行对个人和家庭购买消费品或消费性支出费用提供的贷款。与企业信贷相反。消费信贷是商业企业、银行或其他金融机构对消费者个人提供的信贷。主要用于消费者购买耐用消费品（如家具、家电、汽车等）、房屋和各种劳务。消费者贷款比个人贷款范围还要小，它不包括个人投资贷款，也不包括对自然人小型企业的贷款。提供信用的债权人主要是商业银行，接受信用的债务人是个人消费者。消费信贷作为一种人为刺激个人消费需求、促进生产发展的手段，具有巨大的发展潜力。

在商品经济比较发达的国家，每年有成千上万的消费者通过消费信贷提高了物质生活水平，商人们也利用消费信贷取得了更多的利润。第二次世界大战后，消费信贷在发达国家得到了极大的发展，目前国外消费信贷在经济生活中占有一定比例，如美国、加拿大的消费信贷占银行贷款的比例分别约为 1/5 和 1/3，德国 1/2 的家庭有债务；法国 1/2 的家庭有债务，1/4 的家庭先靠贷款买房；美国 70%、德国 60%、日本 50% 的汽车销售通过贷款完成；美国每年有 6 000 万户家庭用信用卡消费，累计债务 4 000 亿美元。

（一）发展消费信贷是扩大内需刺激经济增长的必然选择

1. 有利于提高消费倾向，扩大内需

开拓国内市场，扩大国内需求是我国经济发展的基本立足点和长期战略选择，所以有效刺激消费是我国经济保持长期稳定增长的重要保证。尤其重要的是，当前我国的消费品市场从卖方市场格局向买方市场格局转化；而另一方面，居民的储蓄率日趋高升，边际消费倾向递减，在此情况下，国家近年先后出台了一系列扩张投资需求的财政政策与货币政策，但从消费领域看，消费市场依然偏淡，扩张投资需求刺激消费作用有限，进一步扩大内需、刺激消费还有赖于发展消费信贷进而扩张有效需求。我们知道，投资和消费是经济增长的两个轮子，要使投资拉动经济增长的态势得以持续，消费需求必须及时跟上，发展信用消费正是扩大消费需求的一种重要途径。从全社会看，由于消费与生产不可能完全同步，消费总是滞后于生产，两者之间存在一定的滞差，消费信贷的实施有助于增加即期消费，保持生产与消费的良性循环。政府通过消费信用引导消费者的支出投向，有意识地加速或延缓某类消费的社会实现，还可以有效促进产业结构调整和升级，实现经济结构的优化，使经济增长步入良性循环。

2. 有利于为经济增长提供推动力

消费的增长始终是经济活动的出发点与归宿点，以消费为导向也正是市场经济发展的真谛。居民消费的增长与消费需求结构的升级正是经济规模扩展与经济向更高层次进化的根本推动力。据测算，居民消费对国民经济增长的贡献率，韩国为 64.8%，日本为 66.4%，美国为 68%，而我国该项指标约为 50%。在发达国家，信用消费占其整个消费的比重达30%。按此计算，在我国可增加消费 1 300 亿元左右，将带动消费增长约 4.5 个百分点，若消费对经济增长贡献率为 50%，则最终可拉动经济增长 2.3 个百分点。我国的消费水平在达到小康之后，面临消费升级，一次性大额支付是其中一个重要特征，也会是一个经常遇到的问题。通过消费信贷，使部分急需改善生活条件并有一定经济实力的居民提前实现对住房、汽车等高价值消费品的需求，也有利于提高生活水平的质量，促进社会消费升级的顺利实现。因此，通过发展消费信贷，可以从根本上改变传统的制约消费的政策和观念，把消费和劳动生产有机结合起来，激发劳动者的劳动热情，提高劳动生产率，最终提高人们消费生活水平。

3. 发展消费信贷可以优化社会信用结构

发展消费信贷可以优化社会信用结构，使债权和债务有机地结合起来，从而提高信用内在约束机制和全社会的信用水平。在目前我国畸形的社会信用结构中，居民高债权，政府和企业高债务，银行高风险。风险和收益是绝对分离的。发展消费信贷可以优化居民的资产结构，使居民的收益和风险通过信用消费的方式相结合。消费信贷和储蓄对于货币流通的作用恰恰是相反的，前者是未来的收入现在使用，而后者是现在的收入未来再用。发展消费信贷也是构建市场储蓄向投资转化机制的重要措施。此外，发展消费信贷可以延伸货币政策和信贷政策的作用范围，是调整银行资产负债结构的有力工具之一。到目前为止，货币、信贷政策都是在短缺经济中发挥促进生产作用的，而通过消费信贷可以使货币、信贷政策延伸到消费领域，建立消费主导型的经济增长方式。更进一步，通过政策作用范围的延伸，可以帮助银行调整资产负债结构，提高银行效率和效益。

（二）消费信贷的特点

1. 违约风险大、利率水平高

消费信贷是商业银行贷款中风险最高的贷款。因为个人和家庭的财务状况可能受疾病、失业、事故或灾害等多方面影响而急剧改变，消费信贷的违约风险通常高出商业贷款几倍。按照风险与收益对等原则，其利率水平也比较高。此外，消费信贷被银行家们视为有利可图的"刚性"利率贷款。就是说它的定价大大高于它的融资成本。这是因为它的利率合约不像现在的大部分商业贷款利率一样可以浮动，而是在贷款期间不随着市场条件的变化而变化。这种固定利率锁定了银行的收益。在贷款期间，如果银行筹资成本上升并且超过了银行利益收益，银行该笔消费信贷就暴露在利率风险之下。同时，通过较高的利率用以补偿消费信贷较高的成本和较高的违约风险。

2. 贷款额度小、成本费用高

该类信贷一般只有较小信用额度，通常在 1 000 元至 50 万元之间，不大量占用银行的信贷资金。虽然每笔贷款金额小，但其固定成本并不低，如银行固定资产折旧及设施费用、人员工资费用、调查费用等个人贷款单位成本要高于企业贷款。从会计成本角度讲，个人贷款是银行所有贷款中成本最高的贷款。

3. 贷款期限灵活、规模变动呈周期性

该类信贷期限灵活，买方信贷一般在 6 个月至 5 年，卖方信贷期限相对较长，如个人住房贷款期限最长可达 30 年。这也导致其规模变动呈周期性，在经济扩张时期，消费者对未来的收入预期比较乐观，敢于花钱，个人贷款增长比较快；相反，在经济衰退时期，随着失业率上升，很多人和家庭对未来的收入预期变得比较悲观，消费信贷就会明显减少。消费信贷规模的不稳定性也是商业银行给消费信贷制定高利率的一个重要原因。

4. 利率敏感性低、借款人缺乏利率弹性

相关调查表明，消费者对利率变化并不敏感。消费者更关注贷款协议中每月付款额多少。利率水平、利率变动通常不是消费者考虑的重要因素，消费者是否借款或者借多少款的决定因素是受教育程度和收入水平，以及对生活质量的追求和贷款所带来的效用。

（三）消费信贷迅速发展的原因

1. 收入水平的大幅度提高

消费信贷普及和发展的前提条件：一是消费者收入远远大于现期支出，且有能力支付信贷付款；二是消费者预期收入高于现期收入。以上条件至少要满足一个，否则消费信贷难以

开展。第二次世界大战后 20 年是西方国家迅速发展的时期，这段时间为消费信贷的发展创造了有利条件。

2. 消费观念的转变

信贷消费不再被人们看做无能的表现，已经成为人们日常生活中不可缺少的一部分。通过信贷消费，一方面人们可以提前享受所购买商品带来的好处，使生活提前改善；另一方面，消费信贷也被认为是家庭理财的一种方式，人们通过比较现金购买与信用购买之间的成本和收益，从中选择最好的消费方式。

3. 科技发展对消费信贷的促进作用

科技的发展尤其是计算机技术的应用，使消费发生了划时代的变化。更重要的是，新技术向消费信贷领域延伸，产生了许多消费信贷的新方法、新产品，例如，自动取款机（Automatic Teller Machine，ATM）、销售点终端机（Point of Sale，POS）等使用，使银行与消费信贷地点之间联为一体。

4. 金融机构的参与

金融机构，尤其是商业银行的参与使消费信贷的资金基础雄厚，并成为消费信贷的主导者。它一方面利用在账户处理上的优势与商家合作，解决了商家在开展信用业务时烦琐的账户处理，另一方面有强大的资金作为后盾，有能力承担消费信贷中的风险，同时，商业银行利用自己的优势，不断推出消费信贷新品种，消费者可以用信用方式支付各种费用，也可以打官司、看病，甚至可以用消费信贷支付学费和向政府交税。

5. 个人信用制度的建立和法律的完善

第二次世界大战后，美国制定了大量的法律来规范消费信贷，以保障借贷双方合法权益，1969 年通过的《贷款求实法》，1971 年通过的《公平信用报告法》等，为消费信贷的发展提供了良好的制度保障。

（四）我国商业银行消费信贷的种类

目前，我国商业银行个人消费信贷处于起步阶段，种类还不是很多，主要有：

1. 个人短期信用贷款

指贷款人为解决由本行办理代发工资业务的借款人临时性需要而发放的，期限在一年以内、额度在 2 000 元至 2 万元且不超过借款人月均工资性收入 6 倍的、无须提供担保的人民币信用贷款。该贷款一般不能展期。

2. 个人综合消费贷款

指贷款人向借款人发放的不限定具体消费用途、以贷款人认可的有效权利质押担保或能以合法有效房产作抵押担保，借款金额在 2 000 元至 50 万元、期限在 6 个月至 3 年的人民币贷款。

3. 个人旅游贷款

指贷款人向借款人发放的用于支付旅游费用、以贷款人认可的有效权利作质押担保或者具有代偿能力的单位或个人作为偿还贷款本息并承担连带责任的保证人提供保证，借款金额在 2 000 元至 5 万元、期限在 6 个月至 3 年且提供不少于旅游项目实际报价 30% 首期付款的人民币贷款。

4. 国家助学贷款

又分为一般助学贷款和特困生贷款，是贷款人向全日制高等学校中经济困难的本、专科在校学生发放的用于支付学费和生活费并由教育部门设立"助学贷款专户资金"给予贴息的人民币专项贷款。

5. 个人汽车贷款

指贷款人向在特约经销商处购买汽车的借款人发放的用于购买汽车、以贷款人认可的权利质押或者具有代偿能力的单位或个人作为还贷本息并承担连带责任的保证人提供保证，在贷款银行存入首期车款，借款金额最高为车款的 70%、期限最长不超过 5 年的专项人民币贷款。

6. 个人住房贷款

指贷款人向借款人发放的用于购买自用普通住房或者城镇居民修房、自建住房，以贷款人认可的抵押、质押或者保证，在银行存入首期房款，借款金额最高为房款的 70%、期限最高为 30 年的人民币专项贷款。个人住房贷款又分为自营性个人住房贷款、委托性个人住房贷款和个人住房组合贷款三种。

除此之外，还有个人小额贷款、个人耐用消费品贷款、个人住房装修贷款、结婚贷款、劳务费信贷以及以上贷款派生出的各种专项贷款。

（五）国外商业银行的消费信贷主要分类

1. 居民住宅抵押贷款

居民住宅抵押贷款是商业银行对居民购买住房和改进住宅所发放的以所购房产本身作抵押的长期贷款。贷款所购房屋的用途限定为借款人的私人居住目的，而非房地产的经营或牟利行为。通常的贷款期限为 15～30 年，以所购住宅本身作抵押，并采用分期还款方式。贷款利率有固定利率和浮动利率两种，过去采用固定利率较多，近年来各国普遍采用了浮动利率贷款，它随着规定基准利率而调整。如美国采用美国长期债券的市场收益率，依据贷款合同每 3 个月、6 个月或者 12 个月调整一次。在美国通常按惯例收取贷款金额的 1%～2% 作为承诺费，以保证借款人在规定时间内获得贷款。德国的住宅抵押贷款主要是通过商业银行来进行，商业银行住宅贷款占整个住房融资的 31% ~33%。

住宅抵押贷款以房屋作抵押，有利于银行资产的安全，降低贷款风险，但这并不意味着此种贷款就无风险。相反，大量事实表明，当经济萧条时，尽管银行对不能偿还贷款的客户没收其抵押住宅，但此时房价迅速下跌，住宅市场萎缩，银行出售住房往往难以补偿其全部资金损失。所以，银行在审查贷款和估计房屋价值时非常谨慎，对抵押房屋要打个折扣，规定首付款的比率为住房价款的 20% ~30%，银行只对其余部分贷款，以便在房地产市场价格下跌时，留有足够的余地。在美国住宅抵押贷款又可分为首次住宅抵押贷款和住宅股权贷款。

（1）首次住宅抵押贷款是指以所购买住宅本身作为抵押物的贷款，即居民第一次以其所购住宅作抵押而发放的贷款。这也是通行的贷款。

（2）住宅股权贷款，也叫住宅权益贷款，它是指房主以其住宅所估计的市值减去该住宅已作为抵押金额后的差额，再以此差额作为借款抵押物所获得的贷款，故又称二次抵押贷款。住宅股权贷款又有传统住宅股权贷款和更新的住宅股权贷款两种类型：①传统住宅股权贷款是一个封闭信贷，期限为几个月或几年，主要用于住宅的改进。其一般实行按季或按月的等值分期还款方式，并经常以借款人住宅为抵押的第二笔贷款作担保。②更新的住宅股权贷款是指以住宅的借款基础（即住宅市值与住宅已作抵押贷款金额的差额）作为抵押信用额度。

在住宅贷款的审查中，银行信贷人员必须认真考虑客户的以下因素：①借款人收入水平的稳定性。②借款人的储蓄状况和首付款的来源。③借款人保管和管理财产的记录。④房地产的前景。⑤市场利率的前景。

2. 非住宅贷款

非住宅贷款是除住宅贷款以外对个人和家庭提供的，用以购买耐用消费品和其他消费开支所发放的贷款，也叫消费品贷款。

非住宅贷款大体上有以下几种：

（1）汽车消费信贷。汽车消费信贷主要包括直接汽车贷款和间接汽车贷款。前者由银行直接向消费者发放贷款供消费者购买汽车，消费者必须用汽车或房产等来抵押，以确保银行收回贷款；后者是向汽车经销商发放的贷款，当顾客购买汽车时，汽车商凭赊销发票向银行申请贷款。从形式上看，银行贷款对象是销售商，但实际上它为消费者分期付款提供支持。

（2）耐用消费品消费信贷。国外商业银行对许多耐用消费品提供消费信贷，耐用消费品消费信贷的品种主要有家电、家具、服装、钟表、金银首饰等，甚至对一些非耐用消费品

（如化妆、卫生品）也采用消费信贷形式。

（3）旅游消费信贷。随着交通业的发展和工作日的缩短，旅游消费在个人生活中的位置越来越重要，旅游消费信贷是为旅游者提供用于购买飞机票、支付住旅馆、饮食、娱乐、购物等费用方面的贷款。

（4）教育消费信贷。对消费者提供用于支付学费和生活费的贷款。教育贷款成为解决消费者子女入学费用问题的重要手段。在美国的教育贷款形式主要有国家直接贷款、政府担保贷款、国防学生贷款、家长贷款、低税贷款等，后两者属于商业性消费贷款，前两者属于政策性教育消费贷款。

非住宅贷款的发放方式主要有：

（1）分期还款的贷款方式，这种贷款方式是指可以分两次或者更多次连续偿还的中短期贷款。这种贷款经常用来购买汽车、家用电器、家具等大件的耐用消费品或者支付现存的家庭债务。它有固定利率和浮动利率两种，现在大多采用浮动利率贷款。

（2）非分期还款的贷款方式，这种贷款方式是为满足个人和家庭的即时性现金需求而提供的短期贷款。当借款人的票据到期时，可以一次性偿还。这种贷款一般金额较小，如500美元或者1 000美元，并包括信用账户，它经常要求在相对较短的时间内付款。向富裕个人的短期非分期还款的贷款一般为6个月或更短，金额通常从5 000美元至10 000美元。非分期还款的贷款方式经常用来满足个人和家庭的支出，如旅游、医疗、家具和住宅装修等。

（3）信用额度贷款方式，是一种将授信额度与个人信用卡账户、个人支票账户联系起来的贷款方式。主要有：信用卡贷款，是对持有信用卡的客户在赊购商品或劳务时发放信用额度贷款，也称为信用卡贷款。信用卡提供一个循环信用额度，客户都能使用这一额度。信用卡贷款又分为分期还款和非分期还款两种，客户可在其一个赊购商品或服务的账单期内付清费用，或者选择逐渐付清的方式。非分期还款的信用卡用户能赶在计算利息之前付清卡上的欠款，因此可以比分期还款的信用卡少付一些利息，而银行可以从分期还款方式信用卡用户那里获得较多的利息收入，对银行来说分期还款的客户比非分期还款的客户更有利可图，因此银行往往采取各种措施鼓励客户分期偿还账单。此外，银行还可以从接受其信用卡的特约商户那里赚取贴现费用，贴现费用通常为信用卡销售额的1%～6%。在高额利润的诱惑下，一些大公司开始进军信用卡领域，如美国电话电报公司于是1990年3月开始通过银行提供信用卡，1991年福特汽车公司向购买福特公司汽车的客户提供信用卡。随着信用卡行业的竞争加剧，给予信用卡客户免费服务越来越普遍，信用卡分期还款的贷款利率越来越低。

支票账户透支、与支票账户联系的授信额度。它又分为一般透支和信贷增加额外负担法两种形式。一般透支是由银行与客户约定一个透支额度，当客户开出支票超出其存款余额时，透支约定立即生效。信贷增加额外负担法是当客户开出的支票超出其存款余额时，银行立即主动将超出部分金额贷记在客户的支票账户上，算做银行对客户提供的贷款。

非住宅贷款的一般程序同银行一般贷款程序区别不大，大体上都有贷款申请、信用分析、贷款审查、贷款发放、贷后管理等几个步骤。但由于西方国家已经建立起完善的个人信用调查制度，加上在高度发达的信息技术支持下，消费信贷的操作效率极高，银行消费信贷的整个发放过程已全部计算机化。只要贷款申请人提交贷款申请和相关资料，商业银行便立即可通过互联网获得贷款申请人的信用调查报告，并将贷款申请人有关资料输入计算机。事先设定在计算机内的个人信用打分系统，立即对输入的资料进行处理，迅速给出贷款申请人的综合评分，商业银行的信贷人员根据这个评分决定贷与不贷、贷多贷少和贷款条件。

（六）消费信贷的基本操作流程

消费信贷作为商业银行众多贷款种类中的一种，其操作也必须符合《商业银行法》、《贷款通则》等相关法律法规的规定，必须经过贷前调查、贷时审查和贷后检查三个基本环节。由于个人消费信贷的贷款用途限定为消费，作为贷款主体的自然人流动性很大，不易控制，在实际操作中，除封闭性贷款外，其他种类贷款的实际使用方向根本无法控制，所以，在这三个环节中，商业银行更应着重于贷前调查和贷时审查两个关键环节。个人消费信贷的借款人为自然人，借款又为非营利目的，他们相对更注重贷款的成本，如果花了费用而最终未得到借款，往往引起矛盾，这对商业银行的信誉也会造成负面影响。

个人消费信贷的基本操作流程如下：申请→贷前调查→审查、审批→签订合同→办理保险、公证、担保手续→发放贷款→贷款偿还→清户撤押。

个人消费信贷的初审由资信调查组审验，主要审查借款人的资信情况，包括借款人的年龄、职业、收入、家庭情况、抵（质）押品、工资发放情况等。特别是在办理抵押贷款时，初审显得尤为重要。因为办理抵押品登记、评估、保险、公证等均需交纳一定的费用，有了初审既可避免借款人盲目花费用办理各项手续，也可避免抵押物价值高估给银行带来的潜在风险。

资料　消费信贷的发展历程

在欧美发达国家，消费信贷已经走过200年历程。早在19世纪中叶，法国就出现了现代消费信贷模式。进入20世纪70年代，消费信贷开始在世界迅速发展。个人信用联合征信制度的真正确立在世界发达国家已有 150 年的历史，西方发达国家用了近两个世纪的时间，摸索出了一整套管理个人信用的成功经验。他们注重全民信用教育，形成了一个完善的个人信用管理体系，有完善的个人信用立法和失信约束惩罚机制，有一个公共信息和征信数据开放的社会环境，市场征信业尤为发达。

相对于西方发达国家而言，在我国，个人信用评估在一些地方刚刚起步，真正意义上的个人资信评估基本上还是空白。缺乏信用制度而造成的积弊早已枝节横生。因为不掌握个人信用资料，银行面对中国庞大的个人客户群体却不敢放贷，同时有不良信用行为的人也得不到有效的金融制裁。

有资料表明，在个人信用制度良好的国家，个人消费信贷的回报率远远高于企业贷款的回报率，并且其还贷期又短于企业贷款。在发达国家个人消费信贷已占整个银行贷款总额的 30%，越是名气大、实力强的银行，这个比例越大，如著名的花旗银行，个人信贷就达其贷款总额的 60%。而国内这个比例却小得可怜，仅占信贷总额的 2%～3%，就是个人信贷较为发达的上海也仅在 10% 左右，其主要原因就在于国内缺乏个人信用的必备资料，尚未真正确立起个人信用制度。

（资料来源：信工委 2009 年信用管理培训资料）

思考 7-1：你是否理解消费者信用的概念及形式？请举例说明？

第二节　消费者信用信息的采集和管理

自学提示

本节首先阐述了个人信用报告，进而分析了我国目前个人信用信息基础数据库建设。个人信用报告是消费者信用信息采集和管理的主要对象，也是关系到我们每个人切身利益的基本常识，当然要熟知并善用。而我国个人信用信息基础数据库建设则是个人信用制度建立的基石，也是消费者信用信息采集和管理的必要条件。和我们息息相关的信用卡都要用到个人信用信息基础数据库，所以，我们也要把这部分知识作为重要的基本常识来掌握。

一、个人信用报告

个人信用报告是客观的个人信用支付历史记录。在法律允许范围内，为信用让渡人（贷款人等）迅速、客观地作出是否提供信用服务的决定提供参考。

（一）个人信用报告的内容

个人信用报告是个人征信系统提供的基本产品，个人信用报告包括以下内容：

1. 个人身份信息

个人身份信息包括：姓名、性别、出生日期、身份证号、户籍所在地住址、居所、婚姻状况、家庭成员状况、收入状况、工作单位、职业、学历等。

2. 商业信用记录

商业信用记录包括：在各商业银行的个人贷款及偿还记录，个人信用卡使用等有关记录，在商业银行发生的其他信用行为记录，以及个人与其他商业机构发生的信用交易记录。

3. 社会公共信息记录

社会公共信息记录包括：个人纳税、参加社会保险以及个人财产状况及变动等记录。

4. 特别记录

特别记录包括：有可能影响个人信用状况的涉及民事、刑事、行政诉讼和行政处罚的记录。

（二）可提供查询服务的信用报告

针对个人征信系统的信息特点及各使用单位对报告信息的需求，目前已提供查询服务的信用报告种类有金融版和职业版两种。

1. 金融版个人信用报告

金融版个人信用报告主要应用于银行信用卡发放、贷款审核、保险购买、担保投资等金融领域。通过查询金融版个人信用报告，金融机构可以了解授信对象的历史信用支付情况，从而有效防范和化解个人信贷风险。

金融版个人信用报告的内容包括：个人在商业银行的贷款和信用卡信息，个人在社会保险、国土、税务、法院、公安、工商等部门的信息，以及个人在商业机构和公共事业部门中的信用信息等。

2. 职业版个人信用报告

职业版个人信用报告主要应用于求职招聘领域。通过查询职业版个人信用报告，招聘单位可以迅速了解应聘者的个人学识及工作情况，及时发现编造虚假教育背景和工作经历的不诚信行为。

职业版个人信用报告的内容包括：户籍基本信息、身份校验信息、高等教育信息、社会保险信息、职业变动信息、工作单位信息等。

个人信用的档案信用信息的来源：本人的提供，本人雇主的提供，金融机构、商业机构或其他利益关系人的提供，国家机关的公告，媒体的公开报道等。

表7－2是以某消费者基本信用状况为例的个人信用调查报告格式。

表7－2 消费者信用调查报告

	年 月 日
	消费者基本信用状况调查报告
	信用管理科
信用管理员	姓名 签章
就〔 〕一人进行调查，其结果报告如下：	

消费者姓名 （出生年月日）	性别 （ ） 年龄 岁
出生地 现在地址	
毕业学校 技能	
经历 现职	

家族	配偶（　　）岁　　　次子女（　　）岁		
	长子女（　　）岁		
调查内容	1. 信用调查	2. 品行调查	3. 特技
	4. 人脉调查	5. 家庭	6. 赏罚
	7. 其他		
意　见			
评　价		确认	

资料　住房公积金缴存信息纳入个人信用档案

据 2008 年 1 月 23 日《北京日报》报道：住房公积金缴存信息纳入个人信用档案。除了个人在银行办的信用卡、房贷、车贷、结算账户等信息，个人住房公积金及养路费等信息也成为个人信用报告的组成部分。记者昨天从人民银行营业管理部了解到，去年北京共有 280 万条个人住房公积金缴存信息、236 万个机动车户及养路费缴纳信息正式纳入个人信用信息数据库。

央行副行长苏宁此前曾表示，我国个人信用基础数据库已为近 5.86 亿自然人建立了信用档案，信用信息采集和服务范围日益扩大，这个数据库的规模堪称世界第一。而苏宁透露："国内绝大多数有收入的人都建立了信用档案。"征信体系的建设对扩大信贷起到了积极作用，促进了信用贷款。据了解，在信用信息库全国运行之前，商业银行对个人只做抵押贷款，很少做信用贷款。

据记者了解，个人信用档案的内容包括个人的身份证号码、婚姻状况、居住、职业、信贷交易记录、借款情况、还款情况以及拖欠情况等。不过，根据相关规定，除了本人可以查阅自己的信用报告外，只有商业银行在办理贷款、信用卡等业务和进行贷后管理时才能直接查看借款申请人的信用报告；而即使商业银行查看信用报告，也需要先得到借款申请人本人的书面授权。

越来越多的市民开始重视自己的信用报告。此前有商业银行统计，由于少数人有欠银行贷款不还的记录，如信用卡透支未还款或者房贷未按期归还等负面信息，再到银行申请贷款时遇到了麻烦，曾经有10%的贷款者被拒；而良好的信用记录则能缩短审贷时间，帮贷款人更快速地贷到款。

个人如何查阅信用报告

个人可持居民身份证到人民银行各地分支行的征信部门去查询。若发现不是因个人原因造成不良记录，可向人民银行分支行的征信部门反映，或直接向征信中心反映，也可直接找报送信息的商业银行反映，提出异议，要求核查。

思考7-2：试从以上资讯中，找出一些与本节知识类似的相关案例，并回答：

1. 这里所说的个人信用报告是哪一类？与其他个人信用报告相比有何不同？

2. 个人信用档案和个人信用报告是一回事吗？可比照企业信用档案和企业信用报告来说明。

二、我国个人信用信息基础数据库建设

（一）个人信用信息基础数据库的建设背景

随着我国经济市场化程度的加深，加快企业和个人征信体系建设已成为社会共识。党的"十六大"报告明确提出要"健全现代市场经济的社会信用体系"，党的十六届三中全会明确提出"按照完善法规、特许经营、商业运作、专业服务的方向，加快建设企业和个人信用服务体系"。温家宝总理明确指示，社会信用体系建设从信贷信用征信起步，多次强调要加快全国统一的企业和个人信用信息基础数据库建设，形成覆盖全国的信用信息网络，加快征信立法，促进征信行业的发展，积极发展专业化的信用机构，有步骤、有重点开放征信市场，逐步建立失信惩戒制度，规范社会征信机构，加强征信市场监督管理。2003年，国务院"三定方案"赋予人民银行"管理信贷征信业，推动建立社会信用体系"的职责，由人民银行征信管理局具体负责这方面的工作。经过近几年的努力，人民银行牵头建设的全国统一的企业和个人信用信息基础数据库（以下简称企业和个人征信系统）已经取得了初步成效。

（二）个人征信系统建设情况

个人征信体系是社会信用体系的主体，是现代金融体系运行的基石，是防范金融风险，

保持金融稳定，促进金融发展，推动经济社会和谐发展的基础。有无健全的征信体系，是市场经济是否走向成熟的重要标志。

个人信用信息基础数据库是各商业银行的信用数据信息共享平台。主要采集和保存个人在商业银行的借还款、信用卡、担保等信用信息，以及相关的身份识别信息，并向商业银行提供个人信用信息联网查询服务，满足商业银行防范和管理信用风险的需求，同时服务于货币政策和金融监管。建立个人信用信息基础数据库既要实现商业银行之间信息共享、方便消费者借贷、防范信贷风险，又要保护个人隐私和信息安全。只有经当事人书面授权，在审核个人贷款、信用卡申请或审核是否接受个人作为担保人等个人信贷业务时，以及对已发放的个人贷款及信用卡进行信用风险跟踪管理时，才能查询个人信用信息基础数据库。

个人信用信息基础数据库始建于2004年初，并于同年12月中旬实现15家全国性商业银行和8家城市商业银行在全国7个城市的联网试运行。2005年8月底完成与全国所有商业银行和部分有条件的农村信用社的联网运行，经过1年的试运行，于2006年1月正式运行。个人信用信息基础数据库收录的自然人数已达到3.4亿人，其中有信贷记录的人数约为3 500万人。截至2005年底，收录个人信贷余额2.2万亿元，约占全国个人消费信贷余额的97.5%。现在，任何自然人无论在国内任何地方、也无论在哪一家商业银行留下的借款和还款记录，或开立结算账户时填报的基本信息，商业银行的基层信贷审查人员均可在经当事人书面授权后，进行查询、实现共享。许多商业银行已经将查询个人信用信息基础数据库作为贷前审查的固定程序。个人信用信息基础数据库已在全国商业银行各分支机构开启了5.2万个查询用户终端，目前每天个人信用报告查询量已达到11万笔左右。

人民银行将继续加强与其他政府部门和机构的协商、合作，继续完善个人信用信息基础数据库，逐步完整采集个人的身份信息和社保、住房公积金、税务、教育、法院、公用事业等单位的相关信用信息，通过整合，使分散的债务信息变为个人的财富和生产力，更好地服务百姓、服务社会。

个人信用信息基础数据库通过建立个人信用记录，使个人过去的信用行为对未来新的信用活动产生影响，以制度约束个人养成重信用、守合同、遵守法律的行为准则和诚实守信的社会氛围。个人信用信息基础数据库的正式运行，将会大大推进社会信用体系的建设，提高全社会的诚信水平。

（三）个人征信系统及其网络结构

目前个人征信系统的主要使用者是金融机构，通过专线与商业银行等金融机构总部相连（即一口接入），并通过商业银行的内联网系统将终端延伸到商业银行分支机构信贷人员的业务柜台，实现了企业和个人信用信息定期由各金融机构流入企业和个人征信系统，汇总后金融机构实时共享的功能。其中，前者表现为金融机构向企业和个人征信系统报送数据，后者表现为金融机构根据有关规定向企业和个人征信系统实时查询企业和个人的信用报告。金融机构向企业和个人征信系统报送数据可以通过专线连接，也可以通过磁盘等介质。

个人征信系统由人民银行直属单位——中国金融电子化公司开发完成。人民银行内设机构征信中心负责系统的日常运行和管理；征信中心和商业银行建立数据报送、查询、使用、异议处理、安全管理等各种内部管理制度和操作规程。同时，企业和个人征信系统建立了完善的用户管理制度，对用户实行分级管理、权限控制、身份认证、活动跟踪、查询监督的政策；对数据传输加压加密；对系统及数据进行安全备份与恢复；对系统安全进行评估，有效防止计算机病毒和黑客攻击等，建立了有效的安全保障体系。

（四）企业和个人征信系统的主要功能

个人征信系统的功能分为社会功能和经济功能。社会功能主要体现在随着该系统的建设和完善，通过对企业和个人重要经济活动的影响和规范，逐步形成诚实守信、遵纪守法、重合同讲信用的社会风气，推动社会信用体系建设，提高社会诚信水平，促进文明社会的建设。经济功能主要体现在帮助商业银行等金融机构控制信用风险，维护金融稳定，扩大信贷范围，促进消费增长，改善经济增长结构，促进经济的可持续发展。据400家金融机构信息监督员问卷调查汇总，2008年1~11月共受理企业信贷申请599 163笔，金额36 070亿元，通过系统查询，拒绝信贷申请16 152笔，金额952亿元，占申请贷款额的2.6%。个人征信系统，在提高审贷效率，方便广大消费者借贷，防止不良贷款，防止个人过度负债，以及根据信用风险确定利率水平方面发挥了积极的作用。

个人征信系统的社会功能和经济功能相辅相成，互相促进。随着数据采集以及个人信用报告使用范围的逐步扩大，个人征信系统的功能将会逐步提高和完善。

（五）企业和个人征信系统的信息采集

目前，个人征信系统的信息来源主要是商业银行等金融机构，收录的信息包括企业和个人的基本信息、在金融机构的借款、担保等信贷信息。自个人征信系统建设以来，人民银行一直都在与相关部门积极协商，扩大数据采集范围，提升系统功能。为落实《国务院信息办关于落实〈国家信息化领导小组2005年工作要点〉的通知》（国信办〔2005〕13号）中关于人民银行牵头"以金融机构和金融市场为服务对象的有关企业和个人征信部门间信息共享和政务协同任务"的要求，2005年以来人民银行加大了与相关政府部门信息共享协调工作的力度。个人征信系统除了主要收录个人的信贷信息外，还将收录个人基本身份信息、民事案件强制执行信息、缴纳各类社会保障费用和住房公积金信息、已公告的欠税信息、缴纳电信等公共事业费用信息、个人学历信息以及会计师（律师）事务所、注册会计师（律师）等对公众利益有影响的特殊职业从业人员的基本职业信息。

个人征信系统采集到上述信息后，按数据主体（企业和个人）对数据进行匹配、整理和保存，即将属于同一个人的所有信息整合在其名下，形成该个人的信用档案，并在金融机构查询时生成信用报告。个人征信系统对采集到的数据只是进行客观展示，不做任何修改。因此，个人征信系统数据的准确性有赖于数据提供者数据的准确性。

个人征信系统采集上述信息的目的首先是帮助商业银行核实客户身份，从信贷活动的源头杜绝信贷欺诈、保证信贷交易的合法性；其次是全面反映个人的信用状况，帮助商业银行确定是否提供贷款及贷款金额大小、利率高低等因素，以及奖励守信者，惩戒失信者；再次是利用个人征信系统遍布全国各地的网络及其对个人信贷交易等重大经济活动的影响，提高法院、税务、工商、海关等部门的执法力度；最后是通过个人征信系统的约束性和影响力，培养和提高个人遵守法律、尊重规则、遵守合同、恪守信用的意识，提高社会诚信水平，建设和谐美好的社会。

（六）个人征信系统信息的使用

目前，个人征信系统数据的直接使用者包括商业银行、数据主体本人以及司法部门，但其影响力已波及税务、教育、电信等部门。

根据人民银行《个人信用信息基础数据库管理暂行办法》和《银行信贷登记咨询管理办法（试行）》的规定，商业银行等金融机构经企业授权和个人书面授权同意后，在审核信贷业务申请，以及对已发放信贷进行贷后风险管理的情况下，查询个人的信用报告。金融监督管理机构以及司法部门等其他机构，根据相关法律、法规的规定，也可按规定的程序查询企业和个人信用报告。

另外，在个人征信系统的使用方面充分考虑了个人隐私和企业商业秘密的保护问题。个人对自己的信用报告享有充分的知情权，可以申请查询自身的信用报告，并根据自身意愿使用信用报告；如果个人认为本人信用报告存在错误，可以提出并经核实后修改；同时，个人还可以了解到哪些机构由于什么原因查询过自己的信用报告，对非法查询信用报告的行为可以向征信中心反映并依法处理。

将来，随着征信立法的逐步完善，个人征信系统将依法扩大使用范围，逐步向更广泛的社会对象提供更多的信用查询服务。

思考7-3：你是否明确消费者信用信息的采集和管理的基本内容？你认为还应包括哪些环节？（可结合以下资料补充）

资料 湖北省个人信用信息采集与应用管理办法
（自 2008 年 8 月 1 日起施行）

湖北省个人信用信息采集与应用管理办法（试行）

第一条 为建立健全个人信用信息管理体系，规范个人信用信息采集、应用等行为，保护个人信用信息安全，维护社会经济秩序，营造和谐、良好的市场信用环境，根据有关法律、法规，制定本办法。

第二条 本省行政区域内对个人信用信息的采集、应用等管理行为，适用本办法。

第三条 中国人民银行武汉分行在各相关部门配合下，依托省政府电子政务平台，组织有关国家机关、金融机构和社会公共服务机构等信息源单位，建立个人信用信息采集、应用平台。有关个人信用信息源单位应当依照本办法的规定，向个人信用信息平台报送个人信用信息，并享有个人信用信息平台提供的个人信用公共信息。金融机构依照法律、法规及国家其他有关规定，采集和披露个人有关信用信息。

第四条 个人信用信息的采集和应用管理应遵循客观、真实、公正、审慎的原则，维护社会公共利益，尊重并依法保护个人隐私、商业秘密。

第五条 个人信用信息包括下列内容：（一）个人基本信息：个人身份识别信息、职业等信息；（二）个人信贷信用信息：各商业银行提供的个人在贷款、贷记卡、准贷记卡、担保等信用活动中形成并经主管机关和行业协会披露的履约信息；（三）个人商业信用信息：除个人信贷信用信息之外的个人与商业机构、公用事业服务机构发生商品交易和服务关系而形成的个人赊购、缴费信息；（四）个人社会公共信息：个人纳税、参加社会保险的信用信息；（五）个人其他信息：涉及个人信用的民事、刑事、行政诉讼判决、裁定和行政处罚决定等信息。

第六条 除法律、法规另有规定外，个人信用信息平台不采集下列信息：（一）种族、家庭出身、宗教信仰、政治归属；（二）身体形态、基因、指纹、血型、疾病和病史；（三）储蓄存款、有价证券及其他个人财产状况；（四）已经纳税、缴纳社会保险等费用的具体数额；（五）法律、法规规定禁止采集的其他个人信息；（六）与个人信用无关的其他信息。前款（三）项、（四）项中，涉及储蓄存款、有价证券、纳税数额、缴纳社会保险数额等与个人资产有关的内容，在个人自愿提供或公开的情况下除外。

第七条　个人信用信息的采集应保证信息来源渠道的正当性、合法性和信息的客观性。信息采集的格式和标准应统一规范；信息经审查后录入平台。

第八条　个人信用信息平台管理机构在录入了个人基本信息、正面信息和负面信息后，允许信息主体人持有效身份证件免费查询其被录入的信息。信息主体人在查询后的 10 个工作日内没有异议的，视为同意。

第九条　有下列情形之一的，可以依法查询个人信用信息：（一）金融机构向信息主体人提供信贷、保险等服务的；（二）单位和个人对信息主体人提供赊销、租赁、担保等服务的；（三）公用事业单位对信息主体人提供服务的；（四）司法机关和行政机关依法进行调查的；（五）信息主体人或其授权的其他单位或个人进行查询的。除前款第（四）项和法律、法规规定的特别情形外，信息主体人以外的其他单位或个人对信息主体人信用信息的查询应征得信息主体人的书面同意，并持有查询单位的机构代码证、查询人身份证等有效证件，方可查询。

第十条　个人在就业、创业、助学、留学、职务升迁等事项中需要提供个人信用证明材料的，由信息主体人或书面委托他人查询个人信用信息，个人信用信息平台管理机构应当予以提供。

第十一条　信息主体人或其委托人可以每年两次免费查询自己的个人信用信息。

第十二条　信息源单位和个人信用信息平台管理机构应指定或者建立异议处理机构，安排专人负责异议处理。

第十三条　信息主体人认为所记录本人的信用信息不准确、不完整或是错误的，有权向信息源单位或个人信用信息平台管理机构提出异议申请。

第十四条　信息主体人对其个人信用信息提出异议并提交了相应证明材料的，信息源单位和个人信用信息平台管理机构应及时进行核查，并在异议核查期间对申请人提出的异议信息予以异议标识。

第十五条　信息源单位和个人信用信息平台管理机构核查异议申请后，按下列规定处理：（一）经核实异议信息有错误或者存在不准确等缺陷的，应及时予以删除或更正；（二）经核实异议信息无误或无法核实，而信息主体人仍持有异议的，对异议信息可以不做修改，但应在相关信息后注明信息主体人的异议和相应理由。信息源单位和个人信用信息平台管理机构应在收到信息主体人的异议申请之日起20个工作日内完成对异议信息的处理，并书面告知信息主体人。

第十六条　信息源单位发现已采集的个人信用信息不准确、不完整或是错误的，应主动通知个人信用信息平台管理机构予以更正或删除。个人信用信息平台管理机构发现已录入平台的个人信用信息不准确、不完整或是错误的，个人信用信息平台管理机构应通知信息源单位进行核实，经信息源单位确认不准确、不完整或错误的信息，应及时予以更正或删除。

第十七条　个人信用信息平台管理机构对信息源单位报送或更新的信息应自收到之日起5个工作日内录入信用信息平台。

第十八条　个人信用信息平台管理机构应在省政府电子政务平台管理机构的监督下，建立健全严格有效的个人信用信息平台内部运行和外部访问的监控制度，密切监控个人信用信息平台用户的操作，防范对个人信用信息平台的非法入侵。

第十九条　信息源单位应根据个人信用信息平台管理的有关规定，明确本单位在信息管理、数据上报和信息查询方面的职责和权限，制定相关个人信用信息的采集、报送、异议处理和安全管理等方面的内部管理制度和操作规程，设立互不兼职的信息管理员、数据上报员和信息查询员。

第二十条　信息源单位未及时报送或更新个人信用信息，以及个人信用信息平台管理机构在接收到信息源单位报送或更新的个人信用信息后未及时录入，导致个人信用信息长期缺失或不实，造成个人利益受到损害的，依法承担民事责任。

第二十一条　信息源单位或个人信用信息平台管理机构有下列情形之一，对信息主体人利益造成损害的，依法承担民事责任。对负有相关职责的工作人员，由所在信息源单位或个人信用信息平台管理机构依法给予行政处分；涉嫌犯罪的，依法追究刑事责任：（一）报送或采集个人信用信息出现重大失误的；（二）将查询结果用于本办法规定之外的其他目的的；（三）违反异议处理规定的；（四）违反本办法安全管理要求，造成个人信用信息被泄露的；（五）篡改、毁损信用信息的；（六）与自然人、法人或其他组织恶意串通，提供虚假信用信息的；（七）其他违反本办法规定的情形。

第二十二条　信用中介组织进行个人信用信息服务活动的管理办法，以及对个人信用的授信和等级评价制度另行规定。

第二十三条　本办法中的相关术语定义：

个人信用信息：是指具有民事行为能力的自然人，在金融、商务等交易活动中产生的个人基本信息、信贷履约信息、商业信用信息、社会公共信息以及反映个人信用状况的其他信息。

信息主体人：是指享有信用信息权并负有提供个人信用信息义务的个人。该信用信息用来反映信息主体人的信用状况。

信息源单位：是指由于部门职能或经营管理的需要，保存了与部门职能或业务相关的个人信用信息的单位或组织，这些信用信息一般是个人与该部门或单位发生信用关系时留下的原始信用记录。

个人信用信息平台：是指我省向合法使用个人信用信息的单位和个人提供个人信用信息数据的、具有社会公共服务职能的信息平台。

个人信用信息平台管理机构：是指负责个人信用信息平台建设、运行和管理的单位。

第二十四条 本办法自 2008 年 8 月 1 日起施行。

（资料来源：2009 年信工委信用管理培训资料）

第三节 消费者信用管理基本实务

自学提示

本节阐述了四个问题，其中应重点掌握：消费者信用管理的工作流程和商业银行消费信贷管理；个人信用评分和美国个人信用报告评分标准及管理体系。

消费者信用管理是以科学管理的专业技术，旨在扩大信用消费、防范信用风险的专门活动。消费者信用管理的工作流程主要由客户授信、账户管理、商账处理等几部分组成。

消费者信用管理与企业信用管理和商业银行信用管理在客户群和服务方式上有着显著的区别，这些区别决定了它们在信用管理技术和手段上的不同。消费者信用管理的目标客户是消费者个人，而企业信用管理和商业银行信用管理的目标客户是企业法人。个人信用消费的特点是单笔交易的金额小，然而交易的数量庞大。加之个人信用消费中的交易方式非常灵活，处理交易结算记录和信贷记录的数据量也相当巨大。

一、消费者信用管理的工作流程

信用管理的过程与营销的过程紧密相关。以一项信用交易的全过程为例，消费者信用管理主要由客户授信、账户管理、商账处理等几部分组成。

（一）客户授信

当消费者提出信用申请，企业的信用管理部门首先要对其进行信用审核，并依据企业的信用标准，最终决定是否授予信用、额度多少。信用标准是企业的内部文件，它统一规定了在各种情况下授信的标准和条件。企业的信用管理部门要依据这一标准，对消费者的信用申请发表意见，即是否授信、额度多少、期限多长。

（二）账户管理

消费者接受了信用交易的条件后，企业的信用管理部门要为其开一个信用账户，记录所有的交易数据、还款记录和信用记录。由于拖欠风险的存在，企业的信用管理部门要在信用期限内对消费者进行风险监控和额度调整，同时还要协助销售部门找到新的交易机会。

对消费者的风险监控主要是通过观察和分析消费者的行为表现，及时判断消费者的信用程度如何变化。如果出现信用恶化，企业的信用管理部门要及时进行预警；反之则要及时地提高消费者的信用额度，或延长合同期限。

（三）商账处理

商账处理要分两个部分：一是正常的账款回收，即定期地向消费者提供账单，提醒消费者及时还款；二是拖欠账款的催收。

消费者使用企业提供的信用服务后，其消费记录会输入账款记录系统。在规定的时间内，系统会定期自动打印账单，由企业的信用管理部门统一提交给消费者，消费者则根据账单的要求进行付款。

除了正常还款的情况，客户中还会出现拖欠或不还的情况。这时企业的信用管理部门要及时进入催收程序。催收工作是循序渐进的，从信函催收到电话催收，再到上门催收，直到进行诉讼催收。

二、个人信用评分

个人信用评分是预测贷款申请人或现有借款人违约可能性的一种定量分析方法。个人信用评分是消费者信用管理中常用的一个工具，在个人信用管理的每一个阶段都会用到。信用评分是利用个人资信报告中的信息，如付款记录、欠款账户、账户数量和信用记录时间等，通过量化和计算得出的分值。信用评分可以客观地预测消费者按时足额还款的可能性。对于银行和金融机构来讲，预测性评分是一种风险评估工具，它可以帮助贷款人估计贷款申请人在未来的信用表现，帮助贷款人作出及时、有效的决定。

在美国等社会信用体系较发达的国家，个人信用评分技术自从 20 世纪 50 年代被引入消费信贷管理领域以来，个人信用评分技术已取得了长足的进展，其应用领域也越来越广泛。到目前为止，个人信用评分不仅被广泛应用于信用卡等消费信贷领域，也越来越普遍地应用于住房按揭贷款等领域。国外的经验表明，个人信用评分具有快速处理客户贷款申请、处理客户申请的成本较低、对客户申请的处理标准具有一致性和客观性以及能够定量地评估客户的信用风险等优点，因而在消费者信用风险管理中发挥着重要的作用，并被成功地应用于小企业贷款申请评估、信用卡欺诈预防、基于风险的利率定价、直销响应评分及资产证券化等领域。

信用评分模型是个人信用评分的最重要工具，是可以得出评分的一系列计算公式。评分模型是利用统计学对大量的消费者信用记录进行处理而得出的。

三、美国个人信用报告评分标准及管理体系

在美国，经过长期改良并借助计算机应用功能的信用管理相当规范。信用报告公司（简称信用公司）给外界提供的有关个人信用的文件称为个人信用报告，包括以下几个内容：其一，个人信息，比如姓名、住址、社会安全号、出生日期以及职业；其二，信用历史，主要是消费者借款和还款的状况；其三，调查的情况，它涉及贷款人、保险公司和其他类似机构和消费者的交易记录；其四，公开记录，比如法院的公布判决或者破产情况。

从以上四点可以看出，除了姓名、住址、出生年月这些自然状况外，信用报告汇集材料的重点集中在个人的借贷以及消费行为上，它涉及的隐私是有限的。即便在借贷领域，信用报告也只能披露消费者与贷款人的交易账户，而不能披露消费者的储蓄账户。至于消费者的工作表现、收入水平以及种族、宗教信仰以及政治倾向等信息是禁止出现在信用档案中的，除非消费者本人同意这样做。

（一）信用评分

为了将一点点收集来的零散信息集中处理并加以量化，信用报告公司采用了评分的方法。美国信用制度的评分标准不止一种，有的评分标准将积分定在 330 分至 830 分之间，有的定在 300 分至 900 分之间。评分越高，贷款的代价越低；评分越低，贷款的代价越高。在

近年来的个人信用报告中，美国信用报告公司常常会应邀卖给当事人一份三合一信用评分，就是将益百利（Experian）、艾可飞（Equifax）和美国环联公司（简称美联，Trans Union）三大信用公司的各自评分集中在一份个人信用报告上。一般讲，由于信息来源大同小异，这三个公司的评分往往没有太大的差异，对评分的解释也没有多大区别。

一份个人信用报告不仅打出个人的信用评分，还标示等级并给出比例。安博尔·中诚信信用评级倾力打造最具影响力的信用品牌。比如，在近来流行的三合一信用报告评分标准定在 330 ~ 830 分之间，分成 5 个等级，分别是：很差、差、一般、好、出色。一个获得 761 分的申请人就会被归到"出色"的最高级别。同时，信用报告还给出 73.79% 的比例，顺便告诉申请人，美国消费者中 73.79% 的人信用评分不如他，换句话说他属于 26.21% 信用出色人的行列。

信用评分的历史大约出现在第二次世界大战前后，战争使得人力匮乏，信用分析人员严重不足，于是信贷公司开始让有经验的人将评估标准写下来，仿照申请医疗保险的评分卡，以便让没有经验的贷款人决策。到了 20 世纪 50 年代，数学家比尔·费尔（Bill. Fair）和工程师厄尔·艾萨科（Earl. Isaac）在美国西海岸的旧金山用两个人的名字成立了第一家专门致力于信用评分的费尔—艾萨科公司，并建立了后来盛行美国的评分标准——费科积分（FICO）。

信用评分的原理是借用统计数据和分析技术的结合，将消费者以往相互关联又繁杂凌乱的各种涉及信用表现的资料量化，经过加权平均得出简单且具体的分数，使银行和信贷公司一目了然，便于决策。同时信用评分系统的出现又在空间中统一了标准，使得以往手工操作的审核人员有了一个工作指南，贷款取舍的决定更为规范。

随着计算机的普遍运用和现代社会网络的发展，评分的运用和取向越来越集中在少数几家公司，形成行业垄断，也越来越受到银行、信用卡公司以及整个信贷行业的青睐。以至于消费者在美国东海岸出现的任何形式的信贷拖欠，到西海岸申请贷款时都会遭到质疑，坏的记录无以遁形。

近年来，费科积分运用越来越普遍，汽车贷款、房屋抵押贷款、保险费的计算以至于手机销售都与这个积分相关。费科积分的普遍运用意味着美国信用报告日益专业化和电脑化，它不同于早期的信用档案，只简单罗列消费者的信用历史，再将它卖给使用者。费科积分的出现也是借助于日新月异的电脑技术，形成的一种更科学、容易评估的制度。

（二）评级标准

信用评估公司根据信用资料中的五项基本内容对消费者进行打分。这五项内容是：其一，付账记录；其二，未偿还债务；其三，开立账户的时间长短；其四，申请贷款情况；其五，信贷种类及综合信用。

从第一项付账记录来说，按时支付贷款、还本付息就可以逐渐积累较高的信用积分，这当然是对的。但并不是说早付就比晚付好，比如说在信用卡公司给的一个月的宽限期之内，只要能按期到达，在当月第一天支付和在期限最后一天支付效果是一样的。所以一个精明的消费者会充分利用时间差、最大效用的使用金钱，将欠款在最后一刻付出，他积累的分数和收到催账单马上急着付款的保守消费者的一样。当然，如果精明反被精明误，日期算得过于紧凑造成逾期付款会留下迟付纪录，就前功尽弃了。

尽管这样，按期付款积累的积分不过占总积分的三分之一多一点，就是说你在一生中每次都做到了在宽限期内付款，也不过争取到最高积分的三分之一而已，而不是最高积分。你甚至可能比其他曾经拖欠贷款的人的积分还低，这就看你的其他的几项中的表现如何了。这一点信用积分与常理不同，很多人以为只要按时付账就可以得到最高积分，事实上不是如此。

从第二项未偿还债务上看，债务积累大的积分就少。理论上虽然如此，但是美国是一个鼓励消费的社会，在实际生活中还款记录同样及时的消费者中，借钱多、消费也多的人实际积分要高于借钱少、消费也少的人，后者又高于不借钱的人。拿信用卡作例子，一个每月按期全额付款的持卡者的积分可能会小于按期非全额付款的持卡者。后者通过利用循环信贷每月欠账，会为信用卡公司带来高额利息收入，因而受信贷机构的欢迎。

这意味着越敢花钱的人越有钱花，这恰是美国信用报告评级标准的特点。因为在传统的财富积累意识中，每天积累一个铜板，集腋成裘、集土成山才是致富的秘诀，而不是相反。美国的信用评分中却不是这个概念，所以很多美国人都知道，要获得高的积分需要有意识地借贷，也就是说消费者一边放着存款不用，而故意到银行和信用卡公司借钱花。为此，消费者就应该既有汽车贷款，不用现款买车；又有房屋贷款，不用现款购房；也不用现金买东西，而用信用卡付账。有人这么干纯粹是为了积累信用评分。

从第三项开立账户的时间长短上看，当然开户时间长的消费者信誉就好，开户时间短的信誉就差，这符合一般的观念。但是这里面仍有玄机，由于每个账户有不同的用途，专用的账户开立过一段时间将欠款全部还清并关闭账户的话，反而影响在这一点上的信用历史。因为这样的话信用卡公司就会机械地将消费者在这方面的欠款定为零数额。消费者的开户历史就可能会被抹去，从而影响它所有账户开户时间的平均，继而丧失了可增加积分的条件。这意味着如果想获得积分不仅要多借钱，而且还要长时间的借钱，只借一两次就还钱攒积分是有限的，不断借钱，不断还钱才能获得高的积分。

第四项申请贷款情况是指积分评定标准是在一定期内，消费者申请的信用账户越多，积分越低。具体地讲，消费者新增的申请贷款并不影响积分，只是他的每一次申请都被记录在案，后来的贷款人都会去信用档案公司查看，被查看次数过多会被怀疑有支付问题，消费者的积分就会下降，申请贷款就会遇到困难。所以专家建议消费者不要四处申请信用卡，因为不管被接受与否，信用档案都会记上一笔可能被视为负面的信息。

第五项所占的积分比例虽然不高，但是相当重要。比如在费科积分方法中，尤其不能忽视的是第五项综合信用评估的公开记录那部分。就是说如果消费者有破产的记录，那他就不应该去申请贷款以自取其辱。其实消费者只要被法院判决过，有过诉讼、扣押薪金以及留置权等记录的话，社会上的各种信贷部门就会严加考虑，拒绝放款，而不是仅仅提高利息。

信用评分公司对个人信用积分的计算方式几十年一直保密，只是在后来要求公开的呼声不断高涨后才一度向公众披露，几年前费科公司曾经公布它当时的信用记录的积分方式：其一，是否按时付账的记录占总积分的35%；其二，负债金额的多少占总积分的30%；其三，信用记录期限的长短占15%；其四，申请信用的次数多寡占10%；其五，各种综合信用的评估占10%。

资料　几个中国网上信用交易的信用评价体系

1. 淘宝网信用评价体系

淘宝网站的会员每次交易后，可以进行互相评价，评价等级有三种：好评：1分；中评：0分；差评：−1分。来自同一用户的评分只计算一次信用积分，方法是将同一用户的多次评价得分进行累加，如果分数大于0积分为1分，小于0积分为−1分。最后对于会员的信用积分累加，进行评级，信用积分和星级对应。

表1　淘宝会员评级标准

4~10 分	251~500 分
11~40 分	501~1 000 分
41~90 分	1 001~2 000 分
91~150 分	2 001~5 000 分
151~250 分	5 001~10 000 分

2. 易趣网会员信用评价体系

易趣的信用评价体系十分简单，与淘宝类似。用户的信用评价分数达到10 分或 10 分以上时，易趣就会奖励其信用星星。用户信用度按如下规律变化：好评得 +1 分；中评得 0 分；差评得 –1 分。10 分或更高信用度的已认证用户都会被授予信用星星。

3. 搜易得的商家信誉评价体系

用户交易完成后系统会自动发送调查 E-mail 进行客户服务跟踪调查，用户可以根据调查的内容对商户满意度进行评分，用户在评价时必须谨慎行事并作出正确的评判，您的评价直接影响商户的信誉等级。

搜易得制定一套完善的经销商信用评定体系，结合消费者对商户服务的满意度（包括订单处理、配送时效、服务态度、产品品质等方面）的调查反馈单，和收到该商户的投诉比率情况进行信用评估。其在技术上突破了其他网站因商户信用评估体系欠缺完善所导致混杂着具有欺骗行为的假信用的等级现象。

4. 阿里巴巴诚信通体系

阿里巴巴的诚信指数根据以下四项指标进行评分，计算方法简单实用：

（1）A&V 身份认证：与华夏信用公司联合进行第三方身份认证，10 分；

（2）网商经验值：阿里巴巴诚信通的使用时间，1 年加 10 分，连续；

（3）证书及荣誉：每张证书加 1 分；

（4）会员评价：1 个好评 2 分；建议：0 分；差评：–2 分。

四、商业银行消费信贷管理

（一）消费信贷中的风险因素

1. 消费信贷风险主要来自借款人的收入波动和道德风险

商业银行对消费者信用的把握决定了消费信贷的开展程度。在美国消费信贷之所以成为人们乐于接受的消费方式，除个人信用制度比较健全外，银行有周密完备的信用网络，借助于计算机等现代化管理手段，建立了一整套信用消费管理体系，银行和商家通过网络可及时了解消费者的信用情况，因而能够迅速确定能否向消费者提供贷款。美国消费者到银行申请按揭购车，银行职员立即将他的"社会安全保险号码"输入电脑，查询以往的消费贷款有无不良记录，查实能按时还款后，立即通知汽车经销商可以为其选车。

而我国目前尚未建立起一套完备的个人信用制度，银行缺乏征询和调查借款人资信的有效手段，加之个人收入的不透明和个人征税机制的不完善，银行难以对借款人的财产、个人收入的完整性稳定性和还款意愿等资信状况作出正确判断。在消费信贷过程中，各种恶意欺诈行为时有发生，银行采用当面对证或上门察看等原始征询方式已经不能保证信用信息的时效性和可靠性。比如，浙江省某银行自 2000 年初开展住房和汽车的消费信贷以来，发现约有15％的借款人根本就没有在银行代扣账户上存钱，如此高的违规比例显然会造成很大的道德风险。此外，一些借款人由于收入大幅下降或暂时失业等市场原因，无法按期还款，尽管这种情况目前还不多，但随业务量扩大，相应的风险将呈上升趋势。例如，在发放助学贷款时，许多银行经常采用学生互保方式，如果宏观经济形势恶化，毕业生就业压力上升，那么大多数学生都可能无法按时偿还贷款；加之，我国个人信用制度的不健全，一旦学生毕业离校，商业银行就很难查寻到借款人的去向和收入状况，这种互保方式蕴含的风险自然会显现出来。

2. 银行自身管理薄弱致使潜在风险增大

现在国内商业银行管理水平不高，更缺乏消费信贷方面的管理经验，对同一个借款人的信用信息资料分散在各个业务部门，而且相当一部分资料尚未上机管理，难以实现资源共享。通常，仅仅凭借款人身份证明、个人收入证明等比较原始的征询材料进行判断和决策，对个人的信用调查基本上依赖于借款人的自报及其就职单位的说明，对借款人的资产负债状况、社会活动及表现、有无违法记录、有无失信情况等缺乏正常程序和渠道进行了解征询，导致银行和客户之间的信息不对称。

由于现阶段尚未形成一套完善的管理消费信贷业务的规章制度，操作手段相对落后，主要仍采用手工办理，加上从事消费信贷业务的人员紧、网点少，往往不能做到每笔贷款的审查都与借款人当面调查核对。另外一些业务人员素质不高，审查不严，难免有疏漏。同时，贷后的监督检查往往又跟不上，一旦发现风险不能及时采取补救措施，致使消费信贷的潜在风险增大。

★ 案例 7-2

银行系统出错给消费者留下不良记录的纠纷

银行系统出现错误，给消费者留下不良记录。上海市浦东新区消费者权益保护委员会（以下简称消保委）受理这起纠纷时认为：0.67 元影响信用记录，银行必须及时纠正。

银行电脑系统发生故障产生的罚息，在个人信用系统中给自己留下不良记录，上海消费者徐先生对此不满。日前，上海市浦东新区消费者权益保护委员会帮助徐先生向银行讨回了公道。

徐先生于2006年与某银行签订了个人住房贷款合同，并委托其每月代为扣款。2007年5月21日，徐先生收到一张对账单，里面显示因他逾期还款产生了0.67元的罚息。到了当年5月30日，徐先生收到第二张对账单，说明前次的0.67元罚息是由于银行电脑系统错误产生的，因此予以归还。然而，当徐先生2007年8月1日登录银行系统时，发现他的贷款信息里还是显示逾期还款，因为银行电脑系统错误产生的0.67元罚息，已经在他的个人信用中留下了一次不良记录。与银行多次交涉无果，徐先生投诉到浦东新区消保委，要求银行更正电脑记录，并支付0.67元在2007年5月21日至2007年5月30日内共计9天的利息。

0.67元9天的利息加起来不到一分钱，与浦东新区消保委沟通之初，银行对此事没有重视。浦东新区消保委工作人员向银行表示，首先，0.67元9天的利息确实是小钱，但银行在接到消费者反映的问题后认为小钱无关紧要，反映了银行在服务意识上存在欠缺。其次，0.67元已经给消费者的个人信用留下了不良记录，将会影响消费者今后在信用卡使用、个人贷款等关乎信用活动中的正当权益。经过多次沟通与协调，银行方面终于认识到了事情的重要性，承诺将在电脑系统升级时对徐先生的信用记录进行更正，并书面保证不会在今后造成不良影响。徐先生对这样的结果表示满意。

浦东新区消保委表示，国内银行的服务水平依然有待提高，消费者要特别留意自己的相关银行记录，对银行的记账单要仔细阅读，发现问题及时与银行沟通，以免影响个人信用记录。

（资料来源：袁征. 中国消费者报，2008 - 03 - 03. A03版.）

3. 与消费贷款相关的法律不健全

"欠债还钱"是天经地义的，然而在"同情弱者"的文化背景下，我国实践中常常发生"欠债有理"的现象，一些法律法规中似乎也有"维护债务人权益"的倾向。现行法律条款基本上都是针对法人制定的，很少有针对消费者个人贷款的条款，对失信、违约的惩处办法不具体，这使得银行开办消费信贷业务缺乏法律保障，对出现的问题往往无所适从。由于消费信贷业务的客户比较分散，均是消费者个人，并且贷款金额小、笔数多，保护银行债权的法规又不健全，特别是在个人贷款的担保方面缺乏法律规范，风险控制难以落实。如汽车消费贷款，国外通行的做法是以所购车辆抵押担保；而在我国购买汽车的单据中，没有一项是出具给银行的，因此汽车抵押给银行后，银行却无法控制过户行为，造成不小的风险隐患。发展消费信贷，个人信用制度的建立是重要基础，而我国个人信用制度、个人破产制度等尚未建立。在实际司法过程中，保护借款人或保证人正常生活，而忽视银行债权法律保护的现象时有发生，也给风险防范造成了一定的负面影响。如消费贷款一般额度较小，而小额债务法院一般不予受理，受理了也要付出可观的诉讼费，使银行利益受损。因此，要从法律上对银行个人贷款经营给予必要的监督。

4. 抵押物难以变现使担保款形同虚设

一旦消费贷款发生风险，银行通常会把贷款的抵押物作为第二还款来源，而抵押物能否顺利、足额、合法地变现，就成为银行化解资产风险的重要环节。由于我国消费品二级市场尚处于起步初创阶段，交易秩序尚不规范，交易法规也不完善，各种手续十分烦琐，交易费用偏高，导致银行难以将抵押物变现，影响了银行消费贷款的健康发展。随着消费贷款规模的扩大和抵押贷款的增加，这类问题将会变得更加突出。现阶段，我国住房一级、二级市场很不完善，政策上要求对大量非商品房产进行商业信贷支持，而一旦购房人无力还贷，这些非商品房产抵押又无法进行过户转让，银行很难得到充分的处置权，贷款抵押形同虚设。

5. 缺乏资产证券化的有效手段使银行流动性风险增加

资产证券化将不具备流动性的贷款转化成为具有流动性的资产，有利于提高商业银行资产的流动性，缩小商业资产和负债在期限和流动性方面的差距。而个人住房贷款、汽车消费贷款等主要消费贷款期限都比较长、金额较大、客户分散，可商业银行的负债期限相对较短。在允许银行参与的资本市场发育尚不健全的情形下，银行无法通过资产证券化等方式建立融通长期资金的渠道，从而形成"短存长贷"的格局，使资产负债期限结构不匹配，流动性风险显著上升。

6. 利率尚未市场化使消费信贷缺乏相应的风险补偿机制

消费贷款的一个显著特点是客户分散且数量大、客户风险状况存在显著差异。因此，对不同客户群应采取不同的利率定价，以实现贷款风险收益的最大化。但由于目前我国利率尚处于管制阶段，商业银行无法通过差别定价的贷款策略，增加对高风险客户贷款的风险贴水，从而不能有效地降低消费贷款的平均损失率。

（二）商业银行消费信贷的风险管理体系

1. 建立科学的个人信用评价体系

在建立全社会个人信用制度和信用档案的基础上，各银行还应根据自身业务特点和发展战略制定具体的个人信用评价体系，以此作为放贷的基本标准，使之从源头上发挥防范信贷风险的作用。

信用评价体系一般采用积分制，具体分成四个部分：其一，基本情况评分，包括个人的一系列情况，如出生年月、学历、职业、工作地点、工作经历、工作单位、家庭情况等，不同情况有不同的积分。其二，业务状况评分，在信用记录号下，每发生一笔业务，无论是存款、贷款、购买国债及其他金融债券、信用卡消费透支等，都有一定的积分。其三，设立特殊业务奖罚分，如个人信用记录号下屡次发生信用卡透支，并在规定期内弥补透支就可以获得额外奖分；个人贷款按期还本付息情况良好可以获奖分；若发生恶意透支，并且不按时归还所欠本息，就应额外罚分，甚至列入黑名单。其四，根据上述累积得分评定个人信用等级。

信用评价体系是消费信贷风险管理的基础，银行可以根据个人信用状况规定不同层次的服务与优惠，如信用累积分达到一定数额，可定期寄送银行资料和服务信息；信用卡透支额度可增大、期限可延长；个人消费贷款、按揭贷款利率在可行范围内可适当下浮；个人贷款担保可根据信用状况等调整。而对信用积分低的客户，则限制办理某些业务，列入黑名单的客户，银行应拒绝提供服务。

2. 重点开发风险低、潜力大、信用度好的客户群体

选择风险低、潜力大、信用度好的客户群是银行防范消费信贷风险的重要工作。一般而言，可供选择的客户对象包括：其一，在读大学生。一般具备较高文化素质，很可能成为较富裕的人群，具有较高开发价值；他们从读书、工作到成为"中产阶级"有一过程，而这一过程最迫切需要利用个人信用资源，如果银行早期与之建立经济联系，提供金融服务，可能获得终身客户。其二，从事于优势行业的文化素质较高的年轻人。目前，发展形势较好的行业有电信、电力、外贸、金融、计算机、教育、医药等。其三，国家公务员、全国性大公司或外资企业的管理人员及营销人员。他们不仅工薪水平和福利条件高，而且一般掌握较好的专业技能，预期收入高，失业风险较低。银行对重点客户应加大营销和调研力度，在促进业务发展的同时，有效降低贷款的预期损失比率。

3. 建立银行内部消费信贷的风险管理体系

从跟踪、监控入手，建立一套消费信贷风险的预警机制，加强贷款后的定期或不定期的跟踪监控；掌握借款人动态，对借款人不能按时偿还本息的，或者有不良信用记录的，列入"问题个人黑名单"加大追讨力度，并拒绝再度借贷。要进一步完善消费贷款的风险管理制度，逐步做到在线查询、分级审查审批、集中检查。从贷前调查、贷时审查、贷后检查几个

环节明确职责，规范操作，强化稽核。银行内部要建立专门机构，具体办理消费信贷业务，同时建立消费信贷审批委员会，作为发放消费信贷的最终决策机构。其要做到审贷分离，形成平衡制约机制，以便明确职权和责任，防范信贷风险。

4. 实现消费贷款证券化，分散消费信贷风险

相当一部分消费信贷期限较长，造成商业银行短资长贷，加大了流动性风险。西方国家的对策是实现消费贷款证券化，赋予其转让、流通职能，从而达到分散消费信贷风险、缩短放款机构持有时间的目的。我国商业银行也应以此为鉴，加快实现资产证券化进程。在证券化过程中，商业银行将其持有的消费信贷资产，按照不同地域、利率、期限等方式形成证券组合，出售给政府成立的专门机构或信托公司（Special Purpose Vehicle，SPV），由其将购买的贷款组合经担保和信用增级后，以抵押担保证券的形式出售给投资者。由于消费贷款具有利率调整、借款人违约、提前偿还等多种风险，通过 SPV 对证券组合采取担保、保险、评级等信用手段可保护投资人的利益，同时也降低了发行人的融资成本。同时，抵押担保证券以消费贷款的未来现金流量为基础，期限较长，相对收益风险比值较高，为金融市场中的长期机构投资者提供了较理想的投资工具。

（三）进一步完善消费贷款的担保制度

消费信贷与其他贷款不同，借款人是一个个的消费者，贷款购买的是超过其即期收入限度并较长时间才能归还贷款的财产或耐用消费品。因此，在发放消费贷款时，用抵押、担保作还款保证显得十分重要。在欧洲国家，一般采用住房抵押担保发放住宅贷款；在香港实行购房抵押，又称"按揭"业务，是购房的单位或个人以购房合同作抵押获得贷款的方式；美国的抵押贷款之所以不亚于其他贷款的吸引力，不仅因为有三个抵押市场中介来增强抵押券的流动性和偿还力，而且还因为有抵押担保机构来保证抵押贷款的如期收回。在美国进行住房贷款担保的机构有官办的，也有私营的，一旦购房者违约，它们承担金融机构的贷款损失。美国抵押担保的成功还在于设定了融资机构和二级抵押机构，并建立抵押保险，有效增强了贷款的清偿力。我国要尽快健全抵押担保制度，具体应注意以下几方面：首先，应完善担保法，增加有关个人消费信贷的详细条款；其次，应培育规范的抵押品二级市场，使各种贷款抵押物能够迅速变现；再次，可考虑由政府出面组建消费信贷担保公司，为长期消费信贷提供担保，这也是一些西方国家发展消费信贷的成功经验。如美国有四家政府性质的按揭担保机构，主要为符合规定条件的个人提供住房贷款担保，并向银行收购部分个人住房贷款，发行住房按揭担保债券，从而在很大程度上解决了部分居民难以提供担保和银行的资金流动性问题，促进了个人住房贷款的发展；最后，国家应规定一定金额以上的贷款都要设定担保，银行可视各个贷款品种的规定及申请人资信状况，要求全部提供合适的担保方式，并

对担保程序进行严格审查。

（四）个人消费贷款与保险结合

由于银行难以掌握借款者个人的健康状况和偿还能力的变化，这是个人消费贷款最主要的经营风险。法国、德国、加拿大等在开展消费信贷业务中，都规定客户必须购买死亡险，以减少银行风险。我国也可以借鉴国外经验，将个人消费贷款与保险公司的有关险种、产品组合起来运作。如银行在发放某些消费贷款时，可以要求借款人必须购买某种特定保险。一旦借款人发生意外，不能偿还贷款时，保险公司即要向保险受益人支付一定金额的保险赔偿金，而这笔赔偿金又足以偿还银行贷款本息。这样，一方面可化解银行的经营风险，实现消费信贷风险的合理有效转换；另一方面也有助于保险业的发展。当然，这种险种的保费应当较低廉，使消费者既可以得到银行贷款，又可以得到保险的益处。

资料　信用为本保险分数使消费者受益

最近，友邦保险主席马克·拉希科特的信用为本保险分数对大多数消费者来说，是公平、客观与有利的说法找到了最新证明，这就是联邦商务委员会（Federal Trade Commission，FTC）的信用研究。

保险分数有效降低保费

位于华盛顿的美国保险协会拥有大约 350 家主要的保险公司。这些保险公司能够提供所有财产意外保险，他们的年承保保费达到了 1 230 亿美元。"毫无疑问，信用为本保险分数是一种有效而准确的风险预测器。"马克·拉希科特强调说："使用信用为本保险分数，可以很好地反映个人的预期风险，帮助保险公司准确制定保费，最终使大部分消费者少缴纳保费。"

作为对 FTC 调查的回应，马克·拉希科特给白宫小组委员会提供了一份陈述。该陈述名为《信用为本保险分数：对汽车保险消费者的影响》，目前正在接受美国白宫委员会金融服务监督调查委员会的听证。

"这只是一个一次方程——你的信用分数越好，在保险人的眼里你的风险越低，因此，你需要付出的保费也越少。"马克·拉希科特总结道："信用为本保险分数的使用十年以前就开始了，而且它的作用已经从保险业扩展到许多其他市场，并增加了保险公司之间的竞争。"

FTC 大力推崇

不过，反对者还是认为信用分数的趋向于提高总体保费，它并没有直接与风险相联系，而且可能会成为种族和宗教歧视的代理人。因为，许多少数民族群体的收入较低，他们在信用方面似乎也存在问题。

FTC 坚决肯定了保险风险评估的作用，并认为消费者从信用为本保险分数当中受益。该委员会指出，由于保险人使用了联邦商务委员会研究的信用，许多投保人所付出的保险费减少了。该信用已经由许多州的研究所证明是有用的。

根据 FTC 的说法，分数是对提出索赔的消费者和其索赔总成本的预测。另外，分数也可能会帮助保险人更准、更快地核定保费和批准保单，所节约的成本将以保费更少的形式转移给消费者。

对于保险人使用信用为本保险分数对少数民族有歧视的说法，FTC 的研究直接驳斥说："我们的研究表明，简单地看保险分数，是不能确定一个人的民族、宗教和经济状况的。"

在 2007 年 8 月，联邦储备系统给国会提交了信用分数的使用及其对信用的可用性与能用性的评估报告。政府发言人表示，联邦储备系统的研究结果与联邦商务委员会的结果非常一致，都认为信用是可靠的风险预测器，而信用分数在宗教和种族歧视代理人方面，影响微乎其微。

使用受到严格限制

保险人对信用的使用，不但受到《公平的信用报告法案》的约束，还要遵守许多的国家法律与监管。前者清楚表达了对信用的使用规定，后者当中还包括为市场所普遍接受的规则、国家保险立法会议关于信用的法案。根据 2002 年时的介绍，国家保险立法会议模型是 26 个州的法律或规章，它权衡保险人的需求，列举确定的消费者的权利，用可以变化的精算声音保护消费者，包括没有保单需要的唯一决定因素的信用或者信用没有更新，或者允许因配偶死亡或不可预测的医疗突发事件等诸因素以"特殊生活环境"名义免除保险人对信用的使用权。

该法律还要求保险人用经过校正的信用报告重新评估消费者，向申请投保的人通知信用信息被用来评估，让客户知道他们的信用信息是否有不利作用——比如保费较高与拒绝承保。该法律也用来保护消费者的隐私。

（资料来源：刘秀德. 中国证券报，2007 - 10 - 27. A16 版.）

（五）实行浮动贷款利率和提前偿还罚息

人民银行应加快利率市场化进程，在利率浮动比率、贷款比例和期限安排上，给商业银行以更大的余地，以便更好地为客户服务，更好地防范风险。同时，应允许商业银行在办理消费信贷业务中收取必要的手续费、服务费，以补偿商业银行信贷零售业务付出的成本。在消费信贷的利率方式安排上，一般应采取浮动利率制，按年度调整一次，从而减少银行利率风险。对贷款期限长、利率风险大的住房贷款尽快实行固定利率和浮动利率并行的利率制度。固定利率是指按照事先确定的利率计算全部贷款期内的全部利息，该利率不再做任何调整和改变；浮动利率是指在贷款合同有效期内，只规定最初一段时间内的利率，在合同到期后，就要根据事先约定的新利率计算方法，按照当时的市场利率重新确定下一阶段贷款利率，浮动利率包括一年期、三年期、五年期等不同期限。通过消费者对两种利率的自由选择，增加消费者的风险和收益意识，规范消费者和银行之间的行为方式和业务往来，实施提前还款罚息制。由于消费信贷一般为长期贷款，利率变化将导致银行蒙受利率损失的可能。当利率下跌时，消费者会提前偿还固定利率的贷款，而以较低的利率举借新债。借新债还旧债，会导致银行丧失贷款收益，并给银行重新安排资金造成困难。为此，银行应收取高于预定利率的罚息，弥补信贷资产损失。

思考 7-4：你是否明确消费者信用管理的基本要点？请联系以下某商业银行的个人客户信用评分指标（表 7-3）说明其是否体现本节商业银行消费信贷管理的要点？请列举 10 项以上。

表 7-3 某商业银行个人客户信用评分指标说明（工薪供职类）

指标项	定 义
年龄	指周岁，根据出生期计算
家庭供养人口	指经济收入来源，须借款申请人赡养的家庭成员
文化程度	包括：研究生以上、大学本科、大专、中专、高中、初中、小学、其他，与职称就高选择
职称	包括：高级职称、中级职称、初级职称、无职称，与文化程度就高选择
户口性质	包括：本地区常住户口、本省常住户口、其他
居住稳定性	指借款人或其配偶名下的、权证齐全、手续合法的自购（建）住房，包括：拥有两套及以上住宅、仅有一套住宅、无自有住房
投资型保险投保情况	投资型保险国内保险市场近年来出现的新险种，它兼具保险保障与投资理财双重功能。目前市场上常见的投资型险种有投资连接保险、分红型寿险及投资型家庭财产险等

指标项	定　　义
从业单位性质	客户经理根据具体情况判断
职位状况	至今在本单位实体内，而非整个集团、系统内相较的职位高低状况。包括：单位高层、单位中层、部门主管、一般在编正式职员、其他
人行征信系统信用状况调查情况	包括：有借款记录且无不良记录、偶有 1～2 次非恶意拖欠记录但目前信用良好、累计有 3～10 次非恶意拖欠记录但目前信用良好、有经常性拖欠习惯，拖欠记录 11 次以上。"非恶意拖欠"是指客户因偶然遗忘、银行系统失败等客观理由导致不良记录的产生，但目前正常交款
本人月收入	税后收入，包括工资薪酬（含住房公积金）收入及其他个人合法收入
本人月收入地区比值	本人月收入÷本地区城镇月人均可支配收入
配偶月收入	税后收入，包括工资薪酬（含住房公积金）收入及其他个人合法收入
配偶月收入地区比值	本人月收入÷本地区城镇月人均可支配收入
家庭财产	指借款人及其配偶名下的财产，包括：自有不动产、现金存款、债券、股票等有价证券，价值按当前市值估算
家庭财产地区比值	家庭财产÷（本地区城镇月人均可支配收入×12）
家庭月收入	本人月收入＋配偶月收入
家庭借款总额	借款人及其配偶的借款总和（不含本次申请的贷款）
家庭月均还款额（含本笔）	借款人及其配偶每月平均需支付的还本付息总额（含本次申请尚未发放的贷款）。对分期还款的借款，计算自申请月起 12 个月（一年）内的平均月还本付息额作为月均还款额；对设定还款期限的一次性还本付息贷款，按借款额除以剩余还款月份数计算得到月均还款额；对未设定还款期限的一次性还本付息借款，以借款额除以 60 个月（五年）计算得到月均还款项
收入还贷差地区比值	［家庭月收入－家庭月均还款额（含本笔）］÷本地区城镇月人均可支配收入

指标项	定　　义
家庭资产负债率	家庭借款总额÷家庭财产×100%
家庭对外担保额	借款人及其配偶对外担保总额
家庭或有负债率	家庭对外担保额÷家庭财产×100%
在银行日均存款额	借款人及其配偶在评级时点的前半年内在银行的日均存款余额
与银行业务往来关系	包括以下几类业务：代发工资、代扣代缴水电费等、代理保险、保管箱业务、个人理财、认购基金、其他中间业务
本地区城镇月人均可支配收入	指本省、本地市或本县市城镇月人均可支配收入，取值是否向省级以下细化由各省行自定

表 7-4　某商业银行个人客户信用等级认定表

经营行意见	调查意见： 　　　　　　　　　　　调查经办人：　　　　　　　部门负责人： 　　　　　　　　　　　　年　月　日　　　　　　　年　月　日
	审查（初审）意见： 　　　　　　　　　　　审查经办人：　　　　　　　部门负责人： 　　　　　　　　　　　　年　月　日　　　　　　　年　月　日
	审批（审核）意见： 　　　　　　　　　　有权审批人（审核人）： 　　　　　　　　　　　　　　年　月　日

二级分行意见	审查意见： 审查经办人：　　　　　　　部门负责人： 　　　　　年　月　日　　　　　　　年　月　日				
	审批意见： 有权审批人：　　　　　　　部门负责人： 　　　　　　　　　　　　　　　　　年　月　日				
序　号	客户姓名	客户代码	测评得分	信用等级	有效期

资料　个人信用报告是黑名单吗?

个人信用报告是黑名单吗？一次无意的失信会成为终身的"污点"？为何同样的信用报告，有的银行给予贷款，有的却拒绝，就个人信用中的焦点问题天津日报记者专访有关人士。

个人信用，你的"经济身份证"

经济生活中，当个人信用报告这个"经济身份证"被越来越多人提起时，其中的一些焦点问题也备受关注。在本市即将对个人征信系统"扩容"的前夕，人民银行天津分行征信部门人士接受本报记者专访时，揭开了个人信用报告的神秘面纱。

个人信用报告避免四大认识误区

我国的个人信用报告是人民银行征信中心出具的记录居民个人过去信用信息的文件。但部分市民对此还存在一些认识误区。

误区一：不从银行借钱就等于信用好；

征信系统中因为没有您的历史信用记录，银行就失去了一个判断您信用状况的便捷方法。向银行申请一张信用卡或申请一笔贷款，长期、逐次、按时还款就能准确地反映出您的信用意识。提前还款对于提升个人信用用处不是很大。

误区二：个人征信系统就是搞"黑名单"；

个人征信系统没有单列出一个所谓的"黑名单"，它只是如实地记录您原始的信用信息，不加任何主观判断生成您的信用报告，它不会写上任何好与坏的评语。个人信用报告不对欠款进行"善意"欠款或者"恶意"欠款的区分。同时为了保护居民的隐私，除您本人外，只有商业银行在办理贷款、信用卡等业务和进行贷后管理时才可以直接查看您的信用报告。

误区三：一次失信，"信用污点"会跟人一辈子；

一次失信，可能会在一段时间内对个人信用活动产生一些影响，但所谓的"信用污点"绝对不会跟人一辈子。这些信息经过一定年限以后就会从信用报告中去掉。而且正面的信息也同样会反映在您的信用报告之中，您可以用自己的实际行动书写良好的信用记录，帮助商业银行对您作出客观、全面的判断。

误区四：信用报告是银行是否贷款的决定性依据。

如果贷款对象是个人，商业银行是否贷款要考虑的主要因素包括是否有稳定的职业和收入、是否具备按期偿还贷款本息的能力等。此外，还可能涉及抵押、担保等事项。实际上，信用报告是在一定程度上反映出贷款对象以往的信用行为，也许还包括以前债务的偿还情况，给商业银行考察贷款对象提供参考。由于风险偏好及其他信息是否充分等因素，不同的商业银行面对同一份信用报告，可能会作出不同的判断和贷款决定。

保持良好信用 避免负面信用记录

据悉，居民以往在日常生活中以下情况容易出现负面信用记录：一是信用卡透支消费、按揭贷款没有按时还款而产生逾期记录；二是按揭贷款、消费贷款等贷款的利率上调后，仍按原金额支付"月供"而产生的欠息逾期；三是为第三方提供担保时，第三方没有按时偿还贷款而形成的逾期记录；四是信用卡停用后，没有办理相关手续，因而欠年费。

另悉，由于本市居民个人信用报告还将纳入电信企业和水、电、燃气公司等公共事业机构提供的先消费后付款的服务费用信息，人们也要注意按时缴纳相关费用。考虑到人们可能因出差等原因不能及时缴费，人民银行将"欠费"定义为超过60天仍未缴纳的费用，给人们留下了充足的补缴时间。人们如果发现自己的信用报告有误，还可提出异议申请。

一些专业人士也表示：个人信用报告上历史的客观记录，"让事实说话"减少了银行信贷员的主观感受、个人情绪等因素对贷款、信用卡申请结果的影响，让人们能得到更公平的信贷机会。总之，人们珍惜自己的信用记录，就是积累了自己的"信用财富"，而这样的一笔财富会为人们带来更多收获财富的机会。

·本章小结·

本章内容主要围绕着消费者信用管理实务展开，我们介绍了消费者信用管理实务的三条知识链。

第一节阐述三方面知识。包括：消费者信用的概念、消费者信用的三种基本形式以及消费信贷发展现状。注意：（1）消费者信用是指消费者以对未来偿付的承诺为条件的商品或劳务的交易关系。（2）消费者信用的三种基本形式及派生的形式。（3）消费信贷发展的常识。本节核心知识是在把握消费者信用的概念、消费者信用的三种基本形式的基础上，重点掌握消费信贷特点及其对推动经济所具有的独特作用。

第二节阐述两方面知识。包括：消费者信用信息的采集和管理，是分两点阐述的。具体分为：（1）个人信用报告是客观的个人信用支付历史记录，在法律允许范围内，为信用让渡人（贷款人等）迅速、客观地作出是否提供信用服务的决定提供参考。个人信用报告是个人征信系统提供的基本产品，熟知个人信用报告应包括的四方面信息；（2）目前我国个人信用信息基础数据库建设的基本情况等。本节核心知识是要在掌握个人信用报告基本内容的基础上，注意其和个人信用信息基础数据库建设的必然联系。

第三节阐述四方面知识。核心知识是掌握消费者信用管理的工作流程和商业银行消费信贷管理的基本要点。

本章自测题

以下测试题均是按本教材知识点的顺序排列，请你依次把测试题的答案找出来，并在每一测试题后写上答案，同时注明与本教材相应知识点相对应的页码。

一、单项选择题

1. 下列（　　）是消费信用中使用最为广泛的一种形式。

　　A. 消费信贷　　　　B. 赊账　　　　C. 分期付款　　　　D. 信用卡

2. （　　）是指消费者可以先期获得专业人士的服务，在收到账单后再行付款的信用形式。

　　A. 循环信用　　　　B. 信用卡　　　　C. 分期付款信用　　　D. 服务信用

3. 职业版个人信用报告主要应用于求职招聘领域，其内容不包括（　　）。

　　A. 户籍基本信息　　　　　　　　　B. 高等教育信息

　　C. 社会保险信息　　　　　　　　　D. 个人在商业银行的贷款

4. 我国个人信用信息基础数据库始建于（　　）。

　　A. 2003 年　　　B. 2004 年　　　C. 2005 年　　　D. 2006 年

5. 能够帮助商业银行等金融机构控制信用风险，维护金融稳定，扩大信贷范围，促进消费增长，改善经济增长结构，促进经济的可持续发展的功能属于（　　）。

　　A. 经济功能　　　B. 社会功能　　　C. 消费功能　　　D. 信贷功能

6. 目前，个人征信系统的信息来源主要是（　　）。

　　A. 零售商　　　　　　　　　　　　B. 工作单位

　　C. 商业银行等金融机构　　　　　　D. 个人

7. 消费者信用管理的目标客户是（　　）。

　　A. 企业法人　　　B. 消费者个人　　C. 零售商　　　D. 金融机构

8. （　　）是消费者信用管理中常用的一个工具，在个人信用管理的每一个阶段都会用到。

　　A. 客户信用调查　　　　　　　　　B. 客户授信

　　C. 个人信用评分　　　　　　　　　D. 个人信用标准

9. 在实际生活中，还款记录同样及时的消费者，借钱多、消费也多的人实际积分要（　　）借钱少、消费也少的人。

　　A. 低于　　　　　B. 高于　　　　　C. 等于　　　　　D. 不可比

10. 在一定期内，消费者申请的信用账户越多，积分（　　）。

    A. 不变　　　　　　　B. 不影响　　　　　　C. 越高　　　　　　　D. 越低

二、多项选择题

1. 消费者信用是以（　　）为载体，以延期付款为主要内容的商业信用。

    A. 商品　　　　　　　B. 货币　　　　　　　C. 劳务

    D. 信用　　　　　　　E. 口头承诺

2. 消费信用最常见的形式有（　　）。

    A. 赊账　　　　　　　B. 零售信用　　　　　C. 分期付款

    D. 消费信贷　　　　　E. 支票

3. 以信用的使用目的为标准，消费者信用可以分为（　　）。

    A. 零售信用　　　　　B. 现金信用　　　　　C. 循环信用

    D. 服务信用　　　　　E. 个人信用

4. 在零售信用中，具体可以划分为（　　）。

    A. 信用卡　　　　　　B. 循环信用　　　　　C. 分期付款信用

    D. 服务信用　　　　　E. 口头承诺付款

5. 现金信用因偿还方式的不同，可以分为（　　）。

    A. 分期付款贷款　　　B. 单笔付款贷款　　　C. 一般用途信用卡

    D. 循环信用　　　　　E. 签字延期偿还

6. 消费信贷迅速发展的原因包括（　　）。

    A. 消费观念的转变　　　　　　　　　B. 科技发展对消费信贷的促进作用

    C. 金融机构的参与　　　　　　　　　D. 个人信用制度的建立和法律的完善

    E. 企业信用管理制度的建立和法律的完善

7. 消费信贷的特点包括（　　）。

    A. 成本费用高　　　　B. 违约风险大　　　　C. 规模变动呈周期性

    D. 利率敏感性低　　　E. 消费者消费水平的影响

8. 在住宅贷款的审查中，银行信贷人员必须认真考虑客户的（　　）因素。

    A. 借款人收入水平的稳定性　　　　　B. 借款人的储蓄状况和首付款的来源

    C. 借款人保管和管理财产的记录　　　D. 房地产的前景

    E. 消费者的消费能力

9. 非住宅贷款的发放方式主要有（　　）。

    A. 分期还款的贷款方式　　　　　　　B. 非分期还款的贷款方式

C. 信用额度贷款方式　　　　　　　D. 单笔还款的贷款方式

E. 全额到期一次还款的贷款方式

10. 个人信用报告包括以下信息（　　）。

A. 个人身份信息　　B. 特别记录　　C. 社会公共信息记录

D. 商业信用记录　　E. 个人风险偏好

11. 目前已提供查询服务的信用报告种类有（　　）。

A. 金融版个人信用报告　　　　　　B. 职业版个人信用报告

C. 企业版个人信用报告　　　　　　D. 国家机关版个人信用报告

E. 社会团体版个人信用报告

12. 个人信用的档案信用信息的来源（　　）。

A. 本人的提供

B. 本人雇主的提供

C. 金融机构、商业机构或其他利益关系人的提供

D. 国家机关的公告

E. 公安局、检察院等政府部门的提供

13. 信用评估公司根据信用资料中（　　）内容对消费者进行打分。

A. 付账记录　　　　　　　　　　　B. 未偿还债务

C. 开立账户的时间长短　　　　　　D. 申请贷款情况

E. 消费水平

14. 消费信贷风险主要来自借款人的（　　）。

A. 债务数量　　B. 授信额度　　C. 收入波动

D. 道德风险　　E. 消费者风险偏好

三、判断题

1. 消费者信用是指消费者以对未来偿付的承诺为条件的商品或劳务的交易关系。（　　）

2. 多数分期付款合同规定，在货款付清之前消费品的所有权已属于买者。（　　）

3. 循环信用要求受信方支付首付款，然后要在一定期间内按期支付固定的金额，直到还完全部款项为止。（　　）

4. 现金信用比零售信用进步了很多。（　　）

5. 消费者贷款比个人贷款范围还要大，它包括个人投资贷款和对自然人小型企业的贷款。（　　）

6. 个人信用消费的特点是单笔交易的金额大，交易的数量大。（　　）

7. 信用评分模型是个人信用评分的最重要工具，是可以得出评分的一系列计算公式。（　　）

8. 信用评分越高，贷款的代价越低。评分越低，贷款的代价越高。（　　）

9. 消费者按时还本付息就可以逐渐积累较高的信用积分，且早付比晚付好。（　　）

10. 在实际生活中，还款记录同样及时的消费者，借钱多、消费也多的人实际积分要高于借钱少、消费也少的人，后者又高于不借钱的人。（　　）

11. 在一定期内，消费者申请的信用账户越多，积分越低，所以专家建议消费者不要到处申请信用卡。（　　）

四、案例分析题

请结合案例 7-2 分析回答：

1. 消费信贷中的风险因素涉及哪些方面？

2. 为了防范和控制消费信贷中的风险，商业银行对消费信贷的管理涉及哪些内容？

第八章
其他相关信用管理实务

学习目标

学完本章后，你应做到：

1. 可列示企业与银行信用管理实务有关的业务操作要点；

2. 总结和评价电子商务与信用管理日益密切的关系。

请你在本章学习开始时填写表 8-1 中的第 1~2 项，学完本章后填写第 3~6 项，如果本表填不下，可自行加页，填写好后交给老师，作为积分作业记入平时成绩。

表 8-1　编制学习计划书

序　号	项　　目	内　容　提　要
1	制订本章自学计划	
2	列示本章各节要点	
3	综述本章核心知识	
4	提出疑难问题	
5	简述学习体会	
6	作出自我评价	优秀（　）良好（　）及格（　）跟不上（　）

关键术语

贷前检查　　　　贷时审查　　　　贷后管理　　　　电子商务信用管理体制

引　言

欢迎进入第八章的学习。本章与第三章、第四章、第五章、第六章的最大不同是在企业信用管理的对象上，第三章、第四章、第五章、第六章的信用管理对象是工商企业对工商企业的信用管理（B2B）；而本章的信用管理对象则主要是工商企业对金融机构（B2F，主要体现在第一节）。因而，我们把本章称为其他相关信用管理实务，但是，本章所阐述的实务知识也应该是企业信用管理的相关实务。本章的重要性在于通过学习"企业与银行间信用管理实务"知识，帮助我们了解"银行对企业信贷业务的基本操作标准和程序"、"银行是如何进行信贷前期调查与信用分析"的。需要强调的是，现在虽然仍是站在企业角度，但比较第三章、第四章、第五章、第六章的信用管理内容，一个最大的不同点在于我们主要是为了获取银行信用贷款，因而必须从配合者的角度来了解银行的信用管理规范。这一根本特点需要始终把握住，作为理解本节相关知识的钥匙。

第一节主要介绍"企业信用管理部门如何处理与贷款银行间的信用管理实务"、"贷款银行到贷款企业的看账方法"、"贷款银行对借款人、保证人贷前报告写法的规范"、"贷款银行贷时审查的内容与标准"、"贷款银行贷后管理的主要内容"五方面知识。第二节介绍的"电子商务与信用管理"的发展十分迅速，本书只针对其基本问题作了简单介绍，可通过阅读来了解其相关知识。

第一节　企业与银行间信用管理实务

自学提示

本节主要是站在接受信用贷款一方体察贷款银行对企业的信用管理实务。虽然是被动地接受预知贷款银行对企业的信用管理实务，但是一来有利于配合，二来也可从中学习贷款银行对企业信用管理实务的细微和严谨之处。

一、企业信用管理部门如何处理与贷款银行间的信用管理实务

（一）企业信用管理部门应了解贷款银行贷前调查要求企业具备的基本条件

贷款银行为了搞好贷前调查的准备工作，银行客户经理根据申请贷款企业提供的有关资

料，经过初步分析，认为该企业已经具备了基本条件，并经部门领导批示同意，即可安排深入企业进行贷前调查。

借款人无论是借外币还是借人民币，不管是长期借款还是短期借款，必须符合作为借款人的基本条件。根据《贷款通则》和有关法律、法规的规定，借款人借款的基本条件应符合十五项要求（见第一章所列）。

（二）企业信用管理部门应了解贷款银行贷前所调查的内容

贷前调查是银行客户经理对贷款可行性的初审，是整个贷款审批工作的基础。客户经理要按照贷款企业基本资料清单的要求收集整理资料和信息，并对上报资料的合法性、真实性、有效性负责。

贷前调查一般实行"双人调查"制度，重点调查以下内容：

1. **行业风险调查**

（1）行业的生命周期。行业生命周期可分为幼稚期（也称导入期）、成长期、成熟期和衰退期。

（2）行业竞争状况。行业竞争状况包括公司规模、市场份额、产品创新、领先地位、竞争对手。

（3）行业特征。行业特征包括资本密集型、劳动力密集型和技术密集型。

（4）行业管制。行业管制包括行业进入和退出的难度。

（5）行业成功的关键因素。其成功的关键因素在于行业需求可预测的程度。

2. **经营风险调查**

（1）产品市场需求。

（2）产品定价、产品成本结构。

（3）产品成熟性、新产品替代老产品的研发能力。

（4）是否符合环保监管要求。

（5）综合评估供应、生产、销售、管理方面的经营风险。

3. **企业基本概况的调查**

（1）背景状况的调查。

（2）生产经营场所的权属情况（自有、租赁等）。

（3）法定代表人和主要负责人的学历、专业技术、开拓创新能力、品行、诚信度、经营管理决策能力、本企业业绩等情况。

（4）集团客户及关联客户的授信风险。具体掌握与该贷款企业相关联的企业，例如：控制与被控制关系的母公司和子公司，共同控制关系的合营企业，重大影响关系的联营企业，以便防范信贷集中风险。

（5）企业与贷款银行的业务合作情况。

4. 企业经营情况的调查

（1）行业背景、企业规模、历史沿革、主营业务以及在债券市场和股票市场的经营情况。

（2）企业所处的发展阶段和行业地位、产品的特性及主要产品在总销售收入占比情况。

（3）以前年度的主要业绩。主要业绩包括：销售收入、净利润、总资产、净资产增长情况。

（4）生产设备、技术水平的先进性分析。

（5）核心竞争力分析。核心竞争力分析包括：其一，主要竞争对手的市场份额、竞争优势；其二，本企业核心竞争优势，与竞争对手相比较；其三，对于一般规模企业，应着重分析经营特色和在该行业中的核心竞争力；其四，市场营销能力。

5. 企业素质的调查

（1）企业法人治理结构。企业法人治理结构就是关于企业体制和机制的制度性安排。

（2）领导者素质。这里主要指领导者的品德、学识、能力及社会影响力。

（3）高级管理层以往诚信状况及经营业绩。

（4）员工素质。其具体内容包括员工的学历结构、职称结构、年龄结构、专业工作年限和经验、经营目标执行力。

（5）企业文化。

（6）管理水平。其具体内容包括原辅材料采购与管理、质量管理、安全管理、财务管理、信用管理。

（7）激励机制。其具体内容包括薪资、奖金、参股、期权等制度。

（8）内部控制制度。这里主要是指企业是否有完善的内部控制的组织架构和规章制度。

（9）行业地位。

（10）企业是否有成文的未来战略规划。

6. 企业财务状况的调查

（1）企业规模分析。包括：主营业务收入净值、净利润、总资产。总资产低于同类企业的平均值，而收入和利润较高，这里要看报表的真实性。如果真实，则说明企业的竞争力强。

（2）对重点科目调查分析。包括：应收账款和其他应收款分析，占用原因、账龄和占用人关系，判断收回可能性。

存货，了解企业存货跌价准备政策，是否存在大量滞销品。

固定资产。首先，需要调查房屋建筑物、机器设备、运输工具以及其他固定资产入账价值、折旧、减值准备等；其次，计算成新率，如低于50%，说明固定资产陈旧。

无形资产。无形资产入账价值是否符合会计准则要求，特别关注自建无形资产的合法性。

短期借款。其中包括：借款行、到期日、金额、担保方式等。

应付账款和其他应付账款。包括：具体单位、金额、时间及原因。

对外担保和或有负债分析。或有负债是指对外担保、未决诉讼、售后服务承诺、罚款等法律规定的最高限额可以较准确计量的，可能给企业带来的损失。

（3）盈利能力分析。利润构成：包括主营业务利润、其他业务利润、投资收益和营业外收入及其比较；近几年销售收入增长率和销售利润率；分析盈利水平：影响未来利润水平的因素，预测利润的成长性和稳定性等。

（4）营运能力分析。主要注意：存货周转率、应收账款周转率、总资产周转率。

存货周转率：周转慢（率越小），存货积压时间长。

应收账款周转率：周转慢，企业产品竞争力较差。

总资产周转率：说明资产创造收入能力。

（5）企业偿贷能力分析。首先分析企业的偿债意愿。企业的偿债意愿是指企业高管对偿还债务的态度和主动性。企业自主偿债能力包括：资产负债率、流动比率、速动比率、现金流量结构状况及趋势预测、非筹资性现金流量与短期债务的保障程度。如果企业现金能力强，长短期资产和资本配置合理，则短期偿债能力强。

7. 借款原因调查

了解客户借款申请，调查分析其真实借款原因及借款用途的合法性。

8. 企业总体还款能力评价

（1）企业是否具有还款能力，还款来源是什么；

（2）对未来发展前景预测；

（3）识别该企业风险：其一，行业政策因素、行业竞争和发展前景；其二，借款申请人的经营情况、管理层的管理能力和还款意愿；其三，财务状况。

9. 担保调查

（1）参照对申请人的调查方法，调查保证人是否具备担保资格、资信情况及对外提供的担保情况，重点考察其代偿能力和代偿意愿。

（2）对抵押、质押品的调查。抵押、质押贷款要着重审查抵押、质押物的合法性、充分性和可实现性。

其一，对抵押、质押物基本情况调查，实地考察抵押、质押物的名称、数量、保管情况、地理位置等。

其二，验证产权证明。核定抵押、质押物使用权或所有权的权属及同一抵押、质押物已向其他债权人设定抵押、质押的情况等。

其三，抵押物价值稳定性分析。对抵押物的成新率、地段、市场价格波动性分析，其预期价值上涨还是下降趋势，是否覆盖贷款余额、有无缺口。

其四，抵押物实现能力分析。对抵押物的市场实现能力作出预测分析，是否可以迅速出售，市场对抵押物的需求大小，变现清偿时是否产生一些法律及销售费用等。

（三）企业信用管理部门应了解贷款银行贷前调查的基本方法和程序

（1）银行客户经理到企业后，一般先请企业主要负责人做综合介绍。请企业负责人综合介绍的内容一般包括：其一，企业法人治理结构、内部控制制度、企业发展战略；其二，履约记录，包括银行贷款本息偿还情况、合同履约率；其三，历年纳税情况；其四，生产装备和技术能力；其五，产品和市场；其六，行业特点、竞争优势；其七，经营风险控制能力。

（2）请企业派人带领参观生产过程，参观所有车间、仓库和各种设施，边参观边了解情况。

（3）请企业技术负责人介绍情况。

（4）请企业销售负责人介绍情况。

（5）请企业生产负责人介绍情况。

（6）请企业财务负责人介绍情况。

综上所述，都是采用实地调查。另外，贷款银行客户经理还可以通过间接调查方式，如通过银行信贷登记系统，重点了解企业还本付息情况，对外担保情况；还可以通过申请人商业往来客户和其他债权人获取资料，全面了解申请人经营、管理、财务状况及行业信息。

贷款银行一般通过以下调查表（见表 8-2 至表 8-5）来了解贷款企业的基本情况。

表 8-2　借款人基本情况表-1

年　　月　　日　　　　　单位：万元

企业名称		成立时间	
所属行业	机构代码		贷款卡号

经济性质	上级主管部门	办理贷款卡年审的开户银行	财务部电话	

股东单位名称	投资金额	投资比例	负责人	电　　话

附属机构名称	注册资本	股权比例	实投资本金	主营业务

设计规模	实际生产能力 （最高营业额）	占地面积	建筑面积	固定资产原值	职工人数

技术装备水平	70 年代前	70 年代	80 年代	90 年代	最新
主要设备					

表 8-3 借款人基本情况表-2

年　月　日　　　　　单位：万元

法定代表人姓名	性别	籍贯	出生年月	民族	政治面貌	文化程度

专业职业资格	家　庭　住　址	家庭电话

主要学历、经历和在本单位之业绩：

企业近三年业绩：

年　份	资产总额	所有者权益	年销售收入	年利润
年				
年				
年				

表 8-4 借款人基本情况表-3

年　月　日　　　　　单位：万元

企业管理人员素质							
职　务	姓　名	性　别	出生年月	政治面貌	学　历	技术职称	主要经历
总经理							
副总经理							
财务经理							

企业职工素质			
总人数	党　员	团　员	群　众
管理人员	技术人员	其他人员	
高级职称	中级职称	初级职称	无职称
高级技师	技师	高级技工	其他
大本及以上	大专	中专、高中	初中
35 岁以下	36～50 岁	50 岁以上	

表8-5 借款人基本情况表-4

年 月 日 单位：万元

生 产 状 况						
产品名称	单 位	年实际	年实际	年实际	年 月	年预计
产品产量						

资料

《北京晚报》2008年12月报道，北京华运达房地产开发有限公司法定代表人邹庆，伙同银行工作人员和律师，虚构257名购房者，向中国银行北京市分行骗取个人住房贷款共计7.5亿元。案发后，被法院判处无期徒刑。

思考8-1：本节企业与银行间信用管理实务的内容对防范此类案件可起哪些作用？

（四）信用管理部门应了解贷款银行贷前要调查的企业各部门负责人及相关事项

1. 贷款银行贷前向企业技术负责人调查的基本事项

（1）主导产品特点、用途和所属行业。

（2）所处的发展阶段和行业地位。

（3）生产设备、技术水平的先进性分析。核心技术是否先进、是否具有竞争优势。

（4）主导产品质量及获奖情况。

（5）新产品替代老产品，新产品研发能力，对市场需求的应变能力。

2. 贷款银行贷前向企业销售负责人调查的基本事项

（1）主导产品市场风险。包括市场需求变化、产品质量、价格竞争。

（2）随着市场需求变化，新产品替代老产品的营销战略。包括新、老产品市场预测如何，企业是否具有很强竞争力，对市场变化应变措施是什么。

（3）销售方式、销售地区、销售机构和销售队伍的情况。包括近三年销售收入情况、实际回款情况以及今年销售预计。

（4）产品库存现状分析。包括成品、半成品及原材料的库存是否积压，以及它们的存货周期。

3. 向生产负责人调查的基本事项

（1）主导产品设计规模是多少，实际生产能力（最高营业额）是多少。

（2）设备状况。包括房屋建筑物、机器设备、运输工具以及其他固定资产成新度和管理水平如何。

（3）供货质量、价格、稳定性以及对供应商依赖程度。

（4）上一年实际生产的产品产量、今年实际产量和全年预计。

（5）主导产品成品库存现状分析。

（6）近三年有无重大安全事故和案件。

（7）操作流程、质量控制。

4. 向财务负责人调查的基本事项

（1）企业规模分析。包括主营业务收入净值、净利润、总资产及逐年变化趋势分析。

（2）重点科目分析。

（3）盈利能力分析。

（4）营运能力分析。

（5）现金流量及偿债能力分析。

（6）对外担保和或有负债分析。

（7）此次申请贷款用途和贷款方式。

（8）客户经理与财务负责人一同预测现金流量。

（9）客户经理按照资产负债表有关科目看账，按照相应的"财务状况明细表"（见表8-6至表8-16）进行登录。

5. 向企业财务负责人调查抵、质押情况

（1）抵、质押人所提供的抵、质押物的所有权和完全处置权，是否重复抵押。

（2）抵押物是否为《担保法》中规定的不能充当抵押物的财产。

（3）抵、质押物办理保险的情况，以及是否具备办理登记的条件。

（4）抵、质押物的评估价值、评估依据。

（5）对抵、质押物占管和使用情况进行勘验。

（6）对抵、质押物的完好状况、专业特点、市场状况进行分析，分析变现可能性和变现速度。

（7）抵、质押率是多少及其依据。

（8）对抵、质押物能否有效监控。

6. 贷款银行要求贷款企业提供的资料清单

保证贷款建立信贷关系和申请贷款提供资料清单

（借款人部分）

（1）《建立信贷关系申请书》

（2）有关部门批准其成立的文件

（3）有权验资部门出具的验资文件

（4）企业章程

（5）经县级以上（含县）工商行政管理部门核发的营业执照正本及其复印件，或主管机关核准登记的有效证件及其复印件（含年检记录）

（6）企业法人代码证及其复印件

（7）生产经营许可证及其复印件

（8）税务登记证及其复印件

（9）基本账户证明的复印件

（10）经会计师事务所审计过的（近期、上年度）资产负债表、损益表、现金流量表等财务报告

（11）企业法定代表人身份证复印件

（12）借款人预留印鉴（公章、财务专用章及法定代表人名章）

（13）董事会同意借款的决议

（14）借款人基本情况表1，2（见表8-2至表8-3）

（15）借款人基本情况表3，4（见表8-4至表8-5）

（16）《借款申请书》

（17）能反映借款人生产经营的基本情况

（18）以往贷款的归还情况、挂息情况、在各家金融机构的负债情况，原有违约贷款的纠正情况

（19）借款人的法定代表人授权委托书

（20）人民银行核发的借款人《贷款卡》

(21) 借款人年度信用等级证明

(22) 购销合同、产品加工合同、进出口批件等

保证贷款建立信贷关系和申请贷款提供资料清单
（保证人部分）

(23) 营业执照复印件

(24) 法人代码证复印件

(25) 公司章程

(26) 年度信用等级证明

(27) 保证人预留印鉴（公章、财务专用章及法定代表人名章）

(28) 能反映保证人生产经营的基本情况

(29) 经会计师事务所审计过的保证人（近期、上年度）资产负债表、损益表、现金流量表等财务报告

(30) 保证人董事会或其他权力机构同意其提供贷款担保之决议或授权证明

(31) 保证人出具的《同意保证承诺书》

(32) 人民银行核发的保证人《贷款卡》

(33) 保证人为其他企业提供贷款担保的详细资料

抵押贷款建立信贷关系和申请贷款提供资料清单

(1)《建立信贷关系申请书》

(2) 有关部门批准其成立的文件

(3) 有权验资部门出具的验资文件

(4) 企业章程

(5) 经县级以上（含县）工商行政管理部门核发的营业执照正本及其复印件，或主管机关核准登记的有效证件及其复印件

(6) 企业法人代码证及其复印件

(7) 生产经营许可证及其复印件

(8) 税务登记证及其复印件

(9) 基本账户证明复印件

(10) 经会计师事务所审计过的（近期、上年度）资产负债表、损益表、现金流量表等财务报告

(11) 企业法定代表人身份证复印件

（12）借款人预留印鉴（公章、财务专用章及法定代表人名章）

（13）董事会同意抵押的决议

（14）借款人基本情况表1，2（见表8-2至表8-3）

（15）借款人基本情况表3，4（见表8-4至表8-5）

（16）《借款申请书》

（17）能反映借款人生产经营的基本情况

（18）以往贷款的归还情况、挂息情况、在各家金融机构的负债情况，原有违约贷款的纠正情况

（19）借款人的法定代表人授权委托书

（20）人民银行核发的借款人《贷款卡》

（21）非本企业抵押人预留印鉴（公章、财务专用章及法定代表人名章）

（22）抵押人对抵押物享有所有权或处分权的一切证书、证明

（23）非本企业抵押人董事会或其他权力机构同意提供抵押担保之决议

（24）为使抵押权得以实现必须由有关机关做出的授权、决议、批准之文件

（25）借款人年度信用等级证明

（26）购销合同、产品加工合同、进出口批件等

（27）抵押物资产评估报告书

质押贷款建立信贷关系和申请贷款提供资料清单

（1）《建立信贷关系申请书》

（2）有关部门批准其成立的文件

（3）有权验资部门出具的验资文件

（4）企业章程

（5）经县级以上（含县）工商行政管理部门核发的营业执照正本及其复印件，或主管机关核准登记的有效证件及其复印件

（6）企业法人代码证及其复印件

（7）生产经营许可证及其复印件

（8）税务登记证及其复印件

（9）基本账户证明的复印件

（10）经会计师事务所审计过的（近期、上年度）资产负债表、损益表、现金流量表等财务报告

（11）企业法定代表人身份证复印件

（12）借款人预留印鉴（公章、财务专用章及法定代表人名章）

（13）董事会同意借款的决议

（14）借款人基本情况表1，2（见表8-2至表8-3）

（15）借款人基本情况表3，4（见表8-4至表8-5）

（16）《借款申请书》

（17）能反映借款人生产经营的基本情况

（18）以往贷款的归还情况、挂息情况、在各家金融机构的负债情况，原有违约贷款的纠正情况

（19）借款人的法定代表人授权委托书

（20）人民银行核发的借款人《贷款卡》

（21）非本企业出质人预留印鉴（公章、财务专用章及法定代表人名章）

（22）出质人对质物、质权利享有所有权或处分权的一切凭证

（23）非本企业出质人董事会或其他权力机构同意提供质押担保之决议

（24）为使出质得以实现必须由有关机关做出的授权、决议、批准之文件

（25）质物保险单（以动产质押的）

（26）借款人年度信用等级证明

（27）购销合同、产品加工合同、进出口批件等

二、企业信用管理部门应了解贷款银行到贷款企业的看账方法

企业资产负债表的形成，是从明细账到总账的形成。资产负债表上的每个科目余额，都是总账各科目余额。因此，贷款银行到贷款企业看账，就是从明细账看起，这是看账的基本方法。

贷款银行到贷款企业看企业明细账时，要把占比重最大的部分记录下来，也就是把能反映这个科目的主要内容记录下来。

同时，贷款银行到贷款企业还要向企业财务人员了解情况，真正做到深入调查，这是到企业看账的最终目的。

为了便于看账，贷款银行到贷款企业会把各有关会计科目的明细表附后（见表8-6至表8-13）。

由于到企业财务部门看账，需企业财务人员协助，所以，对企业预计现金流量的调查也

一并附在后面（见表 8 - 14 至表 8 - 16）。以便信贷人员与企业财务负责人共同预测未来的现金流量。

表 8 - 6　主要财务状况明细表 - 1

年　月　日　　　单位：万元

银行存款：		
金融机构名称	账　号	存　款　余　额
1. 基本账户行：		
2. 其他金融机构：		

表 8 - 7　主要财务状况明细表 - 2

年　月　日　　　单位：万元

存货：						
1. 原材料名称		型号、规格	单　位	数　量	金　额	月平均消耗数量
2. 产品名称		单　位	数　量	金　额	其中：历年生产	上年生产	当年生产
在途							
库存							

表8-8 主要财务状况明细表-3

年 月 日 单位：万元

短期投资：

投 向	名 称	投 资 金 额

应收账款：

	对 方 单 位	金 额	发生日期	原 因
1				
2				
3				
4				
5				
6				
7				

应收账款平均账龄：

其他应收款：

	对 方 单 位	金 额	发生日期	原 因
1				
2				
3				

表8-9 主要财务状况明细表-4

年 月 日 单位：万元

长期投资：

投 向	名 称	投资金额	股份比例
1. 对下属企业投资			
2. 对其他企业投资			

固定资产：

续表

名　称	位　置	权利证书号	净　值	占有方式	抵、质押情况
房地产					
设备					
运输工具					

无形及递延资产：

名　称	位　置	权利证书号	净　值	占有方式	抵、质押情况
土地使用权					

表 8 – 10　主要财务状况明细表 – 5

年　月　日　　　单位：万元

在建工程：

名　　称	用　　途	已　付　金　额

表 8 – 11　主要财务状况明细表 – 6

年　月　日　　　单位：万元

短期借款：　　　　　　　　长期借款：

金融机构名称	借款形式	借款金额	发放日	到期日	逾期日期	逾期金额	欠息金额	贷款形态（五级分类）
1. 基本账户行								
2. 其他金融机构								

表 8 –12   主要财务状况明细表 –7

年   月   日   单位:万元

应付账款:			
对 方 单 位	金 额	发生日期	原 因
1			
2			
3			
4			
6			
7			
其他应付款:			
对 方 单 位	金 额	发生日期	原 因
1			
2			
3			
4			
5			

表 8 –13   主要财务状况明细表 –8

年   月   日   单位:万元

资产总额中不良资产情况	金 额	原 因
1. 短期投资跌价可能		
2. 应收账款、其他应收款中长期被拖欠		
3. 存货中的积压原材料		
存货中的积压产品		
存货跌价可能		
4. 待摊费用应摊而未摊销		
5. 长期投资减值可能		
委托贷款减值可能		

续表

资产总额中不良资产情况	金 额	原 因
6. 固定资产减值可能		
7. 在建工程减值可能		
8. 无形资产减值可能		
9. 递延资产（长期待摊费用）应摊而未摊销		
10. 待处理流动资产损失（待处理财产损益）		
11. 预付货款长期未结		
合 计		

表 8 – 14 （预计）现金流量明细表 – 1

年 月 日 单位：万元

项 目	金 额	原 因
一、经营活动产生的现金流量：		
1. 销售商品、提供劳务收到的现金		
2. 收到的税费返还		
3. 收到的其他与经营活动有关的现金		
现金流入小计		
1. 购买商品、接受劳务支付的现金		
2. 支付给职工以及为职工支付的现金		
3. 支付的各项税费		
4. 支付的其他与经营活动有关的现金		
现金流出小计		
经营活动产生的现金流量净额		

表 8-15 （预计）现金流量明细表-2

年　月　日　　单位：万元

项　　目	金　额	原　因
二、投资活动产生的现金流量：		
1. 收回投资所收到的现金		
2. 取得投资收益所收到的现金		
3. 处置固定资产、无形资产和其他长期资产所收回的现金净额		
4. 收到的其他与投资活动有关的现金		
现金流入小计		
1. 购建固定资产、无形资产和其他资产支付的现金		
2. 投资所支付的现金		
3. 支付的其他与投资活动有关的现金		
现金流出小计		
投资活动产生的现金流量净额		

表 8-16 （预计）现金流量明细表-3

年　月　日　　单位：万元

项　　目	金　额	原　因
三、筹资活动产生的现金流量：		
1. 吸收投资所收到的现金		
2. 借款所收到的现金		
3. 收到的其他与筹资活动有关的现金		
现金流入小计		
1. 偿还债务所支付的现金		
2. 分配股利、利润或偿付利息所支付的现金		
3. 支付其他与筹资活动有关的现金		
现金流出小计		
筹资活动产生的现金流量净额		
四、汇率变动对现金的影响		
五、现金及现金等价物净增加额		

作为企业信用管理人员，不仅要了解贷款银行到贷款企业看账方法中所需要的以上11个常用明细表；还应该了解这些常用明细表所依据的企业的3个主要报表；了解这些常用明细表和依据的企业3个主要报表对于财务报表分析的意义。其中，资产负债表是最为基本的财务报表，是第一财务报表。在财务报表分析中，它所提供的信息最丰富，也最真实。

利润表的最大问题是比较容易造假，比如收入的确认问题、费用的确认问题等。这也是为什么贷款银行到贷款企业看账方法所需要的以上11个常用明细表中没涉及利润表信息的原因之一。

现金流量表是一个历史最短的财务报表，但它所提供的信息，即现金流量及其存量受到了广泛的关注，所以在财务报表分析中所发挥的作用也在不断增强。企业信用管理人员应该掌握一定的看账方法和财务报表分析的知识，善于通过看账方法和对财务报表的分析，来为加强企业信用管理找到依据。

三、企业信用管理部门应了解贷款银行对借款人、保证人贷前报告写法的规范

（一）借款人贷前调查报告写法的规范

借款人的贷前调查报告规范格式及要点：

借款人：××企业

1. 企业概况及要点说明

贷款银行要求借款人把企业概况及要点说明扼要填写在表8-17所示的企业概况及要点简表中。

表8-17　企业概况及要点简表

企业全称			地址	
成立时间		所有制性质	隶属关系	
占地面积		建筑面积	固定资产原值	万元
职工人数		所属行业	设计规模	
实际生产能力		主导产品		
技术水平		设备水平		
自有资金		资产总额	自有资金占资产总额	％
净资产		对外长期投资	净资产占对外长期投资	％

营业执照 是否年检		税务登记 是否齐全		是否需要经营 许可证、有否	
是否需要资质证书 、有否					
主要股东			股权比例		
			股权比例		
			股权比例		
附属机构名称	股 权 比 例			主 营 业 务	
历史沿革:					
法定代表人主要学历、主要经历、主要业绩、品行诚信状况:					
职工队伍结构、技术状况:					
企业实行几级管理,车间如何设置:					

注:技术水平、设备水平,填写先进、一般或较差。

2. 生产经营状况及要点说明

贷款银行要求借款人把企业生产经营状况及要点说明扼要填写在表8-18所示的生产经营状况及要点说明简表中。

表 8-18 生产经营状况及要点说明简表

1. 主导产品特点和用途、近三年主要产品产量：
2. 产品质量及获奖情况、主导产品在国内外同行业中的地位：
3. 主导产品所属行业是什么？这个行业目前正处于什么样发展时期？行业本身地位是否重要？
4. 企业产品市场前景是什么？风险是什么？企业对市场变化应变措施是什么？ （含：企业规模优势、核心技术先进、能得到政策上支持等）
5. 产品销售状况： ①主要销售方式、地区、机构、队伍。近期销售数量、销售收入。预计全年销售数量、回款情况和全年销售总收入： ②当前产品库存分析：
6. 企业管理水平如何？ 在资产总额中 ①应收账款一年以上没收回金额原因、措施？ ②十一项不良资产有几项、原因？ ③其他科目应说明的问题是什么？
7. 利润状况： 上年利润，今年近期利润，今年全年利润预计？

3. 财务状况及简要说明

贷款银行要求借款人把企业财务状况及要点说明扼要填写在表 8-19 所示的财务状况要点说明简表中。

表 8－19　财务状况要点说明简表

1. 在资产总额中
　　①应收账款一年以上没收回金额原因、措施？

　　②十一项不良资产有几项、原因是什么？

　　③其他科目应说明的问题是什么？

2. 在负债总额中
　　①应付账款一年以上没承付金额原因、措施？

　　②短、长期借款总额，贷款行如何分布、能否按时偿还本息？

　　③其他科目应说明的问题是什么？

3. 在所有者权益中
　　①注册资本是多少？实际资本总额是多少？

　　②企业资本总额逐年增补如何？

4. 利润表、现金流量表中需要说明的问题？

4. 信用等级评估结果

> 1. 定性分析、定量分析应说明的问题?
>
>
>
> 2. 信用等级评估结果
> 定性分析：按照定性分析考核标准，该企业已达到参与信用等级评估分。
> 定量分析：按照定量分析考核标准，该企业已达到参与信用等级评估分。
> 该企业已达 _____ 分，其信用等级为 _____ 级。

5. 其他特别需要说明的事项

6. 贷款用途及还款来源

> 1. 贷款用途、期限、金额和利率?
>
>
> 2. 预测现金净流量，明确偿贷第一、第二来源?
>
>
> 3. 明确该企业属于哪种类型客户? 贷款政策怎样导向? 金融机构盈利性如何?

7. 担保、抵押、质押情况

1. 保证人情况：详见《保证人调查报告》
2. 抵、质押情况：

①抵押、质押物是否为《担保法》规定的不能充当抵押、质押物的财产？

②对抵押、质押物是否拥有所有权和完全处置权？是否具备办理登记的条件？

③资产评估部门和评估价值？

④经过勘验，分析抵押、质押物完好状况以及变现可能性？

8. 信贷员意见

信贷员
年　月　日

（二）保证人贷前调查报告写法的规范

保证人贷前调查报告规范格式及要点：

保证人：_____　借款人：_____

借款金额：_____　借款期限：___年___月___日至___年___月___日

1. 企业概况（同上述借款人贷前调查报告，表格从略）

2. 生产经营状况及要点说明（同上述借款人贷前调查报告，表格从略）

3. 财务状况简要说明（同上述借款人贷前调查报告，表格从略）

4. 信用等级评估结果（同上述借款人贷前调查报告，表格从略）

5. 其他特别需要说明的事项（同上述借款人贷前调查报告，表格从略）

6. 担保资格与能力

---

1. 保证人与借款人是什么关系？

2. 保证人为什么要给借款人担保？担保的决心如何？

3. 明确保证人出具的《同意保证承诺书》是否合法有效？

4. 以往为其他企业提供担保金额履约情况，或已办理抵押的财产账面价值：

5. 保证人　　年　　月资产负债比率　　％。（应不高于70％）

　　保证贷款　　年　　月最高额为　　万元，相当于保证人资产总额　　万元的　　％。（应不超过50％）

　　贷款期（　年　月　日至　年　月　日）保证人预计现金净流量为　　万元，能成为第　　代偿还来源渠道。

6. 代偿还贷款能力是：

　　从以下五方面分析判断代偿还贷款能力：

　　①现金净流量很好。简要说明：

　　②利润状况突出。简要说明：

　　③自有流动资金数量很大。简要说明：

　　④杠杆比率在1：3之内。简要说明：

　　⑤对外投资在50％以内。简要说明：

---

7. 信贷员意见

　　　　　　　　　　　　　　　　　　　　　信　贷　员：

　　　　　　　　　　　　　　　　　　　　　　　年　月　日

通过以上了解贷款银行对借款人、保证人贷前报告写法的规范，企业信用管理人员不仅要从中体会到银行对企业贷款之前信用调查的细微和严谨，而且还应该从中学习对客户授信之前信用调查的一些可用之法。

四、企业信用管理部门应了解贷款银行贷时审查的内容与标准

贷时审查的目的在于通过审查，确保贷款的合法性，增加贷款的安全性，从而积极防范金融风险，提高信贷资产质量，维护金融机构的合法权益。在审、贷分设为两个部门的金融机构，贷时审查工作由审查部门负责，也就是由信贷员将所有贷款资料和调查报告，送审查部门；在审、贷没有分设为两个部门的金融机构，贷时审查工作，由兼职审查员负责。

（一）贷款合同相关的法律审查内容与标准

借款人一般是经工商行政管理机关（或主管机关）核准登记的企（事）业法人。

借款人为企业法人时：

（1）企业法人营业执照须经最近年度年检合格、有效。

（2）须有企业法人成立批文和有效的企业法人代码证书。

（3）有公司章程和关于申请贷款的董事会决议，董事会决议须由董事签名、公司盖章，并符合公司章程规定的生效条件。董事会决议的内容须与申请借款的主要内容相符（如借款人确无公司章程和董事会，则不要求提供公司章程和董事会决议；如根据公司章程申请贷款属于法定代表人权限，无须董事会通过决议，则不要求提供董事会决议）。

（4）贷款卡须经最近年度年检合格。

借款人为事业法人时：

（1）须有事业法人成立批文和有效的事业法人代码证书。

（2）须有包括借款金额、借款用途、偿还能力及还款方式等主要内容的贷款申请书，所申请贷款用途不得超越其成立批文的规定。

（二）担保合同相关的法律审查内容与标准

贷款保证、抵押与质押的审核，是为减少和转移贷款风险、保障贷款安全而采取的必要措施。凡发放的贷款必须要依法办理保证或财产抵押、质押手续。

关于保证担保的审查：

（1）保证资格的审查。保证单位必须是依据《担保法》具备保证资格的企业法人，并具备下列条件：其一，企业法人营业执照最近年度年检合格；其二，实行独立经济核算、有一定自有资金和固定的生产经营场所；其三，有一定经济实力和本笔贷款的保证能力；其

四，持有人民银行颁发的贷款卡；其五，企业生产经营状况正常，资信情况较佳，有良好的偿还银行贷款史。

（2）保证能力的审查。根据信贷员深入保证单位后撰写的保证人调查报告，从其承担保证责任的贷款总额占其净资产比重、占其自有流动资金比重、占其销售收入比重、占其现金净流量比重、占其利润比重等方面确定其保证能力。

（3）审查保证单位在承保期内是否参加了企业财产保险，没有参加财产保险的企业不能作为贷款的保证人。

（4）审查贷款保证手续是否完全、合法，保证单位公章和法人代表签字是否真实、有效。

保证单位不具备保证资格的，信贷员应及时将不符点反馈给借款单位，以便借款单位另找保证人。

（三）抵押、质押担保合同相关的法律审查内容与标准

凡是借款单位能够用财产作为贷款抵押的，或者能够用动产或权利作为贷款质押的，应一律采取抵押、质押担保的贷款方式。抵押物、质物的范围和抵押、质押的法律依据按《中华人民共和国担保法》中有关条款审查，主要审查内容包括：

（1）验证抵押物、质物所有权证书。所有权有争议的物品以及《担保法》中规定的不能用作抵押、质押的物品不能作为贷款抵押物、质物。

（2）抵押人、出质人对抵押物、质物是否拥有财产处分权。抵押人、出质人以共有财产设定抵押、质押时，须经全体共有人书面同意，并出具抵押、质押声明书。

（3）抵押物、质物凡需投保的是否投保，没有投保的要办理保险手续，并且保险期不得短于贷款期，投保第一受益人为本金融机构。

（4）审查抵押物、质物的价值评估材料，看评估材料是否经有权部门出具，评估依据是否真实。

（5）检查抵押物、质物是否已另作抵押、质押，已作抵押、质押的物品不能重复抵押和质押。

（6）对以本外币存单质押的，该本外币必须存于本金融机构。对抵押物、质物进行上述各项内容审查后，按本金融机构规定的抵押率、质押率和公式计算抵押贷款、质押贷款额。

（四）贷款审批前的审查内容

贷款的审批是各级审查、审批人员对企业提供的和信贷员调查的资料进行复审，并发表自己的意见或作出决策，它是贷款发放的关键环节，必须按照规定的权限和程序办理。

审查人员应审查内容包括：

（1）审查贷款资料是否完备、齐全。

（2）审查企业信用等级评估资料和抵押率、质押率是否客观，是否符合风险控制的要求。

（3）对贷款调查报告工作底稿、贷前调查报告、借款单位、保证单位的有关贷款资料的真实性、合法性和完整性进行审核把关，对有疑问的地方要实地了解核对，并要求信贷员重新调查、补齐。

（4）听取信贷员汇报，认真了解、分析企业的生产经营状况、资金实力、负债能力和申请贷款用途、还款能力和期限，审核抵押物、质物和保证人情况。遇有问题，应责成信贷员核实后再议，不符合贷款条件的，将贷款资料退回并向企业陈述拒贷原因。

（5）根据掌握的全部情况，在贷款审查报告中填写审查意见，明确贷款资料和信贷员调查情况是否属实以及贷与不贷和贷款的种类、币种、金额、期限、利率、方式等。其中，最重要的是对企业偿贷能力体现在几个方面要作进一步的分析和判断。

通过以上了解贷款银行贷时审查的内容与标准，企业信用管理人员不仅要从中体会银行对企业贷时审查信用控制的细微和严谨，还应该从中学习对客户授信之中信用控制的一些可用之法。

五、企业信用管理部门应了解贷款银行贷后管理的主要内容

贷后管理是指业务发生之后到收回之前的管理，信贷员通过对贷款业务、借款人、担保等跟踪检查，及时发现问题并采取挽救措施，以防范、控制和化解风险，保障信贷资产质量和效益。贷后管理工作包括：其一，贷后基础管理工作；其二，日常和定期的贷后检查工作；其三，风险预警工作，对影响信贷资产安全的重大事项及时向领导书面反映报告，提出并实施具体的保全措施。

（一）贷款银行首先高度关注对贷款企业的风险预警工作

以下五方面贷款企业的风险信号对企业信用管理人员是很重要的：

1. 企业管理层变化的信号

企业管理层变化的信号有：

（1）企业负责人失踪或无法联系；

（2）管理层主要成员家庭出现问题；

（3）企业频繁更换会计人员或主要管理人员；

（4）管理层行为异常；

（5）与以往合作的伙伴不再继续合作；

（6）管理层能力不足或构成缺乏代表性；

（7）不遵守授信的承诺；

（8）缺乏技术工人或有劳资争议。

2. 企业品质变化的信号

企业品质变化的信号有：

（1）企业不愿意提供与信用审核有关的文件；

（2）企业不愿意提供过去的所得税纳税单；

（3）在没有正当理由的情况下撤回或延迟提供与财务、业务、税收或抵押担保有关的信息或要求提供的其他文件；

（4）作为被告卷入法律纠纷；

（5）企业的竞争者、供应商或其他客户对借款企业产生负面评价；

（6）有破产经历。

3. 企业与银行往来变化信号

企业与银行往来变化信号有：

（1）付息或还本拖延，不断申请延期支付或申请新的贷款，甚至出现透支；

（2）其他银行提高对这一企业的贷款利率；

（3）改变主要贷款银行，向许多银行借款或不断在这些银行之间借新还旧，用申请新贷款支付其他银行的债务；

（4）将短期贷款作为长期贷款使用；

（5）对贷款的需求增长异常；

（6）缺乏财务计划，如总是突然向银行提出借款需求；

（7）企业申请无抵押贷款或申请特殊还款方式；

（8）在银行存款变化出现异常；

（9）突然出现大额资金向新交易商转移；

（10）经常接到供货商查询核实企业头寸情况的电话。

4. 企业业务运营环境变化的信号

企业业务运营环境变化的信号有：

（1）业务战略频繁变化；

（2）对竞争变化或其他外部条件变化缺少对策；

（3）市场份额下降；

（4）核心盈利业务削弱和偏离；

（5）无核心业务并过分追求多样化；

（6）主要产品的供货商或客户流失；

（7）库存水平的异常变化；

（8）工厂维护或设备管理落后；

（9）缺乏操作控制、程序控制、质量控制等；

（10）违反合同规定。

5. 企业财务状况变化信号

企业财务状况变化信号有：

（1）企业自身的配套资金不到位或不充足；

（2）现金流不足以支付利息；

（3）经常用短期债务支付长期债务；

（4）资产或抵押品高估；

（5）有些债务未在资产负债表上反映或列示；

（6）企业内部或审计机构使用的会计政策不够审慎。

（二）贷后管理从工作时段上可分为日常管理和定期检查

1. 日常管理是指对贷款业务及借款人局部性变化进行的经常性管理

填写《贷款企业经营动态台账》和过去已确定的《贷款业务台账》。具体内容包括：

（1）贷款企业经营和财务变动情况的跟踪管理。

（2）收息管理。信贷员每月监督每笔贷款业务的收息情况并催收。

（3）到期贷款期限管理。贷款员负责每月月底打印下一个月的到期贷款清单，并根据到期贷款企业情况将收回方式、解决方案和时间安排上报主管领导。

（4）贷款业务的跟踪管理。信贷员应对借款人贷款实际用途、审批意见落实情况、账户结算状况等进行管理，并在贷后七日内进行第一次贷后检查。

贷款业务发生欠息、逾期、垫款及其他重大情况，信贷员要立即查明原因并汇报，采取可能的挽救措施进行控制。

2. 定期检查是对贷款业务及借款人总体情况进行全方位检查

定期检查时间间隔至少为每90天一次，视情况对部分贷款业务要提高检查频率，同时填写《贷后检查报告书》。

贷后检查从检查对象上可分为借款人检查和担保检查。

通过以上了解贷款银行贷后管理的主要内容，企业信用管理人员不仅要从中体会到银行对企业贷后管理信用控制的细微和严谨，还应该从中学习对客户授信之后信用控制的一些可用之法。

案例 8-1

信用与贫富无关

传统的信贷哲学假定：人人都想赖账，穷人没有还款能力，给他们发放贷款容易得不偿失。这种偏执的观念让穷人处于不利的信贷地位。2006 年诺贝尔奖获得者、孟加拉人尤努斯，以他创办格莱珉银行模式的实践，颠覆了这一信条，给商业银行漠视穷人的传统一记响亮耳光。而早在 16 年前，孟加拉乡村银行模式就已在河北省易县悄悄落地。在保增长、渡难关的今天，"易县模式"对破解农村贷款难，促进农村发展有着积极的样本意义。

穷人不缺信誉，只缺机会。这是"穷人银行"16 年实践得出的令人信服的结论。

1985 年，河北易县曾经因为灾害，政府发放了一批救灾款，后来这笔钱转为扶贫贷款要收上去，结果拿到钱的农民们家家户户把钱都还了回来，一个改嫁了的老太太，把拿到的 120 元也还上了；1997 年，易县遭遇了严重水灾，爆发了羊瘟，贷款农户无力按期偿还贷款。扶贫社也不忍心催要，在不知如何是好的时候，谁都没有想到贷款户咬着牙把家里的牲畜卖了还款；有的夫妻一起出去打工，挣钱还贷；有的实在还不上，连家里的玉米都拿出来，卖了还钱……

与此形成鲜明对比的是，聚集在城市的各大银行动辄放出去的百万元、千万元、上亿元贷款，坏账率却居高不下。

信用与贫富无关。几百元、一两千元就能让那么多的农民得到发展的机会甚至摆脱贫穷，况且得到贷款是每一个人的基本权利。

民以食为天，任何一个民族最先离不开的是粮食、是农业，而中国是一个拥有数亿农民的农业大国，这对于金融业是一个多么巨大的市场！显然，如此明了的经济账、发展账难的不是计算，而是金融业的心态和思维的创新。

河北省易县运转了 16 年的"穷人银行"可能就是摆在金融家和农民面前共赢的最佳范本。

（资料来源：根据信工委 2009 年培训资料改编）

第二节　电子商务与信用管理

自学提示

本节讲七个问题：其一，通过了解电子商务的交易过程，我们进入一个不同于传统商务交易的全新领域。其二，电子商务环境下的信用问题，明确整合电子商务与信用体系、建立电子商务的信用体制，已成为一种需求、一个目标、一项任务。其三，处理好电子商务与信用体制的关系，可解决三方面基本问题。其四，我国现行电子商务信用体制，明确了我国电子商务信用体制建设已取得的成就。其五，电子商务信用体制风险问题，揭示了电子商务信用体制的五种风险。其六，建立健全我国电子商务信用体制的建议，提出了建立健全我国电子商务需要按照"部门协调、措施协调"的策略进行。其七，电子商务中的收入链信用风险管理。

一、电子商务的交易过程

（一）电子商务系统的组成要素

电子商务的基本组成要素有：Internet，Intranet，Extranet，用户，认证中心，物流中心，网上银行等。

1. Internet，Intranet，Extranet

Internet 是电子商务的基础，是商务、业务信息传送的载体，是企业与消费者间商务活动的渠道；Intranet 是企业内部商务活动的场所；Extranet 是企业间商务活动的纽带。

2. 用户

电子商务用户可分为个人用户和企业用户。个人用户使用浏览器、电视机顶盒、个人数字助理、可视电话等接入 Internet；企业用户建立企业 Intranet，Extranet 和企业管理信息系统（Management Information System，MIS）对企业的人、财、物、供、销、存进行科学管理。企业利用 Internet 站点发布产品信息、接收订单，在网上进行销售等商务活动，还要借助于电子报关、电子报税、电子支付系统与海关、税务局、银行进行有关商务、业务处理。

3. 认证中心

认证中心（Certificate Authority，CA）是法律承认的权威机构，负责发放和管理电子证书，使网上交易的各方能互相确认身份。电子证书是一个包含证书持有人、个人信息、公开密钥、证书序号、有效期、发证单位的电子签名等内容的数字文件。

4. 物流中心

物流中心接收商家的送货要求，组织运送无法从网上直接得到的商品，跟踪商品的流向，将商品送到消费者手中。

5. 网上银行

在 Internet 上实现传统银行的业务，为用户提供 24 小时实时服务；与信用卡公司合作，发放电子钱包，提供网上支付手段，为电子商务交易中的用户和商家服务。

（二）电子商务交易过程

1. 交易前的准备

这一阶段主要是指买卖双方和参加交易各方在签约前的准备活动。

买方根据自己要买的商品，准备购货款，制订购货计划，进行货源市场调查和市场分析；反复进行市场调研，了解各个卖方国家或地区的贸易政策；反复修改购货计划和进货计划，确定和审批购货计划；再按计划确定购买商品的种类、数量、规格、价格、购货地点和交易方式等，尤其要利用 Internet 和各种电子商务网络寻找自己满意的商品和商家。

卖方根据自己所销售的商品，召开商品新闻发布会，制做广告进行宣传，全面进行市场调查和市场分析，制定各种销售策略和销售方式；了解各个买方国家或地区的贸易政策，利用 Internet 和各种电子商务网络发布商品广告，寻找贸易伙伴和交易机会，扩大贸易范围和商品所占市场的份额。

其他参加交易的各方有中介方、银行金融机构、信用卡公司、海关系统、商检系统、保险公司、税务系统、运输公司等，也都为进行电子商务交易作好准备。

2. 交易谈判和签订合同

这一阶段主要是指买卖双方对所有交易细节进行谈判，将双方磋商的结果以文件的形式确定下来，即以书面文件形式和电子文件形式签订贸易合同。

电子商务的特点是可以签订电子商务贸易合同，交易双方可以利用现代电子通信设备和通信方法，经过认真谈判和磋商后，将双方在交易中的权利、所承担的义务，对所购买商品的种类、数量、价格、交货地点、交货期、交易方式和运输方式、违约和索赔等合同条款，全部以电子交易合同作出全面详细的规定，合同双方可以利用电子数据交换（Electronic Data Interchange，EDI）进行签约，可以通过数字签名的方式确认。

3. 办理交易进行前的手续

这一阶段主要是指买卖双方签订合同后到合同开始履行之前办理各种手续的过程。交易中要涉及有关各方，即中介方、银行金融机构、信用卡公司、海关系统、商检系统、保险公司、税务系统、运输公司等；买卖双方要利用 EDI 与有关各方进行各种电子票据和电子单证的交换，直到办理完可以将所购商品从卖方按合同规定开始向买方发货的一切手续为止。

4. 交易合同的履行和索赔

这一阶段是从买卖双方办完所有各种手续之后开始，卖方要备货、组货，同时进行报关、保险、取证、信用等，卖方将所购商品交付给运输公司包装、起运、发货，买卖双方可以通过电子商务服务器跟踪发出的货物；银行和金融机构也按照合同，处理双方收付款、进行结算，出具相应的银行单据等，直到买方收到自己所购商品，完成了整个交易过程。

索赔是在买卖双方交易过程中出现违约时，需要进行违约处理的工作，受损方要向违约方索赔。

二、电子商务环境下的信用问题

20 世纪 80 年代以来，随着互联网的出现和发展，伴随着信息化进程，电子商务正在以难以置信的速度渗透到人们的日常生活中。电子商务经过多年的发展，取得了巨大的成绩，但同时还存在一些亟待解决的问题。可以说，电子商务的出现不仅是对传统交易方式的一种挑战，而且对交易过程中随之而来的信用风险管理提出了更高的要求。特别是电子商务信用风险的防范和控制相对薄弱，如难以确定交易双方的主体和信用状况，不易明确交易平台的责任和权利，所以网络诈骗行为防不胜防；有些不法分子利用网络交易无法确认交易主体的缺陷，在网络上发布虚假消息，严重扰乱了交易秩序，破坏了市场规则，侵害了交易主体的合法权益。因此，电子商务的发展需要信用体制的建立和完善，健全的信用体制将在电子商务领域取得广泛的应用。把电子商务的信息流、资金流、物流与电子签章四者结合成一个整体，整合电子商务与信用体制，建立电子商务的信用体制将成为一种需求、一个目标、一项任务。

温家宝总理在 2005 年全国银行、证券、保险工作会议上强调了金融法制的重要性，其中特别指出要加快信用体制建设，加快全国统一的企业和个人信用信息基础建设，规范社会征信机构业务经营和征信市场管理。越来越多的人意识到，在电子商务领域，最终决定胜负的不是资金或技术，而是如何解决信用问题。企业的发展离不开大的经济环境，在互联网经济由网络游戏、无线为代表的休闲娱乐向电子商务为代表的商务化方向发展时，如果不能很好地解决互联网信用问题，势必影响到互联网经济的进一步发展。2007 年，阿里巴巴网上的四家网商，仅仅依靠"网络诚信度"，破天荒地获得了建设银行"e 贷通"的 120 万元贷款，这是国内第一批以企业网络诚信度为重要依据的无抵押贷款。经过四年的发展，支付宝所积累的网上交易记录，也引起多家银行机构的兴趣，工行、建行均将其作为向企业提供信贷融资的参考依据。

比较起来，目前电子商务的信用风险因素已成为电子商务发展的重要障碍。电子商务有三个重要的支撑点：一是迅速快捷的网络技术作为整个交易过程的基础；二是存在完成电子商务交易所必需的参与者；第三也是最为重要的一点就是建立起一个与之匹配、规范完整的信用体制和社会信用体系。这个社会信用体系应该是多层次的，包括供应商、生产者、银行、认证机构、保险公司、网站、物流配送中心、客户之间的相互间的信用保证。但从我国目前的电子商务的发展现状来看，这一信用体系尚未形成。根据对我国 B2C 电子商务发展现状的调查，在网站为消费者提供的多种支付方式中，80％ 以上的消费者采用货到付款的方式进行网上购物，只有不到 20％ 的网民选择在线支付，而网民回避在线支付的原因基本是怕付款后收不到货或是货物的质量不好，这实际是对供货方的信用持怀疑态度的一种表现。

★ 案例 8-2

网络交易受困支付诚信、电子商务网站频频出招

2008 年，上海的齐先生上网时遇到了一件麻烦事。他在一家电子商务网站上看中了一部二手数码摄像机，经过几轮讨价还价，给对方汇过去 2 000 多元钱，都快 1 个月了还没收到货，再把电话打过去，就"查无此人"了。"这网上交易还是不能让人放心啊！"齐先生说，"自己最起码一年之内不会在网上购物了。"

齐先生的遭遇并非特例。根据上海市电子商务投诉服务中心的统计，在接受消费者网上购物的投诉中，大多数都属于卖家恶意诈骗，而在处理这类投诉时均找不到卖家，消费者通常无法挽回经济损失。

为此，上海市电子商务行业协会推出了"网上卖家诚信承诺登记"制度。据了解，登记的内容包括网上卖家的真实身份、历史交易行为、售后服务承诺等。参与诚信登记的网上卖家将接受上海市电子商务行业协会的日常监督管理，其诚信承诺被公布在协会的网站上。当出现消费者投诉时，诚信承诺登记的网上卖家将接受上海市电子商务投诉服务中心的调解及裁决，并受后者约束；对发生较严重问题的卖家，电子商务协会将注销其登记资格。

但在一家电子商务网站开办了一家小服装店的刘小姐却遭受过买家的欺骗。由

于一位买家要求货到付款，做了一年多网上生意的刘小姐觉得没什么问题，就先把两件价值800多元的衣服寄了过去，结果这位买家收到货后表示不满意，但又迟迟不肯退货，后来干脆就不接电话了，这两件衣服的货款也就泡汤了。

"在征信系统没有完全建立起来之前，网络交易有时候就是买家和卖家之间的博弈。"一位业内人士这样说。

全球最大的中文网上交易平台易趣，2004年10月28日联合了中国工商银行、建设银行、招商银行等多家国内金融机构共同推出了"安付通"交易工具，实现买卖双方双向保护，这在国内还是第一次。

所谓"安付通"服务，简单地说就是在交易中充当了中立的第三方角色，是一个买家与卖家之间的桥梁。买家看中商品，汇款给第三方提供的专门账号，并由"安付通"保管该款项，然后交易网站将通知卖家已持有这笔付款，并提示其发货给买家；买家接收、检验并认可物品后，即通知"安付通"付款给卖家。

易趣的首席营运官郑锡贵介绍，该服务推出一个多月来，使用这一服务的卖家的物品成交率有了明显增长，"这表明一旦开发出有效保障消费者利益的工具，更多的消费者愿意尝试网络交易。"有统计显示，目前中国参与网络交易的人数仅占整个互联网用户的1/10。

有分析认为，这种付费方式对完善网络交易环境非常重要。因为商家是最为敏感的，如果他登录的10件同类商品，其中选择了支持"安付通"功能的商品被买家追捧，那么他所走的下一步棋就有了明确的风向标。虽然资金到位速度可能比直接交易慢几天，但诚信的氛围将吸引更多的买者。

事实上，早在2002年，易趣就推出了国内首个针对买家的交易安全基金，最高保障金额为1 000元。如今，在原来的基础上，易趣又针对存在因买家不诚信而导致卖家利益受损的可能性，特别推出了"安付通保障基金"：卖家利益一旦无故受损，例如，买家在收到货品却恶意不给卖家付款，"安付通"可以付款给卖家的信息时，卖家可申请保障基金，由网站支付基金，单笔最高限额达到3 000元。

（资料来源：根据信工委2009年信用管理培训资料改编）

三、电子商务与信用体制的关系

电子商务将成为人类社会经济活动的一种主要模式，规范电子商务交易活动无疑对规范整个人类社会经济市场秩序具有积极意义，建立相关信用体制是当前"信用建设"的重要内容。电子商务信用体制主要是指电子商务企业（网站）及政府相关部门通过制定和实施确定的交易规则，为电子商务交易当事人建立一个公平、公正的平台，以确保电子商务交易安全可靠的一种制度与规范。

电子商务作为一种重要的新兴商业模式，迫切需要与之相适应的信用体制，同时，电子商务发展也将促进整个社会的信用体制建设。

具体来讲，电子商务与信用体制的关系如下：

（一）建立健全信用体制将会促进电子商务的发展

信用体制是促进电子商务发展的一种重要保障，良好的信用体制能够节约电子商务交易成本和提高电子商务交易效率。在健全的信用体制下，电子商务交易者不必担心所收集到的信息的真实性，不必再通过其他渠道去收集补充更详细的信息，从而节约了收寻信息的成本，同时电子商务还可有效利用信息资源，采用各种方便灵活的付款方式、送货方式和定价方式等提高交易效率。

（二）信用体制是电子商务企业盈利的保证

企业开展电子商务的主要目标是近期或未来获取利润，电子商务企业获得收益的主要方式有广告收入、收取服务费和赚取价格差等。电子商务收益方式离不开大量交易者采用电子商务方式进行交易，只有具备良好的信用体制（在有信用安全保障条件下）才能吸引大量交易者进行电子商务交易；另外，良好的信用制度还可以有效减少交易成本和提高交易效率。按照"利润＝收益－成本"计算公式可知，在有信用体制保证条件下，企业收益增加、成本减少，所以电子商务盈利将会成为现实。

（三）信用体制有助于企业在电子商务环境下实现规模经济和品种经济

规模经济和品种经济是企业在混合市场环境（包括传统的有形市场和基于 Internet 的虚拟市场）中追求的两个主要目标，一方面通过规模经济可以提高固定资产的使用效率，另一方面通过品种经济可以开辟新的服务领域和服务对象。电子商务规模经济是指企业随着电子商务交易次数增加而其单位成本下降，良好的信用体制可促使电子商务企业以较低的风险达到规模经济。厂商用较少资金借助 Internet 进行产品或服务的宣传推广，吸引大量交易者采用电子商务方式进行交易，并逐渐形成电子商务交易的良性循环，即电子商务交易商品品种和数量不断增加，消费者获得更多的经济实惠和更愿意参与电子商务交易活动。电子商务品种经济是指企业在通过满足消费者"个性化"需求的基础上获取经济利润，Internet 为企业和消费者在线及时互动沟通提供了良好的平台，企业一方面容易了解和掌握消费者的"个性化"需求及其变化情况，另一方面借助信息化的先进制造手段（如"软性生产"和"及时生产"等）及时提供消费者需要的产品或服务。因此信用体制有助于企业在电子商务环境下实现规模经济和品种经济。

四、我国现行电子商务信用体制

经过多年的有益探索与实践，我国电子商务企业已初步建立了符合我国国情的电子商务信用体制雏形，这为我国电子商务今后的长足发展奠定了坚实的基础。我国电子商务信用体制建设已取得的成就主要有：实名认证、CA 认证、信用评价系统、四种电子商务交易信用模式（中介人模式、担保人模式、网站经营模式和委托授权模式）、先行赔付制度等。

（一）实名认证

实名认证是一种被广为采纳的对注册用户身份进行确认核实的系统，它通过国家安全机关和银行等验证用户提交的注册信息以确保用户姓名与身份真实存在并唯一。这样就保证了登录的每一件商品都可以凭认证结果追认出出售者的真实身份信息，包括其证件号码、居住地等，在很大程度上杜绝了假卖等诈骗行为的发生。实名认证有两种认证方式：身份证认证和信用卡认证。按照用户在注册过程中根据不同认证方式提交的真实信息（姓名、身份证号码或银行卡信息等），电子商务网站将其交由国家安全机关、银行进行比对核验，以判断该用户是否有通过实名验证的资格。从而决定其是否拥有在该网站进行买、卖交易及登录操作的权利。

（二）CA 认证

CA 认证又称数字证书，是网络通信中标志通信各方身份信息的一系列数据，CA 认证提供一种在 Internet 上验证身份的方式，它是一个由权威机构——CA 认证机构，又称为证书授权中心发行的包含客户的公钥等与客户身份相关的信息。如同现实中每个人有一张证明个人身份的身份证一样，CA 认证相当于用户的数字化身份证，其中包含着用户的基本信息和公开密匙；用户在通信时将数字证书出示给对方证明自己的身份，同时提供公开密匙使对方可以解密由数字证书拥有者加密的传输数据以保证信息传输过程中的保密性和数据交换的完整性。在电子商务活动中，数字证书是企业身份证明和进行交易的证件，也是保证交易安全的工具。

（三）信用评价系统

信用评价系统是用户在拥有信用评价机制的网站上成功交易后，就该笔交易完成互作评价的一个应用系统。信用评价系统的一般模式是：当双方完成交易后，交易双方将给予对方评价，评价可以分为几个等级，并可附上相应的评语；根据评价等级，系统会自动为客户计算信用系数（如易趣网采用的是三级评价机制，互评分为好、中和差三个等级，好评加 1 分，中评不加分，差评减 1 分）。积分累计结果反映一个交易主体的总体信用情况；不论是卖家还是买家在确定与对方交易之前都会详细查看其信用情况，因此，信用系数对于卖家和买家来说都是相当重要的。

（四）电子商务交易信用模式

现阶段，我国电子商务交易的信用模式主要有四种，即中介人模式、担保人模式、网站经营模式和委托授权模式。

1. 中介人模式

这种模式将电子商务网站作为交易中介人，网站不是普通意义上的"介绍"，而是以中立的身份参与到交易的全过程之中。比如曾作为我国电子商务示范性网站的"中国商品交易中心"就要求在达成交易协议后，消费者将货款和供货商将货物分别交给网站设在各地的办事机构，当网站办事机构核对无误后再将货款及货物交给对方。中介人模式试图通过网站的管理机构控制交易的全过程，以确保交易双方能按合同的规定履行义务。这种模式虽然能在一定程度上减少商业欺诈等商业信用风险，但却需要网站有较大的投资并设立众多的办事机构；另外，通过第三人进行中介交易还有一个交易速度和交易成本问题。

2. 担保人模式

这种信用模式是以网站或网站经营企业为交易各方提供担保为特征。一些网站如"中国粮食贸易网"规定任何会员均可以用中国粮食贸易网上的交易合同向中国粮食贸易公司申请提供担保，试图通过这种担保来解决信用风险问题。将网站或网站主办单位作为一个担保机构的信用模式的最大好处是使通过网络交易的双方降低了信用风险。然而，要完成一个担保行为则需要有一个核实谈判过程，这会无形中增加交易成本。

3. 网站经营模式

现在许多网站通过建立网上商店方式进行电子交易活动，这些网站作为商品的经营机构在取得商品交易权后，让购买方将购买商品的货款支付到网站指定的账户上，网站收到购物款后才给购买者发送货物。这种信用模式是单边的，即以网站信誉为基础，它需要交易一方（如购买者）绝对信任交易另一方（网站），网站是否能按照承诺进行交易则需要社会其他机构（如消费者协会或工商行政管理部门）来进行事后监督；这种信用模式一般主要适用于从事零售业的网站，它不能满足厂商利用电子商务网站进行交易这一方式的需要。

4. 委托授权模式

这种信用模式是电子商务网站通过建立交易规则要求参与交易当事人按预设条件在协议银行建立交易公共账户，网络计算机按预设程序对交易资金进行管理以确保交易在安全的状况下进行。

现阶段，我国电子商务所采用的四种信用模式是从事电子商务企业为解决商业信用问题所进行的积极探索。四种信用模式都有各自的问题和适应范围，而且这些信用模式也还基本上是企业性规范，缺乏必要的稳定性和权威性，这就极大地制约了电子商务的快速健康发展；要解决信用模式存在的问题则需要政府部门加强对发展电子商务的宏观规划和加快体制建设。

（五）先行赔付制度

所谓先行赔付，就是当经营者不在时，消费者可以向市场主办单位提出赔偿，然后再由市场主办单位对经营者进行追偿。既使经营者在的时候，只要消费者的理由是正当而且充分的，市场主办单位就应站在消费者一边支持先行赔付。如果不能实现赔偿的话，市场主办单位应该想尽各种办法，要求经营者予以赔偿，实在不赔偿的时候，主办单位有义务保护消费者权益，满足消费者的索赔要求。也就是说，消费者在无法获得应承担实体义务的经营者赔偿时，可以向一个相关第三人索赔，再由该第三人向应承担实体义务的经营者追偿的一种售后服务体系。不讲诚信是制约我国目前电子商务健康发展的首要问题。作为参与网购的消费者一方，最担心的就是对方是否守信用，经营者的信誉成为消费者选购产品时的重要依据。付款后能否收到货物、质量是否有保障、售后服务是否妥当，这些网购最关心的老话题，也是引起网购纠纷的重大因素。电子商务信用体制建设中的先行赔付制度可在一定程度上解决交易安全难以确保，出现纠纷取证难、解决难，非法购物网站假冒正规网站诱骗消费者，消费者权益无法得到有效的保障等问题。2010年以来，中国315电子商务诚信平台启动了网购先行赔付制度的尝试。此前，淘宝已建立的先行赔付制度，只是在一个封闭性的交易平台内部实行。对比之下，电子商务诚信平台作为全国首家由政府主管部门支持的全国性电子商务交易第三方权威性交易保障网站，以净化电子商务的市场环境、规范从业者的行为为目标，帮助消费者解决网络购物投诉等问题，它能够实现更广范围的维权保障。但是，这种有积极意义的尝试，并非是解决现存问题的"全能钥匙"，该平台及先行赔付制度的实施也面临着重重困难。究其原因，诚信依然是电子商务发展及电子商务诚信平台推行的最大障碍。

资料 开网店须实名

据新华社北京 2010 年 4 月 2 日电（记者张晓松）社会广泛关注的《网络商品交易及有关服务行为管理暂行办法（征求意见稿）》2 日出现在工商总局网站上。根据这一办法，从事网络商品交易的自然人应提交真实身份信息，网络经营者对消费者信息负有保管义务，违法经营者将被列入"黑名单"。

个人网上开店须实名登记

办法规定，通过网络从事商品交易及有关服务行为的自然人，应当向提供网络交易平台服务的经营者提出申请，提交其姓名和地址等真实身份信息。具备登记注册条件的，依法办理工商登记注册。

办法还规定，个人真实身份信息记录保存时间不得少于两年。

消费者信息将受到保护

办法注重保护消费者的隐私和信息安全，规定：网络商品经营者和网络服务经营者对收集的消费者信息，负有安全保管、合理使用、限期持有和妥善销毁义务；不得收集与提供商品和服务无关的信息，不得不正当使用，不得公开、出租、出售。

对于侵犯消费者个人信息的，工商机关将予以警告，责令限期改正；逾期不改正的，处以 1 万元以下的罚款。

违法经营者列入"黑名单"

针对当前网络商品交易存在的"信用危机"，办法明确提出，网络商品经营者和网络服务经营者在网络商品交易及有关服务行为中应当遵循诚实信用的原则，遵守公认的商业道德；不得损害国家利益和公众利益，不得损害消费者的合法权益。

办法同时规定，县级以上工商行政管理部门应当建立信用档案，记录日常监督检查结果、违法行为查处等情况；根据信用档案的记录，对网络商品经营者和网络服务经营者实施信用分类监管。这样，违法经营者将被列入"黑名单"，受到重点监管。

五、电子商务信用体制风险问题

电子商务信用体制是一个促使电子商务交易中各方相互信任和真实履行义务的复杂系统。该系统包括电子商务交易各方和政府机构，其主要功能是保障电子商务活动的有序进行和促进电子商务的快速发展；该系统又可划分为多个子系统，如信用监管子系统、买方信用子系统、卖方信用子系统、银行信用子系统、电子商务平台子系统、物流配送信用子系统和中介机构信用子系统等。同传统信用体制风险一样，电子商务信用体制也面临众多风险。参照对风险的多种解释（风险是一种不确定性，也是一种有波动的收益），电子商务信用体制风险主要是指电子商务交易各方或政府相互信任和真实履行义务的不确定性（一方违约可能对其他各方造成经济和非经济上的损失）；信用体制有助于电子商务发展，但信用体制能否增加电子商务活动中某一方的收益也是不确定的，即收益具有波动性。

具体来讲，电子商务信用体制风险有以下几种：

（一）电子商务信用体制系统风险

电子商务信用体制系统风险又称为社会层次的电子商务信用风险。这类风险是指电子商务活动各方相互不信任或不能真实履行义务对整个社会或较多网民造成的负面影响，现阶段主要为我国公众对电子商务一些交易模式的安全性不信任。

（二）电子商务信用体制技术风险

这类风险是指由于计算机及网络原因造成交易方无法履行自身义务的不确定。如网上证券交易就面临该类信用风险，按照我国有关规定，网上证券投资的《风险提示书》免除了证券商因公用或局部公用计算机网络故障造成对投资者损失的赔偿责任，显然这对投资者是不公平的，因为投资者承担了电子商务信用体制的技术风险。

（三）电子商务信用体制金融风险

这类风险是指由于银行等金融机构无法及时履行自身义务而对电子商务交易方所造成的损失。在一定程度上，银行是风险集中和风险分散的机构，当银行规模较小或银行资金周转不灵时，银行可能以多种原因拖延电子商务交易方已付购货款给供货商。另外，国际电子商务交易还面临货币汇率结算方面的风险。

（四）电子商务信用体制政策风险

这类风险是指各国法律或政府宏观政策调整对电子商务交易方可能造成的经济损失。在国际电子商务法律体系尚未建立之时，电子商务信用体制的政策风险是潜在的，任何国家法律都是保护本国利益，国家间利益冲突会影响到电子商务活动。另外，国家的宏观政策会随着社会经济和形势变化而不断调整，政府宏观政策调整也会影响到电子商务活动。

（五）电子商务信用体制操作风险

这类风险是指电子商务交易方操作人员因交易过程失误（包括无意或有意行为）对电子商务交易自身或其他各方可能造成的经济损失。在电子商务环境下操作风险也是信用体制中无法消除的风险，特别是有意行为（其实就是不诚实行为）更容易造成对电子商务交易各方的经济损失。

六、建立健全我国电子商务信用体制的建议

电子商务信用体制建设是整个社会信用体系建设的重要内容之一。我国现行信用体制有较多地方不能适应电子商务的快速发展，信用缺失已成为影响我国电子商务快速发展的重要问题，我国电子商务活动面临一系列的信用风险。在电子商务交易的每个环节和每个交易对象都面临信用风险，所以应积极开展电子商务信用体系建设的探索工作，加快研究电子商务信用管理体系。我国电子商务信用体制建设是一项长期而复杂的系统工作，总体来讲，建立健全我国电子商务需要按照"部门协调、措施协调"的策略进行。

"部门协调"是指我国电子商务信用体制涉及社会的多个主体，如政府部门、网站企业、银行、物流企业、中介评价机构和个人等，只有社会各部门协调一致，共同努力建设我国电子商务信用体制才能产生效果，社会成员单方面的努力不能从根本上促进我国电子商务信用体制建设。在"部门协调"策略中，政府的地位和作用最重要，政府既是社会信用体制中的普通一员，又是整个社会信用体制建设的组织者和秩序维持者。因此，政府相关部门（包括工商、信息产业、公安、税务和司法等）要加强对发展电子商务及其信用体制的宏观规划和监管工作，在建立政府信用的基础上提高社会其他成员对电子商务及其信用的信心，逐渐将不守信用者淘汰出电子商务市场。

"措施协调"是指电子商务环境下的信用体制建设必须通过法律、技术、行政、监管、自我防范和教育等多项措施的协调合作，多方位保障守信者利益和打击失信行为，促进包括电子商务信用在内的整个社会信用道德健康发展。"措施协调"的具体策略包括：

（1）研究和制定电子商务交易规则、企业内部风险管理控制机制和应收账款回收机制，加强网上客户和供应商的信用分析与档案管理，确保电子商务交易的安全可靠。

（2）强化政府对企业电子商务的信用监管，探索电子商务信用体系的相关立法，积极开展对电子商务企业（包括电子商务平台服务商、信息服务类网站、电子商务交易商等）的征信和评级工作，构建网上信用销售评估模型，制定和实施电子商务企业信用标志证制

度等。

（3）研究开发电子商务活动主体的认证审核软件，提高电子商务平台的稳定性和安全性。

（4）提高电子商务交易主体的自我防范信用危机的能力。

（5）开展提高全民守信道德教育。

（6）从经济上加大惩罚不守信的力度。

资料 商业信用体系引入搜索营销

商家、消费者都将受益

明星代言虚假广告、锅王被认定虚假宣传。一系列曝光事件使媒体发布广告的真实性问题再次凸显。近日，中央电视台《新闻30分》又报道了消费者在搜索引擎的商业搜索结果中遭虚假网站欺骗事件，连带搜索营销这种网络广告形式的可信度也受到质疑。刚刚从"点击欺诈"的泥淖中起身，各搜索引擎再次遭遇诚信考验。为此雅虎等搜索引擎公司开始将网络商业信用机制引入搜索营销，期望保障消费者和诚信商家双方的利益。

审查不力　难保搜索信息真实

搜索营销是企业通过付费，使自己的网站或产品信息在搜索引擎结果中位居前列，吸引网友点击，以达到企业广告和产品营销的效果。目前在各大搜索引擎的关键词搜索结果中，左侧前几位以及右侧结果被这种商业结果大量占据。但对于很多网民来说，他们并不能区分自然结果和商业结果，同时对搜索引擎前几位提供的信息也很信任。因此，《新闻30分》中的消费者就汇钱到位列搜索引擎"魔兽金币"关键词首位的虚假网站购买游戏币，而被骗走600元。

显然，搜索营销实质也是一种网络广告，在开展这项业务时，搜索公司对其广告客户和发布的广告信息缺乏有效审查，是造成虚假搜索结果欺骗消费者的根源。而审查不力其实在各种媒介广告中普遍存在，与广告形式无关，更多的是机制问题。

引入网络信用体系　搜索营销自救

事实上，这一问题并非不可解决。以电子商务平台为例，很多电子商务平台为其上的店铺或企业建立了一套网络信用体系，如C2C平台淘宝网上的信用评级体系、B2B 平台阿里巴巴推行的诚信通。通过企业资质展示、公开信用评级等方式，既为买家购买货真价实的产品提供指导，并且也保障了其中诚信商家的利益，让他们获得更多订单。目前淘宝和阿里巴巴在 C2C 与 B2B 市场能分别以顾客信用打分 81.3 分和 41 分的份额占据主导，显然其网络信用体系是获得了广大买家与卖家认可的。

日前，电子商务平台的网络信用体系开始被搜索营销采用，以摆脱信息真实性审查的难题。三大搜索引擎之一的雅虎首先借助集团内部的阿里巴巴平台，在其最新定费搜索营销产品——雅虎百业窗上全面推行诚信通功能。诚信通在商家注册后会为商家形成诚信档案和诚信指数，持续、公开地记录商家的各种资质证明、每一笔交易情况、买家对其的信用评价等，由此让诚信企业赢得客户青睐达成更多交易，对不诚信的企业进行曝光。全面启用诚信通之后，雅虎百业窗会在其商业结果上加诚信通链接，网民可以直接点击进入阿里巴巴平台，查阅该企业的经营信息与诚信记录，以保障其不受虚假企业的蒙骗。

（资料来源：方阳麟. 民营经济报，2007 - 06 - 21. A06 版.）

结合以上资料试列举商业信用体系引入电子商务中的类似事例，并试作分析谈一谈你对商业信用体系引入电子商务的看法。(300 字左右)

七、电子商务中的收入链信用风险管理

电子商务中的信用管理是一个全新领域，电子商务中的收入链信用风险管理更是处于日新月异的变化之中，急需业内专家学者的总结和归纳。本节以下阐述的知识，就主要取自信用管理专家许进刊登在 2008 年第 2 期中央财经大学学报上的一篇文章①（内容略作删改）。

电子商务已出现在我们的周围，其影响日益增长。许多消费者通过网络购买商品和服务，传统企业也开始重塑其外部和内部业务流程以充分利用网络优势。电子商务营销贯穿企业客户管理过程，正在改变企业价值的创造方式；越来越多的企业通过互联网进行市场销售，通过互联网运作整个企业的收入链。对处于电子商务中的企业而言，周转速度和流动性显得更有价值。

---

① 许进：《电子商务中的收入链信用风险管理》，载《中央财经大学学报》，2008 (2)，36 页。

　　伴随电子商务新兴了电子支付工具，包括电子票据、多功能储值卡、网络虚拟货币等多种形式。但是，这些新型的支付方式面临着立法空白；同时，这些电子支付方式使企业面临许多技术风险，引发了交易各方对支付安全的关心。企业信用管理人员必须了解这些风险，并且借助 IT 技术支撑来管理这些风险。

（一）电子商务支付方式挑战传统的风险管理

1. 电子商务改变企业传统交易方式

　　企业在处理上、下游客户关系时，传统做法是从销售终端获得需求信息，从几个权威渠道获得报价，然后向供货商下订单。每一次的决策成本可能很高，但是最终消费者未必满意；而现在，许多企业通过互联网获得权威供货商的产品目录，终端消费者可以凭此按需索取。企业不再卷入每天的日常交易，而是关注那些特殊交易、与供货商谈判、分析有关数据以确保企业能够充分利用销售折扣和降低成本的技术。

　　这些变化开始影响到企业的信用管理工作。传统的信用岗位被认为是信息的采集、管理和风险的控制，而现在更需要关注基于现金流的风险控制（如图 8-1）。许多企业希望在短期内获得电子商务投资回报，并且尽快实现销售规模的扩张；大量资金投入到技术上是为了做电子商务的基础性支持，但也削弱了资金的流动性。许多企业发现他们正在向过去可能不会与自己有业务往来的企业和机构出售产品和服务，如果对这些新的交易对象不能提供快速的信用评估，企业要么失去客户，要么承担很大的风险。互联网技术意味着企业业务可以一星期 7 天，甚至一天 24 小时开放，这对于全球化的电子商务，还必须考虑业务的所有环节是否顺利，这就意味着支持前台业务的后台工作必须实现自动化，并且不受时间限制。

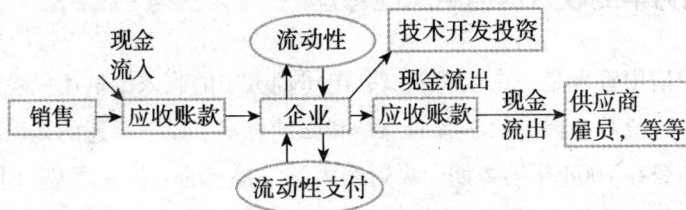

图 8-1　企业的现金流

2. 电子商务带来交易安全问题

　　一些安全犯罪问题开始出现，不仅出现在信息传递过程中，而且也出现在企业自身。网址是通过互联网向公众提供服务的窗口，如果电脑黑客"破墙而入"，他们能够获取所有的信息。在虚拟化的一体世界里，这些网站提供的服务通常会通过内部计算机系统与更机密的信息联系在一起，比如：顾客的账户信息、财务记录、存货清单、发票详情等。

电子商务中另一个需要关注的问题是个人隐私。用户担心他们的信息进入网站后，如何被使用，是否会被卖给其他人或组织，所以，网站上必须显著地公布个人隐私权保护政策。信用管理人员必须着手准备迎接电子商务的各种挑战，积极参与电子商务流程的设计、管理、运营和发展。

3. 电子商务提升了信用管理水平的需要

在电子商务环境下，管理和控制企业风险甚至更加重要，信用管理必须有所调整并强化，这些变化开始影响到企业的信用风险管理岗位。对企业来说，业务风险的控制和现金流的最优化都是非常重要的；信用管理人员必须逐步熟悉企业的电子商务模式，确保互联网中信用信息的完整、准确和保护个人隐私，把关注点从日常的信用审批转向电子商务信用政策，求助于自动化工具来执行信用政策，随时评估和调整信用政策以满足业务发展的需求。

因此，信用管理人员必须提高工作效率、控制业务风险、实现现金流的最优化。信用管理人员的职能，需要从日常的信用申请管理者转向自动模型规划的设计和开发者，启用信用评分预测模型和专家系统，建立基于数据和订单的模型，对网上销售中的信用参数进行日常审核和评估，并随时监控这些风险。这显然与现有的信用管理模式距离很远，现有的模式是信用经理在现有资料的基础上，对接到的订单作出判断。

（二）B2C 的收入链及其信用风险管理

1. B2C 电子支付流程

顾客的回头率是 B2C 模式获得成功的重要因素。企业的信用政策必须有效地传递给消费者，并且流程处理效率要高。许多消费者把他们的购买决策建立在以往购买的经验基础上，对于那些信用政策比较苛刻，或者信用申请批复的等待时间较长的企业，消费者往往不再回头。B2C 电子商务最初的发展非常简单，只是一个虚拟的网络销售点，并没有后台支持的库存、运输和支付，但是许多企业都获得了成功，因为增加了企业销售渠道的可视性。购买者自己可以作出决策并且下订单，从而降低了原有销售过程中的成本。一些企业，比如戴尔公司，发现他们的顾客满意率不断攀升，许多顾客更愿意选择在线买卖；在早期的 B2C 模式中，数据是通过 E-mail 或文件传输从网站输送到后台。电子商务网站可以提供产品目录，并且通过信用卡交易实现快速下单和支付，B2C 模式通过信用卡体系识别购买者的身份，并且通过发放信用卡的银行进行信用投放。这种信用投放模式在 B2C 电子商务中非常流行，并且正在成为试行标准，在线的电子支付可以通过一些网站进行支付。

互联网信用卡交易过程中充斥着各种各样的交易者。大多数的交易者遵循如下的基本步骤：第一步，买方把信用卡信息输入到相应的互联网浏览器。这一过程在浏览器上是加密的，然后要通过卖方的安全检测并进行解密。第二步，信用卡及相关交易信息通过安全服务器进行传递，信用经理制定网上信用卡交易的流程，并预先支付费用，涉及的银行是清算银行。第三步，信用卡以及交易信息从清算银行发送到信用卡发行银行，这种信息传递也要通过安全服务器。第四步，发行银行要完成一系列的核对，也就是要核对信用卡是否有效，有没有到期，是否被挂失或盗窃。第五步，如果交易被接受，清算银行就要执行，在消费者的账户上划钱支付交易，并通知卖方结果。第六步，一旦卖方认可，卖方会发出要求资金到账的请求。第七步，请求从清算银行传递到信用卡相关网站，传递到信用卡发行银行。第八步，资金会在交割日的最后一天从发行银行转移到清算银行。第九步，结算资金最后进入到卖方开户银行的账户。

2. B2C 电子支付方式的信用风险

B2C 电子商务的信用卡交易并不是没有任何问题，网络上的信用卡欺诈是一个很严重并且没有受到广泛关注的问题。被盗的信用卡很容易被使用，因为盗用者没有被要求提供信用卡原件或证明其就是信用卡的合法持有者。另一个需要关注的问题是对例外事件的处理。许多在线消费者感到非常失望，因为他们订购的产品不能按时送到手中，或者不能及时通知他们所订购的产品缺货，以致延误了他们到现实商场进行购物；许多消费者如果感觉信用政策比较苛刻，或者需要等待较长的时间才能得到信用申请的批复，往往选择放弃，而顾客的回头率是电子商务获得成功的重要因素。

3. B2C 收入一体化处理方案

企业的信用政策必须有效传递给消费者，并且流程处理效率要高。企业越来越关注一体化的电子商务处理方案。

（1）激活顾客的需求。顾客通过输入关键字或浏览在线产品目录来搜索目标产品。有效的运行方式，是确保所搜寻的产品在目录中，并且能够给出一个明确的货物送达日期。一旦产品被检索或订单下放，这种信息就应该马上显现出来。

在电子商务中，没有人与人之间的直面接触。因此，对企业来说，最重要的一点是使顾客明确自己需要什么，会得到什么，以及在整个购买过程中将支付多大的成本。一旦产品被选中并被送到购货小车中，购买者会进入到履行支付的程序。为了使顾客把选中的产品放入到购货小车，许多电子商务网站使用促销手段来鼓励人们购物。一些网站会允许购买者把选中的产品储存在购货小车中，最后一起支付，或者把购货小车作为参考通过 E-mail 发送给某些人，比如父母和亲戚朋友，以供参考。在结算处，发货的有关信息被加进来；当产品价格和发货费用确定后，购买过程就进入到安全程序，即与信用卡对接并进行有效支付；安全程序可以使销售者与购买者之间的信息传递不易被窃取；销售者可以自己运营安全程序，也可以委托给第三方。大多数信用卡可以通过网络有效实现银行与厂商账户的对接；一旦支付生效后，订单就将自动进入完成阶段；当然，一些电子商务网站自己来完成，也有一些把该职能外包给第三方。许多电子商务网站通过 E-mail 告知购买者，货物已经以某种方式发送；有些电子商务商甚至可以通过发货系统提供跟踪服务，使用该系统的购买者可以随时了解货物的运送情况。

（2）确保信用卡交易的安全性。收入是一个特别需要关注的问题，因为所有的交易都是通过信用卡进行的，收入最终取决于购买者的信用卡状况。就像商场扒手是零售商店的寄生虫一样，欺诈是 B2C 电子商务中相伴而生的一部分，信用管理人员必须认识到如何管理这种风险。技术的发展使得快速识别欺诈成为可能；基于技术的自动装置应该移植到电子商务的一体化体系中。

目前，大约60%的 B2C 公司主要依赖发放信用卡的银行来防止信用欺诈。8%的公司使用内置保护程序，12%的外包给一些专门的企业。这些企业一般有庞大的客户数据库，并且采用有关技术实现对欺诈行为的自动识别和防范。通常采用的技术有：判断姓名和联系方式是否有效，如 E-mail 地址；检查数据的逻辑性，比如邮政编码、区号、城市等信息是否匹配；核实信息，如通过互联网连接 E-mail 在数据库中查询信息以锁定反常的购买行为；在信用卡交易中使用商业规则和术语，比如信用期限；预测发展趋势，比如国家的、产品的、订单的规模。

退货管理是另一个重要的问题。退货率是多少？为什么被退回来？是不是欺诈？保存退货记录是很重要的，可以用于反欺诈和其他的信用管理方案。对于 B2C 电子商务，信用管理人员必须运行备有防欺诈措施的信用卡流程。一方面，在线商场必须与库存、财务管理及客户账户等后台体系保持互动，订单只有在对库存进行搜索并确定产品后才能生效。这一过程包含着购买者看不到的电子交换系统，销售前台和后台一体化处理运作对网络安全问题提出了要求，因为没有保护，网络黑客很有可能潜入数据库。另一方面，信用管理人员必须与清算银行紧密合作，并在企业的电子商务业务中，设置多个核查环节。清算银行在允许进入其交易系统时，会反复检视企业的电子商务系统；一些技术有助于企业的检查任务，如认定各种各样的欺诈行为、预测个人信用交易欺诈的可能性。这些预测方法有助于卖方防范交易中的高风险，及时采取例外措施处理那些有效但随时成为欺诈的交易；也有些软件可监测欺诈交易。好的防欺诈技术需要考虑内部滥用、外部袭击和欺诈，并且，通过电子邮件对订单的确认以及通过授信机构支付账款，这些都被认为是涉及安全保护的最基本的领域。

同时，信用管理人员必须监控 B2C 的电子商务过程。基于技术的自动装置应该移植到电子商务的一体化体系中，支持风险防范和控制程序的设计和发展。

（三）B2B 电子商务的信用风险及其管理

1. B2B 电子商务模式的发展

B2B 电子商务的成长远快于 B2C，许多企业已经完全采纳这一经营模式。越来越多的企业，越来越依赖互联网来降低购买成本、降低存货、减少周转时间，提供更有效率和效果的顾客服务，降低销售和营销成本，而且最重要的是可以发现新的销售机会。顾客对产品越是了解，就越有可能告诉他人，这就产生了网络效应；而且，如果企业的产品有竞争力，产品在市场上的覆盖速度会更快。大多数的客户希望得到快速的信用审批服务，如果电子商务处理程序耗费时间或者是服务不够友好，他们会投向其他的企业。太严格的信用政策会对销售有限制影响；偏松的信用政策会增加业务量但也会增加收款成本，降低资金的回笼速度。信用管理人员应该尽早规划和明晰电子商务战略中的信用策略。

电子商务越来越关注价值链与信息技术天衣无缝的融合；关注的结果就是新业务模式的诞生和业务操作的不断修正。

2. B2B 的电子支付流程

B2B 过程一般从寻价和报价开始，订单可以通过 EDI 这样的系统进行批量传输，也可以单独进入网站进行交易；订单收到后要核查库存。B2B 不像 B2C 那样依赖信用卡进行交易，而是寻求订单的电子等价物，也就是人工的信用审批被自动化审查技术取代，实现传统交易的自动化处理。这些自动审查技术包括数据库搜寻，比如查询购买者的支付历史以及逾期付款现状；自动审查技术还包括运用风险预警技术来评估潜在的信用风险，或者是启动专家系统来应付发生变化的信用环境。一旦这些技术被采用，就为 B2B 的成功运作发挥了重要的作用。

B2B 电子商务必须紧紧围绕顾客账户的有关信息。在完成阶段或接近尾声的时候，B2B 过程通常会涉及电子票据、发票或装货清单等，这既可以通过 EDI 进行无纸化处理，也可以直接发放纸质文件。类似的，支付可以电子化，增加新的程序来解决支付的发票问题。

3. B2B 电子支付方式中的信用风险

在 B2B 的电子商务交易中，信用管理人员扮演着非常重要的角色，信用政策将影响订单的规模和数量；同时，汇款的后台操作程序必须是自动和高效率的。基于手工纸质操作的交割是劳动密集型和低效率的，并且容易出错和充满不确定因素，比如，通过邮寄的发票可能五天后才能进入到正式的支付系统。互联网提供了许多改进信息流动的技术机会，比如电子票据的出现。这些方式具有显著的成本和时间优势，可以缩短支付时间，降低交易中的风险，从而改进现金流状况。

许多企业开通其客户在互联网上的账户信息，即顾客可以获知其订单处理、发货以及支付等方面的信息，这些自助的方式增加了顾客的满意度。但是，作为新型支付方式，比如电子票据，实体支票可以扫描为影像文件，通过系统交换，免去了实体支票交易的不便，改善了应收账款和商账催收的效率。但是，商业银行在接受电子票据的时候，因为摸不到真实的票据，很难确认真假，出于工作量增加的成本，银行不愿意打电话向出票行进行核实。显然，出于安全性考虑，电子票据的退票率较高。

4. B2B 电子支付方式中的信用风险管理

在 B2B 电子商务中，信用经理的角色更为复杂。首要任务是明确界定组织的信用政策。如果交易流程的设置是自动化的，信用经理必须树立相关规则，明确哪些情况下采取哪些措施；这不是手工操作的自动化版本，因为这里将没有多少信息可供你作出决策，也没有多少机会直接干涉购买者。信用政策对公司业务有着特殊的功效，这就要求信用经理对此必须有细致入微的思考；不仅要考虑到初次购买的客户（新客户），还要考虑到老客户、有问题的客户，以及与公司有特殊关系的客户，比如对大订单、大客户的特殊折扣。信用政策应该明确对信用在线申请采集哪些数据，以及哪些信息需要进一步核实；明确内部数据库（比如顾客账户）和其他信用服务中，哪些数据可以使用，搜索这些数据的速度和费用是多少；对于那些低附加值的顾客需要采集哪些数据？

综上所述：由于使用的工具和技术不断发展，电子商务及其支付方式也正在发生巨大变化。相比较而言，买方在交易中拥有更大的权利，并且随着需求的增加甚至可以左右卖方；买方很容易获取信息进行货比三家，发现其他卖主的产品，甚至决定是否选用替代品。新的业务方式边际利润趋于较低，寻求流水线生产和扩大销量的压力就变得越来越大。随着注意力更多关注于响应市场的速度，企业日常流程必须实现自动化，例外处理程序尽量减少。

电子商务及其支付方式的发展，对互联网安全技术的需求也在不断增加。

B2B 和 B2C 模式下必须恰当地设置安全措施。但是最重要的是，企业必须制定有效的安全政策，明确什么人在什么状况下可以接触什么样的数据。作为信用信息的"看门人"，信用管理人员必须是安全政策的积极制定者和执行者，并且，随时能够检测这些政策的效力，对安全事件作出及时反应。

B2B 不同于 B2C，B2B 的规模会更大。大多数的企业会利用 B2B 节省成本，提高效率，并对新的竞争威胁采取及时应对。B2B 的优势在于降低成本、改善服务、节省时间。B2B 方式的关键是以较低的成本快速地处理大规模的交易，信用管理人员的任务是随时关注商务中的变化。

结合以上文章试作分析并谈一谈你对电子商务中的收入链信用风险管理的看法（400 字左右）。

·本章小结·

本章内容主要围绕着与企业密切相关的其他信用管理实务展开，我们介绍了企业与银行间信用管理实务以及电子商务和信用管理。

第一节有五方面要点。其中：（1）企业信用管理部门如何处理与贷款银行间的信用管理实务（具体包括四要点）。（2）企业信用管理部门应了解贷款银行到贷款企业的看账方法。（3）企业信用管理部门应了解贷款银行对借款人、保证人贷前报告写法的规范。（4）企业信用管理部门应了解贷款银行贷时审查的内容与标准。（5）企业信用管理部门应了解贷款银行贷后管理的主要内容。核心知识是站在申请银行信贷的企业立场，从维护信用的角度理解和协助银行所做的信用管理实务。

第二节有七方面要点。其中：（1）电子商务的交易过程；通过电子商务系统的组成要素和电子商务的具体交易体现。（2）电子商务环境下的信用问题；主要了解目前电子商务的信用风险因素已成为电子商务发展的重要障碍。（3）电子商务与信用体制的关系；主要通过三方面分析，理解电子商务作为一种重要的新兴商业模式，迫切需要与之相适应的信用体制；同时，电子商务发展也将促进整个社会的信用体制建设。（4）我国现行电子商务信用体制介绍；主要了解实名认证、CA认证、信用评价系统、四种电子商务交易信用模式及先行赔付制度等。（5）电子商务信用体制风险问题；主要通过教材的五方面分析，了解电子商务信用体制的系统风险、技术风险、金融风险、政策风险和操作风险。（6）建立健全我国电子商务信用体制的建议；主要了解建立健全我国电子商务需要按照"部门协调、措施协调"的策略进行。（7）在了解电子商务和信用管理关系的基础上，注意掌握电子商务中的收入链信用风险管理的基本实务知识。

本章自测题

以下测试题均是按本教材知识点的顺序排列，请你看书依次把测试题的答案找出来，并在每一测试题后写上答案，同时注明与本教材知识点相对应的页码。

一、单项选择题

1. （ ）是银行客户经理对贷款可行性的初审、是整个贷款审批工作的基础。

    A. 贷前调查　　　　B. 贷时审查　　　　C. 贷后管理　　　　D. 担保检查

2. 贷前调查一般实行"双人调查"制度，银行客户经理按照贷款企业基本资料清单的要求收集整理资料和信息，并对上报资料的（ ）负责。

    A. 全面性、合法性　　　　　　　　B. 合法性、真实性、有效性

    C. 时效性、完整性　　　　　　　　D. 逻辑性、真实性

3. 银行客户经理到企业进行实地调查，一般首先由（ ）作综合介绍。

    A. 企业主要负责人　　　　　　　　B. 技术负责人

    C. 生产负责人　　　　　　　　　　D. 财务负责人

4. 下列不属于实地调查方式的是（ ）。

    A. 请企业财务负责人介绍情况

    B. 请企业销售负责人介绍情况

    C. 请企业生产负责人介绍情况

    D. 向申请人商业往来客户和其他债权人获取资料

5. 贷款银行在对贷款企业进行贷前调查中要对贷款企业财务状况进行调查，下列科目属于重点分析调查的科目是（ ）。

    A. 银行存款　　　　B. 实收资本　　　　C. 固定资产　　　　D. 利润

6. 金融机构的贷款审查工作由（ ）负责。

    A. 主要负责人　　　　B. 贷款部门　　　　C. 审查部门　　　　D. 财务部门

7. 贷款银行到贷款企业看账，要（ ）从看起，这是看账的基本方法。

    A. 日记账　　　　B. 分类账　　　　C. 总账　　　　D. 明细账

8. （ ）是指对贷款业务及借款人局部性变化进行的经常性管理。

    A. 贷前管理　　　　B. 日常管理　　　　C. 定期检查　　　　D. 贷时管理

9. 信贷员应对借款人贷款实际用途、审批意见落实情况、账户结算状况等进行管理，并在贷后（ ）内进行第一次贷后检查。

    A. 7 日　　　　B. 10 日　　　　C. 15 日　　　　D. 20 日

10. 定期检查是对贷款业务及借款人总体情况进行全方位检查，时间间隔至少为每（ ）一次。

    A. 60 天　　　　B. 30 天　　　　C. 120 天　　　　D. 90 天

二、多项选择题

1. 根据《贷款通则》和有关法律、法规的规定，下列属于借款人借款的基本条件的是（   ）。

    A. 在银行没有不良信贷记录

    B. 在贷款银行已开立基本账户或一般存款账户

    C. 未生产、经营和国家明文禁止的产品和项目

    D. 实行独立核算

    E. 在证券公司开户

2. 下列属于贷款银行贷前调查内容的是（   ）。

    A. 行业风险调查　　B. 经营风险调查　　C. 企业经营情况的调查

    D. 企业素质的调查　　E. 实行独立核算

3. 下列属于实地调查方式的是（   ）。

    A. 请企业技术负责人介绍情况

    B. 请企业销售负责人介绍情况

    C. 请企业生产负责人介绍情况

    D. 向申请人商业往来客户和其他债权人获取资料

    E. 向申请人开户的证券公司和开户银行获取资料

4. 银行客户经理到企业后，请企业负责人综合介绍的内容一般包括（   ）。

    A. 履约记录　　　　　　　　B. 历年纳税情况

    C. 生产装备和技术能力　　　D. 产品和市场

    E. 自身的风险偏好

5. 贷款银行贷前向财务负责人调查的基本事项（   ）。

    A. 盈利能力分析　　　　　　B. 营运能力分析

    C. 现金流量及偿债能力分析　D. 对外担保和或有负债分析

    E. 自身的工作经历

6. 贷后管理工作包括（   ）。

    A. 贷后基础管理工作　　　　B. 日常管理工作

    C. 定期的贷后检查工作　　　D. 风险预警工作

    E. 履约记录

7. 贷款银行首先高度关注对贷款企业的风险预警工作，贷款企业的风险信号有（   ）。

    A. 企业管理层变化的信号　　B. 企业品质变化的信号

C. 企业业务运营环境变化的信号　　　D. 企业财务状况变化信号

E. 负责人的风险偏好变化

8. 贷后管理从工作时段上可分为（　　　）。

A. 随时检查　　　　B. 按月检查　　　　C. 定期检查

D. 日常管理　　　　E. 按年检查

9. 贷后日常管理具体内容包括（　　　）。

A. 贷款企业经营和财务变动情况的跟踪管理

B. 收息管理

C. 到期贷款期限管理

D. 贷款业务的跟踪管理

E. 贷款业务的全程管理

10. 贷后检查从检查对象上可分为（　　　　）。

A. 借款人检查　　　B. 担保检查　　　C. 贷款银行

D. 税务机关　　　　E. 借款人的客户

三、判断题

1. 贷款银行客户经理的贷前调查可以采用实地调查，还可以通过间接调查方式。（　　　）

2. 贷款银行到贷款企业看账，就是从总账看起，这是看账的基本方法。（　　　）

3. 贷款银行对贷款企业抵押、质押品的调查就是要着重审查抵押、质物的合法性、充分性和可实现性。（　　　）

4. 凡发放的贷款必须要依法办理保证或财产抵押、质押手续。（　　　）

5. 金融机构贷时审查工作由审查部门负责或由兼职审查员负责。（　　　）

6. 贷款企业的风险预警工作属于贷后管理的主要内容。（　　　）

7. 日常管理是指对贷款业务及借款人局部性变化进行的经常性管理；收息管理是其具体内容。（　　　）

8. 信贷员应对借款人贷款实际用途、审批意见落实情况、账户结算状况等进行管理，并在贷后 10 日内进行第一次贷后检查。（　　　）

9. 定期检查是对贷款业务及借款人总体情况进行全方位检查，时间间隔至少为每60天/次。（　　　）

10. 贷后检查从检查对象上可分为借款人检查和担保检查。（　　　）

四、案例分析题

你能否从本章 8 - 1 的案例中悟出信用贷款的新方向？请写出你的想法（300 字左右）。

附录：各章部分自测题参考答案

第 一 章

一、单项选择题

1. B　2. B　3. A　4. C　5. A　6. A　7. B　8. B　9. C　10. B　11. C

二、多项选择题

1. ABC　2. ABC　3. ABCD　4. ABD　5. ABCD

6. ABC　7. ABCD　8. ABCD　9. ABC　10. ABCD

三、判断题

1. 对　2. 错　3. 错　4. 错　5. 对　6. 对　7. 对　8. 对　9. 对

10. 错　11. 对　12. 错

第 二 章

一、单项选择题

1. A　2. A　3. B　4. B　5. A　6. D　7. C　8. D　9. D　10. D

二、多项选择题

1. ABCD　2. ABC　3. ABCD　4. ABCD　5. ACD

6. ABCD　7. ABCD　8. ABCD　9. ABCD

三、判断题

1. 错　2. 对　3. 错　4. 对　5. 对　6. 错　7. 对　8. 错　9. 错　10. 对

四、简答题

1. 不是。应该认为回收货款仅仅是其中职责之一，虽然也许是一项重要的任务。有些公司仅仅把信用部作为"清欠办"，实际上，这些清欠办正在执行上述的许多职责，并且发现，企业的应收账款同时得到改善。

2. 第一，处于竞争性行业，赊销方式占一定比例。第二，注册资金 3 000 万元以上，或者年营业额超过 1 亿元。

3. 方案一：可以临时寻求信用管理专业咨询机构服务，并设一名信用管理监理。方案二：可以在财务部、业务部设一名信用管理专员。方案三：可以设兼职的信用管理联络员并寻求信用管理外包服务。

第三章

一、单项选择题
1. D 2. A 3. B 4. B 5. C 6. B 7. D 8. B 9. D 10. A

二、多项选择题
1. ABCD 2. ABCD 3. ABCD 4. ABCD 5. ABC

6. ABCD 7. ABC 8. ABCD 9. ABC

三、判断题
1. 对 2. 错 3. 错 4. 对 5. 对 6. 错 7. 对 8. 错 9. 错 10. 错 11. 对

第四章

一、单项选择题
1. C 2. A 3. D 4. B 5. D 6. B 7. A 8. C 9. D 10. B

二、多项选择题
1. ABCD 2. ABCD 3. ABCD 4. ABC 5. ABCD

6. ABD 7. ACD 8. ABCD 9. ABCD 10. ABCD

三、判断题
1. 错 2. 对 3. 错 4. 错 5. 对 6. 错 7. 错 8. 对 9. 错 10. 对

第 五 章

一、单项选择题

1. D　2. A　3. B　4. D　5. B　6. D　7. D　8. C　9. C　10. D

二、多项选择题

1. ABCD　2. ABCD　3. ABCD　4. AB　5. ABCD

6. ABCD　7. ABCD　8. CD　9. ABCD　10. ABCD

三、判断题

1. 对　2. 对　3. 错　4. 对　5. 对　6. 对　7. 错　8. 对　9. 对　10. 对

四、案例分析题

1. 案例 5 - 3 雅芳公司信用经理的做法所提问题"联系以上案例分析回答学习本章要达到的目的"答题要点：

以上案例表明，信用管理实务是贯穿于企业的具体经营活动之中的。尽管信用管理实务操作在不同行业和企业中的做法不尽一样，但其基本做法还是有规律可遵循的。本章就是着眼于企业基本经营活动，就如何有针对性地贯彻执行企业制定的信用政策、如何实施客户信用管理、如何实际开展对客户的赊销、如何监控由此产生的账款回收风险，阐述相应信用管理实务的规律性做法。通过学习本章，要达到的目的是，了解从客户账户创建到赊销形成应收账款的全过程，了解信用管理人员所面临的基本管理任务和控制事项及要求。

2. 案例 5 - 4 答题要点：

（1）乙袜厂逾期交货，又未在发货前与甲公司协商，应认定乙袜厂违约。按照合同法的有关规定，甲公司起初拒收货物是有法律依据的。

（2）后甲公司同意接受乙袜厂迟延交付的货物并将部分货物出售，因此乙袜厂要求甲公司给付全部货款有理。

（3）乙袜厂逾期交货，应按照合同的约定，向甲公司偿付逾期交货违约金。

（4）甲公司逾期付款，应比照银行有关延期付款的规定向乙袜厂偿付逾期付款违约金。

第 六 章

一、单项选择题

1. A　2. C　3. A　4. B　5. C　6. B　7. D　8. A　9. A　10. B

二、多项选择题

1. ABCD　2. ABCD　3. ABCD　4. ABCD　5. ABC

6. ABCD　7. BCD　8. ABCD　9. ABCD　10. ABCD

三、判断题

1. 错　2. 错　3. 错　4. 对　5. 对　6. 对　7. 错　8. 错　9. 对　10. 对

四、案例分析题

1. 结合案例6－1回答你应该如何应对客户对逾期应收账款还款的拒绝、抱怨、借口或拖延问题的参考答案：

在商场上做生意，难免会遇到各式各样的客户。有些信用良好的客户总是能顺利地付出款项，但有些客户则总是会制造借口：交货品质跟当初承诺的不一样；我订的不是这批货品；运货期太长了，我们打算退货；我没有收到发票等。

应对客户借口的五步法：

第一步，判断这个借口是否具有法律效力。文件有误吗？在采取催账行动前，客户曾发出这样的抱怨吗？这个借口可信吗？

第二步，判断这个借口是否充分到可以暂停付款。有时，不需用停止付款的方式即能解决问题。类似"我不付钱，因为你的员工对我很无礼"这种例子，并不能改变收到货品即要付钱的事实。

第三步，衡量这个问题。譬如：客户拒绝付款的原因是有批货在运货时毁坏了，然而"毁坏"的真正意思是什么？是全部都坏了吗？还是只坏了一部分？

第四步，想想看如何解决这个问题。客户希望的解决方式为何？你们双方能够想出妥协的方法吗？

第五步，尽快地解决问题。现在能解决就马上解决，不要让问题一再拖延。有时候，付出一些代价可以获得更大的价值。再也没有什么事比资金循环缓慢更伤害企业本身了，所以，你应该尽量想办法去补救这种情形，例如：只要对方迅速付款即取消逾期付款的利息，或建立一套分期付款计划。总之，若想获得利益，现在就是解决问题的最好时机。

客户没有任何的借口可以逃避支付货款或逾期付款。如果听到这样一个借口或理由，不要逃避它，应立即考虑如何解决它。

记住：你已经按约定供货了，客户必须按约定期限付款，否则就是违法，付款日由你而不是客户决定。要知道每个月的延迟相当于耗费你应收金额的1%（这还没有计算间接损失）。

2. 结合案例6－2和第五章、第六章知识，我们可将应收账款跟踪管理与逾期追收制度的实务要点归纳为：

（1）收货确认制度：我国企业货物查收方面的纠纷时有发生，收货确认制度是企业赊销管理的重要步骤。让客户签署收货确认可在法律上得到认可，解决的方法是事先确定查收程序，严格按照步骤进行。

（2）质量确认制度：主动质量确认既是优质服务的表现，又是杜绝客户有意拖欠的有效措施，质量确认必须在账款到期前完成，标准做法是在合同中规定客户提出质量争议的期限。一般以账期的一半时间为限，如在期限内客户未提出质量异议，即作为接受货物质量。对于质量标准，应在合同中予以明确，对于相对复杂的货物应在合同中规定检验货物质量优劣的商检机构。

（3）定期对账制度：适用于定期结算业务，起到定期提醒作用，避免客户因管理混乱、账目不清而影响其付款，取得客户对应付账款的认可。

（4）到期提醒制度：账款到期前提醒体现着企业严谨的信用管理作风，债务人总是把钱先付给对他压力最大的债权人；账款到期前提醒也避免了由于客户财务管理混乱造成的拖欠；账款到期前提醒还可以发现客户的一些异常征兆，并迅速作出对策。具体做法：应在账款到期前3~10天内与客户财务部门联系，通知要到期的发票。

（5）逾期后的"加压"追收制度：逾期后最重要的追收手段——追讨函和电话追收。必须制定严格的追收程序并认真执行；逐渐加大追收力度，让客户切实感到压力越来越大；典型做法是发追讨函加电话追收。逾期10天：发第1封询问函，随后电话跟踪，取得付款承诺。逾期30天：第2封追讨函，对付款承诺的核实和质询。逾期60天：第3封追讨函，信用经理向客户负责人的质询。逾期90天：最后通牒，信用经理电话通知下一步措施。

（6）内部惩罚制度：①罚息：在信用申请表中和合同中规定，作为一种威慑的手段。但在实际操作中，真正罚息较少；②减少授信额度、停止发货、变更结算方式：并非逾期后立刻停止发货，应与授信额度、发货数量、客户以往付款情况等原因科学制定策略。

（7）外部惩罚制度：①委托专业收账公司按西方企业通行做法，专业而规范，处理案件量远远超过律师事务所。信函、网络、专业人才和法律压力为追讨手段。在发出最后通牒无效后使用，一般为账款逾期3个月后。②委托律师事务所起诉或仲裁是商业追讨失败后的最后选择。国外案件起诉难，执行简单；国内案件起诉简单，执行难。通常在委托收账公司收账无效后进行。

以上完整制度的前四项实务操作，主要在上一章择要介绍，本章着重说明的是后三项制度中的实务操作。

3. 案例6-3请自行思考，提出你的看法并展开讨论。

4. 结合案例6-4和本章知识，企业对不同的逾期应收账款，有三种主要追讨方式，即自行追讨、委托律师或委托专业追账机构追讨。从理论上讲，这三种追讨方式在不同的企业或在不同的条件下都可能成为最佳的追账方式，问题的关键在于账款产生真实原因和目前的实际情况，即拖欠的时间和原因、追账效率、追账成本以及维护债务人与债权人的关系等。

（1）在应收账款拖欠的早期，客户自行追讨较为合适，因为拖欠时间愈短，收回之可能性愈大。应收账款拖欠超过 3 个月以后，客户自行追讨成功的可能性大大降低，随着应收账款账龄的增加，坏账的可能性也相应增加。因此，应收账款的控制应着重于控制和消除应收账款的逾期现象。

（2）专业追账机构由于其在专业性、全国合作网络化、追收的措施及力度等方面具有优势，因此在自行追账、委托律师和委托专业追账机构三者之中效率是最高的；自行追款专业性差，渠道有限，地域差异造成不便，效率往往不尽如人意，人员的费用支出也很高；而法律手段必须按规定的程序来处理，因此效率最低而且律师的前期费用最大。

（3）从追账成本看，如果能确定很快收回，则自行追账成本方式最低，专业收账机构方式次之。但如果自行追讨时间过长且没有结果，其付出的费用将大大增加，而通过专业追账机构的追账，在接案时已订好合约，即追讨不成功也只支付一定咨询费用，追账成本最低。法律手段追账成本最高，如果一切顺利通常需要 3～6 个月才能收回拖欠的款项。即使这样，其意外因素及最终的花费也很难确定。

（4）从维护客户和债务人的良好关系看，当然是客户自己解决最好。但这往往是欠债产生的原因。而法律方式最具有矛盾性，造成客户与债务人关系恶化的可能性最大，往往处理结果之时也是双方业务链条中断之时。专业收账机构首先采取沟通、协商和间接施加压力的方式，可以保证在足够的收账效率前提下，最大可能地维护客户和债务人之间的关系。

第 七 章

一、单项选择题

1. A   2. D   3. D   4. B   5. A   6. C   7. B   8. C   9. B   10. D

二、多项选择题

1. ABC   2. ACD   3. AB   4. BCD   5. ABC   6. ABCD

7. ABCD   8. ABCD   9. ABC   10. ABCD   11. AB

12. ABCD   13. ABCD   14. CD

三、判断题

1. 对   2. 错   3. 错   4. 对   5. 错   6. 错   7. 对   8. 对   9. 错   10. 对   11. 对

第八章

一、单项选择题

1. A 2. B 3. A 4. D 5. C 6. C 7. D 8. B 9. A 10. D

二、多项选择题

1. ABCD 2. ABCD 3. ABC 4. ABCD 5. ABCD

6. ABCD 7. ABCD 8. CD 9. ABCD 10. AB

三、判断题

1. 对 2. 错 3. 对 4. 对 5. 对 6. 对 7. 对 8. 错 9. 错 10. 对

主要参考文献

[1] 吴晶妹.信用管理概论 [M].上海：上海财经大学出版社，2005.

[2] 林钧跃.企业与消费者信用管理 [M].上海：上海财经大学出版社，2005.

[3] 李云林.美国金融体系的系统风险分析及启示 [J].经济理论研究，2009 (10).

[4] 朱荣恩，丁豪樑.企业信用管理 [M].北京：中国时代经济出版社，2005.

[5] 谭永智，李淑玲.企业信用管理实务 [M].北京：中国方正出版社，2004.

[6] 周家齐.企业应建立逾期应收账款防范和处置机制 [J].经济理论研究，2006 (5).

[7] 唐书涛.HTTX 公司应收账款管理相关问题探索.西南财经大学硕士论文，2007.

[8] 秦燕.消费者信用管理 [M].北京：中央广播电视大学出版社，2005.

[9] 周傲楠.关于我国《征信管理条例（草案）》中隐私权问题的认识 [J].中国人民大学复印资料，2010 (5).

[10] 王同辉.基于面板模型的政府信用度量与比较分析 [J].湖南师范大学学报，2010.

[11] 江苏省企业信用管理协会，上海万事达商业征信服务有限公司.企业信用管理操作实务 [M].北京：中国方正出版社，2005.

[12] 于彦彬，杨国利.廊坊市招投标领域信用体系建设探索与实践.立信杯2010中国信用建设获奖论文，2010.

[13] 杨中柱.后危机时代加强会计信用体系建设的战略思考 [J].中国人民大学复印资料，2010 (6).

[14] 刘光明.企业信用 [M].北京：经济管理出版社，2003.

[15] 卞世博.信用风险下的动态资产配置研究 [J].中国人民大学复印资料，2010 (5).

[16] 李颖.企业信用文化 [M].北京：经济科学出版社，2006.

[17] 义乌工商管理局.义乌信用指数发展报告.立信杯2010中国信用建设获奖论文，2010.

[18] 龚勇.信用中国 [M].北京：中国方正出版社，2002.

[19] 陈斯雯. 企业赊销管理与账款追收［M］. 北京：经济科学出版社，2007.

[20] 聂兴凯. 如何进行收账管理与呆账催收［M］. 北京：北京大学出版社，2004.

[21] 周枫. 轻松催款——处理逾期应收欠款的常胜技巧［M］. 北京：人民邮电出版社，2006.

[22] 王洪涛. 保险市场信息不对称及信用体系建设［J］. 中国人民大学复印资料，2010（5）.

[23] 曾康霖，邱伟. 中国转型期信用制度建设研究［M］. 北京：中国金融出版社，2007.

[24] 贾忠杰，韩家平，蒲小雷. 新编信用知识读本［M］. 北京：中国人事出版社，2007.

[25] 王同辉. 中小企业融资与信用风险度量［J］. 中国人民大学复印资料，2010（6）.

[26] 吴晶妹. 现代信用学［M］. 北京：中国金融出版社，2002.

[27] 林钧跃. 企业信用管理［M］. 北京：企业管理出版社，2001.

[28] 肖成华. 新世纪个人资信评估［M］. 北京：中华工商联合出版社，2001.

[29] 中国经济技术投资担保有限公司. 各国信用担保业概况［M］. 北京：中国财政经济出版社，2000.

[30] 杨军. 商业银行客户评价［M］. 北京：中国财政经济出版社，2000.

[31] 贺迪. 消费者信用管理与消费信贷风险防范［M］. 北京：时代金融，2006（6）.

[32] 王爱俭. 信用理论与信用风险防范［M］. 北京：中国金融出版社，2003.

[33] 蒲小雷，韩家平. 企业信用管理典范［M］. 北京：中国对外经济贸易出版社，2001.

[34] 吴晶妹. 资信评估［M］. 北京：中国审计出版社，2001.

[35] 李凌燕. 信用经济法律精论［M］. 北京：北京大学出版社，2007.

[36] 陈潜，唐民皓. 信用·法律制度及运行实务［M］. 北京：法律出版社，2005.

[37] 朱毅峰，吴晶妹. 信用管理学［M］. 北京：中国人民大学出版社，2005.

[38] 骆玉鼎. 信用经济中的金融控制［M］. 上海：上海财经大学出版社，2000.

[39] 约翰·考埃特，爱德华·埃特曼，保罗·纳拉亚南. 演进着的信用风险管理——金融领域面临的巨大挑战［M］. 石晓军，张震震，译. 北京：机械工业出版社，2001.

[40] 田俊峰. 我国商业银行信用风险管理现状及对策研究. 立信杯2010中国信用建设获奖论文，2010.